理念 途径 方法 质量:
教学创新

——2016宁波高等教育研究论坛论文集

主 编 胡赤弟
副主编 陈 炳 周 军

LINIAN TUJING FANGFA ZHILIANG
JIAOXUE CHUANGXIN

浙江工商大学出版社
ZHEJIANG GONGSHANG UNIVERSITY PRESS

图书在版编目(CIP)数据

理念 途径 方法 质量：教学创新：2016宁波高等教育研究论坛论文集 / 胡赤弟主编. —杭州：浙江工商大学出版社，2017.11

ISBN 978-7-5178-2392-6

Ⅰ. ①理… Ⅱ. ①胡… Ⅲ. ①高等教育—教学研究—宁波—文集 Ⅳ. ①G649.21—53

中国版本图书馆CIP数据核字(2017)第251947号

理念 途径 方法 质量：教学创新
——2016宁波高等教育研究论坛论文集

主编 胡赤弟 副主编 陈 炳 周 军

责任编辑	王黎明
封面设计	林朦朦
责任印制	包建辉
出版发行	浙江工商大学出版社
	(杭州市教工路198号　邮政编码310012)
	(E-mail：zjgsupress@163.com)
	(网址：http://www.zjgsupress.com)
	电话：0571-88904980,88831806(传真)
排　　版	杭州朝曦图文设计有限公司
印　　刷	杭州五象印务有限公司
开　　本	889mm×1194mm　1/16
印　　张	25.5
字　　数	590千
版印次	2017年11月第1版　2017年11月第1次印刷
书　　号	ISBN 978-7-5178-2392-6
定　　价	48.00元

本书编委会

主　　编：胡赤弟
副主编：陈　炳　周　军
编　　委：(按姓氏笔画排序)

张国昌(浙江大学宁波理工学院)

陈　炳(宁波工程学院)

陈书华(宁波工程学院)

周　军(宁波工程学院)

周　琦(宁波诺丁汉大学)

赵文君(宁波广播电视大学)

胡赤弟(宁波市教育局)

柳国梁(宁波教育学院)

钟剑波(浙江医药高等专科学校)

段丽华(宁波大红鹰学院)

侯苏红(宁波城市职业技术学院)

祝　蕾(宁波职业技术学院)

姚奇富(浙江工商职业技术学院)

贾让成(宁波卫生职业技术学院)

晏成步(宁波大学)

徐立清(浙江万里学院)

黄　莉(宁波大红鹰学院)

韩世强(浙江纺织服装职业技术学院)

熊惠平(浙江工商职业技术学院)

前　言

　　"宁波高等教育研究论坛"是分享宁波年度高等教育研究成果,总结高等教育实践经验,开展学术交流的一个平台。为深入贯彻《浙江省人民政府关于推动我省高等教育新一轮提升发展的若干意见》精神,进一步优化高等教育结构,全面提升高等教育质量和现代化水平,推动高等教育跨越式发展、协调发展、特色发展,"2016宁波高等教育研究"年度论坛在宁波工程学院举行,以"理念　途径　方法　质量:教学创新"为主题,围绕"政校企合作办学体制创新研究、产教协同推进人才培养研究、专业建设与课程改革研究、高校教学工作研究、高等教育相关研究"等议题进行交流与探讨。高校领导、科研机构负责人、教育教学研究人员以及专业教师等200多位代表出席,收到交流论文80多篇。

　　本书的作者是宁波各高校的高等教育研究机构,高等教育一线教学、管理及研究人员,高等教育行政管理部门人员及高等教育发展相关单位和人员,从不同研究视角展示了宁波高等教育发展的多样性与特色性。本书的出版必将培养锻炼高等教育理论实践的队伍,营造高等教育研究的氛围,推动高等教育实践改革创新,提升宁波市高等教育研究水平。

　　本书在编写过程中,得到了宁波市教育局、宁波工程学院和各相关单位领导的鼎力支持。宁波工程学院的陈书华老师为论文征集做了大量细致工作,浙江工商大学出版社王黎明编辑为本书的编写给予了认真指导。在此一并致以衷心的感谢!

　　由于编者水平有限,时间仓促,疏漏在所难免,敬请各位专家、读者和同仁予以斧正。谢谢!

编者
2017年9月于宁波

目录 MULU

第一篇　产学研合作教育与教师发展

第二篇 教育政策、国际化与创业创新

第三篇　人才培养与教学改革

产学研合作教育与教师发展

第一篇

"班级制"教师发展工作模式的探索与实践①

黄　莉②

摘　要:教师发展已经成为保障高等教育质量的基本要素。美、日、英等发达国家在教师发展工作中取得了一系列成功经验。目前,我国高校教师发展工作中普遍存在意识不到位、目标不明确、内容不规则等突出问题。基于此,高校可在借鉴国内外大学教师发展工作的成功实践经验基础上,结合校本实际,面向不同发展阶段和目标的教师,构建系统的、有层次的"班级制"教师发展工作模式,从而有效增强教师发展工作的系统性、持续性和稳定性。

关键词:班级制;教师发展;工作模式

"高校教师发展"是近年来高教学界关注的焦点问题之一,这与国家发布的提高高等教育质量的政策紧密相关。发达国家教师发展的成功实践,让人看到了教师发展与提高人才培养质量和高校影响力的美好前景。因此,在借鉴发达国家的成功经验基础上,国家教育主管部门积极推动教师发展工作,期望由此遏制高校教学质量日益下滑的趋势。然而,不同国家在高等教育发展的不同时期,教师发展工作的路径、模式和效果呈现出不同形态,如何创造本土化、有特色且具有实效性的教师发展工作模式成为亟待探讨的问题。

一、发达国家教师发展的经验借鉴及启示

提及发达国家教师发展的经验借鉴,首先需要了解美国高校教师发展历程。美国学者索西莱尼和奥斯汀等根据每个阶段教师发展所强调的内容将教师发展划分为五个时期[1]:一是"学者"时代,20世纪50年代至60年代早期,当时的大学教师利用享有的学术休假参与学术会议和增加科研支持等活动,主要目标是提高高校教师科研学术的能力。可见,该阶段教师发展尚处于一种自发状态。二是"教学者"时代,20世纪60年代末至70年代初,美国大学生们抗议枯燥乏味的教学、挑战传统的教学方法、渴望富有激情与创造性的教学方式,这些挑战促使高校通过教学咨询、研讨班和讨论会等活动来提高教师的教

---

①　宁波市2016年教育科学规划研究课题"应用技术大学青年教师发展研究"(2016YGH085)成果,发表于《宁波教育学院学报》2016年第3期。

②　黄莉,宁波大红鹰学院教师发展中心讲师,主要从事教师发展研究。

学水平。也正是在这个时期,美国出现了第一个教师发展项目和第一个教师发展中心,即密歇根大学的"教学和学习研究中心"。由此,教师发展进入了有组织的时代。三是"开发者"时代,20世纪80年代,高校教师发展的组织机构不断扩大,教师发展内容主要是教师职业生涯发展规划、课程发展、教学成果测量与评价等,这一阶段的教师发展目标旨在更加关注教师需要。由此,教师发展进入了较高层次。四是"学习者"时代,在"以教学为中心"向"以学习为中心"转变的20世纪90年代,教师发展通过整合教学技术等来改善学生的学习。由此可以看出,教师发展重心转移到满足学生需求。五是21世纪开始至今的网络时代,教师发展的内容包括了未来教师发展项目和职后终身发展项目,其发展目标定位于教师发展能够回应高校内外部的各种挑战。这说明,教师发展走向了综合化时期。这五个教师发展阶段较为全面地展示了美国大学教师发展历程及其在面临不同高等教育阶段实现目标的不同。

日本的大学教师发展肇始于20世纪80年代末,此时日本的大学教师发展仅体现在学术界对于大学教师发展问题的研究,政府和院校并未出台与大学教师发展相关的政策和措施。90年代之后日本政府才逐渐重视大学教师发展工作,教师发展政策被有计划地列入文部省高等教育政策中,政府试图利用政策引导高校实施教师发展活动,但并没有得到院校的积极响应。造成这一现象的原因可能在于制定的政策并没有对教师发展进行强制性的规定。进入21世纪后,随着日本引入第三方评价的大学评审新制度,政府将教师发展作为强制的"义务性"要求各大学推进实施,自此,日本的大学教师发展活动蓬勃开展起来。[2]此后,政府对教师发展的推进除了通过咨询报告进行倡导、法令政策制定、财政保障外,还制定了"教育相关共同利用据点制度",并对日本7所大学相关机构进行了认证。[3]这与我国"遴选教师教学发展示范中心"的政策相类似。此外,日本大学教师发展活动的主要内容包括开展研修会、以教学方法改善为目的的研讨会和以改善教学方法为主题的报告会以及教师相互进行教学评价等。[4]

英国的大学教师发展(Staff Development,简称SD),与美国、日本大学教师发展(Faculty Development,简称FD)的使用语言略有不同,这点不同说明在英国,教师(Staff)的概念更为广泛,不仅包括新进职员和学术研究型教职员,还包括提供支持与学术工作相关的教职员。由于英国大学多数教师只要没有违法行为和不良事端,均享有"终身在职权",教师可在大学工作到退休,各方面都能得到充分保障。与美国相同,早期的英国大学教师发展形式也是以带薪的学术休假和进修提高为主。随着20世纪60—70年代期间《罗宾斯报告》的出台,促使英国从最初的精英教育逐渐走向大众化的教育阶段。在此背景下,国家对教师质量日益重视,各大学教师发展中心也在这个时期陆续建立。20世纪80年代至今,英国大学教师发展进入成熟期。因为大学教师的教学质量,关系着大学从政府那里获得的经费多少、招生数量增减和大学排名升降,促使大学日益增加对教师发展的关注和投入并针对不同群体教师推出不同的教师发展项目和课程[5]。

纵观美、英、日三国大学教师发展的历史演变过程,可以发现:美国大学教师发展属于"自下而上"的院校自发行动,教师发展的内在驱动力主要来自教师群体的自发需要和学生特征的变化,教师发展任务由各教学单位承担,州政府和校方不强制要求教师发展要怎样做,仅扮演推广教师发展计划和提供教师发展经费保障的角色。[6]日本的大学教师发展经验则是典型的"自上而下"行为,政府在其中起到了巨大的推动作用,具有较强的制度化特征。这些特征在一定程度上阻碍了教师发展,如目标设定模糊、教师发展流于形式、部分教师认为教师发展没有必要、缺乏投入教师发展活动的积极主动性。英国大学的教师发展既有国家政策的推动,也有各大学的积极主动回应,尤其在制定和实施本校教师发展政策时保持了大学自治的传统,具有各自的发展特色。从无组织的以个人为主的发展,到有组织、有计划的基于大学教师发展中心的发展是英国大学教师发展的特点。

二、我国高校教师发展的进展及问题

我国高校教师发展的最初原型是 20 世纪 50 年代以"培训和进修"为主的形式,那时还没有"教师发展"一词,被广泛使用的是"高校师资培训"或"师资队伍建设",就当时的现实背景而言,师资培训由国家统一管理,具有一定的强制性,这种形式虽然有利于优势资源的集聚,但并不利于调动教师的主动性。因此,当我国面临高等教育大众化时代到来的挑战以及本科教学质量日渐下滑的困境时,人们深刻认识到原有教师培训不能满足现实需要,必须做出改革。发达国家大学教师发展的成功实践开始进入人们的视野,有关高校教师发展的研究成为理论界探讨的热点。2011 年教育部、财政部在《关于"十二五"期间实施"高等学校本科教学质量与教学改革工程"的意见》中明确提出要"引导高等学校建立适合本校特色的教师教学发展中心",2012 年教育部遴选出 30 个国家教师教学发展示范中心,标志着国家从政策上开始倡导和推动教师发展工作。在此背景下,各高校纷纷成立教师发展中心等组织机构,开展各类教师发展项目和活动,促进了教师的发展。

与美国大学教师主动发展和政府协助支持的"自下而上"的教师发展内生机制不同,我国大学教师发展是国家的集权体制和政府的主导性导致的"自上而下"的强制性制度变迁,是一种功利性和工具论的表现,高校在教师发展中更多的是被动执行而非主动发展。[7] 但是我们必须面对的现实是:基于我国高等教育发展的外部环境,教师发展如果没有政府的推动,很有可能得不到高校的积极回应,日本就曾遭遇如此的尴尬境地。可以说,政府主导推动教师发展是一种无奈的现实之举,其在具体实践过程中遭遇的各式各样问题也就不足为奇,如何正确面对问题并积极探索解决问题的对策措施才是我们需要关注的重点。

(一)教师发展理念意识薄弱

当高校领导和教师对教师发展这一"舶来品"的"前世今生"尚未完全理解透彻时,教育主管部门已经要求高校在实践中迅速推广教师发展。部分理念意识比较先进的高校在政府推动和借鉴发达国家实践经验的基础上积极开展教师发展工作,并从中获得经费资助、教师"被发展"等效益。而众多理念意识薄弱的高校教师发展做法基本上是"跟风",这也是几乎所有高校都成立了教师发展组织机构、履行的教师发展职能大同小异、教师发展工作内容趋同化的原因。如果说高校都对教师发展概念和内涵缺乏全面科学的认识,那普通教师缺乏对教师发展的理解、认可与接受也就在情理之中了。这里并非否定教师的思想觉悟,而是因为教师囿于自身环境或视野所见有限,加之教师发展工作以行政命令的方式推行,使其潜意识认为只不过多了一个管理教师的行政部门而已。教师一旦主观上对此产生排斥心理,就很难在理念上高度认同。

（二）教师发展工作目标定位模糊

追根溯源，教师发展工作目标定位模糊在于对"为什么要开展教师发展工作"这一问题存有疑惑。人们比较公认的观点是：希望高校通过开展教师发展，让教师实现专业、教学、组织和个人等方面的全面发展，并以此促进学生发展，进而促进高等教育质量的提高。由于目前高校教师发展部门承担的职责存在与教学部门和人事部门工作职责交叉的现象，导致教师发展工作的目标定位不清晰。虽然一些教师发展活动是从教师的教学发展入手，在一定程度上起到提高教师教学技能的指导作用，但并未从根本上解决教学过程中存在的教师教学信念缺失、投入教学积极性不高等深层问题，造成这一现象的根本原因与诸多高校"重科研、轻教学"的科研考核机制有关。在此现实背景下，实现教师的全面发展只能成为"空中楼阁"。

（三）教师发展内容设计偏颇

高校教师发展内容设计的好坏，是能否吸引教师主动参与教师发展的关键因素。现有的教师发展内容设计依然偏向对所有教师进行集中培训的学术报告、专题讲座等方式。笔者2014年通过网络搜索对浙江省44所本科院校教师发展内容的调查发现，教师发展内容主要包括教师培训、专题讲座、学术报告、午餐沙龙、教学比赛、教学咨询、教学研究、教学研讨、学分认证、名师风采等。其中，一些学术报告和专题讲座活动并不受广大教师欢迎，原因可能在于报告主题并不是教师感兴趣的，而组织者要讲究效益及对报告人的捧场，多以行政手段强制要求教师全员参加，从而更加引发教师反感。教学咨询和研究等内容也因指导专家的缺乏和教师的抵触而没有得到真正实施。如果教师发展内容设计受到了教师欢迎，则皆大欢喜；反之，教师则怨声载道，无效的教师发展内容只会让教师更加疏离。造成这些问题的深层次原因是高校对教师发展内容的设计缺乏总体科学规划、缺乏从教师立场和需要出发、缺乏对后续问题的反思和分析。教师发展内容的设计必须从调查教师的实际发展需要出发，使之具有较强的针对性，能够切实解决教师发展中面临的实际问题，从而使教师真正感兴趣，进而主动参与教师发展项目设计。

三、"班级制"教师发展工作模式的探索与实践

为了解决高校教师发展工作的具体实践问题，寻求契合各高校实际的教师发展工作模式，让每位教师在教学、专业、个人和组织等方面获得发展，我们提出"班级制"教师发展工作模式。"班级制"是以班为单位，组织者根据目标要求和相关规章制度，组织若干学习交流活动，促进教师实现自身发展目标的活动过程。它是一种有目的、有计划、有步骤的组织活动，其最根本的目标是实现班级成员充分、全面的发展。

众所周知，"班级"这一组织主要是针对学生而言，是按照相关法律来决定教育目标、教育内容及课程时间分配等教育活动，是学生通过全身心投入参与班级的种种活动，激发他们实现某个目标和获得某种成功的团体组织。[7]同理，倘若将需要培养和发展的教师统一纳入"班级"这一组织，也可以通过"班级"组织所能发挥的作用促进教师实现某种目标和获得某种成功。

（一）"班级制"提升了教师对自身发展的理念认识，即自主的、全方位的、可持续的发展理念

以往对教师的培养和发展，教育行政部门和高校较多采取统一的培训方式、单一的培训内容以及短暂的培训时间。我们不否认这种制度对教师自身的发展具有一定的帮助，但是也存在着弊端，这种发展方式使教师处于被动发展的位置，受到外部的支配，但有时外部的措施并不完全符合教师的实际需要。因此，需要提倡教师自主发展的理念，变"要我发展"为"我要发展"，教师应制定自我发展规划，根据自己的实际需求去进行学习并寻求外部的支持，从而获得自身发展。

全方位的教师发展理念是指在当前信息技术迅速发展的社会，教师的学习包含了读书、听报告讲座、课题研究、论文写作、观摩学习、教学反思、教学测评、咨询和了解学生等全方位的获取途径和内容。此外，教师的发展具有阶段性和连续性特征，需要获取的知识也在不断增长和更新，所以教师发展还应当具有可持续的发展理念。

针对教师不同年龄、层次和发展需求而组建班级，是学校提供的一个良好平台。由于部分班级在组建的初期，需要保证教师发展的质量，所以在班级成员选拔上采用"择优"原则，成员人数也达到"少而精"的要求，通过这种选拔方式优先发展一部分教师，以点带面，最终实现全体教师共同发展。

在宁波大红鹰学院，目前组建的班级有青年教师成长工作坊、青年骨干教师培训班、青年科研骨干培训班、专业建设骨干研讨班、双语课程教师培训班、青年博士发展班、卓越教师成长工作坊、翻转课堂教学改革研讨班等 12 类班级。这些班级由学校教师发展中心统一进行管理和组织开展相关活动，同时，班级拥有一套完整的组织管理体系，如规章制度、培养方案、课程体系、时间跨度以及考核要求等。班级的组建极大地调动了教师自主发展的积极性，在与教师的访谈交流中，近 80% 的教师渴望获得发展的动机强烈，极力争取成为某类班级的一员，无论已是班级成员或即将成为班级成员的教师，都充分感受到了在班级氛围中给自身所带来的"全方位、可持续"发展。

（二）"班级制"清晰了教师在教学和科研等方面所能达到的发展目标，促使教师不断积极进取

"班级制"作为一种组织体系，具有一定的稳定性和纪律性。它强调班级成员之间的合作学习、跨学科的沟通交流以及共同达到目标的核心理念。对于教师而言，班级也是其达到某种目标最有效的形式。大学的教学、科研和社会服务三大职能决定了教师在教学能力、科研水平以及社会服务辐射能力等方面的目标要求，同时，不同年龄、层次的教师，其所要发展的目标也不尽相同。

在宁波大红鹰学院组建的青年教师成长工作坊、青年骨干教师培训班、翻转课堂教学改革研讨班等 12 类班级中，每个班级的发展目标虽然各不相同，但都是为了教师能在教学、专业、个人和组织方面得到最优发展。如"青年教师成长工作坊"，班级对象主要由 35周岁（含）以下新进校且没有教学经历的初、中级职称教师组成，其发展目标主要是让教师能够认同所在学校的定位、发展目标和文化，立足教学岗位，尽快熟悉学校教学方面的相关制度与教学规范，掌握教学方法与技能，站稳讲台。而对于班级对象主要为教学效果好且获得相关教学荣誉等的骨干教师而言,其发展目标还包括使教师具有较高的教学艺术,在教学改革和研究方面发挥生力军的作用;同时还具有较为扎实的科学研究基础,在教师群体中发挥着引领和示范作用。

随着国际化、慕课、翻转课堂等信息技术与教学模式带来的教育改革发展,除了组建以"普适性、提高性"为发展目标的班级外,也组建了"专题性"的班级,如"双语课程教师培训班""翻转课堂教学改革研讨班"等,这些班级的组建较好地满足了教师适应国际化、信息化技术以及教学改革发展的需要。

"双语课程教师培训班"的目标要求是认识双语教学内涵,掌握双语教学实践技能,领会双语教学方法,掌握多种双语教学模式,同时,提高英语应用能力,为进行双语教学奠定良好基础。"翻转课堂教学改革研讨班"的主要发展目标是要落实以学生为主体的教学理念,改变教师课堂教学仅仅单向传授、忽视学生参与讨论的教学模式,激发学生的批判性思维和质疑精神,以及鼓励学生面向问题进行学习。通过翻转课堂相关知识和能力的培训,学校涌现出一批能胜任翻转课堂教学的教师,同时培育了一批高质量的翻转课堂示范课程,以此带动了整体教学模式的改革,提升教师的教学质量和学生的学习质量。

总之,任何班级的组建均是为支持与服务教师的发展,"班级制"的模式不仅为班级成员最终达到某一目标而相互合作学习提供了良好平台,还拓宽了教师视野,让教师的教学更加充满活力。

（三）"班级制"提供了系统有效的教师发展内容,满足教师共性与个性的需要

如前文所述,"班级制"模式拥有一套完整的组织管理体系,除具有规章制度、培养方案、课程体系、时间跨度以及考核要求外,每个班级还配备了班主任和班级秘书。在组建每个班级之前,班主任和班级秘书根据班级发展目标预先安排了通识性的培训内容,满足班级成员的共性需要。当班级组建成功后,班级秘书通过问卷调查和访谈等方式,深入了解教师的内在发展需求,进行统筹安排并设计出针对不同群体和个体的个性化教师发展内容,以满足教师个性发展需要。

"青年教师成长工作坊"的成员初上讲台,对于课堂的管理和掌控能力比较欠缺,多数成员希望聆听学校星级教学优师或校外其他高校优秀教师的课程,进行听课心得交流以及自我的教学反思,从中获得较好的教学经验和技能。因此,该班级的发展内容主要包含教学文件和文档学习、大学教师如何进行教学设计、课堂教学的组织和管理、试卷命题与教学评价等。"青年科研骨干教师培训班"的发展内容则包括学校科研政策解读、国家及省市各类级别科研项目申报交流、科研项目申请书和论文撰写指导、重要文献数据库的使用和文献整理的技巧以及如何为地方经济和企业服务等。"专业建设骨干研讨班"将如何科学制订专业培养方案、面向专业特色如何设计课程体系、撰写和讨论专业建设方案等作为发展内容,培养一批有进取精神的专业建设负责人或专业核心骨干教师。"卓越教师成长工作坊"的组建,是学校结合人才培养、科研、社会服务三大传统高校职能,希望能够培育教学效果优秀、工作业绩一流、具有较强社会影响力的教师。发展内容更加侧重班级成员在教学、科研和社会服务能力的"拔高",在教学方面,聘请省级或国家教学名师对学员进行指导,力争使班级成员成为省级教学名师;科研上为学员配备具有本学科较高学术水平的导师,指导其高级别科研项目的申报立项以及学术论文的撰写;社会服务方面则搭建平台让学员提高实践能力,从而为地方经济和企业创造价值。

"班级制"的模式将不同学科领域的教师集聚一起,其规范化制度建设和系统有效的发展内容,形成了本校教师发展的特色,有效促进了教师的培养和教学水平的提高。

四、结论与反思

"班级制"教师发展工作模式的实践证明:自主、全方位、可持续的教师发展理念,不仅使广大教师从思想上变"要我发展"为"我要发展"的认识,也在行为上体现了教师积极主动参与各类班级的愿望。在"第三期青年骨干教师培训班"组建之初,无论是各二级学院领导还是教师本人,都希望增加班级成员名额,希望自己能进入班级学习发展。促使教师如此积极的原因在于他们看到了加入班级的教师通过学习多样化的培训内容而获得的各种成就。相比没有加入班级的教师,加入班级的教师更具有在职称晋升、评优获奖、外出学习等方面的优势。据统计,在所有班级成员中有 26 人晋升高级职称,有 45 人荣获校"星级教学优师"称号,有 300 余人参加了学校组织的赴著名高校的专题培训和研修活动,在提升教师教学和专业发展的同时,也不断提升着教师个人和组织的发展。

当然,在取得一定成就的同时,对于教师发展过程中出现的矛盾和问题也值得我们进一步反思和改进。

一是班级活动时间与其他活动时间之间的冲突与协调。教师除了上课以外,还有专业建设、课程建设以及家庭事务等诸多事情,很多时候安排的教师发展工作常常与教师的其他工作相冲突,这种境况无论是对组织者还是对教师而言,都是无奈之举。如何处理这种尴尬境况呢? 可采用组织者预先调查好班级成员空余的时间,然后统筹规划每个班级的学习时间,如果实在无法协调,预先与教师沟通利用业余时间进行学习,大部分教师能够接受这一安排。青年骨干教师培训班和卓越教师成长工作坊基本都是利用下班后的 1至 2 小时的时间进行班级活动,尽量做到工作、学习和生活三不误。

二是班级活动举办的有效性。每个人的时间都是极为宝贵和有限的,尤其是在短时间内想要获取效益的最大化,需要组织者和教师本人的主观能动性。每次活动前组织者必须事先做好相关事项的准备,如教师需要准备什么、可能遇到的问题以及解决问题的措施;而教师则要认真思考需要汇报或交流的内容。活动中每位成员要善于、乐于和勇于发表自己的观点,营造良好的互动交流碰撞氛围,从而让每位成员都能从中受益。活动结束后组织者和教师均要做好经验反思:这次活动给我的启发是什么,还需要值得思考的问题是什么以及下次活动还能如何改进,等等。

三是班级成员缺乏专家型学者的指导。当前教师发展工作处于"跟学"和"探索"的初级阶段,尚需通过行政手段来开展教师发展工作,但从长远来看,仅靠行政手段推动是不可行的。教师发展工作模式要不断完善,从以单纯培训和资源供给为主的行政管理机构逐渐向依靠学术权威为教师提供咨询和学术资源的专业化服务机构转变。因此,组建校内外专职或兼职指导教师是一种有效方式。学校教师发展组织机构与各教学单位协同联动,聘请校内外在某一学科、专业领域具有较高学术水平的学者为"教师发展工作专家库成员",为教师与专家之间的沟通搭建平台,定期或不定期地指导和帮助教师发展工作。

"班级制"教师发展工作模式在一定程度上促进了教师的发展,但其存在的问题也需要不断解决,如何使"班级制"教师发展工作模式持续往良好态势推进,有效增强教师发展工作的系统性、持续性和稳定性,需要组织者、研究者和教师持续不断的探索、研究和支持。

参考文献

[1] 徐延宇.高校教师发展——基于美国高等教育的经验[M].北京:教育科学出版社,2009.

[2] 施晓光,夏目连也.日本"大学教师发展"的经验及对中国的启示:基于名古屋大学的个案[J].清华大学教育研究,2011(4):79—85.

[3] 蒋妍,林杰.日本大学教师发展的理念与实践——京都大学的个案[J].北京大学教育评论,2011(7):31—44.

[4] 孟凡丽.日本促进大学教师专业发展的FD制度及其启示[J].高等教育研究,2007(3):58—62.

[5] 陈素娜,范怡红.英国大学教师发展的特色及其启示[J].理工高教研究,2009(2):118—120.

[6] 林杰.美国大学教师发展运动的历程、理论与组织[J].比较教育研究,2006(12):30—34.

[7] 钟启泉.班级管理论[M].上海:上海教育出版社,2004.

国外应用型大学产学研合作教育驱动机制与启示

——以伯顿·克拉克的"三角协调模型"为分析框架[①]

段丽华[②]

摘　要:应用型大学产学研合作教育包含政府、市场、学术三大驱动要素,其动力机制、保障机制、反馈机制是应用型大学产学研合作教育驱动机制中的关键要素。在保持持续产生核心动力的前提下,保障机制与反馈机制是产学研合作教育持续发展的必要条件。为此加快推进产学研合作教育专业化、项目化、市场化和社会化进程,是驱动我国应用型大学产学研合作教育纵深发展的必由之路。

关键词:国外应用型大学;产学研合作教育;驱动机制

产学研合作教育发轫于英美,兴盛于欧洲,对推动高等教育从理念到模式的重大变革、促进应用型高等教育大发展发挥了重要作用。当前我国政府提出"加快建设现代职业教育体系,引导一批普通本科高等学校向应用技术型高等学校转型"的战略目标,产学研合作教育是实现这一战略目标的重要突破口。由于历史、社会的原因及学校、企业的现状,我国产学研合作教育缺乏有效的机制和保证,与经济发达国家的状况相比存在较大的差距。[1]而以伯顿·克拉克的"三角协调模型"理论为分析框架,探究国外应用型大学产学研合作教育的驱动因素、驱动模式和驱动机制,规划设计我国应用型大学产学研合作教育发展路径,不失为一个新的理论与实践的切入点。

一、国外应用型大学产学研合作教育的驱动因素与模式

(一)国外应用型大学产学研合作教育的驱动因素

伯顿·克拉克在阿什比"三足平衡模型"的基础上,提出并构建了影响高等教育系统发展的"三角协调模型",他认为:高等教育是国家权力、市场力量和学术权威三者之间的

---

① 浙江省高等教育教学改革研究项目"产学研合作教育项目化驱动机制及评价研究"(JG2013197)的阶段性研究成果,发表于《高教发展与评估》2016年第3期。

② 段丽华,宁波大红鹰学院地方服务与合作处处长、副研究员,主要从事产学研合作与高等教育发展研究。

协调。社会发展促使高等教育"任务激增，信念繁多"，各种形式的国家权力和学术权威"都对高等教育系统的整合起着作用"，然而在有些国家，高等教育系统中的很多制度却是类似市场力量的作用而产生的。[2]客观地讲，产学研合作教育作为一种教育模式，置身于高等教育发展体制之中，也时刻受到以政策推动、标准规制、行政干预为表现的国家权力和以资源配置、经济杠杆为调节手段的市场力量两者的深刻影响，而人才、技术等学术因素是产学研结合的逻辑起点，因此，政府、市场、学术也是驱动产学研合作教育发展的重要因素。

1. 政府因素

研究表明，政策因素对产学研合作教育发展具有直接性与长远性的影响。美国的《国防教育法》《职业教育法》以及在2000年制定的《美国教育规则》等政策，不仅在财政制度上使产学研合作教育拥有充足经费保障，而且在实施和管理方面促进了产学研合作教育的良好发展。[3]其中美国国家科学基金会从1971年开始，陆续推出了多项促进产学研合作的发展计划，包括大学—产业合作研究计划、中小企业均等研究计划、工程研究中心计划、材料研究领域的大学企业合作计划等，而大学—产业合作研究中心（The Industry-University Cooperative Research Centers，简称I/UCRC）项目计划，堪称政府通过科技政策引导产学研协同创新的典范。近年来，该项目已涵盖美国100多所研究型大学、700多家公司、800多名教授、1000多名研究生和250多名本科生，年总资助额超过7500万美元。[4]早在1986年，日本颁布了《研究交流促进法》，在1997年和1998年，日本国会又分别通过了促进产学研合作教育、大学技术研究成果向民营企业转让的相关政策法规，如《教育改革计划》《大学技术转让促进法》和《研究交流促进法》修正案等。由此可见，日本政府高度重视产学研合作教育，不断推进高校和企业实施产学研合作教育。与此同时，政府在重大战略性合作项目中的强势介入，也是其产学研合作成功的重要因素。如"曼哈顿计划"等巨型科技攻关项目，由美国科学研究与发展局负责协调、调动全国科研力量包括高校，进行联合攻关。此外美国、加拿大、英国的合作教育委员会以及合作教育协会在合作教育制度化、标准化进程中也发挥了重要作用，其中美国的全国合作教育委员会负责管理协调全美1000多所高校的合作教育工作，其理事会成员既有著名的教育家，也有活动力很强的实业家。[5]

2. 市场因素

经济学家科斯（Coase）的交易费用理论，认为企业和市场是两种可以互相替代的资源配置机制，而究竟采取何种资源配置机制则取决于市场交易成本与资源内部配置成本的高低。[6]根据相关调查，企业参与产学研合作的主要动机在于降低交易成本和研发成本、控制合作风险以及获得知识溢出效应，高校选择产学研合作教育的动机是降低教育资源获取成本和难度。因此，市场因素是驱动产学研合作教育的重要因素之一。英国利用市场杠杆调和产学研合作教育的重要平台是教学公司项目（Teaching Company Scheme，简称TCS）。项目一旦获准便可得到教学公司基金的资助，强度一般为项目所需投资的50%—70%。因此许多中小企业对教学公司项目表现出浓厚兴趣，纷纷寻求与大学合作或通过项目协调员来搜寻伙伴，[7]以及由TCS和"院校与企业界的合作伙伴计划"（College-business Partnerships Scheme）合并而来"知识转移合作伙伴计划"（Knowledge

Transfer Partnerships Scheme），该项目资助年限为 1—3 年，一般政府出资 60％，企业出资 40％。美国的产学研合作教育专项基金提供科研项目、科研设备和科研场所，建立实验室、科技中心等，也鼓励学生参与科学研究活动，以培养他们的创新意识和创新能力[8]，在经费支持上要远高于企业或高校独立申请的额度，如其中的先进技术计划（Advanced Technology Program，简称ATP）项目，一旦由企业与大学、科研机构或其他机构合作申请成功，平均每项可获得的资助是企业独立研究项目的 3 倍[9]，以此来激励企业与高校缔结产学研合作关系。此外，作为产学研合作教育利益直接相关者的学生，也会因有利就业和实习期间可以获得一定报酬而选择就读于开展合作教育的学校。

3. 学术因素

技术与人才等因素是产学研合作的重要基础，也是合作教育发展的能动因素。尤其对于应用型大学来讲，其以社会需求为导向的学科、专业设置，偏重于应用研究的教师队伍以及与社会发展日益接轨的管理模式，容易与企业发展产生共振。以美国为例，各类高校都不同程度地开展应用型教育和研究，其雄厚的科研实力奠定了产学研合作教育成功基础。较为典型的模式当属高校中一些研究中心的成立，这些旨在人才培养和开发研究的工程研究中心、合作研究中心，为大学与科学家、工业界之间提供合作研究和信息交流的机会，使高校直接接触到生产领域中的各类科学技术问题，其科学研究具有更强的针对性，人才培养也更能满足企业的实际需要。同样在德国，众多大型企业与高校联合成立研究机构，以此为平台整合合作各方的科技优势进而服务于企业生产。"产学研同园"成为德国产学研合作的一大突出亮点，非常利于教师和科研人员直接深入工厂，研究工作直接面向企业的实际需要，开展新产品的试制、新工艺的开发。在人才合作培养方面，人才优先选择权和员工职后教育服务激发了企业参与产学研合作教育动力。如澳大利亚、英国、美国、日本等发达国家实行的"合作培养计划"和"受托研究员制度"等措施，大学受企业、地方团体委托，接受企业在职人员到高校研究生院、附属研究所等进行研究生水平教育，以提高其科研能力。美国、日本等企业与高校共同培养硕士、博士研究生等学位体制，把高校培养学生的权限转移到企业手中，企业提供经费、场所和课题，帮助学生完成整个学业，这种方式能较好地使培养的人才更加贴近社会实际需要，而作为回报，企业则拥有人才优先选择权。此外，德国应用科技大学与科研院所的合作稳定性、紧密性也极高，一方面政府规定每个研究所的教授必须到大学授课，否则不予注册，且不能担任项目负责人，而研究所中培养的博士生，也必须到大学中注册，以此强化科研院所对应用科技大学科研水平的提升力度。校外科研机构除了培养自己的科研团队，还采取与学校教授联合开展科研项目、雇用学生员工等手段，为大学生提供丰富的参与科研与实践的机会。例如，在弗朗霍夫联合会的 8500 名员工中，40％是大学的高年级学生，科研机构在降低科研成本的同时也为大学生成长为优秀人才提供了必要的条件和环境。

（二）国外应用型大学产学研合作教育驱动模式

从前文分析，我们可以看出，政府、市场、学术因素是产学研合作教育发展不可或缺的推动力量。同时，因政治、经济、教育发展水平存在差异以及大学发展定位与需求不同，各要素驱动强度也有所差异。因此，产学研合作教育模式也产生了差异化。根据驱动主导因素的分类，产学研合作教育模式主要分为政府主导型、市场主导型和学术主导型三种模式。

1.政府主导型产学研合作教育模式

这种模式由政府发挥主导作用,市场力量与学术因素处于从属地位。最有代表性的是德国、瑞士等应用科技大学的产学研合作教育模式,其中瑞士应用科技大学堪称产学研合作教育的典范。其第一所应用科技大学建设基础是双元制在高中职业教育中的成功应用,瑞士的应用科技大学及其产学研合作教育的发展,主要来自政府政策主导。其《应用科技大学联邦法》,不仅对应用科技大学的定位、任务、专业领域进行了明确规定,而且对其合作教育也明确了政府的主导责任,"联邦政府将与各州政府的负责机构以及应用科技大学开展合作"。而德国的大学都是各州主办的,包括已经占据其高等教育半壁江山的应用科技大学。政府一方面通过立法确立应用科技大学的发展地位,如《德国高等教育法》明确规定了应用科技大学在高等教育中的地位和发展使命;另一方面通过专业设置、人才培养目标定位等要求,进一步密切高校与企业界的联系,并要求企业参与到其高校人才培养的各个环节,包括联办双元制专业、资助研究机构或实验室、提高兼职教师比例以及参与高校的教学管理等。

2.市场主导型产学研合作教育模式

这种模式中市场化资源配置是驱动产学研合作教育的主导因素,政府则是合作条件的营造者与信息资源的中介者。比较有代表性的是英国教学公司项目和沃里克产学研合作教育模式。英国教学公司项目是指英国在20世纪70年代中期设立的教学公司,它使学界和业界之间建立起比较稳固的合作关系。教学公司项目需由高校、企业和项目助理(大学生)三方联合申请,项目能获得所需费用50%至70%的资助,而作为项目助理的大学生则可以在企业与学校导师的指导下参与研究工作,完成学业和获得相应的工作报酬。沃里克产学研合作教育模式是由商学院、艺术中心、沃里克制造业集团、沃里克大学科学园有限公司等实体结构结合,为企业和社区进行有偿服务合作,通过不断拓展服务范围,使办学经费来源多元化,并逐渐把沃里克大学发展成为具有企业精神的研究型大学。

3.学术主导型产学研合作教育模式

这种模式需要高校凭借较强的科研实力主导产学研合作发展,而政府作为第三方机构要为高校和企业之间的合作提供必要保障和引导性政策。美国的研究中心、科技园、孵化器模式具有典型的学术主导性。由于美国是一个政治与市场体制相对独立的国家,其高校具有较高的自治权,从其产学研合作教育动力源上讲,虽然政府、市场等驱动因素不可或缺,但其主导因素是学术力量。以研究中心为例,该研究中心有着明确的应用性,研究内容来自于企业生产经营实际,高校能直观了解生产领域中存在的各类技术问题,使项目研发更具针对性,人才培养也更能满足用人单位需求,有更多元的高校办学经费来源。又比如企业孵化器模式,该模式通过高校、技术研发中心和研究所等学术机构共同合作,以项目和技术资源方式吸引科研人员向企业转让研究成果,如美国乔治理工学院的"最新技术开发中心"。此外,美国一些大学的毕业生与老师直接创办产业也成为产学研合作教育的新趋势。它既是创收单位,又是教育实习的实体,促进了学校教学、科研、生产劳动一体化。如美国硅谷地区高技术产业园区最早的创业者是斯坦福大学的两名毕业生休利特和帕卡德·波斯顿,而麻省理工学院的教职工和毕业生在美国128号公路高技术开发区创办了近 200 家公司。[10]

产学研合作教育作为突出教育性原则的合作项目,也经历关系缔结、成长、成熟、衰退(新关系缔结)、成长、成熟的周期变化演进过程,而其演进的主导因素也会因不同发展阶段中合作目标与任务的变化而发生相应改变,比如政府的支持在产学研合作不同阶段存在较大差异[11],因此在明确产学研合作教育主导因素应有角色的基础上,有效的驱动机制是产学研合作教育成功的重要保证。

二、国外应用型大学产学研合作教育驱动机制的建构

驱动机制主要由作为动力源的驱动者、承载驱动的受动者以及连接驱动者和受动者的动力传输渠道与评价反馈体系等要素构成。产学研合作教育发展是一个利益博弈、动态演进的过程,是多种要素共同作用的结果。这些要素通过"动力产生——动力传输——驱动反馈"三个环节发生作用,驱动机制存在于其中并相互制约和相互作用。[12]简而言之,动力机制、保障机制、反馈机制是国外应用型大学产学研合作教育驱动机制的核心要素。

美国"辛辛那提"产学研合作教育模式是最为典型的案例。"辛辛那提"模式专注于应用型教育,主张合作教育应当在工程、建筑、设计等应用学科中开展,要求学生稳定于一个相关的公司中进行社会实践,这样做有利于学生未来的就业和专业定向。[13]虽然有学者认为其合作领域、发展空间存在局限,但对于应用型人才培养来讲却不失为一条可行的务实之路。其中,职业实践计划(Professional Practice Program,以下简称 PPP)是辛辛那提大学产学研合作教育的重要形式和实践载体。辛辛那提大学在实施 PPP 时,通过建立目标引领、组织保障和评价反馈的动力机制、保障机制、反馈机制,有力驱动了职业实践计划的发展。

(一)动力机制方面

作为以学术因素为主导的美国产学研合作教育,辛辛那提大学主导着产学研合作教育的发展定位与目标,与政府一道成为产学研合作教育的驱动者,与受动者(高校、企业、科研机构缔结的产学研合作体——PPP)之间相互作用,产生了产学研合作教育的发展动力。PPP 专业锁定于实践性强的会计、化学工程、宇宙航天工程等 44 个专业,并明确与坚守着"职业准备、职业认知、职业技能和职业兴趣"[14]四大教育目标。职业性教育目标与实践性专业成为高校与政府、企业缔结合作关系、相互作用并产生合作动力的重要前提与基础。当然,PPP 计划能够持续发展,其动力离不开企业、学生、社会的保障和支持。对企业而言,弥补了人员的不足,还可能储备潜在的人才,因此企业也十分乐意参与合作教育计划。从学生角度而言,通过参加合作教育计划,可以获得一定的报酬,而且能够修完学位要求的课程,并且如果计划合格,学生还将被授予职业实践证书,这对于着重强调在职训练(On-job-training)和实践能力的美国市场而言,无疑具有很强的就业竞争力。此外,据有关研究机构调查,参加合作教育学生比未参加者在起薪上高出 2500 美元左右[15],社会的认可也进一步激发了辛辛那提合作教育各方的动力。在保持核心动力持续产生的前提下,保障机制与反馈机制成为产学研合作教育持续发展的必要条件。

(二)保障机制方面

产学研合作教育驱动者与受动者为保障教育目标的实现,建立了完整的动力有效传输体系,即服务、管理、资源配置等保障体系。具体地讲,辛辛那提大学专门成立了产学研合作教育的管理保障部门——职业实践处,该处主要职能之一是收集和了解企业对学生表现,以及学生对企业表现等方面的评价和建议,然后将信息及时反馈到学生所在院系或企业,推动高校和企业做出相应改进。职业实践处还对"产学研合作教育"进行业务指导,当学生完成合作教育计划后,将一系列实践成果交给企业,企业予以评价并给出成绩等级再提交给职业实践处,并反馈给指导教师,教师在这个数据的基础上结合面试对学生的综合考察,来决定该学生是否通过PPP[16]。通过该管理模式,可有效控制合作教育的质量,并做到持续改进。此外,专兼结合的合作教育导师制是保障PPP有效推进的重要基础。导师制明确了校内外导师的职责分工,校内导师负责总体计划的制订、推进以及对学生实践成绩做出直接评定,而校外导师负责具体计划的制订、实施以及学生实践成绩意见的反馈。进一步讲,校外导师指导工作更加具体、细化,学生受校内外导师的双重领导,其中校内导师与学生更加紧密。

(三)反馈机制方面

随着产学研合作教育的深入,合作成效、合作成果逐步显现,成效评价、成果分享成为驱动者与受动者共同关注的焦点,也是各方持续合作的动力源泉,因此建立成效评价反馈机制成为驱动者与合作各方的现实利益诉求。基于此,辛辛那提大学由教师、学生、企业代表组成职业标准审查委员会(Professional Standards Review Committee),担负起监督计划实施质量和评价实施成效的职能,形成有效的成果评价、成效反馈机制。同时还建立了社会化成效评价与反馈体系,定期通过一些社会评价机构对其职业实践计划实施成效进行全方位反馈。例如,聘请合作教育专家采用学习评价标准测试该计划对学生能力的影响,通过大学研究机构对参加合作教育者就业后起薪点、GPA的调查等[17]。

三、对我国应用型大学产学研合作教育驱动机制建设的启示

在应用型大学转型发展过程中,产学研合作教育发展的动力不足问题是一大瓶颈。如何建立以动力机制、保障机制和反馈机制为核心要素的产学研合作教育驱动机制值得我们探索。为此认真学习国外先进经验,结合我国政治、经济、教育体制机制和环境建设条件,积极推进产学研合作教育专业化发展、项目化管理、市场化资源保障、社会化评价反馈体系建设,是有效推进我国产学研合作教育驱动机制建设、促进应用技术型大学快速发展的必由路径。

(一)发挥政府主导角色,推进产学研合作教育专业化发展体系建设

政府作为产学研合作教育的重要动力源,首先要推进政策服务体系建设。一方面政府应该逐步进入第三方服务角色,建立信誉约束系统,从一个奖励提供者转变为信息中介者,发挥补充经济系统信息内容的作用,约束合作参与者机会主义行为;另一方面政府还应该通过完善知识产权和金融体系等形成良好的外部激励与约束的政策环境。其次,高

校作为产学研合作教育学术主导力量,也要与地方政府一道加快现代大学制度、合作章程、合作体制的研究与完善,明确社会定位和发展使命,细化行政权力与学术权力的界限,探索建立董事会(理事会)、校长和教授委员会三足鼎立、共同治理的高校权力格局,政府要赋予高校更大的发展自主权,给予高校更广阔的合作空间,切实提高高校产学研合作教育发展决策应变能力。推动产学研合作教育民间专业化服务组织建设,建立全国、地方相呼应的多级社会中介服务机构,赋予其标准制定、管理咨询、信息服务、项目评审职能,政府通过购买服务方式,发挥其标准规范、行为规制、资源配置、争议调解作用。

(二)坚持教育性原则,推进产学研合作教育项目化管理体系建设

教育性始终是产学研合作教育的根本性原则,因此学术因素的主导地位不能被忽视。一方面国家教育主管部门要加快高等教育体系内部资源互通与项目化管理机制建设,建立职业资格证书与学位文凭等值、职业教育与普通教育不同类型教育机构间学分互认标准体系,实现职业培训与普通教育、应用型教育与研究型教育之间的等值融通,进一步确立应用型大学的发展地位,为完善现代职业教育体系奠定基础。另一方面应用型大学要设立产学研合作教育专门协调、管理机构,建立项目化管理机制,协调地方资源,完善项目管理流程,加强包括目标确立、方案论证、计划审核、节点明确、过程考核、破网预案、收尾验收等过程的管理力度,提高管理效能,重点研究解决项目合作主体多样性、利益诉求的多样性和合作内容的多样性问题。发挥我国应用型大学起步晚、受传统制度与理念束缚少、市场意识强、创新创业氛围好的后发优势,积极搭建教师学生创新、创业平台,积极探索生产、教学、科研一体化的产学研合作教育新模式,并以此为轴心,吸引与支持更多的投资者参与创业,形成应用研究与企业孵化相融合的教育产业发展新样态。

(三)拓宽保障思路,推进产学研合作教育市场化资源配置体系建设

合作教育项目资助是驱动产学研合作的重要手段,而市场化资源配置机制是动力持续传输的保障条件。因为政府一方面要秉持效率优先、公平竞争的市场原则,设立产学研合作教育发展基金,建立由高校、企业、政府专家组成的合作项目资助评审机构,积极支持高校与行业企业、科研机构以人才培养、应用研究为根本目的进行产学研合作;另一方面还要健全中央、地方分级管理的产学研合作教育资源协调体系,国家层面的协调机构重点负责运行规则、合作标准、激励政策的制定与指导,地方层面的协调机构负责按照市场化原则监管、协调资源的分配,当前要满足应用技术型大学转型高校的产学研合作教育资源需求,以此作为推进国家教育发展战略、支持普通高校转型、进行合作教育专业改造和实践教学模式改革的重要途径。地方产学研合作教育监管机构要积极利用与整合当地高校与企业的教育资源,快速推进应用型专业、应用型课程、应用型教师体系建设,积极开展应用技术研究与开发活动,有针对地为企业提供技术支撑和人才服务,通过技术和人才两个能动因素,驱动本地区产学研合作教育的有序发展。

(四)激发社会责任,推进产学研合作教育社会化评价反馈体系建设

产学研合作教育既是一项系统工程,需要方方面面的支持与参与,也是一项社会工作,需要得到社会各界的认同,并上升为国家意志、战略高度,成为全社会的责任。因此要以学生为主体,设计产学研合作教育项目评价指标体系。该体系一方面要突出就业导向,将起薪对比、雇主评价、专业满意度作为合作教育专业建设的重要评价指标；另一方面要提出社会导向，把包括政府、上级主管部门、用人单位、学生家长等社会相关层面对产学研合作教育利益相关者评价作为标准。同时，从国外产学研合作教育的发展历史看，产学研合作教育发展的最大收益是对高校教学改革的推动，而这种收益主要来源于学生从工作实践中反馈的信息，因此社会反馈机制建设也非常重要。反馈内容主要包括对学生综合素质提高的程度反馈、教师实践教学业务水平提高程度的反馈以及学校与企业受益程度等信息的反馈。同时要树立社会中介机构评估反馈权威，建立科学、合理的评价指标体系，并加强其评价过程的监督与规范，建立社会评估机构资格认证标准与体系，保证其评价的客观性和反馈的真实性。此外，要充分利用互联网这一现代信息平台，对外宣传合作案例、合作成效、合作成果，提高合作文化的社会认同度，激发全社会支持产学研合作教育的责任意识，并将合作成效作为合作方资源配置、经费资助、财政支持、税收优惠等激励政策实施的重要依据和促进高校、企业、科研机构合作的支持手段。

参考文献

[1] 陈六一.产学研合作教育的现状及其动力机制的建构[J].中国高教研究,2011(3):77—79.

[2] [美]伯顿·克拉克.高等教育新论——多学科的视角[M].王承绪,徐辉,郑继伟,等,译.杭州:浙江教育出版社,2003.

[3] 刘巧云,王生雨,丁敬敏.产学研合作教育的国内外比较研究[J].职业教育研究,2006(11):5—6.

[4] NSF. I/UCRC Model Partnerships[EB/OL].[2015-09-10]. http://www.nsf.gov/eng/iip/iucrc/index.jsp.

[5] 罗道全.国外高校产学研合作教育的经验与启示[J].北京高教,2007(11):62—64.

[6] 刘锡田.制度创新中的交易成本理论及其发展[J].当代财经,2006(1):23—26.

[7] 马永斌,王孙禺,刘帆.美、英、日大学—政府—企业合作模式对比与分析[J].清华大学教育研究,2010,31(1):71—76.

[8] 陈竞蓉.发达国家产学研合作教育的发展模式及启示[J].长江大学学报,2007(5):129—131.

[9] 蓝晓霞,刘宝存.美国政府推动产学研协同创新的路径探析[J].中国高教研究,2013(6):64—68.

[10] 罗道全.国外高校产学研合作教育的经验与启示[J].北京高教,2007(11):62—64.

[11] 黄庆德,戴强,胡登峰.基于政府角色定位的我国产学研合作促进机制研究[J].科技进步与对策,2012(22):137—139.

[12] 郭晓东,马利邦,张启媛.基于GIS的秦安县乡村聚落空间演变特征及其驱动机制研究[J].经济地理,2012(7):56—62.

[13] [17] 廖奇云,陈安明,雷振.美国合作教育的典范——辛辛那提大学职业实践计划[J].高等建筑教育,2008(4):9—12.

[14] [16] 霍红豆.美国高等学校"产学研合作教育"研究[D].辽宁师范大学,2010:

16—18.

[15] BENJAMIN F·BLAIRE erc. The Impact of Cooperative Education On Academic Performance and Compensation of Engineering Major[J]. Engineering Education，2004(5):333—337.

产学研合作教育的项目化驱动机制研究

——基于新建本科院校视角①

段丽华②

摘　要: 产学研合作教育是新建本科院校有效整合社会资源,提升应用型人才培养质量,建设应用型师资队伍,形成服务地方办学特色的重要选择和强力支撑。本文以新建本科院校为视角,以产学研合作教育项目为基点,研究以目标为引领、以激励为手段、以成果为导向的项目化驱动机制,包括合作、管理、运行、评价、奖励等制度体系,以期对新建本科院校突破产学研合作教育难点提供参考。

关键词: 新建本科院校;产学研合作教育;项目化;驱动机制

目前,我国把"应用型高校"作为地方本科高校转型发展的方向,并写入了 2015 年国务院政府工作报告和教育部牵头起草的《关于引导部分地方普通本科高校向应用型转变的指导意见》,引领地方高校"探索应用型(含应用技术大学、学院)发展模式"[1]。新建本科院校具有地方性、应用性的特点,其人才培养定位于应用型。应用型人才具有鲜明的技术应用性特征,强调面向社会和生产一线,具备知识的综合应用能力、实践组织能力和应用研究能力,产学研合作教育既是高等教育主动适应社会而进行的实践教育教学改革的重要举措,也是新建本科院校充分利用社会教育资源提高教师实践教学和学生实践应用能力,服务地方经济发展的有效途径。然而,在产学研合作教育工作的开展过程中,新建本科院校普遍存在"推动难、管理难、评价难"的难题,符合新建本科院校产学研合作教育工作实际和发展需要的制度体系几乎空白。为此,研究以目标为引领、以激励为手段、以成果为导向的产学研合作教育驱动机制,是新建本科院校亟待解决的问题。

①　2013 年浙江省高等教育教学改革研究项目(JG2013197)成果,发表于《万里学院学报》2016 年第 6 期。

②　段丽华,宁波大红鹰学院地方服务与合作处处长、副研究员,主要从事产学研合作与高等教育管理研究。

一、产学研合作教育内涵理解

产学研合作教育发轫于英美,兴盛于欧洲,对推动高等教育从理念到模式的重大变革、促进应用型高等教育大发展发挥了重要作用。合作教育的理念由美国辛辛那提大学赫尔曼·施奈德教授于 1906 年率先提出,1946 年,美国职业协会又发表了《合作教育宣言》,提出将理论学习与实际工作经历结合起来的教学模式,从而使课堂教学更加有效。后经过不断丰富和完善,最终形成了"产学研合作"的教育模式[2]。

目前,美国、英国、德国、日本等主要发达国家在产学研合作教育的体制创新、模式构建、制度设计以及合作机制等方面都做了有益探索。如美国"辛辛那提"产学研合作教育模式中的职业实践计划(Professional Practice Program),通过建立目标引领、组织保障和评价反馈的动力机制、保障机制和反馈机制,有力驱动了职业实践计划的发展,并成立了职业标准审查委员会(Professional Standards Review Committee),担负起监督计划实施质量和评价实施成效的职能,形成有效的成果评价、成效反馈机制[3]。20 世纪 70 年代,英国设立的教学公司项目和沃里克产学研合作教育模式,通过市场机制使学界和业界之间建立起比较稳固的合作关系;同样,德国作为世界上最早开展职业教育的国家之一,在20 世纪 70 年代,德国教育改革将所有工程师学校升格为应用科技大学,结果在就业系统中出现了人才断层或"能力缺口",即缺乏具有较强实践应用能力的高级管理、技术和服务人才。随着经济社会对高技术人才需求的增长,巴登—符腾堡州州立双元制大学(DHBW)等一批校企合作的"双元制大学"应运而生,在创新驱动产学研合作教育中取得了成功的经验[4]。

近年来,我国产学研合作教育领域也在积极借鉴国外发达国家的先进经验和运行模式,政府积极倡导产学研协同创新,开展应用技术大学建设试点工作,希望企业、高校、科研院所三者之间高效互动,建立以企业为主体、市场为导向、产学研相结合的技术创新体系,并通过产学研合作教育模式改革,提高人才培养质量,服务经济社会发展,提高高校在国家科教兴国、人才强国战略中的贡献度。

综合来看,产学研合作教育形式多样,有"3＋1"模式、"订单式"模式、工学交替模式、项目合作模式等;合作内容也丰富多样,有合作办学、合作育人、合作开展应用研究、合作就业、合作开展大学生创新创业等;合作目标也不尽相同,有人才战略协同、资源共享、项目共建、信息互通等。相关研究表明,经产学研联合培养的学生在专业技能、适应能力、沟通能力等方面都有较好的表现。然而,相对于实力较强的老牌应用型高校,新建本科院校开展产学研合作教育普遍表现出的困难和顾虑较多,动力不足,成效不理想。因此,有必要从战略层面对新建本科院校开展产学研合作教育的需求动因进行解析。

二、产学研合作教育需求动因解析

产学研合作教育是实现合作各方共赢发展的平台,对于新建本科院校而言,有其自身的合作需求动因。

(一)目标定位的职业性驱使

新建本科院校均为地方院校,应当立足地方,融入地方,服务地方,回报地方。当前,我国中小企业快速发展,产业转型升级正渐趋深入,"大众创业、万众创新"已在大学生中形成热潮,使社会对应用型人才的需求空前迫切。产学研合作教育可以使学校更深入地了解地方产业布局及企业用人需求,在应用中找准市场定位、人才培养方向定位和细分层次定位,有利于新建本科院校培养满足市场需要的应用型人才,满足企业需求,提高培养质量,促进学生就业,实现办学目标。

(二)人才培养及其师资队伍的二元性结构需求

新建本科院校师资力量相对紧缺,结构上以青年教师为主,结合生产实际的实践教学经验不足。产学研合作教育可以引入行业专家或企业高级技术人员补充师资,构建应用型教学团队,共同开发应用型课程,将行业发展的前沿动态、企业的大量真实案例和项目带入课堂,这既可培养学生的实践能力,又可提高教师团队的实践教学水平。

(三)教学过程、教育资源的合作性特点

新建本科院校在实验室建设方面多处于初建阶段,产学研合作教育可以充分利用社会资源,在校内与企业共建实验室、工作室,在企业建立校外实习实训基地、大学生创新创业园等,通过产学研合作教育平台,实现与企业、科研院所资源、信息共享,使人才培养的整体成本降低,与各方共同学习和创新的机会增加,或与企业联合向地方政府申报产学研合作教育相关项目支持等,有效弥补新建本科院校资源不足问题。

(四)科研提升及社会服务属性要求

新建本科院校多数只有十余年的办学历史,刚刚进入发展的成熟阶段,教师的科研意识和科研实力相对薄弱,这对师资队伍的目前成长和长远发展都非常不利。产学研合作教育可以使教师融入企业科研团队之中,对接市场需求,参与技术创新和项目研发,在学习中服务,在服务中提高,使教师的科研能力逐步提高。

综上所述,产学研合作教育是新建本科院校应用型人才培养的必然选择,也是由新建本科院校共同属性和需求所决定的。厘清思路,明确目标,创新机制,协同推进,是新办本科院校有效整合社会资源、提升应用型人才培养质量、建设应用型师资队伍、形成服务地方办学特色的强力支撑。

三、新建本科院校产学研合作教育驱动的特殊性

资源不足、积累有限的新建本科院校,开展产学研合作教育的意愿正不断增强,并有了一些有益尝试和成效,但在具体项目的推进过程中,存在诸多值得重视并亟待解决的现实问题。

从外部环境来看,多数企业和科研院所以在短期内获得最佳经济效益为根本目的,与新建本科院校开展合作教育积极性不够高;政府对产学研合作教育的宏观调控、配套政策、财政资助力度不够,主导作用不够明显[5]。以高校自身视角分析,主要存在以下问题:

在教育理念上,由于新建本科院校师资力量欠缺,课堂教学任务较重,对产学研合作

教育认识不到位,只是作为人才培养的适当补充,务虚强调多、务实支持少,未能形成开放办学的合作氛围。

在制度建设上,绝大多数新建本科院校尚未从顶层设计方面来研究建立产学研合作教育的专项制度体系,表现在:一是合作主体不明确,工作机制不健全。产学研合作教育多针对分院或专业,参与成员范围广、变动性大,职责不易厘清;绝大多数高校相关管理制度多为科研经费管理,忽视了工作机制建立。二是合作管理不到位,保障机制不健全。对合作形式的关注大于对合作内容的落实和合作过程的管理;资源调动保障不到位,协同力度不足。三是合作绩效不清晰,评价机制不健全。对合作具体项目的推进成效评价激励未能及时到位,导致学校层面对开展合作的积极性较高,但基层教师积极性较弱;合作初期的积极性较高,后续深入推进落实的积极性较弱。

在管理规范上,多数新建本科院校产学研合作教育没有设立专门管理机构,而是由不同职能部门代管,缺少专职专责、统筹协调、管理保障。

上述问题的解决,一方面需要当地政府、企业和科研机构放眼长远,与高校协同创新,共同培养应用型人才;另一方面更需要新建本科院校寻找自身内生动力,根据本校产学研合作教育工作的实际和发展需要,以制度建设为切入点,从产学研合作教育项目的责、权、利落实入手,建立科学、严谨、可操作性强的产学研合作教育驱动机制,调动起二级学院和广大教师拓展项目、参与合作的积极性、主动性和创新性,促进产学研合作教育持续健康发展。

四、产学研合作教育驱动机制建立

驱动机制主要由作为动力源的驱动者、承载驱动的受动者以及连接驱动者和受动者的动力传输渠道与评价反馈体系等要素构成[6]。产学研合作教育驱动机制的建设应是一项自上而下的系统工程,是实现产学研合作教育项目长效良性运行的关键内容。

(一)合作驱动机制

产学研合作教育能否取得成效,取决于合作能否满足各合作主体的利益诉求。为此,合作机制的关键要找出产学研合作各方的最佳利益契合点,明确合作各方的权利与义务。

新建本科院校在与企业、科研机构开展产学研合作教育的过程中,应当本着为应用型人才培养服务的根本宗旨,明确产学研合作要以提升应用型人才培养水平为主要目的,紧密结合区域经济结构特征和发展需求,为深化教育教学改革、构建服务型教育体系打造良好平台。

在合作的准备阶段,新建本科高校要强化市场意识,重视企业需求,遵守优势互补、互利共赢、注重实效、共同发展的合作原则,结合自身优势学科、优势专业,努力拓宽合作范畴,扎实推进产学研合作向政校企多元合作、产学研用紧密结合、社会效益和经济效益同步提高的方向持续、纵深发展,以服务求支持,以贡献求发展,实现新建本科高校与合作各方的共同发展。

在合作的运行阶段,新建本科高校要加大合作模式与合作机制的创新力度,积极探索市场机制主导的资源互用、责权明确、利益同享、风险共担的紧密型校企合作新途径、新模式,构建"以产权或资金为纽带""技术、资金、人才三位一体""产学研一体化""以企业为主"等长期、稳定、紧密、多元的校企合作关系,通过各个具体合作项目,与企业结成事业发展共同体和利益共同体,强化企业在产学研合作教育中的主体地位和主体作用,促进产学研深度合作的特色项目的落地与深化。

(二)管理驱动机制

完善的产学研合作内部管理机制是明晰产学研合作教育项目管理责权问题的根本,是合作项目开发、实施的保障和决定管理功效的核心。建立实施分级、分类、分层管理机制,有利于新建本科院校推进产学研项目有效实施。

1.项目权责分级管理

产学研合作教育驱动者与受动者为了保障教育目标的实现,需要建立完整的动力有效传输体系,即服务、管理、资源配置等保障体系。学校层面首先应建立并完善校、院两级职责分明、整体配合、共同推进的产学研合作教育工作体系:一要明确学校分管领导,成立产学研合作教育工作领导机构,设立相应的常设职能部门,专门负责产学研合作的制度建设、日常管理、资源引进、外联对接,为二级学院产学研合作教育工作提供服务保障;二要明确学校与二级学院在产学研合作教育工作中的不同定位与职责,校级层面加大在协调保障、过程督查、目标考核、评价激励等方面的工作力度,二级学院在联系企业、引进项目、组织实施、模式创新、成果利用方面发挥主体作用。

2.项目实施分类管理

产学研合作教育的具体项目应实行分类管理,一般项目可由二级学院组织实施;重点项目或跨学科、跨分院的项目由学校负责组织协调,二级学院负责实施;重大项目或涉及人财物等重大投入、合作各方采取股份制合作的项目由学校组织实施,二级学院参与。

3.项目审批分层管理

由于新建本科院校产学研合作教育的开展尚处于较低层次,对合作协议的法律意义还未引起足够重视,规范性、严谨性、专业性的把握不到位,为此,需要履行严格的审核、审批程序,既要尊重二级学院的主体地位,照顾到其开展项目的便捷性,又要保障学校的利益,避免造成经济和声誉的重大损失。可采取分层审批管理机制,如加盖二级学院公章的一般合作项目,合作协议由二级学院自行审核把关,全面负责合作过程与结果;加盖学校公章的合作项目,合作协议须报学校分管职能部门审核备案,分管校领导审批;重点项目和重大项目则需由产学研合作领导小组审议,报请校长办公会议批准。

(三)运行驱动机制

运行机制是引导和制约决策并与人、财、物相关的各项活动的基本准则及相应制度,建立一套协调、灵活、高效的运行机制,有利于保证工作目标和任务的实现。在产学研合作教育过程中,运行机制的建立与明确,是充分发挥合作主体的自主意识和责任意识,确保合作项目有效运行的关键。

1.明确主体

学校的参与主体和服务对象的最终落脚点是二级学院,因此在产学研合作教育工作中必须突出二级学院的主体地位和作用,实行二级学院院长负责制,同时还应配备专门负责产学研合作教育工作的专职负责人,组织协调所在院系产学研合作的全面工作。产学研合作教育具体项目的管理,一般项目由二级学院自行审核把关,组织实施,全面负责合作过程与结果;涉及学科交叉、需由两个或多个二级学院、部门共同配合完成的项目,应成立项目联合小组,确定牵头的二级学院及项目负责人,统一协调项目实施中的各要素,以确保项目的正常运行。

2.项目化管理

项目化管理可以强化产学研合作教育项目的落地管理、过程管理和结果管理。在项目准备阶段,可以实施项目负责人制和项目计划启动机制,为项目组建团队、调配资源,明确项目实施内容及阶段性推进目标;在项目推进阶段,可以实施项目过程跟踪机制,及时掌握合作过程中出现的问题,加强项目自查、专项检查、过程跟踪等环节的管理;在项目取得成果阶段,可以实施项目节点、结果评价奖励机制和重点项目案例评选奖励机制,通过系统的制度执行,促进产学研合作教育最大限度地得到落实,抓出成效,实现目标。

3.教学协调

产学研合作教育最基本特征的是一种人才培养模式,即充分发挥学校、企业和研究院所在人才培养方面的独特作用,从而提高应用型人才培养质量,服务经济社会发展,为此,产学研合作教育的教学组织和运行是其根本落脚点。校企联合培养的多样化人才培养模式,使其教学形式、教学内容、教学方法均随之产生了变革,产学研合作教育需要在教学进度安排、组织安排、时间安排等方面配合学生的企业实践,增强教学管理的弹性和灵活性,对参与产学研合作教育的专业,教学计划实行差异化管理,教学运行实行柔性化管理,考核方式增加过程评价,实行多元化管理,以保障产学研合作教育中应用型人才培养的差异化需求。

4.资源保障

作为新建本科院校,二级学院深入企业开展合作困难是比较多的,需要学校层面给予有力的资源扶持。一是可以根据二级学院的专业类别和产学研合作教育的开展情况,划拨专项资金,作为推动产学研合作教育工作的启动经费;二是加大二级学院与职能部门间的组织协调力度,在教学、科研、师资、设备、资金、场地等方面对产学研合作教育项目的开展提供资源保障和强力支持,以提高合作项目的进度和效率。

(四)评价驱动机制

随着产学研合作教育的深入,合作成效、合作成果逐步显现,成效评价、成果分享成为驱动者与受动者共同关注的焦点,也成为持续推进产学研合作教育的动力源泉。因此,成效评价反馈机制的建立成为驱动者与合作各方的现实利益诉求。评价机制主要是对运行机制的建立、实施进行评估与反馈,只有通过有效的评价机制,才能够检验产学研合作教育项目的合作模式正确与否、效率快慢、效果好坏、效益高低以及成熟度如何,形成"实施—评价—改进—深化"的良性循环,同时为参与产学研合作教育项目的专业和教师的奖励提供依据。

新建本科院校应当以学校发展目标为指向,围绕应用型人才培养成效、科研产出成效和社会服务成效建立产学研合作教育评价指标体系,根据争取和激活校内外产学研合作教育的资源、规模、过程和实施效果等要素研究设定评价指标权重,采取"过程评价与成果评价相结合,以成果评价为主;定性评价与定量评价相结合,以定量评价为主"的原则,实现项目过程性成果评价激励与整体性评价激励的有机结合。

评价指标体系的建立、具体指标的确定以及指标权重和该因素的得分设定是否科学，关系到产学研合作教育成果的评价合理与否、评价结果起到正激励还是负激励作用。新建本科院校可以采用"德尔菲法"，由产学研合作教育相关领导、专家、企业及专业教师代表、相关职能部门负责人等组成专家组，依据德尔菲法系统程序，采用匿名发表意见的方式，多轮次调查专家的看法，通过反复征询、归纳、修改，最后对评价指标汇总出基本一致的意见。同时，评价指标在使用过程中要注意根据遇到的实际问题进行阶段性动态调整，不断完善，以此确保成果评价指标设计科学细化，符合学校发展的阶段性目标需求；成果评价指标权重合理精确，符合新建本科院校自身的发展现状和教师的创新付出，促进产学研合作教育不断推进升级。

1. 过程考查评价机制

产学研合作教育项目的过程考查也可以分层分类实施，校级项目由学校企业合作领导小组组织考查评价，一般项目可由二级学院组织考查评价，主要考查项目团队组成情况、资源整合投入情况、合约履行情况、项目推进及阶段性成果产生情况等。过程评价应以定性评价为主，考查结果可按一定比例上下浮动计入成果评价。

2. 成果评价考查机制

成果评价对象为该学期完成的产学研合作教育项目（结果评价）或长期合作项目中该学期完成的阶段性合作成果（节点评价）。成果评价流程务必公正民主，集合成果关联各部门的考查评价意见；成果评价应以定量评价为主，可采用业绩分制计算贡献度。

(五)奖励驱动机制

1. 奖励的时效性

对于教师可以广泛引进参与、阶段性成果量化显见的产学研合作教育项目，奖励要坚持以成果为导向，注重时效性，将产学研合作为平台，在应用型人才培养、实验室及实习基地建设和利用、应用技术研究和开发以及服务地方经济建设等方面取得的每一点成效均按评价指标及权重做出量化评价。评价工作要每学期定期开展，并依据合作项目所获得的总业绩分折算奖励额度，及时进行基本奖励。

2. 奖励的示范性

对在合作模式、合作机制、合作方式等方面有突破和创新，可以产生引领和示范作用的重大产学研合作教育特色项目，要突出示范性，既要扶持培育也要评价奖励，可每2—3年进行一次评选和重点奖励，并作为特色案例进行宣传，发挥重大项目的示范引领作用。

3. 奖励政策的配套性

一方面，产学研合作教育项目的成果评价及奖励必须直接奖励项目团队教师，以调动基层广大教师参与产学研合作教育的主动性和积极性；另一方面，产学研合作教育的奖励机制需要与学校各条线政策相互衔接、配套与融合，纳入教师绩效考核、工作量计算、职称晋升、评优评先等相关领域，使内部推动力和外部推动力形成合力，激活各个层面和广大教师参与产学研合作教育的内在动力，促进新建本科院校在应用型高校建设中实现螺旋式上升。

参考文献

[1] 刘彦军.地方本科高校转型发展模式研究[J].中国高等教育,2015(10):82—86.

[2] 赵伟.基于产学研合作人才培养模式的探索与研究[J].北京教育(高教),2013(2):76—77.

[3] 廖奇云,陈安明,雷振.美国合作教育的典范——辛辛那提大学职业实践计划[J].高等建筑教育,2008(4):9—12.

[4] 任晓霏,戴研,莱因霍尔德·盖尔斯德费尔.德国双元制大学创新驱动产学研合作之路——巴登—符腾堡州州立双元制大学总校长盖尔斯德费尔教授访谈录[J].高校教育管理,2015(5):5—8.

[5] 孙健.广东省地方本科院校产学研合作教育的现状、问题与对策[J].中国高教研究,2011(4):58—61.

[6] 段丽华.国外应用型大学产学研合作教育的驱动机制[J].高教发展与评估,2016(3):82—90.

创新"双院制"模式，探索紧缺高素质应用型
人才培养机制与路径[①]

刘　莉[②]　张洪君　李　繁

摘　要：大学特色对大学的生存和发展至关重要，大学的本质功能决定了大学特色的核心，表现为学科专业特色。地方本科院校在准确把握特色发展内涵的基础上，把服务区域经济作为特色发展的实现路径。宁波大红鹰学院创新"双院制"（传统学院与特色学院形成"双院"协同）模式，建立"四共""三型"运行机制，探索对接区域支柱、新兴产业，培养新经济、新业态紧缺高素质应用型人才。

关键词：双院制；应用型人才；培养机制；路径

大学的本质功能决定了大学特色的核心，表现为学科专业特色，一流的大学必有一流的学科专业。《国家中长期教育改革和发展规划纲要（2010—2020 年）》明确提出，高校要合理定位，克服同质化倾向，形成各自的办学理念和风格，在不同层次、不同领域办出特色、争创一流。地方本科院校特色发展必须在深刻而准确地把握自身特色发展内涵的基础上，科学定位，顺势而为，扬长避短，错位竞争，把服务区域经济作为特色发展的实现路径。宁波大红鹰学院创新"双院制"模式，明确"双院制"目标定位、运行机制；着重解决如何创新办学体制机制，如何促使校企合作，产教深度融合，如何集聚资源，培养应用型师资队伍等问题；对接区域支柱、新兴产业，探索培养特色紧缺高素质应用型人才的路径。

一、"双院制"内涵及其模式

新经济的快速发展亟须大量紧缺人才，对人才规格和质量也提出了新的要求。地方高校在办学过程中，还存在着人才规格和标准与社会需求脱节，校企合作模式单一、效率低下以及应用型师资短缺等瓶颈。面对这种困境，宁波大红鹰学院以"双院制"模式改革为突破口，创新应用型人才培养路径，实现人才培养与产业发展对紧缺人才需求的有效契合。

---

① 本文发表于《教育教学论坛》2017 年第 8 期。

② 刘莉，宁波大红鹰学院教授，硕士，主要从事国际贸易、教育教学研究。

（一）"双院制"的概念

传统学院设置是按照一级学科和专业类别划分的二级学院。

特色学院是指依托传统学院，融合相关学科专业，以特色专业（方向）或专业群为载体，与企业合作开展新产业、新业态应用研究和紧缺人才培养的新型学院。

传统学院 ＋ 特色学院 ＝ "双院制"。传统学院与特色学院实行"双院"协同。

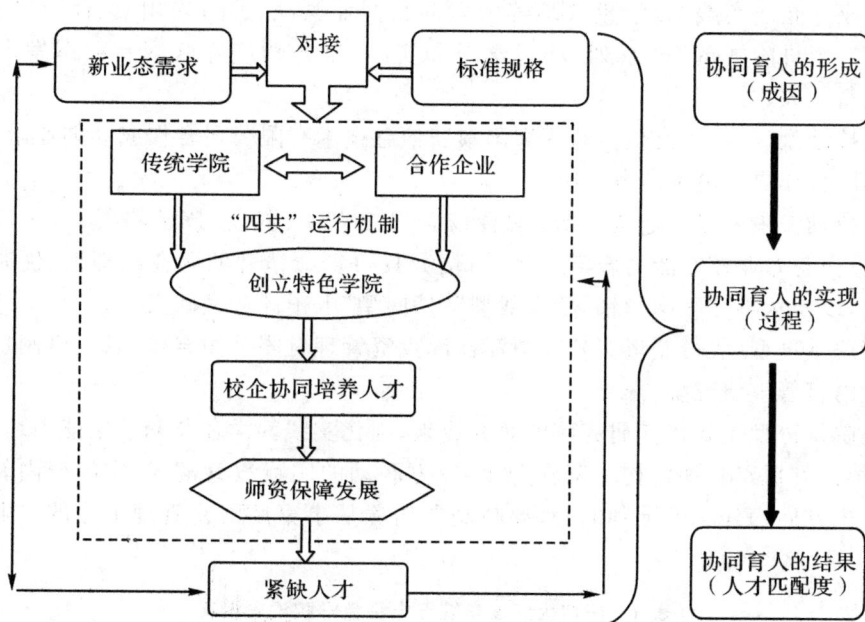

图1 传统学院与特色学院形成"双院"协同

（二）"双院制"的特征

宁波大红鹰学院创新"双院制"协同模式，其特征有"四共"：人才共育、过程共管、成果共享、责任共担。

人才共育：合作企业提供前沿技术、资金信息、技术人员、实验项目、实践基地，负责应用型人才培养的专业核心课程教学、特色课程与教材开发；传统学院提供学科专业支持、应用型师资、基础课程与实验室、教学管理与质量保障等，负责对新产业、新业态紧缺人才实施专业基础课教学。

过程共管：校企联合设立特色学院理事会，实行理事会领导下的院长负责制，理事会负责重大事项决策及资源链接引入，理事由企业、学校高层、传统学院院级领导共同担任；设立由企业、传统学院和特色学院三方人员共同组成的优秀管理团队，负责推进日常教学、专业建设及师资建设等。

成果共享：合作企业分享学费、分享社会服务的收益、共享编制等学校特有的资源；传统学院和特色学院分享企业资源、企业声誉等。

责任共担：建立由市场机制主导，针对合作企业、传统学院和特色学院三方的监督约束机制，明确权责，风险共担。

(三)"双院制"的类型

根据现实需求及其合作模式,宁波大红鹰学院创新"双院制"模式分为三种类型。

项目推动型(项目制形式):与宁波市大宗商品产业联盟合作成立大宗商品商学院;与宁波维科投资发展有限公司合作成立微学院。

项目推动型主要依托企业项目,将企业运营实践融入人才培养过程,采用"理论讲授+专家讲座+企业实践"教学模式培养大宗商品产业紧缺人才;采用"微体验""微实践""微实战"三个进阶式的"微系列"项目学习和实践,培养顺应互联网新业态发展需求的"微"领域紧缺人才。

企业拉动型(产权或资金):与深圳国泰安信息技术有限公司合作成立创业学院;与北京慧科集团合作成立电子商务学院。

企业拉动型主要以企业为主导,融合校企双方人才、资金、技术等要素,实现理论教学、实训操作与专业核心能力教学一体化,培养具有创新精神的职业经理人、优秀民营企业接班人,以及从事互联网营销等"实战型""外向型"电子商务紧缺人才。

研究院推进型(股份制形式):与浙江蓝源投资管理有限公司合作,以股份制形式成立蓝源家族财富管理研究院。

研究院推进型主要依托研究院的研究成果,强化实践教学环节和学生能力培养,探索"学院+第三方财富管理机构+家族企业"三方联动的实践教育模式,实施校内教师和业界专业人士共同担任学生导师的"双导师制",培养从事家族财富管理工作的专业化紧缺人才。

表1　宁波大红鹰学院五个特色学院设置情况

设立年份	特色学院 (传统学院)	特色专业(方向) 传统专业	主要合作企业	合作形式
2011年	大宗商品商学院 (金融贸易学院)	大宗商品交易 (国际经济与贸易)	宁波市大宗商品 产业联盟	项目推动型 (项目制形式)
2013年	创业学院 (工商管理学院)	创业管理 (工商管理)	深圳国泰安信息技术 有限公司	企业拉动型 (产权或资金)
2013年	家族财富管理研究院 (财富管理学院)	家族财富管理 (财务管理)	浙江蓝源投资管理 有限公司	研究院推进型 (股份制形式)
2015年	微学院 (信息工程学院)	社交网络及应用 移动电子商务 (信息管理与信息系统)	宁波维科投资发展 有限公司	项目推动型 (项目制形式)
2015年	电子商务学院 (电子商务学院)	互联网营销 (电子商务)	北京慧科集团	企业拉动型 (产权或资金)

二、创新"双院制"协同模式的探索与实践

凝聚优质教育资源,设立专业特色学院,是高校主动融入区域自主创新体系和国家创新型城市建设的机会和挑战。创新"双院制"协同模式,要坚持需求导向,合理构建应用型学科专业体系;顺应区域新经济、新业态、新技术发展态势,加强特色学科专业建设。

(一)坚持需求导向,合理构建应用型学科专业体系

在学科定位方面,特色学院虽然面向培养特定行业的专门人才,但战略性新兴产业需要具有多学科交叉知识的创新型人才。因此,学科定位要走"重大需求与学术前沿综合引领下的多学科交叉融合"之道,从而形成服务于区域战略性新兴产业所需的特色学科群。建设起始阶段要以重点学科为依托,在核心特色专业的基础上,实现多方向的交叉、延伸和融合,形成新的学科增长点,建设特色专业,逐步构成特色学科专业群。

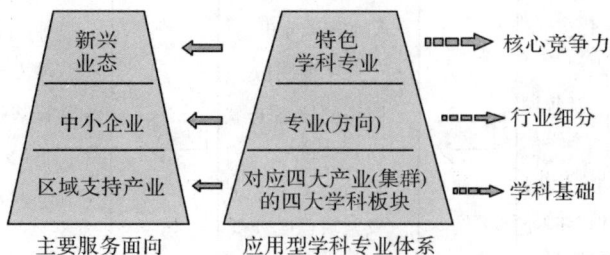

图2 构建应用型学科专业体系

(二)顺应区域新经济、新业态、新技术发展态势,加强特色学科专业建设

特色学院建设,是区域提升自主创新能力、建设国家创新型城市的重大举措,是向战略性新兴产业输送生力军的最直接途径,是增强高校为区域经济社会发展服务能力的内在要求。特色学院建设要与特色产业发展相契合,符合"面向国民经济和社会发展的重大需求,重点发展现代服务业、战略性新兴产业、社会建设"等要求。特色学科专业的选择对应区域着力发展的信息技术、生物技术、新能源、新材料、金融、装备制造等特色产业。

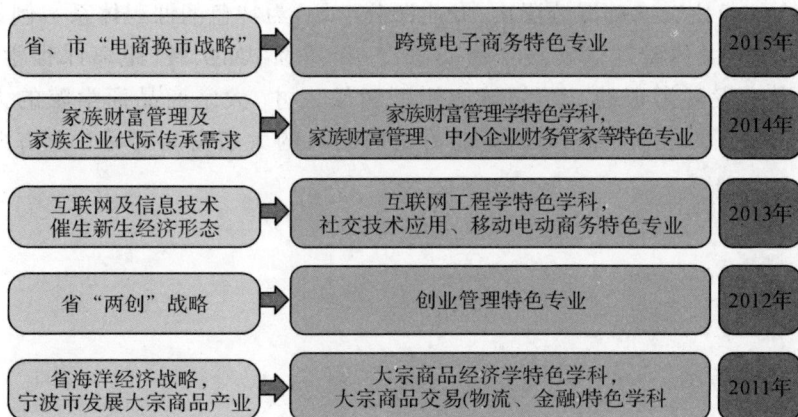

图3 顺应区域经济发展加强特色学科专业建设

三、创新"双院制"模式的路径选择

如何创新办学体制机制？如何促使校企合作、产教深度融合？如何集聚资源，培养应用型师资队伍？如何使人才培养更加适应社会需求？如何提高服务地方经济社会发展能力？宁波大红鹰学院创新"双院制"模式，走"多学科交叉融合"之路，形成服务于战略新兴产业所需特色学科专业群，探索多样化的紧缺人才培养模式改革。

(一)共同制定紧缺人才培养标准

成立理事会领导下实体运作的专业建设委员会，人员由传统学院、特色学院、相关企业专家三方组成，与新业态对接，共同制定紧缺人才培养标准。学生的毕业能力要以企业岗位职业标准要求，以行业认证考核为标准。

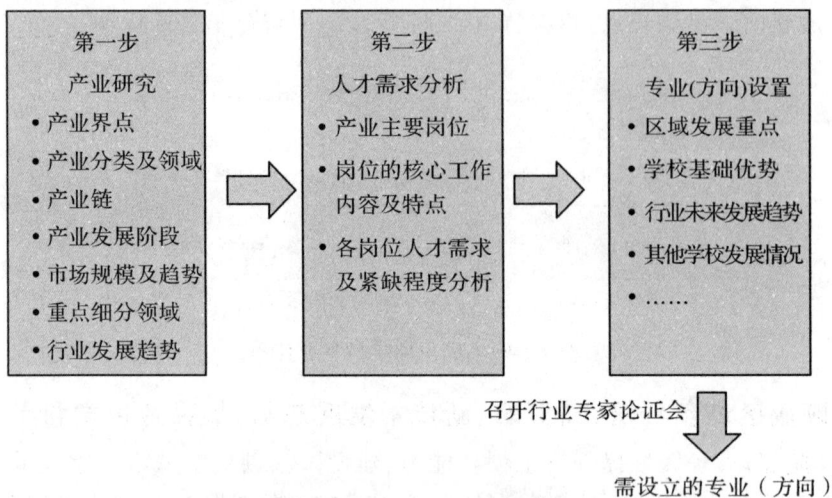

第一步 产业研究	第二步 人才需求分析	第三步 专业(方向)设置
• 产业界点 • 产业分类及领域 • 产业链 • 产业发展阶段 • 市场规模及趋势 • 重点细分领域 • 行业发展趋势	• 产业主要岗位 • 岗位的核心工作内容及特点 • 各岗位人才需求及紧缺程度分析	• 区域发展重点 • 学校基础优势 • 行业未来发展趋势 • 其他学校发展情况 • ……

召开行业专家论证会

需设立的专业（方向）

图4 校企合作共同制订紧缺人才培养方案实施步骤

(二)共同完善人才培养方案

制订专业特色人才培养方案，兼顾"全局性、综合性、总体性"原则；建立"基础统一，方向自选""层次＋模块"（基础课分层次，专业课分模块）为特色的课程体系。例如：

微学院通过"微体验""微实践""微实战"三个进阶式的"微"距离课程学习，培养顺应互联网新业态发展需求的"微"领域应用型紧缺人才；大宗商品商学院的大宗商品交易特色专业形成了以行业标准和职业能力逆向制订的大宗商品交易专业方向人才培养方案。

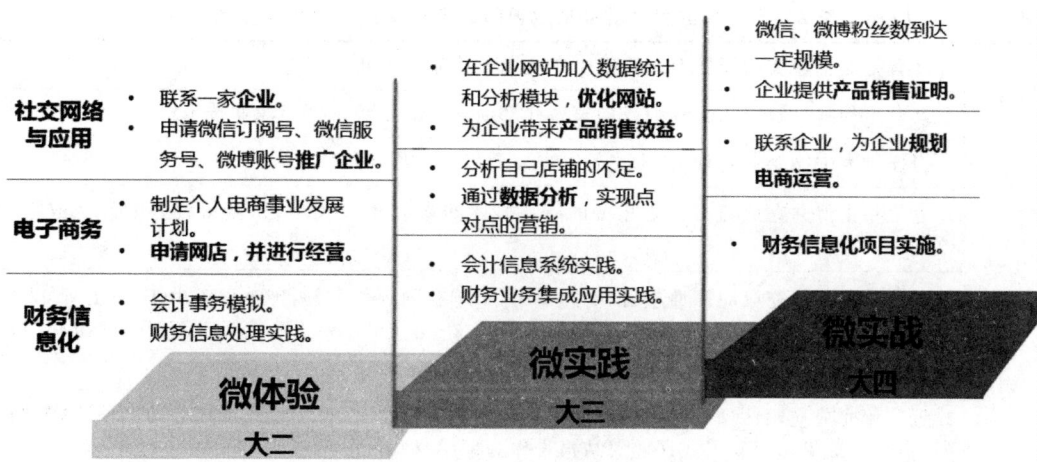

图5 校企合作开发应用型课程及项目——以微学院为例

（三）共同建设实习实训基地

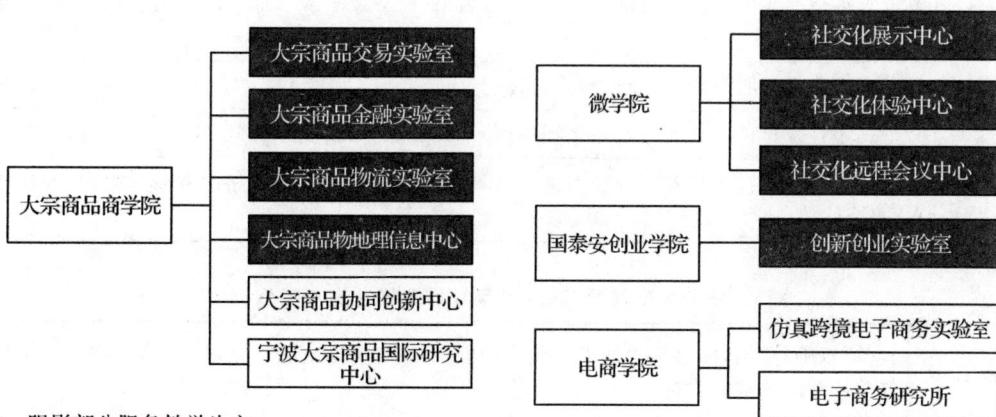

注：阴影部分服务教学为主

图6 特色学院设置研究院所及实习实训基地

例如，与企业共建共管大宗商品实验中心、电子商务运营实战室、社交网络及应用研究实验室等10余个，共同建设实习实训基地，提高学生综合实践能力。

（四）共建共用师资队伍

校企共建共用师资，建立双向流动机制，建立应用型教师队伍发展体系，解决紧缺人才培养过程中师资短缺的瓶颈问题，出台《应用型课程与应用型教学团队管理办法》《应用型教师资格认定与考核办法》，提出由有应用教学、应用技术和应用研究三个类型，准入、初级、中级和高级四个层次构成的"三类型、四层次"应用型教师队伍发展体系。

制定和完善《教师参加社会、企业实践管理办法》《兼职教师管理办法》等，坚持教师到企业挂职制度化和企业进校指导常态化；校企师资共建教学团队，实施紧缺人才的专业核心能力教学。

表2 宁波大红鹰学院应用型教师认定基本标准和专业标准

基本标准	1.具有行业企业实践经历至少连续1年及以上或累计2年及以上
	2.具有工程师、经济师、会计师或国家人社部门认可的中级及以上职业技术资格
	3.担任过大中型企业管理、技术主管等中层及以上工作经历
专业标准	1.近三年主持并完成与本专业相关的解决技术难题技术攻关项目,获得较好的经济或社会效益
	2.近三年主持并完成应用性项目、横向课题,单笔合同到款金额:理工类不少于10万元,人文类不少于5万元;或总到款金额:理工类不少于20万元,人文类不少于10万元;或由政府部门出具证明,获得良好社会效益或运用成效
	3.近三年完成应用性项目或横向课题的过程中有学生参与,并使学生的实践应用能力得到提高(由学生提供参与项目或课题总结报告作为证明材料)
	4.近三年将应用性项目、横向课题、发明专利中部分或全部成果作为实践教学环节中的教学任务(内容),纳入应用型课程讲授
	5.近三年指导学生参加应用性学科竞赛(排名第一位)或本人参加实践应用技能大赛,且获得市级及以上奖励
	6.近三年取得发明专利,并经证明已转让
	7.近三年开发校外实训实习基地,经教务等部门验收,取得实际成效
	8.近三年非职务行为推荐并成功引进2名具备高级应用型教师资格的专兼职教师,并经用人单位确认

表3 宁波大红鹰学院《应用型教师资格认定与考核办法》

内涵定义	具备"双师"资格,能够培养学生实践应用能力,能够解决政府、企业的实际问题,产生经济效益或社会效益的教师。			
认定条件	"双师"证书、"准入标准+专业标准"等11个维度的认定标准			
分层分类及津贴标准	层级设置	津贴标准	类型设置		

层级设置	津贴标准	应用教学型	应用技术型	应用研究型
准入	300元/月	应用教学为主,具备应用型教师的基本标准,且当前和未来从事专业课和专业基础课教学工作的教研岗教师	技术实践为主,具备应用型教师的基本标准,且当前和未来从事实践教学工作和社会服务为主的教辅岗教师	应用研究为主,具备应用型教师的基本标准,且当前和未来从事应用研究、社会服务为主的科研岗教师
初级	500元/月			
中级	800元/月			
高级	1000元/月			

聘期及考核	三年为一个聘期,按照专业知识、专业能力、专业素养、专业发展四个维度,制定科学细化的分类分层考核标准并实行资格津贴

(五)共同构建与行业能力、职业标准对接的课程体系

根据企业用人需求,将企业岗位能力标准纳入人才培养体系,结合专业能力、过程能

力、行为能力,形成高绩效的三位一体岗位能力模型。基于不同职位的能力标准,在不同能力层级上开发构建具有针对性的系列课程。

大宗商品交易特色专业与大宗商品领先企业共同制定职业标准,并将职业标准内嵌到核心课程体系设计。与产学研联盟企业共同组织教学团队进行大宗商品系列特色课程开发,目前已开发《大宗商品概论》《大宗商品物流》《大宗商品交易》《投资技术分析》《大宗商品采购与价格管理》《大宗商品经济导论》《大宗商品市场分析》《大宗商品电子交易市场案例分析》等十余门课程和教材。同时,在课程开发的基础上,研发制定了浙江省新职业标准——大宗商品交易分析师。

参考文献

[1] 项杨雪,等.基于价值创造的协同创新本质研究[J].科技进步与对策,2015(12):21—26.

[2] 陈永斌.地方本科院校转型发展之困境与策略[J].中国高教研究,2014(11):38—42.

[3] 钟玮.地方大学培养应用型人才协同创新模式研究[J].华南理工大学学报(社会科学版),2015(3):119—122.

[4] 王立斌.以协同理念创新机制努力提高应用型人才培养质量[EB/OL]. http://lgwindow. sdut. edu. cn/topic/tesemingxiao/news/34947. html.

[5] 汪伟.协同创新与创新人才培养模式改革研究[J].黑龙江高教研究,2015(7):47—49.

[6] 辛均庚.新建地方本科院校学科建设路径选择与发展趋势[J].高等农业教育,2013(12):46—49.

[7] 王玉玺,等.地方高校学科建设协同创新路径研究[J].中国成人教育,2014(15):152—153.

[8] 陈健.协同创新提升地方本科院校学科建设水平[J].中国高校科技,2015(10):38—39.

[9] 李祖超,梁春晓.协同创新运行机制探析——基于高校创新主体的视角[J].中国高教研究,2012(7):81—84.

[10] EgitaPetrova,Dace Jansone,VinetaSilkane. The Development and Assessment of Competencies in Vidzeme University of Applied Sciences[J]. Procedia-Social and Behavioral Sciences,2014:72—83.

[11] Robert Cowen. The Evaluation of Higher Education Systems[J]. Kogan Page Contributors,1996:152—153.

[12] David D,Wai Sum Wong. Global Perspectives on Quality in Higher Education[J]. Ashgate Publishing Company,2002:35—45.

[13] 王云儿.新建应用型本科院校以能力为导向的学生学业三维评价模式探析[J].教育研究,2011(6):102—106.

[14] 钱素平.试论新建应用型本科院校人才培养质量评价[J].黑龙江高教研究,2014(6):130—132.

［15］丁哲学,沈杨.关于应用技术大学人才培养质量雇主评价的思考［J］.教育探索,2015(6):72—76.

校企深度融合下应用型本科人才培养模式研究[①]

陈东华　　张翠凤[②]

摘　要：在毕业生就业质量视阈和应用型专业人才培养导向背景下，校企深度融合是培养新时期创新型、应用型人才的重要途径。本文通过问卷调查和实地访谈深入分析了校企合作的双方需求，从根本上探寻校企合作人才培养的动因和机理。在此基础上，提出了校企深度融合下应用型本科专业人才培养模式构建思路，即突出以学生为主体，高校、企业、政府三方联动的"三位一体"模式。最后设计了校企合作人才培养模式构建的激励机制和保障机制。

关键词：校企深度融合；应用型人才培养模式；激励；保障

《国家中长期教育改革和发展规划纲要（2010—2020 年）》指出：建立健全政府主导、行业指导、企业参与的办学机制，制定促进校企合作办学法规，促进校企合作制度化。2013 年教育部召开的三次重要会议主题重点突出建设现代职业教育体系，推进高等教育分类管理，加快地方高校转型发展，加快调整人才培养结构。

在这一时代背景下，加强校企合作，是培养新时期创新型、实用型人才的重要途径[1]。本文聚焦于校企深度融合下应用型本科专业人才培养模式构建研究，更可谓意义和价值重大。本文研究成果可以作为我院商科专业建设的重要支撑，也可以为浙江省乃至全国高校开展商科教育校企合作育人模式提供理论指导和实践参考。

一、校企合作人才培养的动因与机理

（一）校企合作人才培养过程中企业的需求

通过访谈校企合作企业（房地产开发公司、房地产代理公司），了解并收集校企合作人

---

①　浙江省商业经济学会课题"商业教育校企合作育人模式研究"（2014SJYB21）、浙江省社科联重点项目"小微企业和谐劳动关系构建研究：影响因素与干预政策"（2014Z019），发表于《哈尔滨职业技术学院学报》2016 年第 6 期。

②　陈东华，浙江工商大学博士研究生，宁波大红鹰学院工商管理学院讲师、经济师，主要从事民办高校营销与发展研究。

张翠凤，宁波大红鹰学院工商管理学院营销系主任、专业负责人、教授，主要从事市场营销研究。

才培养过程中企业的需求。校企合作人才培养过程中企业的需求如下:

1.企业目前亟须案场销售人才,缺口比较大,主要原因是案场销售人员流动性比较大。

2.亟须热爱房产销售、有潜力、可培养、可塑造的人才。

3.专业需求方面,倾向于招聘市场营销类专业或相近专业的大专或本科毕业生进行培养发展。

4.有意向从实习生中挖掘一批优秀的实习生进行重点培养发展。

(二)校企合作人才培养过程中高校的需求

通过走访我校及开展校企合作的兄弟院校,了解并收集校企合作人才培养过程中高校的需求。校企合作人才培养过程中高校的需求主要如下:

1.了解行业市场发展动态和人才需求,需要高校与企业密切加强合作。

2.满足行业、市场、用人单位的人才需求,用人单位需求有一定理论水平和实践经验的应用型专业人才;而校内缺乏应用型本科专业人才培养所需的实践教学资源和条件。因此,高校需要校外企业的实践教学资源。

3.校内缺乏应用型本科专业人才培养所需的应用型课程和应用型教学师资团队,亟须培育应用型课程与应用型教学团队。

(1)培育应用型课程要求高校与校外企业共同开发应用型教材;

(2)建设应用型教学团队要求高校培育应用型师资队伍,而应用型教师重点是突出教师的实践能力,这就要求教师下企业锻炼学习。

4.需要吸引校外企业行业专家进课堂,开展应用型课程授课或讲座。

二、校企深度融合下应用型本科专业人才培养模式的构建

(一)基于校企合作的应用型本科专业人才培养方案制订

人才培养方案是人才培养的关键[1][2]。在前期专业需求市场调查的基础上,学院组织学院专业建设委员会专家、市场营销系负责人、骨干教师、企业行业一线专家经过反复的论证撰写"房产营销应用型本科专业人才培养方案"。同时根据企业需求反馈每年进一步完善房产营销应用型本科专业人才培养方案。

(二)校企合作的实习基地、实训技能培训中心建立

校企合作实习实践基地、实训技能培训中心是培训高质量应用型本科专业人才的重要载体[3][4]。我院广泛与房产营销方向专业就业对口的房地产代理销售公司、房地产开发公司建立了深度合作的校企实习实践基地,校企双方都配有专门的部门和人员负责联系和接洽沟通,如企业方直接是企业高管副总分管负责校企合作,并配有专人负责日常联系和沟通;校方直接是分院分管教学的副院长、学校教务处副处长分管负责校企合作,并在各专业配有专人负责与企业方的日常联系和接洽。

根据市场营销专业就业岗位所需的专业技能配有需求,我院聘请校企合作企业专家参与,共建校企合作校内实训技能培训中心,如商务谈判实验室、模拟沙盘实验室、创业教

育实验室、网络营销实验室、房产营销案场等。

（三）校企结合的应用型师资队伍培育

培育校企结合的应用型师资队伍是培养应用型本科专业人才的关键所在[5][6]。近年来我院通过"请进来、走出去"双向流动途径大力培育应用型师资队伍。首先是大力聘请引进校外企业家进课堂讲座、企业专家兼职授课以及校企合作稳定的企业经理、主管组建校外专家讲师团进校企合作订单班开展讲座、授课等方式，如建立"华星房产班"，并聘请华星房产企业专家讲师团进课堂，校内师资协同授课或共同学习。其次是我院营销系每年派出年轻骨干教师进企业，企业给予安排岗位，教师在实践岗位上进行锻炼和学习。

（四）校企合作的应用型特色课程群开发

校企合作的应用型特色课程、实践教学项目、实践教学资源是培养应用型本科专业人才的重要保障[7][8]。而当前我国高校市场营销专业使用的教材大多与市场、企业所需的人才知识、技能脱节。为此我院近年来大力组织校内应用型师资、校企合作企业专家、行业协会专家共同编写极具特色的应用型本科专业教材、实践教学项目。如我院各专业编写系列的各专业综合实践实习模拟教材，营销系房产营销方向编写了校企合作的特色教材《房产营销综合模拟》，并计划着手编写贴近满足市场需求、企业用人需求的房地产营销系列特色校企合作教材，如《房地产经纪实务》《房地产营销策划实务》《房地产开发与经营实务》等系列特色教材。

（五）建立校企双方之间利益协调沟通机制

协调好校企双方之间利益关系是校企深度融合合作的基础和前提[9]。特别是作为校企合作的校方要主动关注、重视协调好校企合作人才培养过程中企业的需求以及企业的反馈，要妥善协调、解决好校企合作人才培养过程中企业的需求，如用人需求、育人需求等。在校企合作人才培养过程中，校方要密切关注学生的心理状态和需求，与校企合作企业指导教师保持密切联系，定时走访企业，通过座谈会等形式了解校企合作人才培养过程中企业的需求及其反馈。

针对校企合作人才培养过程中学生的心理状态、需求、反馈以及企业的需求、反馈，校方要积极主动地联系企业，与企业共同妥善解决，如召开校方分管教学、校企合作的副院长、教务处副处长、系专业负责人、系主任、骨干教师、学生代表、校企合作企业分管校企合作的高管副总、企业指导教师等相关利益群体的座谈会，建立校企双方之间利益协调沟通机制等。

三、校企合作人才培养模式构建的激励、保障机制设计

当前，校企合作大多停留在表面、停留在一纸文案合同，徒有形式，缺乏深入合作和融合。究其缘由，是缺乏校企合作的长效机制。而校企合作长效机制的构建是校企深度合作融合的保障和基石[9]。如何构建校企合作的长效机制呢？可以从校企合作人才培养模式构建激励机制和保障机制两方面进行设计。

（一）校企合作人才培养模式构建的激励机制

1.对企业方的激励。一是校方和企业方要共同妥善解决满足校企合作人才培养过程中企业的需求、反馈，特别是用人需求、育人需求。二是校方要聘请校企合作专家讲师团，并给予兼职授课或做讲座企业专家一定的津贴奖励。三是政府、行业协会、媒体等机构要给予校企合作企业方一定的宣传，特别是政府和行业协会要给予建立校企合作的企业方一定的政策支持。

2.对校方的激励。一是校方要给予校企合作人才培养过程中的校内联系负责人和指导教师一定的津贴奖励和肯定。二是政府、行业协会、媒体等机构要给予校企合作校方一定的宣传，特别是政府和行业协会要给予建立校企合作的校方一定的政策支持。

（二）校企合作人才培养模式构建的保障机制

1.校企双方构建信息沟通的长效机制[10]。校企合作双方要建立专门领导组织机构、专人负责校企合作有关事项，企业方高管副总分管校企合作，校方教学副院长分管校企合作，落实责任，分管到位，建立校企双方沟通机制，使交流机制常态化、信息化。

2.校方出台颁发一系列校企合作规章制度，以规范和推进校企合作。如《校企合作协议》《校企共建实习实践基地协议》《"应用型"教师培养与聘任协议》《"应用型"教师聘任考核协议》《企业专家、技术骨干聘任考核协议》《企业实践实习教学环节基本要求》《校企合作人才培养质量评价体系》《企业实践实习教学学生管理办法》《实践实习期间师生安全管理细则》《校企共建应用型特色教材及奖励办法》《校企合作考核及奖励办法》等。

3.政府、行业协会搭建校企合作交流平台。政府、行业协会要建立校企合作工作委员会搭建校企合作交流平台[11]。同时教育主管部门、人力资源和社会保障部门、行业协会、校企合作高校、企业建立校企合作理事会，形成政府主导、行业指导、校企融合的办学机制和氛围。

4.政府、行业协会、校企合作高校、企业共建各种职能委员会，进一步保障校企合作人才培养模式的构建[11]。包括专业建设指导委员会、实践实习指导教学委员会、应用型师资队伍培育与考核委员会、就业指导委员会等。

四、结语

校企深度融合是培养新时期创新型、应用型人才的重要途径。本文提出了校企深度融合下应用型本科专业人才培养模式构建思路，即突出以学生为主体，高校、企业、政府三方联动的"高校、企业、政府"三位一体模式[12]，并设计了校企合作人才培养模式构建的激励机制和保障机制。

参考文献

[1] 童卫丰.大学生创业教育的校企合作人才培养路径[J].江苏高教,2013（3）:133—135.

[2] 刘雪,胡玲玲.高校会展专业校企合作中人才定制培养模式研究[J].教育评论,2014

（10）：32—34.

［3］段丽娜.基于国际比较的职业教育校企合作研究［J］.教育与职业,2014（8）：20—23.

［4］明航.校企合作模式的国际比较［J］.教育与职业,2014（10）：12—14.

［5］马明飞,周华伟.国外校企合作职业型人才培养模式及其借鉴［J］.江苏高教,2013（3）：131—133.

［6］汪继耀,高先树.构建"一体两翼"校企合作人才培养新模式［J］.中国高等教育,2012（5）：46—47.

［7］宣丽萍,宋作忠.应用型本科院校深化校企合作人才培养的思考［J］.东北农业大学学报,2012（12）：35—38.

［8］李凤珍.经济转型背景下高端技能型营销人才培养模式研究［J］.教育与职业,2014（1）：117—118.

［9］黄蓉生,孙楚杭.构建高校实践育人长效机制的思考［J］.中国高等教育,2012（4）：36—38.

［10］杨敏.促进校企合作工作有效开展的措施［J］.教育与职业,2014（7）：35—37.

［11］徐明成.校企合作机制创新研究［J］.教育与职业,2014（7）：29—31.

［12］李良."双三位一体"的高职软件专业校企合作人才培养模式实践探索［J］.教育与职业,2013（5）：35—36.

演化与重塑:内涵式发展背景下高校
教师队伍建设研究

张海峰[①]

摘　要:本文基于当前高校教师队伍建设的重要性和必要性,探讨内涵式发展背景下教师队伍建设的文化学特质。文中以社会文化学领域的功能主义理论为基础,从结构论的"三个面向"、本质论的"两个根本"、方法论的"一个转向"三个角度创新性地探索内涵式发展背景下高校教师队伍建设路径,试图以此进一步弥补相关研究在学理性上的不足,为我国高等教育内涵式发展提供参考。

关键词:内涵式发展;高等教育;教师队伍建设;创新

在党的十八大报告中"全面实施素质教育,深化教育领域综合改革,着力提高教育质量,推动高等教育内涵式发展"[1]的命题一经提出,立即引起了学术界广泛讨论。长期以来,我国高等教育趋于大众化,教育规模不断扩张,质量提升却成为学术界亟待研究的课题。而"内涵式发展"的核心正是致力于提升高等教育质量[2],即以规模、土地、经费等外部动力和资源模式向以质量、结构、效益等内部动力和资源模式转型,在质量提升的前提下,实现规模、质量、结构、效益、公平等元素的协调统一发展[3][4]。

我国高等院校皆在积极转型,寻求内涵式发展:从顶层设计到基层探索,从外部资源整合到内在结构调整,从校园文化构建到管理模式转型,形成矩阵式探索模式。这部分研究已初有成效[5]。而为培养社会主义事业建设者和接班人提供思想保证、精神动力和智力支持的高校教师在新形势下的探索动力还存在不足,较难适应当前高等教育内涵式发展的需求,因此其队伍建设迫在眉睫。具体表现为以下三个方面。一是时代发展的前瞻性要求。在高等教育的发展进程中,大学生群体社会化程度越来越高。通过阅读相关文献发现,外在群体在大学生适应性教育中占有重要地位。因此,良好的教师形象对大学生群体的发展有着前瞻性的影响作用。二是为师之道。伴随高校教师数量的增长,教师队伍年轻化趋势明显,且易受到社会不良风气的影响。近年来,我国部分高校出现师德危机,严重违背了学校育人的根本宗旨,对我国高等教育的内涵发展造成了不良影响。因此,队伍建设的必要性不言而喻。三是中国特色高等教育"立足"的基础。师生之间、院校之间在不同场域内互动交流,高校教师作为培养社会主义事业建设者和接班人的中坚力

[①]　张海峰,宁波大红鹰学院团委副书记,助教。

量,良好的师德师风将是培养当代大学生成长成才、促进学校内涵式发展的基石。

通过以上论述,我们不难发现教师队伍建设既是时代发展下中国高校育人的基本要求,也是个体作为教师的基本品质,更是高校内涵式发展的文化内核。高校教师队伍建设的重要性和必要性跃然纸上。那么,在内涵式发展背景下,我们应当如何理解高校教师队伍建设? 如何更好地做好高校教师队伍建设? 这既是本文立意的起点,也是文章将要解决的问题。

目前,学界关于内涵式发展的研究较多,已有的研究主要涉及内涵式发展的概念研究[6][7]以及对高校发展路径或策略启示等方面的研究[8][9][10][11]。而在其背景下探索高校教师队伍建设的相关研究较少。在内涵式发展与高校教师队伍建设相结合的研究中,主要从教育理念、教育内容、队伍建设以及人文环境等方面探索教师队伍建设的构建路径[12],对于本文的研究具有一定的启发意义。但与之不同的是本文将主要通过内涵式发展对高校教师队伍建设的启示,在研究视角上更加聚焦,在路径构建上更加深入。纵览此类论著,笔者认为我国关于内涵式发展的研究在"面"上得到不断拓宽,研究方法也有多样化趋势,但是有一部分研究在内容上还不够深入,缺乏学理性,尤以结合内涵式发展谈高校教师队伍建设的研究为代表。本文将创新运用文化功能主义理论解析内涵式发展的意涵,从结构论、本质论、方法论三个角度分别对高校教师队伍建设提出对策,以弥补内涵式发展下高等教育研究在学理性上的不足。

一、结构论:高校教师队伍建设的"三个面向"

从上文论述中,我们知道内涵式发展注重内在结构优化,而教师队伍建设首先就需要厘清其内在结构的组成及其各子系统对整体系统的影响,进而探索队伍建设中内在结构的优化路径。这一研究思路与英国著名社会文化学家马林诺夫斯基(Bronislaw Malinowski)的文化功能主义观点不谋而合。他受美国社会共同体研究和理论的影响,通过观察研究对象的文化事象,提出了文化功能主义理论和分析方法。马林诺夫斯基指出:文化是一个整体系统,在特定的共同体生活中,文化的每一个元素都扮演着特定的角色,具有一定的功能[13]。高等院校自新建之初便是一个较为完整的社会共同体。而高校内涵式发展在其概念解释中就十分注重内在结构调整以及规模、质量、效益、公平的有机统一。本文在一定意义上是通过队伍建设整合教师团队的凝聚力和向心力,以构建健康向上的大学文化,继而提高育人质量。高校较强的社会整合功能使不同文化背景下的教师、大学生成为一个整体。他们多来自不同地域,有着不同的地域文化或民族文化,风俗习惯截然不同。在教师适应和融入大学这个共同体的过程中,内涵式的队伍建设发挥着重要作用。

通过上文论述,我们知道队伍建设问题既是在当前社会发展中教师队伍亟待解决的社会问题,也是高校育人的必然需求。在这一话语情境中,主要蕴含了教师和学生两种文化群体对高校教师队伍建设的博弈。一方面队伍建设的主体是教师,另一方面建设的最终利益回归点是学生。因此,在高校教师队伍建设过程中,面向以下三个层面的问题,需要做出针对性的调整。第一,来自不同文化背景下的教师个体如何适应较为统一的高校教师队伍建设。我国高校教师队伍建设根本要求基本一致。不同高校可能根据自身的建校特色或区域特点,提出个性化的要求。这就要求各高校根据自己的特点,有针对性地培养教师对学校的归属感、认同感。第二,不同文化背景的教师,相互之间的磨合问题日益凸显。在高校教师队伍建设既有问题的调查中,我们发现很多教师缺乏团队合作意识。伴随不同高校在队伍建设中投入力度的变化,不同文化群体的边界也会发生波动,表现出前者越强后者越模糊的特点,反之亦然。在文化群体种类保持不变,以及队伍建设力度在一定时期内保持稳定的情况下,教师个体自有的背景文化对其所属群体的整合功能也在发挥着持续作用,尤以不同地域或民族的文化群体之间表现明显。从而,容易以"老乡会"的形式形成小团体或有"本地人""外地人"之别。这并不利于学校教师队伍的整合。另外,高校教师队伍囊括了专业教师、思政工作者、行政管理者等不同类型的教师群体。几者在相互认知上存在偏差。这需要我们有针对性地开展队伍整合,形成统分结合的合作模式,即在理想信念、师德师风等方面的要求上是一致的,但在育人的方式方法上辅导员倾向于课下,专业教师等则侧重课上。因此,内涵式发展下高校教师队伍建设需要厘清其内在结构,有的放矢地开展队伍建设。第三,多样化的文化背景下,大学生群体对高校教师队伍建设的新要求。内涵式发展下教师队伍建设的主体是教师,但受众是大学生群体。所以,大学生群体对教师队伍建设自然有着反作用。特别是,新时期多样化文化背景下的大学生又追求个性化。因此,教师队伍建设不仅要与时俱进,还要在面对不同大学生群体时表现出针对性。我们可以运用文化区位功能,即文化在濡化过程中表现出区位特点和针对性,选择易于被学生接受的教学方法或沟通技巧。这对强化教师教育功能有着积极的作用。反之,我们也可以发现不良的团队习气势必会对学生产生不利的影响。因而,我们应该从高校内在结构出发重视高校教师队伍建设,发挥内涵式发展理念下队伍建设的文化功能,整合师资力量,促进育人水平的提升。

二、本质论:高校教师队伍建设的"两个根本"

虽然学界关于高校教师队伍建设的路径探索众说纷纭,但是从教师自身出发,就不难发现相关研究成果主要涵盖了教师的职业道德修养、职业精神、思想观念、人生价值观、世界观等。[14]与其他国家高校教师不同的是我国高校教师需立足于培养中国特色社会主义合格建设者和可靠接班人这一根本任务。因此,基于内涵式发展的要求,高校教师队伍建设的首要前提便是深入学习中国特色社会主义理论体系,与时俱进,不断提升自我专业素养,坚定思想政治立场。

在空间上,要具备国际视野。当今社会,国际形势瞬息万变,经济全球化快速发展。我们在面对社会主义现代化建设中存在的问题时,也应学会反观全球发展形势,基于中华民族优秀传统文化以更加包容、开放的心态吸纳社会发展的经验与教训。[15]作为一名高校教师,良好的国际视野将有利于我们开阔眼界,以便在现代大学的发展道路中寻求自我成长的借鉴元素。同时这也是需要在高等教育工作中传递给学生的学习观、成长观,培养具备国际视野的创新型人才也是当前高等教育的应有之义。

在内容上,要胸怀家国情怀。高校教师可能是和学生"谈理想""论情怀"最为频繁的群体之一了。那么,首先我们需要铭记自己的使命,在指引大学生成长成才的同时,内化社会主义核心价值观,要有坚持中国特色社会主义理论体系、制度与道路的自信。

在时间上,凸显时代特征。由于高校教师与大学生群体互动频繁且密切,其队伍建设的时代特征不可或缺。这里的时代特征主要表现在以下两方面:其一,大学生群体是接受新兴事物最为活跃的群体之一。教师需要具备创新思维,从学生角度出发不断创新沟通渠道、方法、话语体系等,以生动、丰富的赋有时代特征的微话语打动、感化学生。其二,顺应时代发展要求,提升自我专业素养,学习与中国梦主题教育相关知识。尤其是高校思政工作者,更要不断更新自我知识体系,将个人梦想与中国梦相结合,着力提升自我社会责任感、创新精神和实践能力,继而增强教师队伍建设的凝聚力。

其次,内涵式发展对高校教师队伍师德师风的要求越来越高。十八大报告中,强调了要以"立德树人作为教育的根本任务"[16]。一直以来,"育人为本,德育为先"的理念是高校教师规范行为的准则。[17]而内涵式发展下将立德树人作为教育的根本任务,是对高校教师队伍建设提出了新的要求。

从高校教师的育人职责来看,我们可以直观地发现它具象地表现在教师面对学生的日常教学、沟通交流等活动中。如果没有良好的师德师风,那么将直接影响学生,可能导致学生对教师乃至学校产生负面情绪;也有可能形成不良示范,误导学生,对教师队伍建设亦是不利的。因此,良好的师德师风是大学文化的根本。而师德师风并不是束之高阁的"理论",它依托于日常教学、沟通交流,表现出具体的、内容丰富的文化事象。文化事象是指人与人之间频繁互动所形成的活生生的文化事件[18]。此前关于师德师风的研究似乎都忽略了其文化属性,而专注于思想层面,对教师队伍建设的研究也较少。而本文在内涵式发展背景下介入文化理论研究教师队伍建设中的师德师风问题。在资料搜集过程中,研究者将面向教师、大学生群体,面向师生日常互动,再现文化事象发生的情境,继而才有可能把握高校教师队伍建设的整体。

从以上论述中,我们可以知道文中内涵式发展下的师德师风建设本身就类属于文化概念。它是高校教师在日常工作中的行为规范,具体表现为一系列的文化事象。笔者在调查过程中观察了师德师风在日常生活中所表现出的文化事象。例如教师在要求学生按时上课、不旷课、不迟到、不早退的同时,自身也应该养成守时的习惯。在平时教学中,从一点一滴的小事做起,遵守学校的各项规章制度,上课不能出现教学事故,不无故私自调停课,每次上课都能保证提前10分钟到教室,做好上课前一切准备工作。在课堂上,注意言行举止文明,注意约束自己,如说话不带不文明的口头禅。衣着整洁、大方,时时刻刻注意自己在学生中的形象;能够合理安排课后作业及做好下班级辅导工作等。很多人会认为这些只是师生互动中的基本要求,而不能构成一般意义上的"文化",对教师队伍建设影响不大。但是在文化学领域内,正是这些个人的日常行为习惯,构成了"文化整体"的文化事象,可以对学生群体及其他教师产生影响。由文化事象组成的师德师风不再是被前人拿来空谈的道德规范或指令要求,它既有具象的表现路径,又有可供操控的文化事象。这对把握内涵式发展背景下高校教师队伍建设中师德师风所存在的问题具有指向意义。

笔者在日常观察中发现,目前一些高校教师队伍建设问题主要表现在教师主体意识上的缺位,如理想信念下滑、职业道德和奉献精神不足、教学科研能力欠缺等。在理想信念下滑这一问题上,教师队伍主要表现为在处理功利和奉献、竞争与谦让等问题上感到无所适从,缺乏正确价值观念的指引。从而导致教师在日常教学活动中过于追求个人利益,而不考虑学生成长成才的重要性。在教学中,不能严格遵守教学规范,表现出较强的随意性。这些行为一旦形成普遍的文化事象,势必会阻碍学校的内涵式发展,对国家、社会造成不可估量的损失。另外,职业道德和奉献精神不足的问题已对我国高等教育内涵式发展造成不利影响。如近年来部分高校,高职称教师利用手中资源,与学生发生不正当关系,这严重损害了我国高等教育者的形象。针对这一现象,我国已出台相关法规,严厉打击师生间不正当利益关系,杜绝此类问题的发生。从发生事件的性质来看,这一文化事象表现出偶发性的特征,但是对高校教师队伍建设的影响是致命的。正是由于这一文化事象的偶发性,我国教师队伍建设才大力提倡内涵式发展,并由法律法规保驾护航。第三,教学科研能力欠缺已成为我国高等教育内涵式发展的主要阻碍之一,重点表现为部分年轻教师科研能力弱。这不仅是我国高等教育"大众化"趋势的衍生物,更是我国高校教师队伍建设在科研能力薄弱上所带来的恶性循环。所以作为一名高校教师有责任、也有义务率先学习,不断提升自我科研能力。

通过以上论述,我们了解到高校教师队伍建设中内涵式发展的理念实属文化概念,在日常生活中也表现出文化事象的特质。这一特质既有积极的一面,也有消极的一面。良好的发展模式在融入大学文化后将会对高校教师产生积极的濡化效应——产生导向、凝聚、激励、控制、协调、传播的功能,使得教师对大学文化产生强烈的认同感、归属感和自豪感,继而形成无形的导向作用和凝聚作用,使得个人不断调整自己的行为,使之与集体的目标趋于一致,从而最终形成稳定的文化氛围。新进教师学习、生活在这样的文化情境中也会趋于队伍建设的整体目标。反之,正如文化事象的定义,一旦不良的团队文化在教师互动中频繁出现,构成文化事件,形成习惯,那么,对队伍建设的不良影响将是连续性的,教师队伍也会在濡化效应中不断沉沦,势必会阻碍我国高等教育的内涵式发展。因此,高校教师在日常教学、沟通交流中应当以"正德、精业、厚生"规范自我行为。学校应注重在内涵式发展理念下指引教师队伍建设,潜移默化地引导教师融入大学文化,建立有信念、有理想、有情怀、有目标的高校教师队伍。

三、方法论:高校教师队伍建设的"一个转向"

以上两部分内容,其中提及的文化功能主义理论有助于笔者将顺队伍建设内在结构特征及其功能。这亦是内涵式发展理念突出内在结构的题中之意。而文化功能主义中的文化事象是本文研究的基础以及对策落脚点,即内涵式发展下高校教师队伍建设在文化事象上的特性,既可以理解为队伍建设自有的文化特质,也可以看作队伍建设的路径探索。在文化语境下,将内涵式发展理念运用在教师队伍建设中,其方法落实到高校教师理想信念养成以及日常教学、交流情境中,较好地解决新形势下高校教师队伍建设一直以来难以"落地"的窘境。这两部分内容对内涵式发展下高校教师队伍建设的方法论构建有着积极意义。

文化群体的边界问题在上文中有所提及,主要表现为不同文化群体在互动中所表现出的差异。我们认为,不同文化群体在相互交往或比较中,他们的边界会表现得越发明显。例如来自不同地域的两个人,受不同文化的影响养成了两种生活习惯。只有当两个人产生互动,才有可能意识到自身的生活习惯有别于他人。那么当两者意识到彼此的差异时,我们称这种差异为文化群体的边界。而立足于文化群体边界的双方,被称之为"他者"与"自我"。"他者"与我们日常生活中所说的"他人"不同。这是一个学术概念。"他者"(The other)与"自我"(Self)是一对相对概念,如果说后者表示主体的主导地位,那么,前者就是自我以外的其他东西[19]。"他者"与"自我"比较常见于社会学、心理学领域。二者主要使用于群体边界、问题角度等方面。"他者"涉及的是某一群体的社会身份及主导地位的问题。本文中,"他者"与"自我"的转变路径特指高校教师队伍建设中,教师间、教师从被动参与向主动融入过渡以及教师与大学生群体的二元关系等三个方面的路径探索。在一个群体初建时,他们往往将不同于自我的群体称之为"他者"。"他者"与"自我"往往在结构上相互对立,形成二元分析方法。新教师在适应和接受学校教育理念的过程中往往存在从"他者"到"自我"的转变路径。教师之间从相互陌生到熟悉的过程中,其本质是"自我"对"他者"的认识。随着熟悉程度加深,表示"自我"越来越接近"他者"的真实面目。在这一过程中,"他者"往往会被误解,夹杂个人认识。因此,在队伍建设过程中需要重视个人对"他者"认识的疏导,以尽量客观地评价"他者"。这样不仅可以加强团队合作,凝练队伍文化,也可以鼓励新教师从被动参与向主动融入转变。

作为教师队伍的建设主体,高校教师基本上来自不同地区。教师间的文化习惯形态各异。在进入高校教师队伍后,去异质化是新教师适应团队文化的第一步。从新教师角度来看,他摒弃"自我"文化,主动融入团队的"他者"文化,即加入学校教师队伍建设中。这正是教师从"自我"到"他者"的第一步。反过来,从学校角度来看,则是从"他者"文化走进"自我"文化。但是教师并不会摒弃所有自我文化,形成完全理想化的个体。其还会保留固有文化。在某一时期,他还会重拾所摒弃的原有文化习惯,重新走进"自我"。如此,教师在"他者"到"自我"的转变路径中反复。因而,我们可以发现高校教师队伍建设应该形成持续的,融入教师日常工作中的常态化建设机制。

另外,大学生群体作为被教育对象,与高校教师群体构成"他者"与"自我"的二元群体。"参与型"教学方法则使得学生由"他者"向"自我"转向,呈现从"被教育者"向"主动参与者"再到"融入"的变化路径。学生可以第一时间评价教师的教学水平、教学方法、职业道德等。那么,这一变化路径预示着大学生在高校教师队伍建设中发挥着越来越重要的作用。大学生群体不仅可以要求学校加强教师队伍建设,还可以反馈队伍建设的水平,形成监督机制。

上文着力论述了教师在队伍建设中的从"他者"到"自我"的转变。不仅如此,还存在大学生在参与教学中的从"他者"到"自我"的转变路径。"参与型"教学方法正是突出了个人的自由选择。这在一定程度上,形成有机团结,即教师之间、教师与大学生之间在日常生活中自愿合作,促进高校教师队伍建设的内涵式发展,并深化这一建设的改革力度,形成学校顶层设计与教师日常工作的有机结合。

四、结语：美美与共

内涵式发展下高校教师队伍建设是我国高等教育发展过程中不可忽视的重要课题，其重要性和必要性日益突显。笔者通过调查发现，目前我国高校教师队伍中已陆续出现理想信念缺失、学生工作不到位、年轻教师流动性大等问题。这对我国高等教育内涵式发展造成了不利影响。针对这一情况，笔者通过在文化学语境下研究了高校教师队伍建设的内涵式发展，深入挖掘其文化内涵，以探索其建设的方向和结构体系，以期促进高校内涵式发展的良性运行。

高校教师队伍建设主要受到学校、教师、学生所构成"三位一体"的结构体系影响。三者在建设过程中相互作用。学校在教师队伍建设中扮演着组织者、设计者的角色；而教师一直是队伍建设的主体；学生则是受教育者，但是随着"参与型"教育管理模式在部分高校中得以贯彻落实，学生又发挥着反馈与监督的作用。三者的有机结合将有利于高校教师队伍建设，而机械、盲目的结合将会导致队伍建设的缺位。例如，没有学校发挥整合的功能，教师在团队合作上将会走向死胡同；而如果教师主体意识缺乏，在队伍建设中始终扮演着"等靠要"的角色，那么在日常工作中就不能充分发挥在育人功能上的主动性，从而缺乏创新和自主钻研业务的意识；学生的反馈与监督作用显而易见，在上文中已多次提及，不再赘述。因此，三者在队伍建设中的作用缺一不可，构成了文章中文化功能主义分析框架下教师队伍内涵式发展的三元素。

笔者根据内涵式发展与教师队伍建设的文化特性，设定在文化情境中探讨其建设中所存在的问题，并提出解决对策。这符合内涵式发展下队伍建设的现实和理论需要，对其整体性把握也有积极意义。文中始终以马林诺夫斯基的文化功能主义理论为脉络，通过结构论、本质论、方法论三个角度剖析内涵式发展下高校教师队伍建设，并提出建设路径的探索，在一定意义上拓宽了这类研究的视野，也弥补了在学理性研究上的不足。

通过以上分析，我们发现内涵式发展下高校教师队伍建设离不开学校、教师、学生所构成的"三位一体"结构体系。它既需要文化理论的解释，也需要文化赋予其运行的动力、方向和路径。其建设中所蕴含的文化事象，一方面是队伍建设是否良性发展的标准，另一方面是我们在内涵式发展下加强教师队伍建设的方法。此外，文化功能主义分析框架为我们厘清了队伍建设中的角色定位，且相互间保持互动合作的状态。但是不同的文化背景形成了群体间的文化边界，从而使得不同文化群体围绕队伍建设构成了从"他者"到"自我"的过渡转向。因此，高校教师队伍建设不再是单一的理论框架，它蕴含着多元文化事象，也是学校、教师、学生需要关注的大学文化内核。队伍的不断磨合，令学生最终成为真正的受益人。这是教育的根本，亦是大学之"芯"。基于内涵式发展高校教师队伍建设正是在守护我们的大学之"芯"。

我国著名社会学家费孝通在谈到社会文化共存时提出，"各美其美，美人之美，美美与共，天下大同"[20]。而内涵式发展理念下教师队伍建设囊括了当今社会道德文化的精髓，内涵丰富，形式多样，形成多元文化特点。它不仅关乎高校教师，更关乎高等教育整体，涉及学生成长成才，学校内涵式发展。因而高校教师队伍建设将有利于高等教育内涵式发展。这是高校教师队伍建设的立意,亦是大学文化否定之否定的构建过程。

参考文献

[1] [16] 胡锦涛.坚定不移沿着中国特色社会主义道路前进为全面建成小康社会而奋斗——在中国共产党第十八次全国代表大会上的报告[N].人民日报,2012(11).

[2] 陈贵昌.高等学校内涵发展的四大策略[J].教育发展研究,2006(7).

[3] 张德祥,林杰."高等教育内涵式发展"本质的历史变迁与当代意蕴[N].国家教育行政学院学报,2014(6).

[4] 洪玉管.内涵式发展视角下的地方高校发展策略研究[J].黑龙江高教研究,2014(4).

[5] 李楠,许门友.内涵式发展趋势下的高等教育发展[J].教育评论,2013(1).

[6] 乔万敏,邢亮.论大学内涵式发展[J].教育研究,2009(11).

[7] 刘齐.内涵式发展:高等教育大众化阶段的必然选择[J].教育理论与实践,2013(27).

[8] 刘振天.从外延式发展到内涵式发展:转型时代中国高等教育价值革命[J].高等教育研究,2011(9).

[9] 余蓝,刘丽.我国高等教育实现"内涵式发展"的三条路径.教育发展研究,2013(7).

[10] 瞿振元.高等教育内涵式发展的实现途径[J].中国高等教育,2013(2).

[11] 陈贵昌.高等学校内涵发展的四大策略[J].教育发展研究,2006(7).

[12] 刘洪波.内涵式发展:大学生思想政治教育发展的必然取向[J].思想教育研究,2016(5).

[13] [英]马林诺夫斯基.费孝通译.文化论[M].华夏出版社,2002(1).

[14] 刘洪波.内涵式发展:大学生思想政治教育发展的必然取向[J].思想教育研究,2016(5).

[15] 王战军.推进内涵式发展 提高高等教育质量[N].北京联合大学学报,2013(2).

[17] 王为正,孙芳,李玉.大学内涵式发展背景下的教学质量管理探究[J].中国高教研究,2015(4).

[18] 高丙中.民俗文化与民俗生活[M].中国社会科学出版社,1994(1).

[19] 王铭铭.西方作为他者——论中国"西方学"的谱系与意义[M].世界图书出版公司,2007(1).

[20] 费孝通."美美与共"和人类文明[J].名人传记,2009(8).

应用型大学定位下宁波高校产教融合
人才培养模式研究

——以市场营销专业为例

潘一龙[①]

摘　要: 在地方本科院校向应用型高校转型发展的关键时期,构建产教融合的人才培养模式既是应用型高校转型的内在要求,也是在当前大学生就业压力环境下营销类专业建设发展的有效途径。在分析了宁波市产业发展岗位需求的基础上,对产教融合下市场营销专业的培养方向、课程开发、面临的困难及专业发展建设进行了探讨分析。

关键词: 应用型大学;产教融合;市场营销专业

明确办学定位是地方本科院校寻求转型发展的根本,随着经济结构的调整、升级以及经济发展方式的转变,对应用型人才的需求提升,我国高等教育的结构性调整向应用型转变势在必行。在向应用型大学转型发展过程中,高校更应以服务地方经济发展为重要职责,人才培养应结合地区经济发展及产业发展情况,培养更多适合地方经济发展需求的应用型人才。

产教融合成为我国高等教育分类发展、转型发展的基本方式,也是地方本科院校向应用型大学转型发展的有效路径,更是当下我国高等教育教学改革的新常态。产教融合也就是根据地方经济发展的需要来定位人才培养,培养适应地区产业发展的人才,将人才培养与产业中的企业相结合,这在地方本科院校应用型大学转型之路上是必然趋势。

一、产教融合下市场营销专业培养方向

宁波市2015年GDP增长8%,在全国城市经济总量排名中名列第15名。服务业增加值比重从2010年的40.6%攀升至47.4%,服务业支撑作用不断凸显。贸易物流、信息经济等产业加快发展。实施"四换三名三创"工程,规上工业总产值突破13000亿元。开放合作环境不断优化,成为全国第8个外贸超千亿美元城市,2015年跨境电商进出口总

---

① 潘一龙,博士,宁波大红鹰学院工商管理学院市场营销学讲师,主要从事商业模式创新战略管理研究。

额 81.4 亿元,居全国试点城市前列。随着服务业比重不断增加,宁波市经济发展对于营销人才的需求也是不断提升。宁波高校市场营销专业为更好地适应这种趋势,选择合适的产业,并将产业与营销人才培养相结合。

宁波的商贸服务产业包含了贸易物流、旅游、会展、服装、住宿餐饮、广告、金融保险、信息服务等。这些行业都需要大量的营销、策划、广告、销售服务等人才,市场营销专业学生就业的主要方向就是商贸服务业。其次,宁波的制造产业及相关产业同样需要市场营销专业人才,尤其是在"互联网＋""大众创业、万众创新"背景下,互联网改变了传统制造业的商业模式及其市场营销方式,例如方太集团、欧琳集团、奥克斯空调等宁波知名家电公司,都在大力发展建设网络营销、网络客服、电子商务、营销渠道等,这些变化需要大量市场营销专业人才。

二、产教融合下市场营销专业课程开发

市场营销专业课程的设置与地方产业发展需要相结合,开发具有产业特色、行业特色的课程显得尤为重要。

一方面,宁波市经济发展主要依靠第二、第三产业,其生产总值占比达到 96％ 以上,贸易物流、旅游、会展、服装、住宿餐饮、广告、金融保险、信息服务等构成了商贸服务产业的主体,加大对这些产业相关课程设计与开发,将商贸服务产业企业职业深入剖析,分析其行业职业能力需求,并将职业能力需求转化为可讲授、可传授的课程。课程内容既要适应产业需要,站在产业高度开发课程,又要考虑各种商贸服务类职业标准,对应用能力的需要和职业素质的需要是课程开发的根本出发点。市场营销专业须依托某一产业发展,以此产业发展为专业建设背景,在此背景下开发适合产业发展需要课程。例如房地产行业中房产咨询策划公司,其人才需求特点与营销专业较为相近。可以开发各种房产相关类课程,比如"房地产经纪""房地产开发与经营""房地产营销策划"等课程,或与房地产行业相关企业合作,依据职业能力需求校企共同开发课程。

另一方面,在"互联网＋""大众创业、万众创新"时代背景下,设置"互联网＋"相关课程。互联网改变了传统产业的商业模式及市场营销方式,市场营销专业学生更应掌握具备一定网络营销知识。互联网相关课程如"网站建设与管理""电子商务"和"网络营销"等课程应作为营销学生的基础必修课程。

除此之外,产教融合最重要的就是校企合作、商学结合。这种结合贯穿于整个人才培养过程。地方应用型本科院校要把地区产业转型升级过程中的难题作为服务的主要方向,思考如何满足企业的需要,以社会经济发展和产业进步驱动课程改革,开发校企合作实训类课程。教师需将此类实训课程系统化、标准化、规范化和教材化,使实训课程符合学校课程要求,如"市场调研与预测""客户关系管理"等课程都可与企业更好的合作,请企业人员进课堂讲授职业需求和职业技能,使学生在理论课学习时有更明确的学习目标和更强烈的学习动力。对学校教师来说,与企业紧密联系,随时了解企业所处行业的发展动态,既可帮助调整课程教学方向与教学内容,又可帮助展开教师科研活动。

三、产教融合下市场营销专业所面临的困难

产教融合实施的过程是一项非常复杂的系统工程,包括教学思想观念的转变、管理模式的转变、专业课程建设的转变、师资队伍的转变、课堂教学与实践教学的转变、人才培养模式的转变等。

从当前已经实施的产教融合的实践工作来看,学校相关机制的缺乏导致产教融合实施运行不畅。企业与学校合作机制的缺乏,使得产教融合过程当中,校企双方没有一个正常沟通和交流的平台,校企合作多是依靠相关人员的人脉关系开展进行。在教学模式、课程设置、人才培养方案改革上,缺少相应的奖励和认证机制。使教师即便能够根据校企合作的情况对课程进行调整,但在课程安排设计上又有可能得不到认证,使教师在教学改革上缺少动力,影响教师教学改革的积极性。

从企业层面上来看,个别企业与学校的合作相对比较多,相比之下,行业与学校的合作相对就比较少了。学校在实施产教融合的过程中也出现了一些问题,比如人才培养不能够稳定坚持,即使签订了校企合作协议也不一定能很好地实施下去。一方面,某些企业的发展现状及管理水平相对较低,其对于人才的需求往往只考虑企业实际运营需要,例如只是需要学生进行电话销售,对学生缺少系统的培训,产教融合参与的程度较浅,学生对于这样的实习积极性也不高。另一方面,企业也怕投入了人力、物力、财力,培养的人才不能为企业所用,为别人做了嫁衣,反而承担了风险。另外,政府对校企合作的引导还不够,力度太小。比如一直没有出台鼓励企业积极参与校企合作的优惠、奖励政策和一系列系统的制度。此外,行业及行业协会也没有主动去指导、引领相关专业的建设工作。

四、产教融合下市场营销专业的发展

市场营销专业与企业的合作要想更加深入持久,必须建立良好的合作运行机制。学校应建立一个校企沟通交流与合作的平台,通过这个平台开展跨专业合作,产教融合、校企合作,院校与行业协会合作,能够优化资源配置,实现资源共享,突出专业特色,充分发挥群体优势和规模优势。要构建校企合作、产教融合的良好运行机制,校企双方应根据合作内容,在充分调研的基础上加强制度建设,针对市场营销专业的特点,对专业人才培养方案制定、课程教材建设、双师型师资队伍建设、毕业设计选题与指导、毕业实习管理运行等校企合作的各个环节进行严格管理与监控,切实保证校企合作的质量。

作为产教融合其中一方的企业,应该积极地投身于产教融合的实践中,为学生实训实习的基地建设提供一定的保障与支持。同时,企业还应当在制度上推进学校管理的创新,现代化的企业管理制度和治理结构是企业在激烈的市场竞争中拔得头筹的重要途径。而企业积极参与到产教融合的实践当中将管理制度、营销意识和竞争意识引入市场营销专业学生的日常管理学习当中,这既有利于营销知识教学与企业生产运营相结合,又有利于产教融合实施工作的进一步深入。企业还应当利用学校学生在企业实习的机会让学生感

受到企业营销策划过程使学生能够对市场营销专业有更直观的认识，也能培养他们今后立足岗位积极工作的意识。企业深入参与到市场营销专业产教融合过程才能使得产教融合相关利益双方实现共赢和良性的互动。

基于产业驱动的现代学徒制高技能型人才培养探讨

罗炳金① 刘翠萍 徐丛璐

摘　要:针对产业转型升级,从产业需求驱动、产业要素驱动、产业环境驱动的视角审视高技能人才培养的要求,通过行业、企业与院校联合的"三元"培养机制,"教学工厂化"育人、学习—实践—再学习—再实践的螺旋式实训实岗育人、工作室制"小订单"育人等现代学徒制形式下的高技能人才途径,优化高技能人才培养过程,实现专业设置与产业需求相对接、课程标准与职业标准相对接、教学过程与生产过程相对接的"三对接",以提高技能型人才培养的针对性与有效性,使高技能人才在执行任务过程中具有解决复杂问题和关键技术、工艺的操作性难题的综合能力和实践过程中的创新能力。

关键词:职业院校;高技能人才;产业驱动;现代学徒制;培养模式

一、引言

伴随着中国经济增长模式逐渐从"中国制造"到"中国创造"的转变而带来的发展方式的转型和产业结构的升级,各产业领域里新设备、新技术、新工艺、新方法以及互联网手段的应用,大量新职业、新工种的不断出现,以及企业岗位的拓宽、复合和跨界,推动社会对高技能人才的大幅度需求[1]。

产业驱动下的高技能人才具有现代产业的职业特征、丰富的素质和能力内涵要求[2],其培养过程更需要实践、专业化和职业化,尽管近年来职业院校以工学结合为切入点,对人才培养模式、课程教学改革进行了深入的探索,但目前职业院校对高技能人才培养中的课程体系设置、教学模式改革等方面离产业驱动下的对高技能人才的要求仍有距离[2],高职教学过程的实践性、开放性和职业性还不能完全适应产业驱动所引发的需求与趋势。

所谓"现代学徒制"是指将传统学徒培训与现代职业教育相结合的校企融合的培养高技能型人才的职业教育制度,但"现代学徒制"与以往任何学徒制都有着在本质上的差异。现代学徒制是适应现代科学技术和生产方式,系统培养生产服务一线技术技能人才的教育模式,是校企合作办学模式改革的深化。探索现代学徒制的高技能人才培养,对促进产

---

① 罗炳金,浙江临海人,浙江纺织服装职业技术学院教授,主要从事纺织品设计教学与研究。

业驱动下的高技能型人才培养模式的创新,推动职业院校在价值追求上与产业趋同和融合,校企共订培养方案、共选订单学生、共享教学资源与生产资源、共管教学过程、共监教学质量的办学体制机制,提高高技能人才培养的专业理论水平、实践能力,使他们在执行任务过程中具体分析、解决复杂问题和关键技术、工艺的操作性难题的综合能力和实践过程中的创新能力,促进职业院校学生的职业素质与工匠精神养成等具有重要意义。

二、产业驱动高技能人才培养

(一)产业需求驱动

由于经济发展方式转变和经济发展新常态的要求,产业需求驱动体现在产业结构演变、产业转移、产业集群形成和产业融合[2]、新兴产业的形成、"两化融合"、智能制造和"大数据"时代到来,进而带来新的生产流水线的引进、新的技术和工艺的出现、产品开发和销售的互联网和移动化,传统的精细化岗位被灵活、整体化和以解决问题为导向的综合任务所替代,这对高技能人才的职业标准、技能结构和职业能力产生重要影响,对高技能人才提出更高要求,并直接影响到职业院校的高技能人才培养模式。在现代的产业背景下,学校的教学设备和教学内容无论如何先进,与生产第一线所应用的新设备、新技术、新工艺相比,总是有距离的。因此在产业驱动下,只有通过产教融合,才能促进企业先进生产资源与学校的教学资源的交互利用,使高技能人才不但具有按某种规则或操作规程顺利完成所要求任务的能力和协调任务的迁移能力,而且具有在执行任务过程具有分析、解决复杂问题和关键技术、工艺的综合能力,具有在实践过程中的职业素养、工匠精神和创新能力。

(二)产业要素驱动

产业要素例如工艺技术、人力资源、产品方案、再造流程、流水设备、营销模式、管理机制等,这些外在要素的变化驱动着职业院校高技能人才培养的有效性和价值性[2]。这要求职业院校的高技能人才培养对接产业要素,注重教学过程开放性、多元性,如学校基于产业和专业分工,进行岗位分析,分析工作过程、产品开发流程、劳动规范、操作规程和职业能力要求;按照职业成长规律与工作系统化原则,学校与企业共同开发了"工学交替"人才培养方案;学校引用企业实际产品作为课程教学载体,按照企业的工艺流程在真实的工作情境中掌握"工作过程知识",依据岗位标准和职业资格标准进行教学评价;课程内容教学及时捕捉和有效吸收产业前沿和发展趋势等,这些都是产业要素驱动职业院校高技能人才培养而要进行的教学改革。

(三)产业环境驱动

产业发展的宏观环境直接影响到职业院校高技能人才培养。如社会经济增长方式转变、产业结构调整、企业转型与技术升级、劳动力需求的变化,以及社会意识、产业政策、法制法规、认证体系、职业观念等宏观环境因素的改变,社会对高技能人才的认识和重视程度、高技能人才培养需求和目标也会随之发生相应变化。现在,人们在意识观念上,认识到高技能人才是我国产业转型升级的人力资源保证,社会也越来越重视技能劳动、技能劳动者和高技能人才,国家政策和制度层面也大力推动高技能人才的培养,因此职业院校要充分发挥产业环境的正向驱动效应和有利因素,调动行业、企业参与培养高技能人才的积极性,提升学生的职业认同感、职业选择的稳定性和职业生涯发展前景性。

三、现代学徒制高技能型培养体系

基于产业驱动的中高职教育,应该服务于产业发展的总体战略,适应产业布局的调整和产业链的优化,准确把握企业联合办学的核心利益点,匹配企业人力资源结构调整,同步于产业发展对知识、技术和技能的传承与创造。从产业的视角来审视高技能人才培养的要求,现代学徒制为高技能的人才培养提供良好的模式,通过行业、企业与院校联合的三元培养机制,"教学工厂化"育人、学习—实践—再学习—再实践的螺旋式实训实岗育人、工作室制"小订单"育人等途径,实现专业设置与产业需求相对接、课程标准与职业标准相对接、教学过程与生产过程相对接的"三对接",见图1。

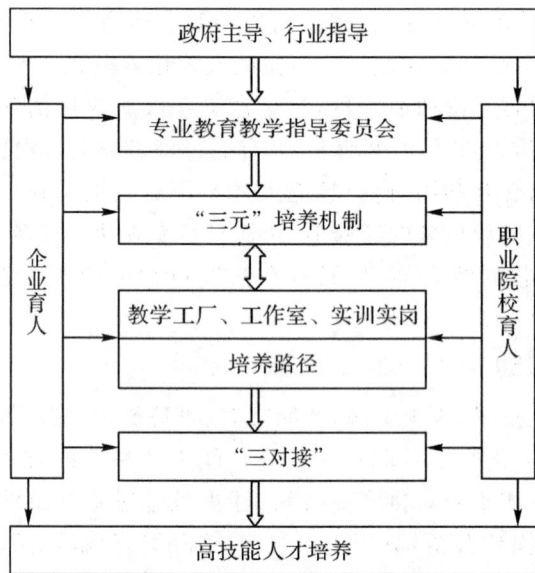

图 1 现代学徒制高技能型培养模式体系构建

(一)行业、企业与院校联合的"三元"培养机制

现代学徒制高技能人才培养这一模式从纸上设想走向实践实施,取决于三个动因,即政府或行业牵头促进、企业强烈需要和深度参与、职业院校"订单式"的开放培养。政府通过相应的政策法规,有效地推动职业院校校企合作的深入和校企互动的可持续性,这是现代学徒制高技能人才培养的必要条件;在行业指导下,成立专业教学指导委员会,形成行业企业参加的办学咨询机制、校企共同人才需求调查机制、校企联合招生机制、校企研讨专业设置及其考核评议机制、校企共同进行专业建设机制、中高职学生的职业生涯规划指导机制,以及优秀学徒评比、优秀师傅评比、优秀指导教师评比办法等组织保障机制,这些管理机制的完善,是现代学徒制高技能人才培养的必然要求,将在组织制度上有效地保障现

代学徒制实施;职业院校按照产业需求进行专业设置、岗位分析和职业能力分解,人才培养方案和课程标准与职业标准相对接,并通过"厂中校"或"校中厂"的教学工厂育人、学习—实践—再学习—再实践的螺旋式实训实岗育人、工作室制"小订单"育人等途径开展校企联合培养,实现教学过程与生产过程对接,以提高技能型人才培养的针对性与有效性,这是现代学徒制高技能人才培养的关键。

(二)校企互动的培养模式

1."教学工厂化"育人

"厂中校"或"校中厂"的教学工厂模式是中高职衔接的现代学徒制培养高技能人才的路径之一。根据"校企联盟、产学互动"的要求,按照"互通、互融、互赢"的原则,在专业教学指导委员会的指导下,依托校内实训基地、校外实训基地两个平台,成立一个统一和协调项目的"教学工厂"管理机构。通过教学工厂,学校围绕技术领域和职业岗位工作相关内容,引进行业企业技术标准,以工作过程为导向,学校教师与企业专家共同进行培养方案制定、课程论证、课程标准设计、教材建设、专业文化建设;共同监控教学实施过程、校企双方形成人员互派、职务互兼机制;部分专业课程在生产现场实施教学,专业教师成为适应现场教学中导师与师傅的双重角色,专业课程的教学内容以典型工作任务为载体,将工作过程转化为学习过程,在模拟工作情境中对学习者进行技能测试,通过"学习环境、工作场景、企业评价"相结合的方式,将学校的教学活动与企业的生产过程充分融合。最终形成学校与企业"五共享"和"五融合",见图2。

"五共享",是指学校与企业实施人才共享、设备共享、技术共享、成果共享、文化共享。"五共享"是人才培养的运行平台,"五融合"包括教学场所与工作场所相融合、学习过程与工作过程相融合、教师与师傅相融合、学生与徒弟相融合、学生作业与实际产品相融合。

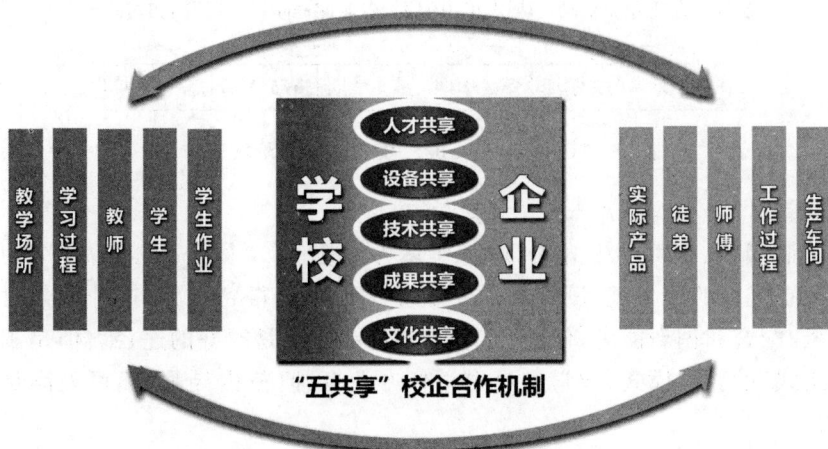

图2　五融合的人才培养模式

2.螺旋式实训实岗育人

现代学徒制下的高技能人才培养目标是使受培训的学生具有完成任务和解决问题所需的综合职业能力,并在真实的工作情境中掌握"工作过程知识"。如对高职学生的培养,基于"1＋0.5＋1＋0.5"教学安排,是一种"工学交替"的高技能人才培养的创新模式,有利于高职学生在真实的工作情境中培养综合职业能力和掌握"工作过程知识"。

"1＋0.5＋1＋0.5"模式的学习阶段安排表如图3所示,在第1、2学期,让学生完成素质教育及专业基础课程;在第3个学期,让学生到合作企业进行认识实习、专业技能实习、生产性实习,由企业专家和校内教师共同对学生进行指导和培训,使学生充分认识专业的发展方向,了解企业的生产过程、工艺和产品,为学生的专业核心能力的培养奠定坚实的基础;第4、5个学期,通过学生实习召回制度,让学生回到学校学习专业课程,结合企业生产案例进行专业技能实训和专业能力培养,并同时进行职业技能证书考试,并将学生的顶岗实习时间提前到第5学期期中开始,将教室搬到工厂,让学生以"企业岗位人"的身份去企业进行生产性学习,建立准员工实习考核制度;第6个学期,让学生到企业进行与就业岗位"零距离对接"的顶岗实习,并进行结合生产实际的毕业设计。

学生在顶岗实习过程中,由校企领导、车间负责人和带队教师、工人师傅组成三级管理小组,对校企联合育人进行统筹规划、统一管理,如生产车间负责人和带队教师负责给学生安排生产任务和技能训练课题等日常协调、管理工作,生产一线岗位的工人师傅和带队教师共同承担对学生的技术指导和质量考核工作。在教学的具体实施过程中,要求结合企业生产实际做到"六定",即定计划、定内容、定时间、定岗位、定师傅、定目标,并在实习结束时对学生进行全面考核,从而使校企合作的管理模式制度化、规范化,有可操作性,并能保证学生的顶岗实习与就业融合,让学生能在毕业时实现能力与岗位的零距离对接。

通过这种"1＋0.5＋1＋0.5"模式,使学生从"做中学"到"学中做"再到"教学做合一",达到三年实习实践不断线的要求,最终使学生所适应的工作岗位由基本岗到技能岗再到综合岗逐渐递进。

素质教育及专业基础　认识实习阶段　专业课程阶段　顶岗实习阶段

| 第1学期 | 第2学期 | 第3学期 | 第4学期 | 第5学期 | 第6学期 |

图3　"1＋0.5＋1＋0.5"模式的学习阶段安排

3.工作室制"小订单"育人

"工作室制"育人是以学生为本、以工作室为依托、以项目为载体、以小组为形式的教学方式,在很多院校的艺术类、设计类的专业教学中已经得到实施,这种教学对于提高学生沟通、协调、配合和创新能力,促进学生的职业认同感,是很好的途径。但是工作室制只是一种"小组式"的教学模式,教学过程中学校专业老师(校内导师)不可能满足所有学生的实践需求。

在现代学徒制下的高技能人才培养过程中,可以创新地吸收"工作室制"育人的优点,采用由校外企业导师和校内专业老师组成的双导师制,学校与企业签订"小订单"培养合作协议,以企业工作内容、企业项目为载体,企业工作任务完成为驱动,从而形成"双元"育人的培养途径。

在基于工作室制的"小订单"育人实施过程中,企业要提供工作岗位的说明书、待遇信息和职业发展规划,学校和企业共同制定培养方案,学校专业导师提供来源于企业的项目任务书。同时,可以借鉴"中国好声音"双向选秀的模式选拔"小订单"培养学生。学生在学完文化基础课后,根据自己的特点和意愿,自己选择要参加的"小订单"培养,而企业根据岗位需要和想参与"小订单"培养的学生特点进行双向选择。如果企业和学生双方就"小订单"培养达成意愿,则签订协议。之后,由专任教师、企业导师及学生组成项目组进入工作室;从此以工作室为基本框架、结合校内外实训基地构建学习领域,形成一个相互关联的教学平台;将学生纳入工作室中,给予企业工作氛围,弱化学生身份,强化企业准员工身份;企业的项目应为长线项目或配套的继续训练项目,使学生的培训具有一定的连贯性;由校内导师完成学生的专业知识与基本技能的教授,由企业教师进行岗位实际操作知识和技能的传授,无论是基本技能还是实际操作技能,都围绕企业的实际工作内容来教授。

同时在企业项目课程实施过程中,由专业教师与企业导师共同指导,学生小组成员明确分工,并在每个环节要求学生小组提供项目过程报告,由企业来进行学生项目合格程度的考核。考核合格,即项目完成,学生也将得到企业认可和接受;项目考核如不合格,企业可以按照协议,不录用受训学生,这会使学生和导师都有很大的压力,从而使导师和学生更好地投入"工作室制"技能训练与任务完成的教和学过程中。图4为工作室制"小订单"育人实施过程。

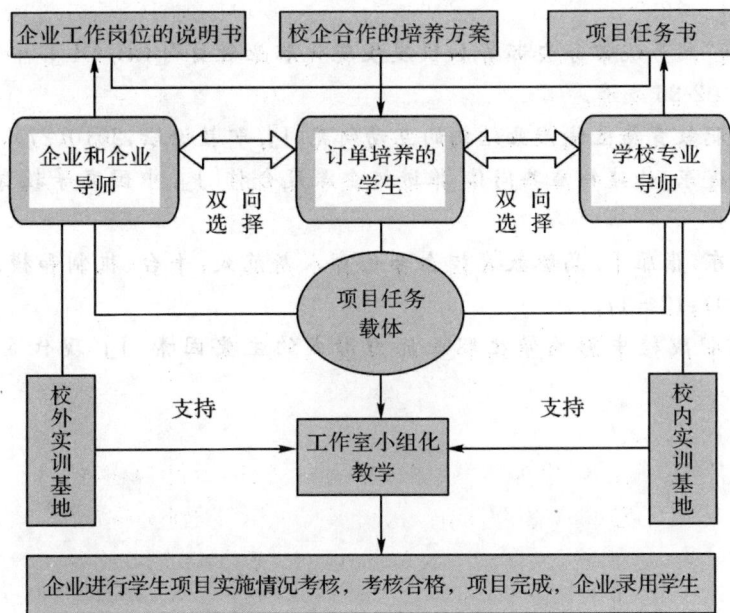

图4　工作室制"小订单"育人实施过程

四、结语

产业从需求驱动、要素驱动、环境驱动等方面驱动高技能人才的需求,从产业驱动的视角来审视高技能人才培养的要求,现代学徒制为高技能的人才培养提供良好的模式。

但实施现代学徒制高技能人才培养的模式是一个复杂的工程,在教学实践中实施,取决于三个动因,即政府或行业牵头促进、企业强烈需要和深度参与、职业院校"订单式"的开放培养。健全的校企合作管理和运行机制,是现代学徒制高技能人才培养实施质量的保障;企业、学校和学生三方基于"互动互利、互通互融"的原则而进行产教深度结合育人的方式,是现代学徒制高技能人才培养实施的必然要求;通过"厂中校"或"校中厂"的"教学工厂化"育人、学习—实践—再学习—再实践的螺旋式实训实岗育人、工作室制"小订单"育人等途径开展校企联合的培养,实现专业设置与产业、企业、岗位对接,教学过程与生产过程对接,以提高技能型人才培养的针对性与有效性,使高技能人才在执行任务过程具有分析、解决复杂问题和关键技术、工艺的操作性难题的综合能力,具有在实践过程中的职业素质、工匠精神、创新能力,是现代学徒制高技能人才培养的关键。

参考文献

[1] 杨涛,杨述珍.我国高技能人才严重短缺[N].中国质量报,2013-3-20(7).

[2] 张雁平,唐金花.高职院校高技能人才培养的产业驱动及优化策略[J].黑龙江高校研究,2014(8):110—115.

[3] 吕宏芬,王君.高技能人才与产业结构关联性研究:浙江案例高等工程教育研究[J].2011(1):67—72.

[4] 中国政府网"国务院常务会部署加快发展现代职业教育"[EB/OL].中国高职高专教育网:2014-02-26发布.

[5] 沈陆娟.高职教育与区域产业结构的互动研究[J].职教论坛,2010(27):11—15.

[6] 王振洪,邵建东.构建利益共同体 推进校企深度合作[J].中国高等教育,2011(3,4):61—63.

[7] 胡野,邵建东,张雁平.高职教育校企合作育人新范式:平台、机制和模式[J].职教通讯,2012(20):12—17.

[8] 张锋,论高职院校中影响学生职业能力形成的主要因素[J].现代企业教育,2008(12).

基于产学研合作一体化实习教学基地
建设的研究与实践[①]

郭　跃　沈婷婷[②]

摘　要：产学研的合作与实习教学基地的结合，实际上就是使生产、教育、科研这三种不同的社会分工在其各自的功能与资源优势上的相互结合以达到学生培养和教育教学的最优效果。本文从企业、高校、科研机构这三个维度研究了产学研合作一体化实习教学基地的内涵，通过分析宁波工程学院实习教学基地的典型案例，认为产学研一体化实习教学基地建设需要从顶层政策设计、双向利益机制、信息沟通机制等多维度解决其中存在的问题，从而实实在在地推进实习教学基地的建设，实现互利共赢的目的，搭建起企事业单位与高等院校之间产学研合作的桥梁。

关键词：产学研；一体化；实习教学基地；建设

党的十八大提出，"深化科技体制改革，加快建设国家创新体系，着力构建以企业为主体、市场为导向、产学研相结合的技术创新体系"。产学研合作一体化顺应我国经济社会发展的大势，并且产学研已经使合作各方得益，同时也是促动我国教育改革的推进剂，建设产学研一体化的实习教学基地已经刻不容缓。

一、产学研合作与实习教学基地的内涵与关联

（一）产学研合作的内涵

产学研合作，从字面上的意思来看，就是指产业界和学术界两个行业之间进行的协同合作。产学研合作有狭义和广义之分，狭义的产学研合作是指企业与高等院校之间根据优势互补、互惠互利、共同发展的原则进行的沟通与合作；广义的产学研合作是指高等院

①　浙江省教育科学规划 2013 年度（高校）研究课题"基于产学研合作一体化实习教学基地建设的研究与实践"（SCG233）的研究成果之一。

②　郭跃，南京大学商学院博士后，宁波工程学院经管学院教授、博士，主要从事应用经济、企业技术创新研究。

沈婷婷，宁波工程学院经管学院国际经济与贸易专业本科生。

校的人才培养与科研机构的科研开发项目及企业的生产活动之间的有机结合。[1]产学研合作是高等院校与企事业单位双方之间建立长期协同的合作关系，一方面利用高等院校的教学、科研条件以及人才、信息优势，与企事业单位之间就生产经营或者管理发展，共同进行科学项目的研究与开发工作，为企事业单位解决生产或者管理上的一系列重大问题，同时高等院校也为与之合作的企事业单位定向培养适合该企事业单位发展的技术人才和经营管理人才。另一方面高等院校借助与之合作的企事业单位中先进的生产设备、完善的管理设施以及真实的工作环境，为高等院校的学生提供实习实践的场所。[2]企事业单位的先进设施、设备和高等院校专门人才的教育资源的相互结合，使高等院校的人才把学校的理论学习与企事业单位的生产发展的实际很好地结合起来，从而达到培养高素质的高等院校人才和企事业单位更好更快发展的目的。

(二)实习教学基地的内涵

一体化实习教学基地是指高等院校学生参加实习或者实践的具有一定专业实习规模的相当重要的基地，同时也是产学研全面深度合作的十分重要的公共平台，起到连接高等院校和企事业单位双方之间沟通桥梁和纽带的作用。

实习教学基地的建设直接关系到高等院校中参加实习实践的学生们得到相关专业知识学习以及专业动手能力培养的教育目标，同时也有助于培养这些学生在高等院校内学不到、接触不到或领悟不到的实践能力以及创业创新能力。

(三)产学研合作与实习教学基地的联系

实习教学基地是产学研合作企事业单位、高等院校以及科研机构三方之间的重要桥梁与纽带，也是产学研合作实现的必不可少的合作平台。毛泽东认为："通过实践而发现真理，又通过实践而证实真理和发展真理。"实践是学到理论知识，并且是发现新的理论知识的重要过程。因此，实践对提升学生的创新能力起到了推动、促进的作用。培养人的创新精神以及实践动手能力是相互统一的，人一旦离开了实践就会缺少创新，社会实践能力也不会进步，只会在原地停滞不前，从而无法推动社会发展。[3]我国的《高等教育法》中明确规定："高等教育的任务是培养具有创新精神和实践能力的高级专门人才。"显然，实习教学基地的建设是时代、整个社会发展以及高等院校人才培养的要求。

尽快推进实习教学基地的建设工作，不但能够培养更多高等院校的高职业素养人才，缓解当今社会大学生就业形势严峻的问题；同时也能为企事业单位提供更多满足社会经济发展需求的高素养职业人才，还能够促进高等院校和企事业单位双方之间进行深度的产学研合作，从而达到促进产学研合作一体化的目的。[4]

二、基于产学研合作建立实习教学基地的意义

在实习实践的过程中，学生会经历发现问题、提出问题、分析问题、解决问题的阶段，从而提升了学生分析、解决问题的能力。而学生们凭借他们自身丰富的想象力以及创新能力也许会给企事业单位一成不变的经营管理模式带来新的浪潮，这同时也加快了学生本身创新能力的培养和发展。不难想象，如果脱离了实践这个重要的过程，那么学生将很

难提升自己分析、解决问题的能力以及创新能力。因此,创建实习教学基地是实现产学研合作一体化的有效途径。

现今社会,大学生的"就业难"问题恰恰是由于高等院校培养的人才不能满足企事业单位的需求,或者存在学生"眼高手低"的情况,即缺乏具备高等职业素养以及实践动手能力的实用型人才。[3]实习教学基地的建立,与课堂教学模式相比,弥补了教学模式死板单一、墨守成规的缺陷。当今社会的经济发展极为迅速,仅仅局限于课堂的教学模式和单纯的学科专业理论知识已经不能满足当前我国企事业单位对高等院校人才的各种需求,实习教学基地的建设是高等教育发展进步的必然结果。

在高等院校的教学工作中实习教学基地建设是非常重要的一个组成部分,同时也是高等院校提高教学质量,加强实践活动以及特色院校建设的基本前提。在学生的素质化教育考核过程中实践教学是一项非常重要的实践环节,是学生理论与实践相结合,并且借此获得实践能力的途径,同时,也能够培养学生在高等院校的理论教学中无法学习到的一种"认知能力"[5]。因此,我们目前急需根据现今的学科课程特点以及社会对人才的需求,展开对产学研一体化实习教学基地的一系列研究以及规划,不断完善和推进实习教学基地的建设工作。

产学研一体化实习教学基地的建设,能够充分发挥产学研合作三方各自的优势,实现互利共赢的目的,并推动我国现今社会经济以及科学技术的长足稳定发展。[6]现今实习教学基地建设的进一步推进,除了能够改善传统的教学模式,实习教学基地的以下几个特点,更是推动产学研一体化实习教学基地建设的巨大动力以及原因:

(1)实习教学基地重在培养高等院校人才的创业创新能力以及实习实践能力,结合了高等院校各个专业学生的专业知识,在理论的基础上尽可能地发展学生的创造力以及实践力。

(2)实习教学基地改变了我国传统的教学模式以及以应试教育为核心的学习考核方式,不但有利于综合性地对学生的能力进行考核,还有利于维护学生的身心健康。

(3)实习教学基地的建立,也打破了一直以来社会对人才的评价标准。不再是仅仅针对学历文凭,而是结合了学生自身的实践能力以及创新思维,建立起一套新的人才评价标准。

(4)产学研实习教学基地除了满足学生学习的需求,还提供给教师、科研人员科研成果必要的出口,为教师培养以及科学研究、科研成果转化提供稳定、有保障的场所;企事业单位在获得大学毕业生人才的同时,也可在合作中获得更深层次合作的机会。

教育工作者们已经充分地认识到实习教学基地建设的重要性,实践证明实习教学基地与高校课堂教学相配套,能够作为课堂教学的补充,一起培养出具有实习实践能力、创业创新能力的高职业素养的应用型人才。因此,基于产学研三方合作的实习教学基地的建设势在必行。

三、基于产学研合作的实习教学基地建设模式

我国产学研的合作模式总的来说,大概可以分为以下三种,并且以下这三种都为实习

教学基地的建设起到了推进的作用。

(一)企事业单位与高等院校共同研发

这种研发的模式是我国大多数的企事业单位以及高等院校所普遍采用的合作方式，是产学研合作的主要形式之一，贯穿了整个产学研合作的过程。

由于企事业单位和高等院校之间存在明显的"供求关系"，即企事业单位需要高等院校培养的人才来推动企事业单位的发展，提升企事业单位在社会同行业中的竞争力；而高等院校则需要将自己培养的高职业素质人才输入企事业单位，提升高等院校的毕业生就业率，从而提升该高等院校的知名度以及保障院校未来的长足发展。因此，实习教学基地的建设就显得尤为重要。实习教学基地的建设，能够搭起企事业单位与高等院校甚至是科研机构之间的桥梁，并同时满足高等院校对学生就业率的考虑以及企事业单位对人才的需求。这种模式下，实习教学基地可以选择在企事业单位建设或者是在高等院校建设。宁波工程学院中现有的大学生创业孵化基地就是一个很典型的例子，也是一个很好的产学研合作平台，即实习教学基地。

(二)企业外聘科研人员

这种模式是指企事业单位从科研机构或者高等院校聘请科研人员，并且被聘请的科研人员需要在平时利用自己的空余时间进驻到企事业单位来了解企事业单位的发展现状以及企事业单位的生产发展需求。显然，选择这种产学研合作模式的企事业单位基本上是在规模上比较大型的或者在同行业中名列前茅的单位，被聘请的科研人员也属于具备一定专业能力以及创业创新能力、实习实践能力的实用型人才。[7]而企事业单位外聘科研人员，也就是在企事业单位中建立了实习教学基地，让科研人员为企事业单位的发展与进步更好地发挥效用。

(三)直接在高等院校建立实习教学基地

实习教学基地的建立，从高等院校学生的角度来看，能够在一定程度上解决他们对未来就业发展问题的困惑，有针对性地使他们发展成为企业真实需要的具有实践能力的高职业素养人才。[8]可以促进学生的实习实践能力、摆脱学生"纸上谈兵"的社会现状，帮助学生尽早真正做到理论和实践两者之间的结合，提升学生的自信以及实践能力。

这种模式属于三者中最常见的一项产学研合作模式。这种产学研合作模式，可以使得企事业单位、高等院校以及科研机构三方之间的合作更加紧密、稳定以及长久。因此，这种模式也是现今我国政府比较看好以及倡导的一种产学研合作模式，即直接侧重于本文着重指出的基于产学研合作一体化的实习教学基地建设。建立实习教学基地能够有针对性地提升学生的职业素养以及创业创新能力、实习实践能力；也能够直观地提升高等院校教师队伍的教学质量以及引导教师的教学方向；更能够稳定长久地推动我国在科研技术方面的发展，从而充分满足企事业单位的需求，达到提升企事业单位的行业竞争力的目的，实现真正意义上的"合作共赢""互利互惠"的效果，也能有效地推动社会的进步以及和谐社会的构建。

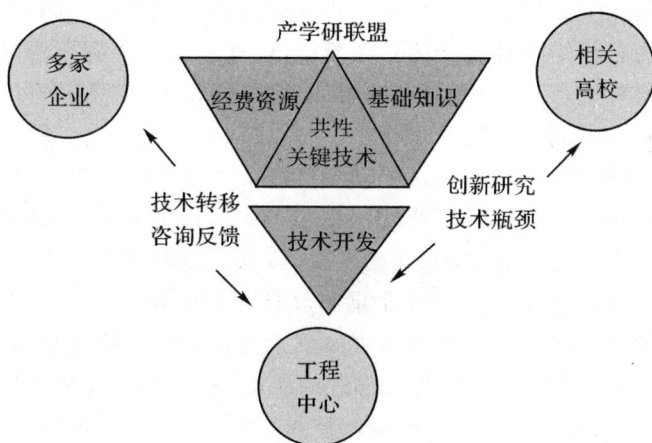

图1　产学研合作模式示意图

四、产学研合作实习教学基地实践与探索

自从宁波工程学院被列为全国第一批"卓越计划"的高校以来,学校就一直非常重视产学研合作实习教学基地的实践与探索。特别是在提出"123模式"后,各二级学院都为此做出了不少的努力,重点是与校企合作这一方面。如电子与信息工程学院关于计算机科学与技术专业,该学院努力构建"能力—素质—知识"一体化课程体系。计算机科学与技术的专业人才培养计划制定和课程体系设置从传统的以学科建设为导向、以追求知识完备为目标,转变为以企业需求为导向、以培养学生综合素质和能力为目标。通过与企业(例如中软、达内、微软等)的沟通,按照软件行业对工程人才在能力、素质和知识等方面的要求,由具有工程背景和产业经验的企业工程师共同参与制订"培养目标实现矩阵""培养计划",同时初步完成了相关课程教学大纲的修订,所有课程大纲力求始终贯彻CDIO的"构思、设计、实施、操作"四大能力培养的教育理念,围绕软件需求分析、设计开发、生产维护的生命周期,构建"能力—素质—知识"一体化课程体系。

再如建工学院土木专业人才的培养。首先,教师队伍的建设。教师不但需要有扎实的专业理论知识,更需要注重培养其丰富的实践经历,才能满足开发和应用能力培养的需求。其次,鼓励教学管理人员及各专业教师到兄弟院校中相同专业开展调研活动,了解不同地域、不同层次的办学理念并吸取兄弟院校的先进办学经验。再者,开展对毕业生和用人单位的调研,充分了解社会对人才的需求。

用人单位方面,第一,企业非常欢迎在校大学生到企业中实习,为企业注入新鲜的血脉,也能够提升企业的整体形象;第二,企业普遍认为在校大学生出来实习缺乏经验与专业性,并且需要各方面整体的提升。

各个学院均与校外的多个企业建立了产学研合作关系。

(1)建工交通学院:依托社会服务平台,利用政策优势,强化实践基地保障。与宁波市建设行业的30余家设计、施工、监理、房地产等企业建立了具有长效性的稳定的合作关系,有效地弥补了校内实践设备少、模拟多、指导教师短缺等不足。同时,制定土木工程专业的培养计划、能力目标矩阵和实践体系评价标准;通过派学生到企业进行实习,在"卓越计划"培养目标的指导下,与企业联合为实习学生共同量身定制培养方案,包括共同建设课程体系和教学内容,共同实施培养过程,共同评价培养。

(2)电信学院:实施"基于工程项目驱动的'3+1'培养模式",即3年在校学习加1年企业学习,培养过程中引入行业和企业的深度参与,实践环节(含企业学习)采用"工程项目驱动"培养方式。先后与中软国际、达内科技、微软等国内知名企业签署校企合作协议。在院企联合修订"计算机科学与技术专业卓越软件工程师试点专业培养计划"的基础上,又共同制定了"企业学习阶段培养方案",方案确定企业在第二学年至第四学年,每个学年安排2—4门综合实践类课程,由企业派遣有经验的项目经理、高级程序员等到院校协助实施教学;派遣学生至企业实施两个阶段的项目实训、生产实习和毕业设计、大学四年级时进入企业顶岗实习等。

(3)材料化工学院:全面推进,重视学生实习工作,重点在镇洋化工、巨化科技和中石化三官堂油库进行实习。毕业实习采用点面结合,实习就业结合,具体说来是以就业为导向的实习模式。在毕业班最后一年的开始,全院组织召开毕业实习动员大会,先遴选卓越班实习(今年镇海炼化20人规模),采用集体实习方式,分四班在镇海炼化三部、五部和储运部完成毕业实习,其他人员多以5—10人为单位,到相应公司实习,比如华测检测等,做到实习、就业双丰收。实施"3+1"的培养模式,前三学年主要以课程教学(包括理论课程和实验课程)为主,使学生掌握化工专业基础理论知识和基本的实验技能;后一学年以实践教学为主,主要培养学生的实验研究和化工设计能力。

五、基于产学研合作实习教学基地建设的相关建议

针对以上产学研合作模式下实习教学基地建设的发展现状,笔者认为主要有以下几种有效措施能够用来改善并且促进产学研合作的发展态势以及产学研合作的长足发展。

(一)顶层设计制定产学研合作下实习教学基地建设的政策

当前,各省正在加紧出台相关政策支持产学研合作的发展,以推进产学研合作模式下实习教学基地的建设。例如,河南省省委、省政府高度重视产学研合作推动自主创新工作,2013年河南省省委、省政府出台《关于加快自主创新体系建设促进创新驱动发展的意见》,明确提出省内高校和科研机构要以应用开发和成果转化为重点,以提高企业核心竞争力为主攻方向,在体制和机制上创新,构建以企业为主体、市场为导向、产学研相结合的技术创新体系。2015年陕西省科技厅出台《关于促进产学研合作工作的指导意见》,从实施产学研合作示范工程、推进产学研合作平台建设、搭建产学研合作园区和基地等十个方面,大力推动陕西省产学研合作等。可见,我国各地政府都在加紧出台相关的政策制度,来规范产学研合作机制的运行模式,明确各方的义务与利益,并逐步形成一套完整的机制和法律法规,以实现产学研三方顺利合作的目的。

(二)制定产学研合作下实习教学基地建设的双向利益分配方式

产学研合作三方,企事业单位和高等院校、科研机构之间的利益分配方式也需要建立

双向机制。我国社会上主要的利益分配有两种：第一种是企事业单位直接从科研机构或者高等院校把研究成果买断，这种利益分配方式使得产学研合作呈现一种"快餐式"状态，无法实现产学研合作的长久发展，得到的也只是眼前的利益，且成本较高；另一种则是把企事业单位的利益和高等院校、科研机构联系在一起，通过企事业单位把股权或者股份和高等院校、科研机构进行"交易"，这种利益分配方式显然把产学研合作的期限无限拉长了，具有相当的稳定性以及长久性。此外，2016 年 11 月中共中央办公厅、国务院办公厅印发的《关于实行以增加知识价值为导向分配政策的若干意见》允许科研人员和教师依法依规适度兼职兼薪。这为科研人员和教师在产学研结合的实习教学基地兼职建立了政策性保障。当然，后一种利益分配方式更有利于产学研三方的合作以及加紧三方之间的联系性，这同时也推进了实习教学基地的建设工作。

（三）加强产学研合作实习教学基地的信息沟通协调

当前，企事业单位、高等院校与科研机构之间的沟通还比较少，造成了企事业单位的需求、高等院校培养的人才以及科研机构提供的科研成果三者之间不能无缝对接的情况。因此，实习教学基地在建设过程中，还必须考虑使实习教学基地起到加强产学研合作各方的信息传递以及信息沟通完整性方面的作用。信息的及时沟通，有利于产学研合作发挥最大的效益，产生最理想的成果，也能使产学研三方之间的合作持续稳定地进行下去。而这方面信息往来的加强也可以拥有多种多样的形式，比如通过在建立完成的实习教学基地定期或不定期召开研讨会等方式加强产学研合作三方之间信息交流的及时性、完整性以及准确性。

六、总结

总而言之，产学研合作一体化能够充分利用社会上现有的资源（即企事业单位资金、高等院校的优秀人才以及科研机构的科研人员），为国家和社会培养出更多的适应社会经济发展的创新型人才，并且创造出更多有助于社会经济发展的科研成果以及科研技术。[9]解决我国高等院校实习教学基地建设中依然存在"浮在水上"、合作利益分配机制不全等问题，需要从产学研合作参与方的实际出发，从顶层政策设计、利益分配机制、信息沟通机制等多个层面解决。深化产学研合作一体化实习教学基地的建设将会成为企事业单位、高等院校以及科研机构最佳资源配置的途径，将从根源上解决以上问题。

产学研一体化实习教学基地可持续、稳定运行所产生的效果需要通过时间的检验，各高等院校能够在产学研一体化实习教学基地的建设中极大地推动教学教研、科学研究、社会服务的工作，为社会提供更多更适合社会经济发展需要的各类人才，也使产学研一体化实习教学基地的参与各方从中获益。

参考文献

[1] 王尧，郑建勇，李建清.产学研合作的概念演变及其内涵[J].科技成果管理与研究，2012(3):22—25.

[2] 黄伟，黄大明，文冰，等.基于产学研合作的一体化实践基地建设的研究与实践[J].实

验室研究与探索,2008(9):126—129.

[3] 王小宁.高等学校实践教学基地研究[J].三峡大学学报(人文社会科学版),2002(6):85—86.

[4] 郭素华,庞文生,王锦菊.实践教学基地建设与管理探讨[J].中医药管理杂志,2007(1):36—38.

[5] 吴振祥,樊秀峰,简文彬."产学研"模式下的实践教学基地建设探究[J].中国电力教育,2013(13):172—173.

[6] 闫翠香,丁新泉.基于产学研合作的实习基地建设探讨[J].宁夏农林科技,2012(8):105—106.

[7] 付俊超.产学研合作运行机制与绩效评价研究[D].北京:中国地质大学,2011.

[8] 秦军.我国产学研合作的动因、现状及制度研究[J].技术经济与管理研究,2011(11):35—36.

[9] 孙宝华.我国产学研合作模式及其面临的主要问题研究[J].辽宁行政学院学报,2011(10):108—109.

应用型高校教师能力胜任模型构建实证研究

贾春梅　朱占峰[①]

摘　要：本研究在深入挖掘国内外关于胜任力及教师能力胜任测评研究成果的基础上，针对应用技术型高校专业教师特点，构建高校教师胜任力初始指标，运用访谈、问卷调查、行为分析和专家评分等多种方法，经过筛选、实证、优化、整合等流程，形成该领域教师能力胜任的测评模型。该项研究可以为同类型大学评价及教师培养提供测量方法。

关键词：应用技术型；高校教师；胜任力

一、胜任力与教师胜任力研究综述

"胜任力（Competency）"目前已经成为当代教育学、心理学、行为学等领域的热点之一。胜任力研究开始于 20 世纪初期泰勒关于"时间—动作"的研究，1982 年，McClelland 与 Boyatizis 出版《胜任的经理：一个高效的绩效模型》一书，[1] 从此，胜任力开始在很多发达国家企业人力资源管理中广泛使用。[2]

（一）胜任力含义

胜任力如追究其概念可以追溯到古罗马时代。如今，胜任力概念多种多样，有的偏重于业绩、有的偏重于社会角色特质或特殊角色的知识、有的偏重于态度和价值观、有的偏重于动机、技能和个人行为特点。总体来说目前学术界普遍接受的是 McClelland（1998）提出的解释，他认为胜任力主要是可以度量的一种能够区分高绩效者和一般人的一些可以量化的指标，这些指标可以是动机、特质、自我概念、态度、价值观、知识、技能和个人特质[1]。

（二）国内外高校教师胜任力研究

目前，关于高校教师胜任力的研究大多数采用建模的方法，提炼高校教师的胜任力维

---

①　贾春梅，哈尔滨工业大学博士生，宁波工程学院经济与管理学院、国际港口物流研究中心教师。

朱占峰，博士，宁波工程学院经济与管理学院院长、教授、博士生导师，教育部学校规划建设发展中心专家，主要从事教育规划研究。

度和题项,主要目的是诠释高校教师胜任力的内涵,为其评价建立坚实的理论基础,具体研究情况见表1和表2。

表1 国外高校教师胜任力研究

年代	作者	维度	题项
1996	Danielson Charlotte	计划与准备、教师环境监控、教学、专业责任感胜任力4个维度	
1998	Bisschoff Grobler	教育胜任力和协作胜任力2个维度	学习环境、教师专业承诺、纪律、教师的教学基础、教师反思、教师的合作能力、有效性和领导
2000	Hay McBer	专业化、领导、思维、计划/设定期望、与他人关系5个维度	即沟通能力、计划和组织、工作标准、适应性、人际关系建立、发展友谊、持续性学习、技术等

资料来源:根据历年文献整理所得。

表2 国内高校教师胜任力研究

年代	作者	研究方法	维度	题项
2006	张议元 马建辉	行为事件访谈法	专业、职业操守特征、心理、行为4个维度	专业知识、合作精神、责任心、主动性、适应性、概念式思维、成就、认同、影响力、专业技能、人际理解力、寻求咨询能力12项。
2006	王昱 戴良铁	行为事件访谈法和文献查阅法	创新能力、获取信息的能力、人际理解力、责任心、思维能力、关系建立、成就导向7个维度	对新观点、新思路或者变革持有开放态度;关于突破条条框框,突破惯性思维和常识的局限;主动尝试新的工作方式和程序并不断检验、确证和改进;开创新的解决问题的方式和方法等28项。
2008	宋倩	调查问卷与统计分析	认知、人际互动、成就、接纳、师德、知识技能6个维度	艺术感、选择性、情绪觉察力、捕捉机遇概念性思维、社交意识、尊敬他人、沟通技能、谈判能力、责任心、专业知识和技能专长等28项。
2010	汤舒俊 刘亚 郭永玉	行事访谈和统计分析方法	人格魅力、学生导向、教学水平、科研能力4个维度	求实创新、奉献精神、上课具有启发性、进取意识、建设性的指导学生、师生关系和谐、开放性、优秀的教学策略、从心理层面管理学生、高学历、对学生有责任心24项

资料来源:根据历年文献整理所得。

纵观国内外的研究,关于高校教师胜任力的研究还略显不足。高校教师胜任力评价(competency evaluation)是高校教师评价的一个重要指标,需要系统性的研究,从评价的目的、依据到具体的用途,并据此建立科学完整的评价模型。

二、高校教师胜任力模型建模理论与研究方法

（一）胜任力理论模型

胜任力模型（competency model）是一种成功模型，是胜任某种角色必须具备的特征总和，这特征要具有可测量性[3]。目前，典型的胜任力理论模型有冰山模型和洋葱模型两类[4][5]。其中，冰山模型把胜任力分为两个部分，一个是外显的，即知识技能；另一部分是内隐的，即价值观、社会角色、态度、个性、品质、自我形象、内驱力和社会动机。如图1所示。洋葱模型和冰山模型本质上没有太多的差异，其模型最表层的是知识和技巧，最易发展，最里层、最核心的是动机和特质，是个体最深层次的胜任特征，是最不容易改变和发展的。如图2所示。

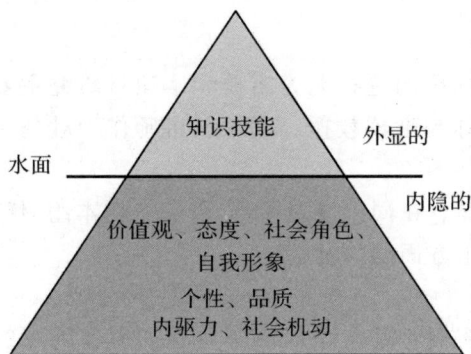

图1 胜任力冰山模型   图2 胜任力洋葱模型

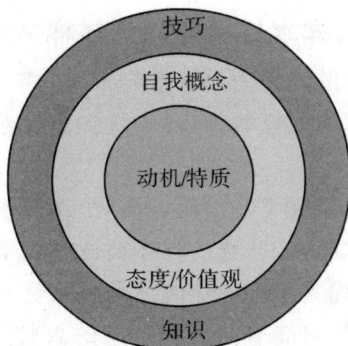

胜任力模型主要用于人力资源规划、职务分析、员工的招募与选报、员工的培训和开发、绩效管理和员工报酬。对于目前已有中外文献研究可以得出目前高校教师胜任力的研究有两个视角：一个是"能力本位"视角，另一个是"人本位视角"。

（二）胜任力建模方法

胜利力建模的方法繁多，大部分是定性研究，少量的适用定量研究。本项目胜任力建模采用定性研究与定量研究相结合，具体使用了以下三种方法：归纳法、推导法和修订法。

（三）胜任力建模的研究工具

胜任力建模研究工具较多，每种研究方法各有优缺点，方法之间可以互相取长补短，本项研究采用行为事件访谈法 BEI（Behavioral Event Interview）[6]、问卷调查与分析并结合专家德尔菲法。行为事件访谈主要用于提取胜任特征和构建胜任力模型；调查问卷与统计分析主要以应用技术型高校为研究样本，提取部分高校经济管理类四个比较常见的专业（会计、物流、国贸、企管）不同职称等级和学历背景的专业任课教师作为调查对象，提取特征因素，并请专家论证，凝练结论。

三、胜任力模型建模研究的主要过程

(一)需求与定位分析

应用技术型的本科高校是培养社会人才的公共事业部门,必然要以社会需求为第一导向。但应用技术型本科也有其特点,即该类高校培养的学生大多数在本地或者本省服务,学生除了在理论学习上与普通本科大致相同外,更强调实际能力的培养,在培养过程中要同时注重技术能力和创新能力的培养,使学生不仅具有扎实的理论知识,还具有较强的动手能力。只有这样应用型技术本科院校才可以为企事业单位培养更多的高端技术人才和管理人才。要把学生培养成为应用型的高级工程技术人才和高级管理人才,对该类高校教师综合素质要求较高,考核一般从人才培养、课题研究、和社会服务三个方面出发。

(二)样本目标群和具体样本选择

不同的胜任力要求差异很大,样本目标群的选择尤为重要。本项目研究主要针对经济与管理类专业教师,样本选择是针对职称为高校教授、副教授、讲师作为胜任力模型目标群体。

确定目标类群之后,进行个体样本选择。在同一类目标群,分三个样本组:优秀组、普通组、低效组。在选取样本要注意以下几个方面的问题:

(1)优秀组的成员应当是公认优秀的;

(2)尽可能多的选择优秀的教师作为样本,优秀样本特质与胜任力各因子的契合度更高;

(3)低效组,样本量应相对少;

(4)每类选择样本应包含10个对象以上。

本项研究从物流管理、会计、国际贸易、工商管理四个专业中的教授、副教授、讲师三个目标大类中分别选取10位教师,样本数量40个,并从不同样本目标群中细化目标,选定优异绩效教师6名、普通绩效教师3名,为体现样本选择的正确还选择了1名低绩效教师,按照随机抽取的原则对部分教师样本进行了访谈。另外,为了保证访谈信息的真实性和完整性,对4名辅导教学岗位老师和中高层的管理干部进行了补充访谈,以此建立比较详细的胜任力模型初级模型。

(三)组织行事访谈及设计调查问卷

组织行事访谈的目的主要是通过了解老师工作中重要事件的完整案例,并摘录重要事件及心得,从而分析出初步岗位胜任力模型。笔者在访谈过程中设计了一个"双盲"过程,即访谈者和访谈对象预先都不知道访谈对象在哪个分类中。访谈过程中通过提问,编码关键词等方法,如教师谈到频度较高的有"责任心""语言能力""沟通""教学技巧""科技成果转化"等。经过初步整理、提炼访谈的结果确立了30项分类指标(具体见表3)。

调查问卷的设计主要目的是从社会、教师和学生三个角度出发,问卷给出了五个等级,分别是很重要(5分),较重要(4分),一般重要(3分),不太重要(2分),很不重要(1分)。要求被试者自身实际与题目描述相符,并在浙江省内选择三所高校发放问卷。

表3　应用技术型高校教师胜任力指标

专业水平 A1	高学历、高职称、专业理论知识、专业实践能力
个人魅力 B1	教师个人形象、热爱高教事业、尊重他人、有责任心、了解学生需求、和谐的师生关系、善于沟通、团队精神与协作能力
学习与发展 C1	不断提升能力、更新知识能力、自我评价能力、持续完善能力
教学能力 D1	先进的教学理念、高超的教学技巧能力、良好的教学组织能力、创新的教学方法能力、语言表达能力
科研能力 E1	掌握学科前沿动态能力、创造良好的学术声誉能力、编织广泛的学术人脉能力、积累丰硕科研成果能力、应用技术大学对应的研究
社会服务能力 F1	与行业衔接能力、参与地方政府管理服务、参与企业咨询服务、成果转化能力

说明：上述指标分为五个维度，调查问卷表示测量指标针对具有胜任能力的高校教师

（1）很重要　（2）较重要　（3）一般重要　（4）不太重要　（5）很不重要

（四）确立并检验模型

根据问卷统计分析结果，剔除同质和影响因子较小的胜任特征值，确立并检验模型的正确性。

四、胜任力模型建模的实证研究

对三所学校的 250 名学生（考虑专业不同，专业平等分布，不计年级，即每个专业都是 60 人）进行了无记名调查。共发出问卷调查表 250 份，收回 233 份，回收率为 93.2%；有效问卷 206 份，有效率为 88.39%。

（一）信度分析

信度（Reliability）是衡量测量结果可靠性程度的指标。[7]信度越高越稳定。在评价量表信度时，Cronbach Alpha 达到 0.7 以上，说明量表的信度较好。从表 4 可知，量表的 Cronbach Alpha 系数为 0.930，超过了 0.8，说明测量结果非常可靠。结果表明，本研究具有良好的信度，结果可靠。

表4　信度分析表

Cronbach's Alpha	基于标准化项的 Cronbach's Alpha	项数
0.930	0.930	30

（二）效度分析

效度（Validity）指正确性程度。效度越高越能反映测量对象的真正特征。对量表的 30 项进行因子分析。在分析的过程中发现有两个因子与教师胜任力无显著关系，所以剔除无关因子后，分析结果如下：如表 5，KMO 值 0.742＞0.5，Bartlett 结果非常显著，Sig 达到 0.000，形成 5 个因子。如表 6，现实累计方差解释率为 71.052%。旋转后各因子的负荷系数见表 7，各个维度所对应题项如表 8 所示。

表5　KMO 和 Bartlett 的检验

取样足够度的 Kaiser-Meyer-Olkin 度量		0.742
Bartlett 的球形度检验	近似卡方	1226.629
	df	378
	Sig.	0.000

表6　方差贡献率

成分	初始特征值			提取平方和载入		
	合计	方差的百分比	累积百分比	合计	方差的百分比	累积百分比
1	10.498	37.494	37.494	10.498	37.494	37.494
2	3.453	12.331	49.826	3.453	12.331	49.826
3	2.715	9.696	59.522	2.715	9.696	59.522
4	1.847	6.597	66.119	1.847	6.597	66.119
5	1.381	4.933	71.052	1.381	4.933	71.052
6	0.931	3.327	74.379			
7	0.902	3.223	77.602			
8	0.871	3.111	80.713			
9	0.724	2.585	83.297			
10	0.672	2.401	85.698			
11	0.561	2.004	87.702			
12	0.519	1.855	89.557			
13	0.417	1.488	91.045			
14	0.394	1.408	92.454			
15	0.366	1.308	93.761			
16	0.312	1.114	94.875			
17	0.265	0.946	95.821			
18	0.214	0.765	96.587			
19	0.175	0.626	97.212			
20	0.158	0.563	97.775			
21	0.149	0.533	98.308			
22	0.115	0.411	98.719			
23	0.096	0.342	99.061			
24	0.084	0.299	99.361			

成分	初始特征值			提取平方和载入		
	合计	方差的百分比	累积百分比	合计	方差的百分比	累积百分比
25	0.064	0.227	99.588			
26	0.047	0.167	99.754			
27	0.039	0.138	99.892			
28	0.030	0.108	100.000			

提取方法:主成分分析。主成分分析提取了5个因子。

表7　转轴后的因子负荷矩阵

	1	2	3	4	5
更新知识的能力	0.794	0.043	0.054	0.094	0.056
创新教学方法的能力	0.779	0.280	0.295	0.187	0.144
高超的教学技巧	0.767	0.061	0.054	0.175	−0.152
良好的教学组织能力	0.714	0.137	0.348	0.071	0.092
不断提升的专业能力	0.699	0.074	0.040	0.130	0.196
先进的教学理念	0.639	0.259	0.275	0.425	−0.002
了解学生的需求	0.545	0.046	0.525	0.298	−0.078
与行业衔接能力	0.533	0.480	−0.201	0.005	0.190
专业实践能力	0.532	−0.207	−0.089	0.058	0.058
参与地方政府管理服务	−0.086	0.895	0.088	−0.143	0.161
编织广泛的学术人脉能力	0.077	0.694	0.337	0.410	0.317
积累丰硕成果能力	−0.041	0.693	0.292	0.516	0.156
参与企业与行业发展咨询服务	0.261	0.689	0.050	−0.025	0.024
应用技术大学对应的研究	0.155	0.669	0.325	0.332	0.006
掌握科研前沿动态能力	0.419	0.622	0.237	0.178	0.226
创造良好的学术声誉的能力	0.060	0.619	0.281	0.316	0.444
成果转化能力	0.330	0.527	−0.059	0.287	0.262
尊重他人	0.034	0.076	0.786	0.092	−0.058
善于沟通	0.308	0.171	0.744	0.134	−0.122
责任心	−0.042	0.129	0.698	0.088	0.073
教师个人形象	0.163	0.150	0.680	−0.236	0.527
和谐的师生关系	0.368	0.171	0.645	0.414	0.184

续　表

	1	2	3	4	5
持续完善能力	0.236	0.153	0.079	0.781	0.067
自我评价能力	0.303	0.090	0.162	0.738	0.211
团队精神和协作能力	0.439	0.092	0.517	0.552	0.048
专业理论知识	0.178	0.001	−0.136	0.123	0.877
高职称	−0.004	0.489	0.001	0.157	0.710
高学历	0.208	0.351	−0.031	0.301	0.682

表8　维度与提项

维度	提项
教学实践能力	更新知识的能力 T1
	创新教学方法的能力 T2
	高超的教学技巧 T3
	良好的教学组织能力 T4
	不断提升的专业能力 T5
	先进的教学理念 T6
	了解学生的需求 T7
	与行业衔接能力 T8
	专业实践能力 T9
知识转化能力	参与地方政府管理服务 T10
	编织广泛学术人脉的能力 T11
	积累丰硕成果能力 T12
	参与企业与行业发展咨询服务 T13
	应用技术大学对应的研究 T14
	掌握科研前沿动态能力 T15
	创造良好的学术声誉的能力 T16
	成果转化能力 T17
关系处理能力	尊重他人 T18
	善于沟通 T19
	责任心 T20
	教师个人形象 T21
	和谐的师生关系 T22

续 表

	持续完善能力 T23
自我完善能力	自我评价能力 T24
	团队精神和协作能力 T25
	高职称 T26
基础储备能力	高学历 T27
	专业理论知识 T28

通过以上统计分析得出初步结果，我们总结构建出包括教学实践能力、知识转化能力、关系处理能力、自我完善能力和基础储备能力模型简化为图 3。

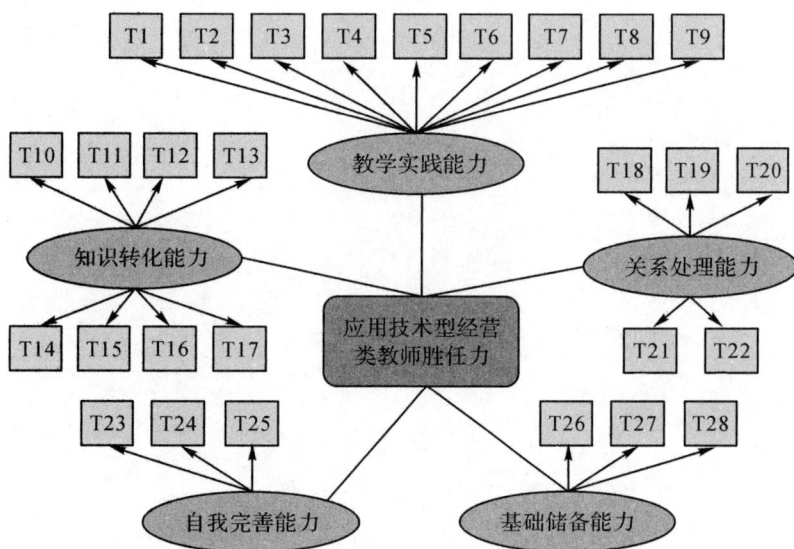

图 3 应用技术型教师胜任力构建模型

本研究构建的应用技术型高校教师胜任力模型具有比较稳定的 5 个维度和 28 项胜任力模型，研究运用了试验测试和调查对比，结果显示模型结构良好。项目内部量表具有很好的内部一致性，因子分析结果显示该量表的有较好的结构效度，可以为同类型应用技术型高校教师考核和培养提供一定的帮助。

参考文献

[1] Boyatzis,R. E. The Competent Manager：A Model for Effective Performance[M]. John Wiley&Sons,Inc. 1982.

[2] Shippmann J S,Ash R A,Battista M,etal. The practice of competency modeling[J]. Personnel psychology,2000(5)：373—740.

[3] Speneer jr. LM,Spencer SM. Competence at work：Models for superior performance. New York：John Wiley&Sons,Inc 1993.

[4] Boyatzis,R. E. Rendering into competence the things that are competent,American

Psychologist,1994(49):64—66.

[5] Speneer Jr. LM，Spencer SM. Competence at work：Models for superior performance. New York：John Wiley&Sons. Inc 1993.

[6] 冯明,尹明鑫.胜任力模型构建方法综述[J].科技管理研究,2007(9):229—230,233.

[7] 郭润寒.基于胜任力模型与共协反应机理的高校教师评价研究[D].桂林:桂林理工大学,2012.

应用型大学特色专业"123456"建设模式探索[①]

朱占峰[②]

摘　要:科技与产业演进的新形态要求应用技术大学加速特色专业建设,文章依托国家着力建设示范性应用技术大学和实施产教融合项目的背景,深入论述了"123456"专业建设模式的架构和内涵,为应用型大学加速特色专业建设提供了一条重要的路径。

关键词:应用大学;特色专业;建设模式

一、引言

德国工业4.0、美国再工业化、英国制造2050、法国新工业计划、中国制造2025……一个个雄伟的规划,彰显出世界大国在铸造国家核心竞争力和抢占国际市场中的迫切心情。制造业的发展密切关联国家的综合实力,而为其提供支撑的智力要素取决于应用技术大学的发展规模和人才培养模式。

在"十二五"期间,产业界和教育界对应用技术大学的办学模式、培养规格和发展走向等关键环节可以说是仁者见仁、智者见智,呈现出百家争鸣甚至激烈交锋的局面。进入"十三五",人们对研究型大学、应用型大学和技能型大学的区分界限逐步清晰。应用型大学作为位在研究型和技能型之间的一个层次,产业界和教育界在其建设的基本要核上逐步形成了共识,其建设理论和实践探索已形成一系列独具特色的成果。

尤其是"产教融合"建设项目在国家发改委、财政部和教育部的联合支持下,特色专业建设的成效更加彰显。笔者经过近几年的探索,逐步提炼出了一种"123456"的专业建设模式(其基本架构如图1所示),塑造了自身发展特色。这里的"1"是指一个中心,"2"代表两条主线,"3"是要求加强三类研究,"4"是指四维融合,"5"代表五项工程,"6"是指六环一流。

---

① 国家三部委应用技术大学"产教融合"试点示范项目。

② 朱占峰,博士,宁波工程学院经济与管理学院院长、教授、博士生导师,教育部学校规划建设发展中心专家,主要从事教育规划研究。

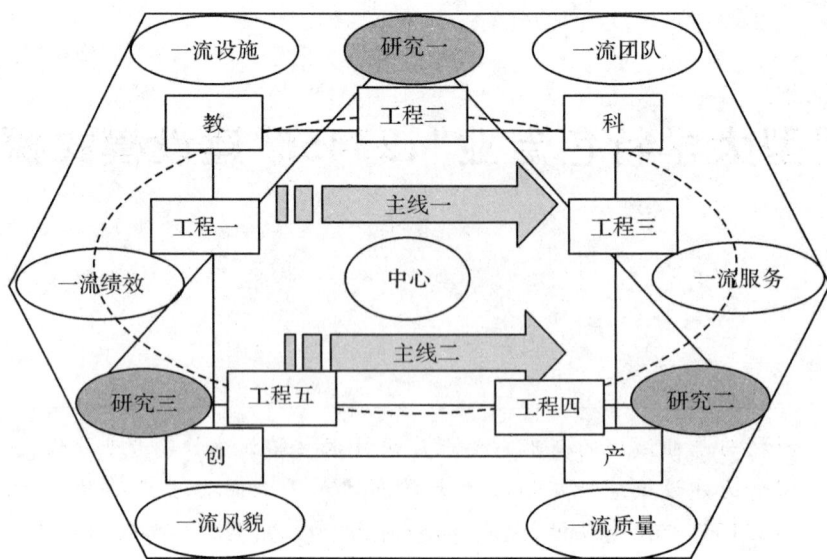

图1 "123456"特色专业建设模式框架示意图

二、一个中心

以"人才培养"为中心。高等学校尽管承担着人才培养、科学研究、区域服务、文化传承等多项职能,但其根本任务是培育高等人才,培养经济建设和社会发展需要的合格人才。这是高等院校区别于其他社会组织的本质特征。大教育家孟子曾指出"设立庠、序、学、校以教之。庠者,养也;校者,教也;序者,射也。夏曰校,殷曰序,周曰庠,学则三代共之,皆所以明人伦也"[1],这就指出了设立学校的主要目的是育人。学校的各项工作最终要落实到人才培养上来[2],通过现代化的教育方法和技术手段,使学生对科学知识和社会技能"内化于心,外化于行",成为国家的栋梁之材。因而,特色专业建设必须紧紧抓住人才培养这一中心。

在一所学校中,影响人才培养的因素很多,其中最关键的要素包含学生、教师、政府、社会、同行、校友、设施、行管等八个方面。按照我国古老的伏羲卦象文化,可对八大要素的地位进行深度剖析。学生是培养过程的主体,处在天(乾)的位置,是专业人才培养的归宿;教师是培养过程中的主导,处在地(坤)的位置,是专业人才培养的"锚",具有维持稳定的效用;政府是人才培养的舵手,处在泽(兑)的位置,具有孕育作用;社会是承接专业人才培养结果的载体,处在山(艮)的位置,具有引领作用;同行是专业人才培养的市场伙伴,处在风(巽)的位置,形成推动效应;校友是专业人才培养的镜鉴,处在雷(震)的位置,直接影响专业的声誉;设施、设备是专业人才培养的基础条件,处在火(离)的位置,决定着应用技术大学专业人才培养的质量;行政管理是专业人才培养顶层设计和过程管理者,处在水(坎)的位置,决定着专业人才培养过程的绩效。如图2所示。

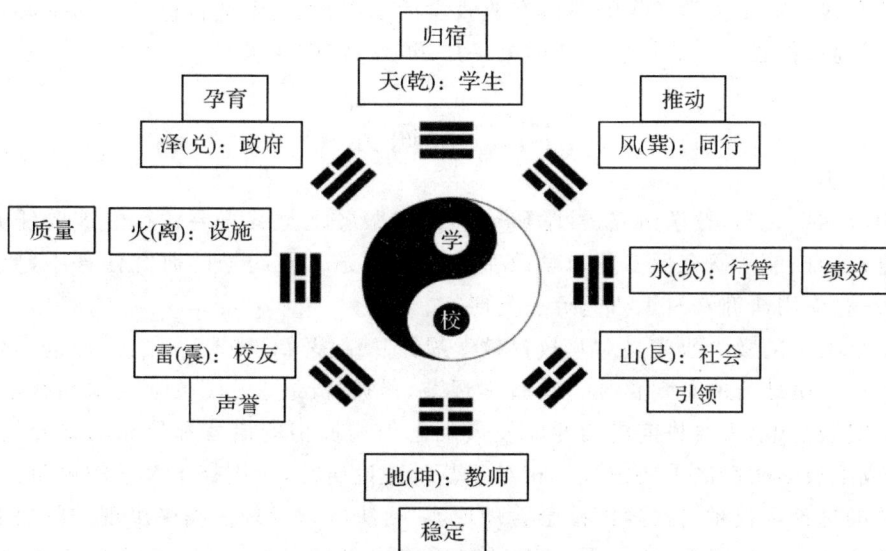

图 2　学校专业特色建设元素伏羲卦象诠释图

　　人才培养这个中心地位是应用型大学专业建设打造特色的基石。为稳固这个基石，必须抓住人才培养的根蒂。这个根蒂就是关爱，撒向学生的要都是爱。只有爱心的驱使，才会有真正的投入，才能有无私的奉献。进而引领优秀的学生，帮扶不能控制自己行为的学生，转化甘于位居中游的学生。让各层次学生均能取得重大进步，成为国家有用之才。

三、两条主线

　　两条主线就是在专业建设过程中以"基本理论、基本技能的训育，创新能力、创业方法的实践"为主线。基本理论、基本技能往往是先辈经验的承传，而创新能力、创业方法则是当下需求的创造。前者由外及内，后者由内向外，二者交互碰撞，产生素质和能力升华。

　　基本理论和基本技能的训育是专业教学任务执行过程的核心，构成专业教学环节的基础架构[3]。事实上，实现教育目标的康庄大道是由基本知识、基本技能联合铸就的，其"双基"内容必然是毕业生人生生存、终身发展的扎实阶梯。基本理论是基本知识的核心内容，它是通过学科基础平台和专业基础平台的搭建，形成系统的基本理论架构，支撑应用型人才的创新拓展。基本技能是由各种专业活动凝练出的业务运作的流程、方法、技巧的集合，它通过专业实验、实训以及社会实践活动，有机结合基本理论，形成一种寓含在业务作业过程中的个体行为方式。

　　创新能力和创业方法的实践是衔接学校理论教学和社会实战的纽带，是加速淘汰空洞理论的过滤器，是应用技术大学培养优秀人才的最佳路径。创新能力和创业方法的培育需要平台支持，这个平台，既包括校内的模拟平台，更包括经市场监管部门注册的社会实战平台。大学生作为成年人，已初步具备各种风险的防范和控制能力，通过市场真实环境的博弈，将进一步体会创新、创业的艰辛，体验"双创"的着力点，积聚"双创"的经验和教训，为毕业走出校门、效力社会奠定坚实的基础。

两条主线贯穿于大学四年的整体专业教学活动中,也是塑造特色专业的基础环节,与一个中心一起,构成了打造特色专业的第一层级——基础层级。

四、三类研究

作为应用型大学,教学研究、科学研究和区域服务也是其需要履行的重要任务,是专业建设过程中以前沿研究促专业教学改革的重要渠道。在纷繁的研究任务中,要重点推进教学研究、应用研究和对策研究等三类研究。

应用型大学的教学研究是对其教育教学规律总结提炼的重要手段,是促进学生、教师和实验条件有机结合的有效路径。在教学环节,教师需要将现代教学技术和教学理念应用于教学实践之中,需要将前沿的专业发展动态使用通俗的语言和形象的媒介展现给学生,这构成了教学研究的重要内容。相对于基础理论研究,应用技术大学的侧重点在于如何将先进的理论和技术对接经济社会管理现实,解决经营管理过程中出现的问题和矛盾,加大理论和技术应用研究力度,是应用研究的着力点,在这方面显然具有广阔的拓展空间。应用型大学一般为地方政府或行业主办,因而,大力推进面向政府、行业、企业的有针对性对策研究,当好他们的"外脑"尤为重要。对策研究不同于学术研究,它紧跟区域社会现实,抓住某一环节、某一领域的具体事项,以简明的架构和语言,深刻剖析问题,并提出解决相应问题的方法和路径。对策研究能力也是展示应用型大学区域服务能力高低的试金石。地方应用型大学与区域经济社会接触最直接、交流成本最低、信息传递最迅速、语言沟通最顺畅,开展应用研究和对策研究既有利于提升科研团队的研究水平,又是对区域经济社会发展的智力奉献,也是应用技术大学综合服务能力的最佳展示。

教学研究、应用研究、对策研究,这三类研究抓住了应用型大学的本质属性,是塑造特色专业的重要抓手,也是研究型大学与应用型大学的分水岭,其研究规模和水平是衡量应用型大学办学质量的重要指标。

五、四维融合

在经济社会的新常态下,应用型大学的专业内涵提升必须加强教、科、产、创四维交融,着力推进科教融合、产教融合、创教融合。教学工作是应用型大学专业建设的主线,科学研究是应用型大学专业升级和跨越发展的本钱,产业发展是应用型大学专业改革和可持续发展的依托,创新和创业能力是应用型大学专业建设弯道超越发展的驱动力。

在四维交融的多种组合中,站在人才培养的视角,其重点环节在于科教融合、产教融合和创教融合。

首先是科教融合。在不同时期、不同类型的学校、不同的人群对科教融合的理解也不相同。科学研究与教学协同创新培养人才是中国高等教育必须面对和解决的一个重要的理论问题和实践问题[4]。作为应用型大学,其重点在于应用型研究与教学的对接和交融。专业理论的应用、科学方法的应用、先进技术的应用、与前沿知识的对接、科技成果的转化、发展政策的凝练和传播等,均应是科教融合的基本内容,没有科学研究对繁杂事物的剖析和提炼,学生就难以在有限的时间内领略甚为广泛的知识信息。科教融合是应用型高校区别于技能型高校的一杆重要标尺。

其次是产教融合。产教融合作为一种育人新模式,既要符合高校教育教学规律,更要符合市场经济发展规律[5]。应用型高校在专业设置、课程建设、实验条件建设、就业教育诸方面均应强化区域产业背景,行业标准、企业营运、产品升级均应与教学活动深度融合,只有与产业融合,专业教育才不空洞,理论的演进才能经受实践的检验,培养的学生才有用武之地。

最后是创教融合。创新、创业能力是当代大学生应具备的基本心理和行为素养,创新和创业教育与教学活动不能两张皮,而应该有机地融合在一起。单纯地就创新而创新是没有意义的,离开专业去讲创业也无意义,只有与专业、学科紧密联系起来,才能迸发出强大的创造力,架起通往成功事业的桥梁。

四维融合是应用型大学塑造特色专业的又一重要抓手,其融合度反映着该专业在特色打造进程中的推进力度和创新程度。

六、五项工程

理论和实践反复证明,应用型大学特色专业建设必须重视五项工程,即名师、名生、名校友、名伙伴(合作伙伴)和名品牌。

第一是名师工程。世界众多名牌大学并没有在宏大的校园、华丽的外表上做文章,而是重点培育大师、名师。正所谓大学非楼大也,乃师大也。教师作为人才培养体系的主导,是打造专业特色的中流砥柱。一般说来,名师工程是一项长期的、复杂的综合工程,需要适宜的成长土壤和环境。大学名师首先是教育家,需要谙熟教育原理,具有独特的教育思想,形成鲜明的教育理论;大学名师应该是一个优秀的科技工作者,应具有一流的科研能力,掌握专业前沿动态,善于将科研成果转化为课堂教学案例;大学名师还应该是一名社会活动家,身体力行地走向社会、融入社会、引领社会。因而,名师工程理应是特色专业着力打造的重点。

第二是名生工程。学生是人才培养的主体,学校教育教学工作的绩效,一般要通过学生的素能和行为来展现。"母以子为贵",校以生为荣。能否培养出区域经济社会需要的专业人才,学生的签约率、对口就业率、三年或五年后的失业率等指标就是一个很好的例证。名生是打拼出来的,学生在各类科研项目、各类成果、各类竞赛中能否脱颖而出,是综合知识、能力以及应变性的体现。名生工程与名师工程类似,也是一项综合工程,需要专业教师、学工辅导员以及其他管理人员的引导、呵护与支持。应用技术大学与研究型大学相比,尽管在这方面缺乏优势,但只要找准切入点,在培育名生方面还是大有可为的。

第三是名校友工程。校友对母校而言,是一种象征、一种资源、一种潜在的发展动力。成功的校友往往会想到如何回报母校,但对于母校而言,更应该延续名生工程,研究如何继续培育名校友,使其在发展上具有可持续性。母校可以为校友"充电",为校友企业的员工"充电"。校友与母校可以建立"特殊合作"关系,合作研发、合作拓展市场、合作培育人才,等等。应用型大学的特色专业建设更应将校友文化看作是学院文化的重要组成部分,将优秀校友作为专业建设和课程建设的专家库成员,将校友企业作为学生的专业实习基地,将校友企业的发展需求作为师生的研究领域等等。名校友工程的建设将起到互惠双赢、相得益彰的作用。

第四是名伙伴工程。合作伙伴的培育是应用型大学特色专业建设的重要任务之一,所谓合作伙伴,就是在人才培养上,提供实习基地,成为就业单位;在科学研究、成果转化上,担当合作单位、承接单位;在项目对接上,变成需求单位;在技术研发上,担负试验单位,等等。产教融合、校企合作是应用型大学特色专业建设的必由之路,这就需要伙伴培育,需要稳定的合作伙伴,需要一流的名伙伴。当企业发展依赖先进的科学技术,重视先进生产力的时候,企业就会拿出足够的专项基金投向研发,这就增强了企业与学院合作的动力,合作伙伴的培育就具备了基本条件。应用技术大学特色专业对合作伙伴的培育应有诚意、有耐心、有信心。名伙伴的数量多少,在一定程度上代表着该应用型大学特色专业的建设层级。

第五是名品牌工程。知名品牌包含学院的重点平台、重点专业、重点课程、重点实验室、重点研发成果,等等。应用型大学在起步阶段,由于实力有限,需要集中精力塑造标志性品牌。当学校发展到成熟阶段,就要分学科门类建设适量品牌。品牌是学院专业建设过程中的核心资源,既能扩大专业的影响力,又需要持续的创新呵护。一旦支撑品牌的要素褪色,专业的声誉就自然受到影响。因此,应用型大学特色专业建设应将名品牌工程摆放到突出位置,精心谋划,重点培育,持续推进。

三类研究、四维融合和五项工程,是应用型大学建设特色专业的重要抓手,是审核二级学院教学、科研、服务和管理水平的重要指标。它们共同构成了特色专业建设的第二个层级——核心层。

七、六环一流

应用技术大学特色专业建设应狠抓六环一流,即着力打造一流的设施、一流的团队、一流的服务、一流的质量、一流的风貌、一流的绩效。

第一是一流的设施。应用型大学重点在应用,在实验、实习、实践环节。如果没有一流的设施,其应用特色专业建设就无从谈起。实验、实习设施建设环节由于经费、场地问题,往往困难重重,但建成后在充分利用上将更加困难。这是因为长期习惯于课堂讲授的教师,一旦要求其课堂讲授与动手操作相结合的时候,不论是备课环节还是课堂实战环节,无形中均增加了其运作难度。所以,应用型大学的一流设施要求是动态的,是高利用率的,是多运用途径的。

第二是一流团队。当今社会,国际事务的处理需要各种联盟组织,企业间的竞争变成了供应链的竞争,具体到应用型大学的特色专业建设,更需要团队成员的协作。一流的团队需要一流的团队带头人,带头人的心胸、志向、知识、能力、方法等因素直接决定了该团队的走势。一流的带头人还需要一些志同道合成员的配合,如教学团队、课程团队、实验团队等等,其水平在一定程度上代表了专业建设的水平。因而,重点团队建设是特色专业建设的重中之重。

第三是一流服务。一流服务包含校内服务和校外服务两个层面。校内服务一是对学生的服务,二是对教师的服务。校外服务主要体现在学校对社会承担的服务责任和义务,一是流程式的体力服务,二是深层次的技术和咨询服务。高水平的应用技术大学必然有高水平的服务,不仅仅停留在校内服务育人、管理育人的层次,更重要地在于将学校的智力资源转化为社会生产力,主动为经济社会服务,充当区域经济社会转型升级的智力支撑。因而,一流服务是特色专业建设的外显式指标。

第四是一流质量。应用技术大学的办学质量在一定程度上表现在对社会需求的满足程度,是绝对性和相对性的统一。当前,国家教育部对应用型高校制定了明确的审核性评估标准,这是刚性指标,具有绝对性。但是,办学质量的高低要根据市场需求和与众多相类似院校对比,又具有相对性。相对性涉及竞争,提升办学质量的过程充满着各种竞争:生源的竞争,师资的竞争,就业市场的竞争,服务领域的竞争,等等。总之,质量是特色专业建设进程中生存和发展的生命线。

第五是一流风貌。学校的风貌一是指学校建设的硬环境,二是指校园文化所代表的软环境。综合教学楼、图书馆、体育场一般称为高等学校的三大建筑,美丽的校园风景、小桥流水、幽静小道、林荫空间、运动场所、物质文化等要素是一流风貌的必要条件,而和谐的师生关系、向上的文化交流、包容的学术研讨、拼搏的学习风气等要素更是一流风貌的重要内涵。应用型大学特色专业建设更强调开门办学、开放办学。因而,一流风貌是展示学校特色专业建设水平的最关键要素。

第六是一流绩效。这里的绩效是指学校建设和管理过程中的效率、效果和成就。特色专业建设首先是有效率的,不论是学院管理、教学改革,还是项目研究、社会服务,必须强化时间意识,争分夺秒。其次要重视效果,学校制定有中长期发展规划,每一步行动均要对照前进的方向是否与学校的发展目标相一致,要确保工作效果的正向性。此外还要强化成果意识,学校的特色是由一个个专业建设的成果集聚而成的,多个辉煌成就的尽头将是学校质的跨越。

八、结语

综上,本文解析了应用型大学特色专业打造过程中"123456"建设模式的内涵,认为一个中心、两条主线是基础,位于第一层次;三项研究、四维融合、五项工程是抓手、是核心,位于第二层次;六环一流是目标,位于第三层次,其运行原理示意图如图3所示。本文通过对一个中心、两条主线、三类研究、四维融合、五项工程、六环一流的建设要点的阐述,为应用技术大学特色专业打造提供了一条重要路径。

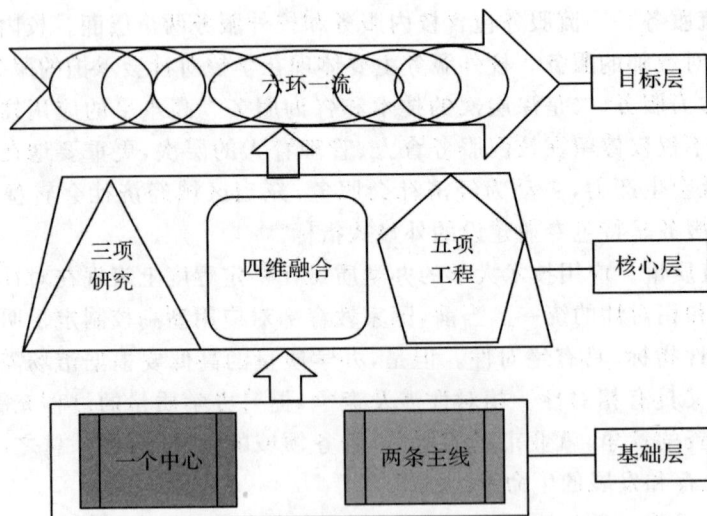

图3 "123456"特色专业建设模式运行原理示意图

参考文献

[1] 孟子.孟子[M].北京:线装书局,2014.

[2] 杜玉波.全面推进素质教育 培养高素质创新人才[J].中国高等教育,2012(1):1—4.

[3] 朱占峰,张晓东,朱耿.基于"C PO T"理念的应用开发型物流专业人才的塑造[J].科教文汇,2014(2):88—90.

[4] 周光礼,马海泉.科教融合:高等教育理念的变革与创新[J].中国高教研究,2012(8):15—23.

[5] 金方增.地方高校产教融合育人模式探析[J].中国高校科技,2015(9):48—49.

高职院校教师实践教学能力提升困境与对策[①]

章涵恺[②]

摘　要：高职院校教师在实践教学能力提升方面存在教师经历普遍单一、实践教学能力提升渠道匮乏、实践教学脱离市场明显、实践教学能力缺乏权威认证等现实困境。本文从教师个人、学校、社会三个角度，由微观到宏观依次深入分析了产生现实困境的原因，并从宏观上转变理念、达成共识；中观上顶层设计，完善机制；微观上明确重点，有效突破三方面提出了对策与建议。

关键词：高职；实践教学能力；困境；对策

随着中国经济的快速发展，经济社会进入"互联网＋"的信息时代和"全球村"的一体化时代，社会的快速变革和转型，加上人口老龄化的趋势，使得市场对于技术性和服务性高级人才的需求越来越大，高职院校对于国家和地方经济社会发展的支撑作用也越来越明显。

高等职业教育如何才能够真正培养出合格的应用型人才，关键的因素之一在于学生的实践应用能力，而学生实践应用能力的提高关键又在于教师的实践教学水平和能力。提高高职院校教师实践教学能力不仅能在教学和学习上起到良好的促进作用，更能够提高应用型人才培养的质量，降低企业人才培养成本，促进经济社会转型。比如在笔者对高职院校 98 名学生的调查中，87.1％的受访学生认为一位在实践领域有话语权的教师在他们心中是最有威信的，相比其他教师，他们更愿意接受有话语权的教师相关的教学内容；通过对教师的访谈，凡是实践教学能力较强的教师，往往有更强的成就感和新鲜感，教师的职业倦怠感明显低于其他教师，等等。

因此，高职院校教师实践教学能力的提升无论对于教师队伍建设、教学质量、人才培养质量都有比较明显的促进作用，本文以高等职业院校部分教师和学生的调查与访谈为基础，对高职院校教师实践能力提升的困境与对策进行探讨。

---

① 宁波市教育科学规划课题（YGH084）成果，发表于《宁波教育学报》2016 年第 2 期。

② 章涵恺，宁波教育学院讲师、硕士，主要从事教育学及教育管理研究。

一、现实困境

(一)教师经历普遍单一

在笔者对 10 所高职院校的 48 位专任教师的调查中,可以看出高职院校专任教师的经历相对比较单一。从教师来源上看,基本上有三种(从其他高校调入以进入高校前来源为准),分别是:本科、研究生毕业直接进入高校的有 32 位,占 66.7%;从企业调入的有 11 位,占 22.9%;从科研机构调入的有 5 位,占 10.4%。从教师经历上看,只有 6.25% 的教师有两个以上的工作经历,25% 的教师有一个以上工作经历,其余教师都只有一个高职院校教师的工作经历。并且这 48 位教师,在校外从事教学学科的工作兼职的只有 16.7%。

这一方面可以看出这种以高校到高校、科研机构到高校为主的教师引进方式,从一定程度上来说使得教师缺少一线的生产、服务、管理经验,可能会影响实践教学的实效性。另一方面,很大一部分从企业调入的教师虽然有较强的实践能力,但因为缺少相关的理论知识以及教学实践经验导致教学效果的不理想。

(二)实践教学能力提升渠道匮乏

理论上来说,提高教师实践教学能力的途径主要包括接受学科的专业培训、教育专业技能培训、通过进企事业单位进行挂职锻炼、指导学校进行专业实践等方式进行。[1]但从现实情况来看,各高职院校关于教师的校内外培训往往侧重于理论讲座,并且以通识性的培训为主,很少涉及专业学科领域,即使涉及也往往零敲碎打,缺少系统性。2015 年高职院校师生比达到了 15.6:1,[2]虽然师生比在持续下降,但是专业教师依然不足。这也导致每位专业教师在指导学生专业实践时,由于学生人数往往偏多,指导呈撒胡椒面的状况,既影响了教学效果,也导致教师无更多精力提高实践教学能力。

对于高职院校来说,比较公认的提高教师实践教学能力的途径是进相关企事业单位进行挂职实践锻炼。近年来各学校纷纷出台相关的制度政策促进此项工作,虽然取得了一定的成效,但也有很多流于表面的情况,高职院校文科类专业这个问题就更加突出。不少教师表示,学校虽然有相关的政策措施,但缺乏与相关企事业单位的对接,教师机会少,另外加上教学工作量和科研工作量,甚至有些教师还承担相关行政工作,根本无暇顾及这项工作。从企事业单位角度来说,教师寒暑假等短期不固定的锻炼,期限短、人员流动频繁、水平良莠不齐,在推动本单位发展成效方面不太明显的情况下,其积极性自然不高。

(三)实践教学脱离市场明显

近年来高职院校的教学开始逐步规范,教学计划的制订越来越科学、执行越来越严格,但是由于高职教育教学计划往往在学生招生前就已经制订好,学生入学后的各个学期会严格按照教学计划进行理论和实践教学,这样就会导致其大二、大三的专业实践教学有明显的滞后性。相对于理论教学教材的更新,实践教学教材的更新更快,但在高职院校实际的实践教学过程中,无论是通用的实践教材还是校本的实践教材都存在明显的滞后性。实践教学需要大量的设施设备,目前研究性、综合性高校的设施设备已经基本能够保证至少在国内领先,虽然对于高职院校的经费投入逐年增加,但高职院校的实验实训设备依然无法跟上市场的步伐,这也导致了实践教学设施设备的滞后。

正是由于教学计划的滞后、教材的滞后、设施设备的滞后等原因,再加上信息化社会技术、服务发展速度的日新月异,就导致了一些实践教学明显脱离市场的行为。如当企事业单位已经在普遍应用实行无纸化办公,高职院校文秘专业还在实行纸质文件的转阅;当市场移动端电子商务已经风起云涌时,高职市场营销专业还在实践电话营销和个人电脑端电子商务;当微软办公应用软件 2013 版已经比较普及,不少高职院校办公软件的教材还是以微软办公应用软件 2003 版为模版。

(四)实践教学能力缺乏权威认证

目前比较公认的衡量高职院校教师实践教学能力水平的是"双师型"或"双师素质"教师的比例。虽然目前学界对于"双师型"或"双师素质"教师没有明确定义,但是"双师型"或"双师素质"从本质上是说教师除了具备基本理论教学能力外,还要有该行业的实践能力以及把实践能力外化并传授给被传授对象的能力。[3]

正是因为双师教师定义的不清晰,而衡量高职院校实践教学能力的主要指标又是双师教师的比例,导致很多高职院校一味追求双师教师比例大跃进式上升。实际调查发现,一方面原来从高校或科研院所直接到高校的教师在学校的要求下考取相关职业证书,就能成为双师教师,不少职业证书理论性过强、含金量不高,缺少实践操作环节等弊端,导致高职院校出现教市场营销专业的双师型教师甚至没有从事过相关的营销环节,教文秘专业学生的双师型教师没有从事过任何与文秘相关的岗位锻炼的尴尬局面。另一方面,从企业进入高职院校的教师因为拥有相关的职业证书或实际工作经验,就直接成为双师教师,但由于缺少系统的教育学、心理学理论和实践训练,其实践教学能力反而非常薄弱。

所以,我国目前对高职院校教师实践教学能力没有相应的评价标准,没有相关的量化措施,也没有开展权威的认证工作,这就影响了高职院校教师整体实践教学能力的提升。[4]

二、成因分析

(一)教师个人因素分析

通过实际的访谈,笔者发现高职院校教师对提升实践教学能力的内生动力略显不足,主要包含以下几个原因:一是高职教师往往在学习和教学的过程中注重学科或者专业的系统性、整体性和学术性,有的教师认为在实际的教学过程中如果没有系统地讲全、讲透一个问题,有一种发自内心的遗憾感。这一方面由于教师本身的学习和成长过程是一个更加注重学术和系统的教学过程,另一方面不少高职院校由原来的大专院校转型而来,原来的教学模式依然存在,这就导致了高职教育过程中"理论够用、实践突出、技能过硬"的人才培养目标实现大打折扣。二是高职院校教师对于实践教学能力的提升缺乏认同感,也没有充分认识到实践教学能力提升对人才培养的重要意义,导致对于实践教学设计、实践教学方法等方面的重视和投入程度不足。三是教师对于实践教学能力提升方面的学习明显不足,在访谈中只有 4.2% 的教师会在每学期安排专门的时间进行实践教学能力的学习和系统的思考,绝大部分教师的工作学习时间中教学、科研占据了大头,甚至有高达20.8%教师完全就没有进行相关的实践教学能力的学习和提升的意识。

(二)学校制度因素分析

从学校来说,造成高职院校教师实践教学能力提升困境的主要原因在于制度层面。目前高职院校管理体制和教学体制等各个方面都沿用普通本科院校的模式,首先从考核评价机制上分析,高职院校教师的年度考核更加侧重于教学工作量和科研工作量,指导学生实践以及实践教学所占比重微乎其微;其次从职称评审上分析,评审的主要依据依然是科研成果,只是要求会偏低一些;其次,从人事聘用的角度来分析,笔者调研的几所东部高职院校学历要求几乎一律是博士研究生,而中西部也必须是硕士研究生以上,可以说,学历依然是进入高职院校教师编制队伍的重要门槛,而学历的门槛却无法保证所聘教师的实践教学能力,甚至会将一部分实践教学能力突出而学历无法达标的教师拒之门外;最后,从教学管理上分析,对于课堂教学的重视无论在教学计划制订、教学过程实施和教学评价上都显露无遗,而对实践教学的重视往往就流于口头了。

(三)社会环境因素分析

社会环境对于教师实践教学能力虽然没有直接的影响,但整体的社会观念、经济政策、管理制度让身在其中的学校和教师必然受到间接的影响。第一,目前整体的社会观念认为高校应该是象牙塔,高校教师应该是一种追求学术、追求理性的知识分子的形象,而对于职业院校的认知,人们还认为职业教育更多的是厨师、美发师、糕点师、汽修等领域的教育,职业教育的教师更多的是一种类似于师傅的形象。而对于高等职业教育和高等职业教师的形象很多人是模糊的,或者只是将其简单地理解为普通高等教育的下一层级或中等职业教育的升级转型。第二,一方面随着经济社会的发展,地方迫切需要地方高校为其发展提供智囊、技术和人力资源的支撑,另一方面高等职业院校在融入地方发展、服务地方发展方面依然步履蹒跚,教育服务经济社会发展的属性和教育经济一体化属性未能有效体现。这也使得高职院校教师实践教学能力的提升缺乏必要的社会经济激励。

三、对策建议

(一)转变理念,达成共识

一要对高职教师的实践能力重要性有认同感。国家和地方应当充分认识到经济转型期以及未来经济社会发展对于高素质应用型人才的大量需求,只有在社会上形成以培养学生实践能力为核心的人才培养理念,才能真正营造提升教师实践教学能力的良好氛围,逐渐解决教师实践能力提升的困境,使高职院校培养的人才更好地融入经济社会的发展;学校应不断加强引导,转变教育观念和办学理念,强化实践教学,强调以实践能力培养为核心的专业教育理念,不断提高教师对人才培养目标的认同度和实践教学的重视程度,鼓励教师走出校园、融入政府、融入企业、融入社会,以一种"跳出教育看教育"的大度和洒脱去引导教师在实践教学上达成共识;[5]教师应该积极反思重视理论、重视学术的学习和教学模式带来的弊端,增加时代的紧迫感,主动将理论知识和专业实践能力进行结合、更新,以更好地适应实践环节的教学。二要强化高职院校教学中心的认同感。有学者对多名大学教师进行调查研究后发现,除了少数教师以教育专业来定义自身教学行为,大部分大学教师在教学过程中都无法表述自己的教学理论和教学模式。[6]可以说以学术为核心的高校模式从一定程度上导致了高职院校教师重学术轻教学的思想和行为,只有在确立起高职院校的教学中心地位的基础上,才可以谈如何加强对实践教学以及教师实践教学能力的培养。

(二)顶层设计,完善机制

2016年2月17日,李克强召开国务院常务会议,明确提出国家将出台支持科技成果转移转化的政策措施,促进科技与经济深度融合。从科技成果转化顶层设计的制度层面有效促进了地方高职院校与地方经济社会发展的融合。为提升高职院校教师实践教学能力提供了内生性动力。应逐步建立由上至下的体制机制,充分激活高职院校及教师的能动性。如通过调整人才引进政策,逐步打破政府、学校和企业的人才壁垒,通过人才的合理流动,不断充实高职院校实践教师队伍、不断提升高职院校实践教学水平、不断提高高职院校教师实践教学能力;如通过建立国家、省市、区县的三级高职院校教师实践教学培训纵向体系,建立政府、学校、企业的高职院校教师横向体系,以及职前职后的立体培训体系,使高职院校教师实践教学能力培养体系化、梯度化、项目化,从而逐步形成以强带弱、互相补充、互相影响的良好局面;如通过各种政策引导,真正建立有效的校企、校政合作平台,通过教师的理论技术优势为企业提供咨询、技术支持等服务,通过教师在专业领域的深入研究,为地方政府提供决策智囊和意见,以教师为桥梁,加强政企联络沟通,真正实现政府、企业、高职院校的三方共赢,并在此基础上自然提升高职院校教师的实践教学能力。

(三)明确重点,有效突破

观念的转变、共识的形成需要一个漫长的过程,短期对于高职院校教师实践教学能力的提升需要明确重点,有效突破。从高职院校本身来说:一是完善考核激励机制。制定更加完善和细化的分层分类的考核机制,使得高职院校教师在实践教学、下企业、指导学生专业实践等方面都能获得应有的业务待遇。考核激励机制一定要设计不同岗位、行业的市场报酬,通过比较灵活的薪酬激励机制,吸引更多的优秀教师投入实践教学的研究和工作中来。[7]二是完善职称评聘制度。目前职称评聘的自主权已经由各高校自己掌握,各高职院校也在职称评聘上进行摸索和创新,要抓住良好的政策机遇,制定切实有利于人才培养质量提高的职称评聘制度,通过职称的评聘引导高职院校教师更加重视教学、更加重视实践教学、更加重视实践教学能力。三是加强学校内部团队建设,重点是指专职教师和兼职教师的协同创新团队,通过专兼结合的创新团队共同进行教学计划研讨、教学沙龙等教学活动、学术交流、市场交流等一系列活动,优势互补、相互促进,共同提升实践教学能力。

总之,高职院校教师实践教学能力提升处于困境和瓶颈期,是经济社会快速发展、高职院校迅速转型与理念、技术、能力未能及时跟进的矛盾。但随着国家、地方政府、教育管理部门、高职院校和高职院校教师等越来越多的部门和人员认识到这个问题的重要性,高职院校教师的实践教学能力提升困境的改进和突破也将更加充满希望。

参考文献

[1] 李爱增.教师实践教学能力和学生实践能力的培养[J].吉林省教育学院学报,2011(7):141.

[2] 傅建明.教师专业发展——途径与方法[M].上海:华东师范大学出版社,2007.

[3] 姚吉祥.应用型本科院校教师实践教学能力培养的对策研究——以安徽省应用型本科院校为例[D].合肥工业大学,2010.

[4] 徐理勤,顾建民.应用型本科人才培养模式及其运行条件探索[J].高教探索,2007(2):59.

[5] FREEDMAN,et al. Academic Culture and Faculty Developmen[M]. Berkeley, California:Montaigne press.,1979.

[6] 汪文婷.我国应用型技术大学双师型师资队伍建设研究[D].哈尔滨:哈尔滨理工大学,2015.

教师教育"三位一体"协同创新实践审视与机制建构[①]

柳国梁[②]

摘　要：协同创新是深入推进教师教育综合改革的必然要求和实践路径。当前我国教师教育现行运作机制中存在专业教育资源的整合性不强，多元主体的制度化融合仍未形成，教师专业发展协同还不深入，协同创新激励机制的针对性缺失等问题。要探索建成教师教育"三位一体"协同创新的战略协作共同体，进一步强化统筹组织机构，明确多元主体的职责；集聚协同创新要素，搭建深度融合多元平台；优化教师教育培养模式，形成多方参与共育体系；完善配套管理政策，建立针对性激励机制。

关键词：教师教育；协同创新；三位一体；运行机制

为推动教师教育改革创新，全面提升教师培养质量，教育部于 2014 年 8 月下发了《关于实施卓越教师培养计划的意见》（以下简称《意见》），提出卓越教师培养要坚持"需求导向、分类指导、协同创新、深度融合"的基本原则，针对教师教育改革当中存在的热点难点问题，加强体制机制创新，建立教师教育院校与地方政府、中小学（幼儿园）"三位一体"教师教育协同创新机制，"以实施卓越教师培养计划为抓手，整体推动教师教育改革创新，充分发挥示范引领作用，全面提高教师培养质量"。[1]本文对教师教育"三位一体"协同创新机制进行了深入的探究。

一、协同创新与深度融合：教师教育综合改革必然要求和实践路径

构建理论与实践相互融合、职前培养与在职教育相互融通、教师教育院校与地方政府、中小学（幼儿园）相互合作的教师教育模式，既符合当今世界教师教育发展的潮流，也是提升教师教育水平的重要途径。根据对《意见》的理解，教师教育协同创新机制要求明确教师教育院校与地方政府、中小学（幼儿园）等多元主体间全方位协同内容与分工，通过各自的教师教育优质资源，以创新实验区和示范基地建立为依托，建立"权责明晰、优势互

---

①　发表于《宁波大学学报》（教育科学版）2016 年第 4 期。

②　柳国梁，宁波教育学院副院长，主要从事教师教学、高等教育管理研究。

补、合作共赢"的长效机制,[2]有效实现教师职前培养与职后培训有机衔接的教育过程一体化,高校教师、中小学(幼儿园)教师与师范生合作学习的专业发展一体化和学前教师教育互动合作的机构管理一体化。

在教师教育"三位一体"协同创新机制中,"三位"是指教师教育院校、地方政府和中小学(幼儿园);"一体"是指紧密联系的制度化协作共同体。"三位一体"协同创新机制是以"协同创新,深度融合"理念为引领,教师教育院校与地方政府、中小学(幼儿园)基于共同的目标需求与利益共识的指向,通过构建共享的观念、平台和组织运行方式,从内外子系统之间的浅合作发展转变为深度融合,形成新的创新合力和协同效应。协同创新是教师教育综合改革的应实之需和必然路径,具体可从以下几个方面理解:

首先,协同创新是由教师教育多系统性多环节性的内在特质所要求的。[3]教师教育协同创新是一个由教师教育院校、地方政府、中小学(幼儿园)等多系统共同参与,并涉及教师培养、任用、培训、考核等多环节的体制机制创新过程。因此,通过体制机制创新加强教师教育各系统各环节的融合,是教师教育综合改革的首要任务。具体而言,教师教育涉及多个系统,教师教育院校可以通过教育学科专业治理,深化教师教育培养培训模式进行改革;地方政府可以通过设计政策制度来保障教师队伍建设的质量;中小学(幼儿园)可以为师范生提供实习基地,并为在职教师的专业发展提供平台。同时,教师教育还涉及教师培养、任用、培训、考核等多环节。这就要求教师教育改革必须对各环节进行统筹考虑,并实现各环节之间的信息、资源、管理等要素的协同创新。

其次,教师教育一体化发展的有效实现,在很大程度上取决于教师职前教育与职后培训的协同创新机制。从传统意义上来说,教师的职前教育主要是指教师教育院校通过教育学科建设、专业设置以及课程设置等开展专业师资培养。这一职前教育方式比较单一,与职后培训相互隔离,致使所培养的教师不"接地气"。而由教师培训机构组织的职后培训和中小学(幼儿园)组织的校(园)本培训,又往往与教师教育院校的职前教育之间的边界较为清晰,导致教师的理论学习与教育实践相脱节。教师教育一体化已经成为当前教师教育改革发展必由之路。然而,一体化的实现依然举步维艰,这主要是因为教师培养、任用、培训、考核等环节仍然分属不同的管理部门,导致了信息不对称、权责分离、资源分散等问题。[4]因此,促进教师教育职前培养与职后培训之间的融合、协调和互动,是教师教育协同创新的又一突破口和关键点。

最后,教师教育各领域的协同创新是有效推进教师教育综合改革的现实基础。教师教育改革主要涉及人才培养、教师专业发展、质量保障等多个领域的改革。鉴于实践取向的教师教育课程改革和合作导向的教师教育模式改革是今后我国教师教育综合改革的方向。就人才培养而言,教师的培养已不再是教师教育院校自身所能独立承担和完成的,必须要与政府和中小学(幼儿园)等多元主体共担责任、共力协作,并将学校教育、职业体验和教学实践等多种培养方式相结合。因此教师教育院校要主动调整优化师范生培养方案,从人才培养理念、培养目标、培养模式、课程体系、实践教学等方面进行深入有效的研究与探索,体现培养过程的开放性与实践性、协同性与共享性,切实提高人才培养质量。在教师专业发展领域,要树立基于合作导向的教师教育理念,教师教育院校要积极发挥自身的科研资源与师资力量,通过培养、培训、研究和服务等功能的有机结合,大力推动与中小学(幼儿园)协同开展园本教科教研,促进学前教师专业发展。就教师教育质量保障体系而言,地方政府作为外部质量保障体系的主体在制定教师教育政策和督导评估的过程中,要紧密联系教师教育院校的专家以及中小学(幼儿园)的一线教师,主动呼应他们的专业发展诉求,发挥教师不同层面的政策参与价值,并以制度化的形式自下而上地建构畅通有序、互动多样的协同参与形式,从而在政策层面保障教师教育质量。

二、合作松散与内驱乏力:教师教育现行体制机制再度审视

为实施卓越教师培养计划,教师教育院校先后与地方政府、中小学(幼儿园)为开展学前教师职前培养和职后培训的沟通协作建立联系,进行积极有益的实践与探索,希望从中寻求政策保障、经费支持及信息共享,同时满足人才培养培训工作的实践基地需要。但目前这种相互之间的沟通与合作有不少仍然较为松散,特别是职前培养合作中往往教师教育院校是积极的推动者,政府、中小学(幼儿园)仍是参与者、配合者。作为教师教育的三个主体在促进教师培养培训一体化和教师专业发展的过程仍处于相对"封闭""隔离"的状态。[5]这是当前推进教师教育深化改革所面对与需要解决的一个现实课题。具体地说,教师教育在体制机制层面依然存在着如下问题:

(一)教师教育院校专业教育资源的整合性不强

从教师教育院校内部来看,教师教育专业因涉及教育学、心理学、艺术学、文学、理学等多个学科,其必定要打破原有的学科专业边界,组建多学科交叉融合的专业群。教师教育专业建设要从自身内部治理结构的变革做起,探索协同创新的路径和支持环境。然而长期以来,教师教育院校内部学科之间、专业之间、学科与专业之间、教学与科研之间由于存在明显的边界,彼此处于相对隔离状态,未能有效地整合和集聚师资、教学、科研等各类资源。在与外部的联系上,教师培养依然存在与人才的动态性需求、与中小学(幼儿园)教学实践和教科研实际相脱节的现象。教师教育专业的培养方式必须是理论与实践相结合,突出实践教学导向,让师范生通过真实的教学情境,锻炼专业技能,体验专业情感,生成教育智慧。这就十分需要教师教育院校与中小学(幼儿园)联动、合作共建,实行共享资源、共同育人的深度融合。但现实是相互间合作不够,交流不深,协同还不明显,导致师范生理论学习与实践锻炼严重脱节。

(二)教师教育协同创新多元主体的制度化融合仍未形成

自 20 世纪 80 年代以来,教师职前培养与职后培训一体化已经成为世界各国教师教育改革发展的共同趋势和最为显著的发展特征。[6]教师教育一体化改革有利于使教师教育院校、地方政府和中小学(幼儿园)多方受益,但事实上由于协同的三方主体都想实现自身利益的最大化,而损害了多方的受益。这涉及三方间的利益博弈。在当前多主体参与、多系统多环节的学前教师教育改革过程中,取得教育系统内外部基于共同目标与利益共识的协同显得尤为重要。然而现实是,地方政府统筹、教育实践基地建设、教师教育者与中小学(幼儿园)教师互动学习合作交流的制度化跟进远远不够,特别是在教育实践基地共建中,三方协作不能够持续深入,资源分配不均衡,导致基地学校参与的积极性降低,基

地学校的作用没能充分发挥出来。因此,如何使三方达成共识,实现互惠互利、共享共赢,成为教师教育一体化实践中的改革难题。需要深入解决的主要问题有如何强化地方政府在组织机构、人财物投入等方面切实重视师范生培养培训与基地建设,如何建立一批相对稳定可持续发展的实践指导教师,如何建立"学习共同体"促进高校教师、中小学(幼儿园)教师和师范生的专业发展等。所有这些问题都涉及协同要素的培植、资源条件的整合、协作平台的搭建、管理体制的创新、相关制度的配套、合作机制的运行以及地方政策的支持等。

(三)教师教育者与中小学(幼儿园)教师专业发展协同还不深入

教师教育者不但是承担中小学(幼儿园)师资队伍建设的主力军,而且是中小学(幼儿园)教育知识文化的传播者和生产者,还是中小学(幼儿园)教师专业发展的引领者。[7]教师教育者的专业素质直接决定了师资队伍的质量。教师教育的实践性和可操作性,要求教师教育者经常深入中小学(幼儿园)教学一线,跟进教师教育教学改革进程,并把新理念、新知识和新技能运用于教师培养培训实践上,确保教师教育质量。然而,教师教育者要融入中小学(幼儿园)提升其教学实践能力,需要多部门、多因素、多环节、多时空和多方协同支持才能完成。由于目前教师教育者参与中小学(幼儿园)教学实践的常态化制度仍未建立,教师教育者与中小学(幼儿园)教师专业发展协同远远不够。反之,中小学(幼儿园)教师专业发展也未能以解决教育教学的现实问题为导向,以项目驱动为纽带,主动引入教师教育院校的教学、科研和师资力量,合作开展校本研训和校本课程开发。究其原因是既缺少相关政策与制度来保障教师教育者深入中小学(幼儿园)开展教学活动,又缺少相应的动力机制来推动教师教育者与中小学(幼儿园)教师专业发展的合作学习与协同创新。这势必导致教师教育者遭遇专业发展的瓶颈,理论性强而实践性弱,造成所培养的师范生在入职初期出现"我会、不会教、教不会"[8]的局面。

(四)教师教育协同创新的激励机制的针对性缺失

在教师教育协同创新过程中,行政协商成为一种较为普遍的形式。也就是说,教师教育协同创新往往通过教育行政部门与教师教育院校、中小学(幼儿园)之间的友好协商。这种协商主要依赖于行政权力才得以展开,是"一种行政权力的运作机制,是为了更好地实现行政目的,在合法范围内进行各种方式的交流、沟通与协商"[9]。这种协商强调共性,考虑的是整体利益,而忽视不同协同任务者的个性激励。由于缺乏有针对性的激励机制,教师教育院校教师参与师范生的教学实践工作动力不足,往往把学生带到中小学(幼儿园)开展实习后缺乏跟踪指导;而承担实习任务的中小学(幼儿园)在行政协商的框架下疲于应付,指导实习学生的任务并非全是经验丰富的老师承担,而多是班级教师。即使配有相应的实习指导教师,也因指导实习学生工作未纳入教师业绩考核范围而缺少指导动力。在这种情况下,实习生往往成为指导教师的"打杂工"。在行政协商框架下,教师教育院校、中小学(幼儿园)等协同创新主体往往在形式上推出校—校(园)合作,但实际上没有真正提升师资培养培训的质量。正如有学者指出,行政协商框架下的协同模式"容易造成事实上的激励机制与教师教育创新点的错位"[9]。由于现有激励机制针对各协同主体进行全面激励或典型打造,缺乏对教师教育者和中小学(幼儿园)指导教师实际工作的投入与产出的有效激励,容易造成实践层面行为激励目标模糊,造成教师教育协同创新的激励机制的针对性缺失。

三、利益性共识与制度化协作:教师教育
"三位一体"协同创新机制建构

树立目标一致、责任分担、利益共享、合作发展的宗旨和开放协同、改革创新的观念,探索建立起与教师教育协同创新紧密联系的制度化协作共同体,形成开放集成高效的"三位一体"教师教育协同创新机制,是破除上述现实困境,深化教师教育综合改革,促进教师教育专业化一体化的前提。为此,必须从战略、组织和知识层面的协同上加强整体性顶层设计,围绕协同创新的目标,通过多元主体的利益共享和创新要素的优化集聚,进一步明确协同创新的职责与分工,搭建协同创新平台,探索协同创新运行模式,建立配套的激励管理机制。

(一)强化协同创新统筹组织机构,明确多元主体的功能职责

构建新型柔性协同创新组织是实现协同创新的基本保证和前提。要强化"三位一体"教师教育协同创新组织管理体系,共同组建教育协同创新组织领导机构。通过定期联席会议机制,决策指导协同创新中的重点和难点问题,对合作项目的进程、质量进行监控。特别是要协调好各方利益主体的需求,体现合作主体的互补和互利共赢,建立彼此信任、协同、共进与发展的学前教师教育协同创新链式的关系,消除合作中可能存在的障碍,凝聚新组织的创新文化,激发各个主体的创新动力。

在教师教育院校、地方政府、中小学(幼儿园)之间结成战略合作伙伴关系的实施过程中,要基于全方位协同目标与内容,正确认识各主体在教师专业发展上的功能、优势,进一步明确多元主体的职责与分工。地方政府在招生就业、教育评价考核、经费划拨及实验区建设、实训基地建设、教师发展学校建设等方面发挥其在宏观调控、政策制定、典型宣传的主导作用。要特别加强教师教育事业发展与人才培养信息引导和服务,统筹规划本地区中小学(幼儿园)教师队伍建设,做好培养与教师需求之间的有效对接。教师教育院校要发挥其学科、专业、人才和其他教育资源优势,服务中小学(幼儿园)教育教学及教师专业发展,建立与中小学(幼儿园)联合开展教学、科研和教师培训等合作机制,接受中小学(幼儿园)教师到高校参加业务进修、学历学位提升和教育教学科研活动。要优化整合内部教师教育资源,将社会需求信息及时反馈到教师培养环节,促进教师培养、培训、研究和服务一体化,辐射带动区域教育发展水平的提高。中小学(幼儿园)要全程参与教师培养,承担高校师范生见习、实习任务,选派优秀教师和班主任担任见习、实习师范生的指导教师,为教师专业发展提供参观考察、课堂听课、现场诊断等实践教育机会。接受高校教师挂职锻炼,并选派优秀教师到高校承担教师教育类课程等。

(二)集聚协同创新要素,搭建深度融合的多元平台

协同创新平台为多元协同主体提供了一个资源与要素汇聚的有效互动的公共空间和舞台,是教师教育院校、地方政府、中小学(幼儿园)有效推进教师教育改革的重要实践载

体。教师教育协同创新主体的多元性,需要依托内外环境中的各种协同创新要素的良性互动、资源的充分利用,搭建深度融合的诸如教师教育创新实验区、教师发展学校、教育实践基地以及教师教育发展协同创新中心或协同创新战略联盟等多元平台。

地方政府统筹下的"三位一体"教师教育创新实验区的建设,可以有力地深化高校教师教育人才培养模式改革,开创高校战略联盟建设的新领域。在创新实验区内教师教育院校、地方政府、中小学(幼儿园)已不再像以往一样各司其职,而是共同参与实施教师培养培训全过程,突破了教师教育院校的教育空间限制,将教师教育院校人才培养、科学研究、社会服务的功能延伸至实验区,充分实现与中小学(幼儿园)有效对接。实验区的中小学(幼儿园)教师也有更多机会享受高校的优质教师教育资源。如笔者所在的宁波教育学院与多个地方政府协议共建,着力打造以教师教育人才培养和培训、教育评估和教育科研、实践教学和顶岗实习、教育信息和咨询服务为主要内容的校地协同的教师教育改革创新实验区,提出并实施了校-府-校(园)合作教师教育新模式新机制,破解了长期困扰师范生教育实习、中小学(幼儿园)教师培训和教师教育者专业发展的难题。实验区成为优质教育资源集聚、先进经验推广、教育实习和校本研修组织的平台和纽带,吸纳中小学(幼儿园)优秀骨干教师参与到人才培养中来,打破了原有的教师教育人才培养的封闭系统,促进了教师教育的一体化建设。

以实验区为依托,把优质教育实习基地升格建设为由教育行政部门统筹协调、教师教育院校与中小学(幼儿园)协同培养培训的教师发展学校。教师发展学校建设由各级教育行政部门为主导,中小学(幼儿园)为主体,高校和中小学(幼儿园)分工合作、互相配合,为师范生教育见习、实习,中小学(幼)教师专业发展培训的教育实践和高校教师的挂职锻炼提供场所,为教师教育课程提供应用型师资,为高校教师指导参与基础教育改革提供平台。在作为优质基地的中小学(幼儿园)的基础上建设教师发展学校由于涉及资源共享、人员流动、利益分配等要素,需要设计相应的体制机制。

(三)优化教师教育培养模式,形成多方参与的协同育人体系

教师教育人才培养模式是教师教育院校为师范生培养构建知识、能力、素质结构以及实现这种结构的内部组织形式与运行方式。它集中体现了教师的教育理念和思想。基于制度化协作的教师教育"三位一体"协同创新机制,为教师教育人才培养模式的探索与改革创造了新的契机。结合社会发展需求和教师专业化发展要求,教师教育院校要综合考虑诸多因素,以教师专业发展为导向,在地方政府的推动下,实施多元主体协同培养教师教育人才的新模式,共同设计人才培养的方案、课程设置与评价标准。建立成熟的人才培养协同创新运行机制,强化教师教育院校与地方政府在教师教育专业学生的招生、培养、就业政策上的协同,教师教育院校内的学科专业群在师范生培养过程的协同和教师教育院校与中小学(幼儿园)在师范生专业实践上的协同。尤其要突出实践导向的教师教育课程内容改革,将实践教学贯穿培养全过程,分段设定目标,并建立标准化的教育实践规范,实行高校教师和中小学(幼儿园)教师共同指导师范生的"双导师制"。

(四)完善配套管理政策,建立基于利益需要的针对性激励机制

在推进教师教育"三位一体"协同创新过程中,建立一套契合协同创新发展规律的运

行机制成为当前的首要任务。它主要包括相互关联的动力机制、激励机制、共享机制、评价机制以及利益分配机制等。这就需要由地方政府牵头与教师教育院校、中小学(幼儿园)相关主体协调,通过完善配套管理政策和措施,对各主体的权利与义务给予明确的界定,在各主体之间建立一种适当的利益与责任平衡,以制度来保护合作各方的利益,激活各协同主体的积极性。事实上,教师教育院校的专业教师与中小学(幼儿园)骨干教师群体是参与协同创新最活跃的主力因素,其所在单位内部也要完善相应的激励制度,将教师教育实践创新和实习师范生能力提高纳入考核内容。

制定针对各利益群体的需要及其实际绩效实施的激励机制,需要从战略、知识、组织三个层面来展开。在战略层面:确保战略目标实现的利益激励。要在战略层面建立不同协同创新主体之间的利益激励机制,促使各创新主体的战略目标利益互补、合作共赢,驱动各创新主体形成协同创新组织。在组织层面要确保行政组织协同的利益刺激。协同创新组织要高效运行,需要建立各创新主体的行政组织利益激励机制,例如可以通过完善政绩制度、经费资助制度来增强协同创新行政组织人员的执行力。在知识层面要建立促进专业知识流动与人员融合的激励制度。教师教育院校与中小学(幼儿园)教师专业发展协同,实质上是通过专业知识网络创新的形式来实现的,即通过利益共享机制,采用项目化形式,实现教师教育者与中小学(幼儿园)教师之间的专业对接,促使专业知识在不同组织内流动与协同创新。这其中在协同团队的管理上,就要注重建立团队管理体系,发展团队的合作特色,同时在对协同团队的管理与约束上,强化对团队与个人的绩效考核与奖励。

参考文献

[1][2] 教育部.教育部关于实施卓越教师培养计划的意见[EB/OL].(2014-8-18)[2016-10-10]http://www.moe.edu.cn/public files/business/htmlfiles/moe/s7011/201408/174307.html.

[3][5] 赵英.协同创新:教师教育改革有效推进的必然路径[J].贵州师范大学学报,2012(3):143—147.

[4] 叶文梓.教师专业化制度建设的进展、问题与策略[J].教育研究,2006(8):76—80.

[6] 钱国旗,王松平,吴伟民.构建职前职后一体化教师教育体系全面提升研究、服务、引领基础教育的核心能力[N].中国教育报,2013-01-11.

[7] 康晓伟.教师教育者:内涵、身份认同及其角色研究[J].教师教育研究,2012(1):13—17.

[8] 杨昭球."屡教不会",问题出在哪儿[J].华夏教师,2012(2):57—58.

[9] 杨丽娟.行政协商机制及其适用原则考略[J].人民论坛,2012(35):50—51.

[10] 曾本友.教师教育协同创新的动力问题及其对策[J].教育发展研究,2014(22):33—36.

职业教育校企合作机制的现实困境与破解策略[①]

吴 萍[②]

摘 要：职业教育校企合作长效机制作为人才培养的全新模式及路径，其发展空间巨大。然而在当下该机制发展过程中，其面临定位不准、国家宏观指导不足、课堂教学与企业需求脱轨、激励约束机制缺位等现实困境。为破解其运行障碍，应成立合作办学机构，加大国家宏观指导力量，规范合作内容及合作方式、创新人才的培养模式，规范合作行为，强化激励长效机制，才能构建实质意义上的校企合作长效机制，推动高职院校朝稳健方向发展。

关键词：高等职业教育；校企合作；人才培养

校企合作的人才培养长效机制，意指在校企合作、共同培养人才的过程中，兼具国家、企业、学校及学生各方作用构建而成的长期有效且比较规范，并满足多方权益、符合人才培养规律的方式、过程。[1]在转变经济增长方式的现状下，社会急需大量应用型、技能型的高素质专业人才，党中央及国务院皆高度重视发展职业教育，加上社会经济的迅猛发展，职业教育的发展面临空前的发展机遇及转型挑战。高职院校应坚定不移地深化校企合作长效机制，才能完成培养一批适合社会发展需求的技能型、实务应用型高素质人才的使命。近年来，职业教育取得了较好的阶段性成果，在办学质量、办学模式、办学数量及办学质量等方面都取得较大突破，但总体而言，其距离职业教育的发展要求仍具有相当大的差距，体现为定位存有偏差，国家宏观指导力量不足，培养方式不尽合理以及激励机制的缺位等问题。立足于我国职业教育的发展现状，提出完善职业教育的可行出路，无疑在新时期发展语境下具有重要作用。

一、构建职业教育校企合作长效机制机理考察

(一)符合社会主义市场经济下的人才培养规律

无论是企业、学校还是学生、家长，都希望开展校企合作。企业急需实践操作能力强、

---

① 2014 年宁波市教育规划课题"高职营销 PBC 人才培养模式构建研究"（YGH-064），发表于《继续教育》2016 年第 3 期。

② 吴萍，宁波教育学院市场营销系讲师，硕士，主要从事高校市场营销教学与教育研究。

能快速适应岗位需求且专业水平高的实务型人才；而学生盼望尽快掌握符合社会所要求的技能，尽早就业，找准自身位置，实现自我价值；学校的宗旨在于培养社会所需人才，其主要目标是不断提升学生就业率及就业水平质量。而建立校企合作这一机制正好符合三方利益所需，故而校企合作长效机制的构建模式既显得尤为必要，同时也为其有效、深入地发展提供了有利的外部条件。

(二)缩短人才培养周期以节省社会成本

高校培养人才最终目的在于服务社会、反馈社会、促进社会的发展。故其应与企业保持密切联系，使其培养的学生尽快满足企业、社会之需，使人才的能力切实转换为生产力，服务于企业及社会。学校、社会为人才的培养皆付出了诸多人力、财力，但其效果往往达不到预期。若能构建校企合作长效机制，使得学生在前期的学习阶段中，掌握必要的、扎实的理论基础，并在后期的学习阶段将课本所学知识，转为实际的动手操作能力，以适应企业的生产发展，也为其日后正式步入社会做好充分的准备。这样不但学校节约了一定的培养资源，提高了其培养的人才的质量，还有利于企业节约后期的培训费用以及其他相关的费用，还可以重点培养日后急需之人才。而学生通过有针对性的学习及实践，也提高了自身的动手操作能力和实践水平，提升了自我竞争力。构建长期的校企合作机制对于整个社会的产出而言，极大缩短了人才培养周期，大大节约了人才培育的社会成本。

总而言之，构建长期的校企合作机制，是当下社会发展所需，也是高职深入改革发展的内在必然要求。

二、构建职业教育校企合作长效机制面临障碍

从目前来看，校企合作长效机制的构建虽取得了一定的成效及经验，但从整体看，仍存有诸多不足，亟须学校及社会各界高度重视并予以有效解决。总体而言，有观念上的问题，也有政策扶持的问题，更有激励机制构建、约束机制等问题，具体表现在以下几方面：

(一)学校、学生及用人单位的定位偏差

职业院校学生、教学培养计划及用人单位三者的定位皆不均衡，由此直接导致高职院校毕业生的就业率较低、经常跳槽及工作不稳定。对此职业院校可通过适当降低学生的就业预期，使其准确把握好自身定位，同时强化对其职业生涯规划的指导方法，对学校的培养大纲做出有针对性的调整，加强学以致用、产学合作等措施，以实现高职院校生、学校及用人单位三者的均衡。从教育的主体这一视角分，高职教育的定位主要有：学生本人的自我定位(包含家长对学生的定位)、学校教学培养指标中对学生的定位、用人单位对学生的定位。由于学生及家长对就业的预期过高，而用人单位对毕业生的定位则较低，最终导致两者出现落差。

(二)国家宏观指导不足

当下我国在开展校企合作培养人才模式上，主要是通过自发、自觉式行为，其收效甚微。国家层面上的宏观指导远远不够，政策支持、经费扶持力度很大程度上处于缺位状态。国家未能从应有的高度认识校企合作的重要意义，也未及时出台相应政策以支持、规

范、鼓励校企之间的合作,致使校企之间的合作还停留在浅层次的合作层面,未能向纵深方向发展。[2]而其他社会力量对校企合作长效机制的支持也比较薄弱。自发自觉式的合作机制使得校企之间的合作不能完全深入地发展。

(三)课堂教学与企业需求脱轨

当下,高职学校学生在实训过程中出现的问题较为棘手。所谓的校内实训课程只是单纯枯燥的案例训练、局部训练,其往往受时间、条件等的限制而剔除了诸多因素,形式简化而单调乏味,效果不尽如人意。而且退一步讲,当下我国的高职院校,除少部分新建外,其他大抵由中专院校、普通高校改制而来,其培养的场所基本都是教学楼、实训楼。而所谓的实训楼,设计诸多流于形式,实训的内容与社会实践未能实现良好接轨,社会实效性较低,并未真正起实际的实训作用。[3]虽然学生在实训室根据案例的要求,能够实操一些实际业务等训练内容,但其往往采用分环节完成的形式,学生无法体会整个完整过程的连贯性、多变性及复杂性,不能真正步入角色。

(四)激励机制及约束机制缺位

如何构建一个对学校、企业及学生、家长各具针对性的激励机制,并有效约束三者,是摆在当下校企间合作中的重要难题。奖惩机制的缺位,阻碍了校企之间长效合作机制的持续发展,也不能有效规范校企之间的合作行为,更无以对某些违纪者做出相应约束,激励性不强,极大破坏了校企之间的稳定性及其合作成效。对此,国家应当出台一些相关政策措施,以有效引导校企之间的合作行为;学校及用人单位也可对先进部门及积极分子予以奖励,并对违纪、不积极的部门及个人做出约束办法。

三、职业教育校企合作长效机制的新出路

鉴于上述职业教育校企合作长效机制发展过程中面临诸多障碍,构建合理的校企合作长效机制需要整合多方力量,在肯定并总结现有经验的基础上,探索职业教育长远发展的内在规律,才能挖掘到完善职业教育校企合作长效机制的可行路径及办法。对此,可从以下几方面优化之。

(一)成立合作办学机构

不管是国家层面还是地方层面,均应成立相应的校企合作专门办学机构,着重负责校企合作机制的构建。企业、学校也需成立专门部门,落实好本单位所负责的校企之间合作的各项工作。国家层面上的专门机构应从宏观角度上研究、制定有关校企之间合作的相关政策、规划及措施,为地方专门机构提供专业的指导意见和政策上的支持,引导、落实各项有关校企合作的具体工作,监督、保证各项政策及措施的顺利开展,重视其规范性及长效性,确保合作各方利益的实现,重视合作成效,强化社会调研力度,为校企之间长期合作机制出谋划策,提供合理建议等。

(二)加大国家宏观指导力量

校企之间合作是否收效及效果如何,直接影响到高职院校是否能胜任培养社会急需的实务型人才的使命,也直接关系到其毕业生的就业率。基于此,国家应当高度重视校企

之间的合作机制,将其作为重要工程进行指导。第一,应提高全社会对校企合作这一机制的关注及重视力度,增强社会的辅助力量,必要的时候应以立法形式明确社会各界对其所负职责。第二,对在校企之间的合作机制上表现较好的企业及学校,应有所倾斜有所奖励,可对其提供政策上的优惠,而对未切实参与校企之间合作机制的学校、企业,可对其进行一定约束。可作为奖惩的方式有:税收上的征免、招生计划、招生专业、课程建设等。[4]第三,为能更好调动学生主动性及积极性,也可对其进行一定的奖励,以更有效地规范学生行为。第四,应做好实习生的安全防卫工作及补贴机制,保障学生合法利益。

(三)规范合作内容及合作方式

高职院校培养目标旨在培养一批高素质的应用型、技术操作型、技能型人才,故高职院校的教育应立足于培养目标,根据实际企业经营中各个岗位对人才的需求,科学合理地设置课程及有针对性地安排教学内容,并坚定不移走校企合作道路,提升学校毕业生的就业率。学校和企业应逐渐构建全程的合作伙伴关系,不管是在学校的招生阶段、专业的安排设置上,还是具体培养方案的拟定上,抑或是教学内容的编排、教学方法的安排,甚至是师资建设、实习基地的安排及毕业生的反馈档案上,校企两者皆应建立紧密协调合作关系。将这种合作机制渗透于教学始终。在这一过程中,要秉承"一个主题＋三个层次"的原则。[5]"一个主题"即"不断提高合作的成效",提升毕业生的就业率及就业质量;而"三个层次"则是:第一,邀请企业的高管献策学校培养大纲的制定及教材的安排、课程的设置,也应安排学生到企业进行实地调研学习,了解把握市场现状。第二,构建实习基地、就业基地,有针对性地组织安排学生实习。第三,开展合同定单式的辅导班,定期培养学生实地操作。

(四)创新人才的培养模式

推行产、学、研相结合的模式涉及制度、体制与人才培养的目标等相关因素,应采取系统的解决方案。其中两点较为重要:其一,找到高职院校与企业之间的利益结合点,寻求构建共同的利益结合体;寻找高职院校和企业合作的新组织方式,最大限度地实现两者的优势互补,形成供应共享机制,为校企之间的合作及产、学、研三者结合奠定扎实根基。[6]积极施行一种与社会实践接轨的学习模式,以工学结合为改革人才培养机制的关键切入点,引导专业设置改革、课程设置改革及教学内容、教学方法上的改革。人才培养机制改革的重点在于实现教学过程的实践性、兼并开放性与职业性。在其具体过程中把握好实训、实验及实习这几个关键环节。关注学生课堂所学与企业实际所需之间的接轨,密切联系校内考核和企业考核机制的衔接对应。另外,学习也可试行订单培养,认真探索各种促进学生学习能力之教学方式,如项目导向、工学交替、定岗学习等方法。而企业也应不断规范实习管理、改善实习条件,创造更好的实习环境。

(五)规范合作行为

为调动校企合作机制中各方的主动性及积极性,切实维护各方合法权益,保证校企之间的合作能以有序、规范的方式长期、深入开展,国家需以立法或契约等方式规制校企各方的行为。国家应围绕校企合作机制出现的各种问题,深入分析,及时出台可行的政策和相应措施,为校企之间的合作创建良好的外部环境。比如可于劳动保障法中,增添相应条件,明确各自一方的权、责、利,并对违约一方做出相应惩处,以有效约束其行为,更好保障守法守约方的权益。

(六)强化激励长效机制

首先,可以构建奖励机制。对积极促进校企之间合作,开展产、学、研模式并做出一定绩效的学校给予一定的支持及奖励;对实质性的提供相应实习岗位、培训实习生成效显著之企业,给予一定的政策优惠;对表现优秀的实习生、毕业生,也给予一定的表彰。其次,构建完善的高职院校毕业生创业就业服务机制,推动高职院校教学理念转变,推进职业院校从原有的升学导向转向以就业为导向、从政府的直接管理迈向宏观指导、从计划培养转向以市场为驱动力,实现职业教育与社会实践发展接轨,提升职业指导及创业教育。再次,实行工学结合的培养机制,[7]加强企业学校之间的联系,锻造学生的社会实践能力,变革传统的人才培养机制。最后,构建合理的人才选拔、评价机制,深化教育改革。立足市场所需,逐步完善教学内容,改进教学模式,调整专业课程设置,发展时代所需的新专业,构建精品课程,逐渐施行学分制,完善人才考核机制。

四、结语

校企合作机制作为一种培养人才的全新模式及路径,其内涵伴随着我国市场经济的不断发展而逐步延伸,因而其发展空间巨大。实质意义上的校企合作机制构建于可持续发展基础上,要不断探索高职教育的内在发展规律,寻找切实可行的改革路径。对此,可通过成立合作办学机构,加大国家宏观指导力量,规范合作内容及合作方式、创新人才的培养模式,规范合作行为,强化激励长效机制,从而实现各方资源的最佳组合,构建真正意义上的校企合作长效机制,推动高职院校朝稳健方向发展。

参考文献

[1] 刘明生,王玲,李建华.论高职校企合作长效机制的构建[J].教育与职业,2013(2):17—19.

[2] 徐建平.建立基于双赢互利原则的校企合作长效机制[J].中国高等教育,2010(11):46—47.

[3] 刘仕昌,陈鹏.高职院校校企深度合作动力机制的研究[J].继续教育研究,2015(2):21—23.

[4] 唐林伟.高等职业教育校企合作长效机制研究:布迪厄场域理论的视角[J].现代教育管理,2013(6):92—96.

[5] 蔡丽芬.高职院校建立"深度融合"校企合作长效机制的研究与探索[J].中国教育学刊,2012(1):109—110.

[6] 冯建军.高等职业教育校企合作长效机制问题研究[J].湖北经济学院学报,2008(4):125—128.

[7] 徐蓓.校企协同创新创业人才培养体系的构建与实现[J].继续教育研究,2015(9):20—22.

高职院校服务地方"政校行企"模式研究①

刘效壮②

摘　要:高职院校由省、自治区、直辖市人民政府等相关部门主办和拨付教学经费,是我国高等教育的重要组成部门,承担着促进区域经济、社会发展和培养高端技能人才的重任。为促进高职院校与所在地方提升发展形成良性助推循环,国内部分高职院校出现了服务地方"政校行企"模式。该模式通过高校、地方政府职能部门、行业协会、龙头企业协同,组成理事会,并建立理事会领导下的实体合作平台或特色学院,开启了高职院校服务地方体制机制的创新,契合高校事业单位编制改革的趋势。但是,该模式也存在合作松散,结合不实;投入有限,力量不足;利益相悖,供需不均等问题。针对这些问题,需要进一步深化各方的合作,推动"政校行企"模式建立股份制合作经营,形成民非性质的高职院校服务地方独立法人实体机构。

关键词:高职院校;政校行企;模式

自 20 世纪 80 年代以来,高等职业教育迅速发展。截至 2015 年底,我国共有高职(专科)院校 1341 所。[1]这些高职院校由省、自治区、直辖市人民政府等相关部门主办和拨付教学经费,是我国高等教育的重要组成部门,承担着促进区域经济、社会发展和培养高端技能人才的重任。在 30 多年的快速发展过程中,高职院校主要在人才培养、科学研究、服务经济社会发展、文化传承创新等方面服务地方发展,其依靠地方、融入地方、服务地方的理念逐步形成,校企合作、产学研结合、产教融合等服务模式也陆续出现。近年来,部分高职院校构建的服务地方"政校行企"模式迅速发展。该模式由政府主导、行业引领、企业参与、学校推进,密切了利益相关方的联系,推动了高职院校服务地方工作的开展。但是,服务地方"政校行企"模式存在合作松散,结合不实;投入有限,力量不足;利益相悖,供需不均等问题。本文通过梳理高职院校服务地方研究资料和具体实践经验,提出高职院校服务地方工作要进一步深化,推动"政校行企"模式建立股份制合作经营,形成民非性质的高

①　2016 年度宁波卫生职业技术学院校级科研项目(项目编号:2016Y08)"高职院校服务地方政校行企模式研究",发表于《当代职业教育》2016 年第 12 期。

②　刘效壮,硕士研究生,宁波卫生职业技术学院讲师,主要从事职业教育研究、养老机构经营管理、养老服务人才培养培训研究。

职院校服务地方独立法人实体机构。

一、高职院校服务地方相关研究

高职院校的发展离不开地方政府、行业、企业的支持,为促进高职院校与所在地方提升发展形成良性助推循环,高职院校服务地方的相关研究自 2001 年就陆续出现,主要集中在以下三个方面。

(一)服务地方内涵及能力探讨

仇雅莉提出:"社会服务是高职院校的重要社会责任。"但是,高职院校应该在提高人才培养质量的同时提升社会服务能力[2]。缪宁陵则认为高职院校社会服务是教学和科研功能的延伸,也是高职院校最主要、最核心的职能[3]。缪宁陵还提出高职院校要主动开展社会服务,在政府支持下,完善相关体制和机制。

在高职院校社会服务能力方面,刘明星认为地方高职院校社会服务能力现状表现为人力资源供给不足、设施设备功能单一、技术资源市场脱节、服务时间投入有限、服务对象参与度不够,需要创新体制机制,通过沟通和资源优化,提升社会服务能力[4]。王文渊等则针对高职院校社会服务能力进行评价,构建了由 4 个一级指标、13 个二级指标和 40 个三级指标组成的高职院校社会服务能力评价指标体系,量化了高职院校社会服务水平[5]。

(二)服务地方经济发展的探讨

雷久相的《高职教育服务区域经济社会发展研究综述》一文,总结指出高职院校服务地方经济发展的研究文献主要围绕服务地方的必然性、定位与内容、路径与模式、现状与问题、典型案例等方面展开[6]。薛亨微提出高职院校建设与地方经济发展具有相互促进的关系,政府应该发挥主导作用,为高职院校和企业搭建平台,高职院校自身也要根据企业和地方社会经济发展需要进行教学、科研和专业改革[7]。冯早红结合滁州职业技术学院实践经验,介绍了高职院校为服务地方经济发展,在高端技能型专门人才培养方面的具体方法策略[8]。

(三)服务地方社会发展路径探讨

于凯生的《探索地方高职院校服务地方的新途径》是比较早就高职院校服务地方路径进行探讨的文献,他提出以专业设置为切入口,将地方优势与学校优势相互结合,实现服务地方的目标[9]。查吉德则从更新教育观念、改善办学条件、建立有效的服务机制和拓宽服务内容四个层面提出了高职院校服务地方的具体路径[10]。陈绪龙等结合实例,提出通过产学研平台服务地方发展,具体包括牵头成立行业协会、技术服务中心、重点实验室、教师驻企工作站和技能大师工作室等多种类型产学研平台[11]。

高职院校服务地方发展这一命题已经得到科研人员的关注,相关研究在服务地方的内涵和促进地方经济发展等方面达成了共识,理论阐述清晰明了。但是高职院校服务地方具体路径方面的理论研究和实践经验介绍较少,不利于高职院校服务地方具体理论策略的落地实施。近几年高职院校兴起的"政校行企"模式,开启了高职院校服务地方发展的新思路。

二、"政校行企"模式相关研究与实践

《国家中长期教育改革和发展规划纲要(2010—2020 年)》提出"建立健全政府主导、行业指导、企业参与的办学机制,制定促进校企合作办学法规,推进校企合作制度化",明确了政府在教育改革与发展中的主导作用,政府是"政校行企"职教体系的主要推动者和引导者,为高校融入地方、依靠地方、服务地方提供了具体路径。高职院校服务地方"政校行企"模式是指政府、高职院校、行业、企业等各方在职教体系构建与发展中以人才培养培训为纽带,充分发挥优势和作用,合理配置资源和要素,共同协作、相互补充、深入融合、充分释放彼此之间的人才、资本、信息、技术等育人要素和活力,从而实现四方联动,深度合作,共同育人。政府在"政校行企"协同平台中起着领导作用。这里的政府是指与高职院校专业相关职能部门,主要职能是搭建合作平台,出台有利于平台运行的政策,健全合作体制机制。

(一)相关研究综述

国外"政校行企"模式相对成熟。在发达国家,政府一般通过立法、制定相关政策等来保证职业教育的发展质量,规范行业和企业参与职业人才培养培训。例如日本的许多行业协会与学校合作共同颁发资格证书,德国"双元制"下的行业协会专门设有考试委员会。

国内"政校行企"模式的实践和研究刚刚起步。我国政府及其相关教育主管部门出台了一系列发展职业教育的法律与政策,如《职业教育法》《关于大力推进职业教育改革与发展的决定》《关于大力发展职业教育的决定》等,但这些规范因比较宏观和笼统而缺乏可操作的实施细则,特别是缺乏推动行业企业参与职业教育、支持职业教育的具体引导、保障和约束机制,导致"政校行企"协同育人遭遇了瓶颈。通过中国知网(CNKI)检索,包含"政校行企"关键词的研究论文共有 48 篇,其中 32 篇为"政校行企"协同培养专兼职教师[12]、构建学生实习基地[13]、开展继续教育[14]、专业教育设计[15]、深化校企合作[16]、培养创新创业人才[17]、共建特色专业学院[18]等相关研究,仅有 16 篇为"政校行企"协同育人服务地方相关模式和意义的研究。笔者通过对这 16 篇研究文献进行深入梳理,将这些研究文献归纳为三个层面的研究:第一,"政校行企"模式实践层面经验介绍,包括东莞职业技术学院[19]、广西生态工程职业技术学院[20]、中山职业技术学院[21]等相关院校的案例;第二,"政校行企"模式构建依据[22]和意义价值研究[23];第三,"政校行企"模式协同育人机制[24]和办学机制[25]的探索。

(二)相关实践举例

高职院校"政校行企"模式较早在沿海经济发达省市出现,本文选取宁波相关高职院校作为实践案例进行介绍。宁波作为副省级市、计划单列市、综合竞争力较强城市,共有高职高专院校 6 所,全日制高职高专在校生 5.44 万人[26],其中宁波职业技术学院和浙江纺织服装职业技术学院较早开展相关探索,分别建成了海天学院(与海天集团合作)和雅戈尔商学院(与雅戈尔集团股份有限公司合办)。宁波卫生职业技术学院和浙江工商职业技术学院则将校企合作服务地方发展模式进一步丰富提升,相继建成了宁波家政学院、宁波老年照护与管理学院和宁波市电子商务学院,形成成熟的服务地方"政校行企"模式。

宁波家政学院成立于2013年1月,是浙江省首家家政学院,实行理事会领导下的办学体制。宁波家政学院理事会由政府部门——宁波市商务委员会、高职院校——宁波卫生职业技术学院、行业协会——宁波市家庭服务业协会、企业——宁波市81890求助服务中心等单位组成,形成了"政校行企"协同模式,实现了高职院校与地方需求的无缝对接。宁波家政学院在服务地方过程中,与地方实现了良性互动发展,即将成为区域高端家政人才培养、政策规范研发和技术咨询服务的中心。

宁波老年照护与管理学院于2014年5月成立,是宁波市民政局和宁波卫生职业技术学院牵头组建的校地合作平台。该平台实行理事会领导下的院长负责制,按照理事会章程在养老服务人才培养培训、技术管理研究、服务评估等方面开展工作。此平台也采用服务地方"政校行企"模式,宁波老年照护与管理学院理事会由政府——宁波市民政局、高职院校——宁波卫生职业技术学院、行业协会——宁波市养老服务业促进会、企业——宁波钱湖柏庭养老投资有限公司等20余家单位组成。该平台运行2年多来,在养老服务人才培养培训、科学研究和技术服务等方面较好地服务了地方,促进养老服务宁波特色的形成,缓解了老龄化对区域养老保障系统的冲击,提升了养老机构服务人员技术能力。

宁波市电子商务学院创办于2015年6月,实行理事会领导下的院长负责制。理事会成员由市商务委员会主要领导、电商经济创新园区主管领导以及相关院校分管领导、相关电商产业园区负责人以及部分知名电商企业负责人组成,负责宁波电商学院重大发展方向的决策、协调和资源投入等重大事项。院长在理事会的领导下,负责拟订宁波电商学院总体发展规划,制定具体规章制度和年度工作计划并组织实施,拟订和执行年度经费预算方案,维护学院的合法权益。[27]

综上所述,"政校行企"协同育人平台建设实践及研究已成为高职教育改革实践和研究的热点问题。但是,以"政校行企"模式为切入口开展高职院校服务地方模式的相关研究还存在空白,而相关实践摸索已经在一些高职院校陆续展开。高职院校服务地方"政校行企"模式不仅丰富了现代职教体系构建模式,而且满足地方高职技能人才需求。近年来,随着经济转型升级,高素质技能人才急需,"政校行企"模式有助于高职院校在相关政府职能部门领导下与产业、企业、市场的无缝对接,满足区域经济发展需求。因此,高职院校服务地方"政校行企"模式相关理论研究意义重大。

三、"政校行企"模式存在问题及对策

高职院校服务地方"政校行企"模式在实践运作过程中,相比传统服务地方的方法,展现出了高效、紧密、灵活等优势,促进了高职院校与地方良性助推式循环发展,提升了社会整体效益。但是,高职院校服务地方"政校行企"模式作为新兴事物,还存在一些问题与不足,需要改进和完善。

(一)存在问题

1.合作松散,结合不实

高职院校服务地方"政校行企"模式虽然建成了理事会领导下的平台或特色学院,但在具体运作中以高职院校为主,行业协会和企业参与实际管理工作较少。理事会每年召开一次全体理事会议,对实际工作指导有限,各个理事具有单位和个人双重属性,易于受到外在因素影响,难以全面深入地参与理事会工作。另外,理事会章程对理事个人和理事单位缺乏强制约束力,企业和行业协会参与理事会工作的积极性不高,理事会指导作用有限,不利于服务地方"政校行企"模式进一步发展。现阶段服务地方"政校行企"体制已形成,具体运行机制有待完善。

2.投入有限,力量不足

高职院校服务地方"政校行企"模式形成的平台或特色学院主要是高职院校投入人、财、物进行建设和管理,相关政府部门以委托或购买服务的形式对平台或特色学院进行扶持和补贴,而企业和行业协会更多的是为寻求更多的可利用资源,实质性投入较少。这些因素导致平台或特色学院工作力量薄弱,现阶段仅完成了牵头连线的基础性工作,没有激发平台或特色学院协调互动引导应有的中枢神经枢纽的功效。

3.利益相悖,供需错位

高职院校服务地方"政校行企"模式包含四类独立个体单位,承担工作职责、发展目标各不相同。政府部门要服务整个区域社会或推动某一行业发展进步;高职院校则肩负着人才培养、科学研究、社会服务和文化传承创新等职责;行业协会是区域以同一行业共同的利益为目的,以为同行企业提供各种服务为对象,以政府监督下的自主行为为准则,以非官方机构的民间活动为方式的非营利的中介组织[28],其职责是为同行开展各类服务工作;企业的职责目标则是赚取更多利润,积累资本扩大再生产。职责利益的不同导致"政校行企"合作中供需错位,发展定位和立足点的不同,使处于探索阶段的高职院校服务地方"政校行企"模式较难协调各方利益。

(二)应对策略

1.政府主导,出台政策

高等职业教育改革创新是一项系统工程,需要政府进行顶层设计。2014 年 6 月,教育部等六部门联合印发了《现代职业教育体系建设规划(2014—2020 年)》,提出要完善校企合作、工学结合的人才培养体系。将产教融合、校企合作、工学结合、知行合一贯穿职业教育教学全过程。该规划给出了改革发展意见策略,但是缺少具体支持政策落地的配套措施,各省市也没有形成相应的实施办法。例如《宁波市人民政府关于加快发展现代职业教育的实施意见》(甬政发〔2016〕3 号)虽然提出逐步建立学校、行业、企业和社区等共同参与的学校理事会或董事会,完善治理结构,提升治理能力等要求,但是在涉及的国有资产监管、人事制度安排、收益分配等具体工作方面,缺乏可操作的政策措施。因此,高职院校服务地方"政校行企"模式的推进,需要政府部门给予高职院校在具体工作实施方面的自主权,细化相关政策规定。

2.高校改革,形成实体

传统高职院校侧重于对技能人才培养培训,主动服务地方和联系地方的思想意识薄弱,不利于培养区域社会发展需要的高技能人才。因此需要高校自身改革思想观念,创新办学模式,与政府相关部门、行业协会和龙头企业进一步深化合作,推动"政校行企"模式建立股份制合作经营,建立民非性质的高职院校服务地方独立法人实体机构。

3. 理论引领，加强研究

科学的理论是正确的世界观和方法论，有助于引领实践工作的开展。现阶段，针对高职院校服务地方"政校行企"模式实践探索多于理论研究，缺少相关经验的总结提炼，以及相关模式的比较研究。因此，加强理论研究，探讨"政校行企"合作的利益基础，构建科学发展路径都是服务地方"政校行企"模式深入发展的关键。

高职院校服务地方，与地方实现协同发展已成为教育事业发展的必然。"政校行企"模式作为高职院校当前服务地方的一种举措，取得了一定成效，但在理论和实践两个层面还都有待完善，期望本文能抛砖引玉。

参考文献

[1] 2015年全国教育事业发展统计公报[EB/OL]. (2016-7-6)[2016-8-1]http://www. moe. gov. cn/srcsite/A03/s180/moe_633/201607/t20160706_270976. html.

[2] 仇雅莉. 示范性高职院校社会服务的内涵与实践[J]. 教育与职业，2010(20)：169—170.

[3] 缪宁陵. 我国高职院校社会服务的现状及思考[J]. 哈尔滨职业技术学院学报，2014(1)：42—43.

[4] 刘明星. 地方高职院校社会服务能力分析及提升策略[J]. 中国职业技术教育，2013(19)：83—85.

[5] 王文渊，王玮娉，李贝晶，等. 高职院校社会服务能力评价指标体系探讨[J]. 职业教育研究，2016(7)；42—45.

[6] 雷久相. 高职教育服务区域经济社会发展研究综述[J]. 中国职业技术教育，2011(36)：54—58.

[7] 薛亨微. 高职服务地方经济发展探索[J]. 中国高校科技，2015(6)；73—74.

[8] 冯早红. 地方高职院校服务地方经济发展功能探析——以滁州职业技术学院为例[J]. 佳木斯职业技术学院学报，2016(4)；16—17.

[9] 于凯生. 探索地方高职院校服务地方的新途径[J]. 鸡西大学学报，2001(1)；10—12.

[10] 查吉德. 地方高职院校社会服务功能的实现策略[J]. 成人教育，2006(8)；57—58.

[11] 陈绪龙，陈若溪. 地方高职院校构建产学研平台服务区域经济发展的探索——以阜阳职业技术学院为例[J]. 阜阳职业技术学院学报，2016(3)；53—56.

[12] 王娟，胡长效. "政行企校"四方联动的高职院校"双师型"教师培养体系构建研究[J]. 当代职业教育，2015(5)；67—69.

[13] 揭平英. "政校行企"实践育人长效机制的实施路径[J]. 广州职业教育论坛，2014(2)：48—52.

[14] 施红瑜. 面向政校行企的高职继续教育"431"模式实践[J]. 中国职业技术教育，2015(19)：50—53.

[15] 李宗文. 探索高职外贸英语专业的建构主义教学设计——基于"政、校、行、企"协同创新机制[J]. 成都师范学院学报，2014(4)；85—90.

[16] 陆璐. 政校行企联动模式下高职院校校企深度合作长效机制研究[J]. 吉林省教育学

院学报,2015(02):11—12.

[17] 朱冬辉.政校企合作模式下统计专业人才培养模式的改革与实践[J].湖北经济学院学报(人文社会科学版),2012(8):76—77.

[18] 蒋新革,蔡勤生,段艳.政校行企协同共建特色专业学院的实践探索[J].广州职业教育论坛,2015(1):51—55.

[19] 李玮炜,贺定修,苏江."政校行企"职教联盟实践探究[J].装备制作与教育,2014(3):23—26.

[20] 苏付保,安家成,时祖豪."政校行企社"人才共育体系构建与实践——以广西生态工程职业技术学院为例[J].柳州师专学报,2013(2):98—101.

[21] 肖伟平,潘斌,张继涛.政、行、校、企协同育人创新服务平台建设研究——以中山职业技术学院电梯学院"双平台"建设为例[J].职业,2016(2):23—24.

[22] 李芹.高职院校"政校行企"协同育人机制构建的依据与影响因素[J].河南科技学院学报,2015(6):5—10.

[23] 李国兵,贺定修.职业教育政校行企合作模式的现实意义[J].河南科技学院学报,2015(2):4—6.

[24] 施冰芸."政校行企外"的人才培养模式[J].安顺学院学报,2015(3):45—47.

[25] 张云河,梁幸平.江苏高等职业教育办学机制研究——基于"政行企校"四方联动的视域[J].职业教育,2015(11):10—13.

[26] 宁波市 2014—2015 学年度高等教育基本情况[EB/OL].(2015-12-13)[2016-9-10]http://www.nbedu.gov.cn/zwgk/article/show_article.asp? ArticleID=49416.

[27] 宁波市电子商务学院[EB/OL].(2014-11-12)[2016-9-11]http://baike.baidu.com/link? url=i_JXwFzj4TumYSUpR80Q0PtMM5_hcaHfRIuK7Gp0Pc0XoBNUad YWruNDNMI4drDY4QN3tZbvod QTtbFq_Xx3aa5xD0HEtDfQ5rnz1H1Bdmg8-RWuo8vqozD7VCR4Ko9lbI3qZ2Gu0vtk5okNPQtSQeo abZFT3rS_veO4ZxdNUS W2RxtYEZuJb Ch8KGvlpmb9.

[28] 梁上上.论行业协会的反竞争行为[J].法学研究,1998(4):114—124.

港口经济圈建设背景下的跨文化
商务沟通人才培养模式研究①

王 慧②

摘 要:宁波"港口经济圈"建设要推进国际经贸大合作、人文大交流。商务英语专业的人才培养模式应以区域经济重心为导向,从语言模块、商务模块、跨文化模块和国别模块来具体实施,突出培养学生的跨文化商务沟通能力,有效地将语言应用能力、跨文化交际能力和商务知识技能的培养有机地融为一体。跨文化商务沟通人才培养模式既可以满足学生的专业学习和未来工作需要,也能更好地服务于港口经济圈的建设,促进地方经济的快速发展。

关键词:跨文化商务沟通能力;人才培养模式;商务英语专业

一、引言

为在经济发展新常态下突围,宁波需要主动对接融入国家战略,以"港口经济圈"为引领来重塑再创宁波城市的竞争优势。宁波"港口经济圈"建设以推进国际产业贸易投资开放合作为主要路径,很重要的一个方面是要推进国际经贸大合作、人文大交流,提升宁波城市的国际影响力和知名度。大量的跨文化商务沟通人才是推动国际经贸大合作、人文大交流的必要保障。

商务英语专业人才的培养应当致力于培养学生的跨文化商务沟通能力。教育部最新出台的《高等学校商务英语专业本科教学质量国家标准》(以下简称《商英国标》)明确提出,语言应用能力和跨文化交际能力都是核心能力。商务英语教学的目标和重点"不再是语言系统,而是话语使用,瞄准真实国际商务环境中的有效沟通,在掌握商务语言基础知识和技能后,学会完成商务沟通任务(如,写邮件、写报告、商务谈判等),因此,目标是掌握商务语篇、商务体裁、商务语用、商务功能、商务语体等,所有这些都与语境密切相关"(王立非和张斐瑞,2015)。

---

① 2016年浙江省高等教育课堂教学改革研究项目成果。

② 王慧,文学硕士,浙江万里学院外语学院讲师,主要从事生态翻译学、系统功能语言学、教学法研究。

鉴于这些客观情况,商务英语专业的人才培养应当注重宁波经济发展的需求,侧重语言应用能力、跨文化交际能力和商务知识技能的培养,即跨文化商务沟通能力的培养。只有当人才培养模式融专业知识、跨文化商务沟通能力于一体,才可满足学生的专业学习和未来工作需要,更好地服务于港口经济圈的建设,促进地方经济的快速发展。

二、商务英语专业的教学模式构建

商务英语专业培养目标的核心是商务环境下的英语应用能力和跨文化交际能力。为了培养商务环境下的英语沟通能力,就必须掌握英语技能、商务知识、跨文化语境和国别知识(Doyle,2012)。

根据 Doyle 对商务英语学习所进行的研究,商务英语专业教学模式应当以跨文化商务沟通能力为核心,具体的教学过程通过语言模块、商务模块、跨文化模块和国别模块来实现,其总体框架如图 1:

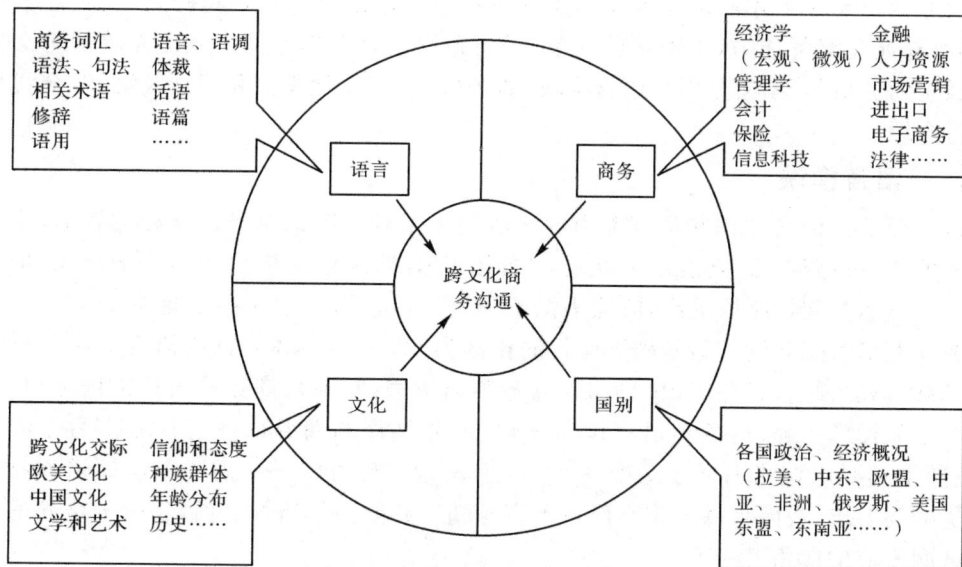

图 1　总体框架(参考 Doyle,2012)

从上图可以看出,语言、商务、跨文化、国别是跨文化商务交际的四个核心要素,因此,商务英语专业培养跨文化商务沟通能力应从这四个模块的知识和能力入手。

语言模块的语言知识和语言能力在《商英国标》中有明确的界定,语言知识包括语音知识、词汇知识、语法知识、语篇知识、语用知识等;英语应用能力包括英语组织能力、英语运用能力和学习策略能力。所开设的课程包括语音、语法、综合商务英语、商务英语听说、商务英语阅读、商务英语写作、商务翻译等课程。

有关商务模块的商务知识与能力,《商英国标》也给出了明确界定,商务知识包括经济学知识、管理学知识、国际商法知识、国际金融知识、国际营销知识、人力资源管理知识、财务管理知识、商务操作规程、信息技术知识等;商务实践能力包括通用商务技能和专业商务技能。所开设的课程包括经济学、管理学、国际商法、国际营销、国际贸易实务、国际商务谈判、电子商务等。

根据《商英国标》规定，跨文化模块主要是指跨文化知识和跨文化能力，具体来说，跨文化知识包括英美文学知识、欧美文化知识、商业文化知识、中国文化知识等；跨文化交际能力分为基本跨文化交际能力和跨文化商务交际能力。所开设的课程包括跨文化商务交际、欧美文化、英美文学、英语演讲等课程。

国别模块包括区域国别知识、国际政治知识、世界历史知识、世界宗教知识、外交知识等（王立非等，2015）。所开设的课程包括英美概况、西方国家概况等课程。

根据以上的总体框架和《商英国标》的要求，我校根据自身专业定位、办学特色和本地区的人才需求，制定了人才培养方案。

三、基于跨文化商务沟通能力的人才培养模式

商务英语专业人才的培养需要学生熟悉商务英语规范用语，掌握相关商贸业务的知识，具有跨文化交际能力，了解各国政治、经济概况。针对本地区的人才需求和跨文化商务沟通能力的培养，本文分别从语言模块、商务模块、跨文化模块和国别模块，结合我校情况进行介绍。

（一）语言模块

语言模块的语言知识和语言能力的培养更多依赖于英语基础类课程的教学，鉴于全国商务英语专业学生的英语水平状况，"英语基础类课程最低设置应不低于专业课的50%，二、三本类院校应该更高，应该不低于70%—80%"（王立非和张斐瑞，2015）。

浙江万里学院开设英语基础类课程的比例为62.5%，具体开设的语言类课程有语音训练、英语语法、综合商务英语(1—4)、商务英语听力(1—4)、商务英语口语训练(1—4)、商务英语阅读(1—4)、商务英语写作(1—4)、商务笔译和商务口译。我院作为三本类院校，按照上述要求应当不低于70%—80%，但是基于地方经济对商务专业知识和商务专业技能的高要求，我院将部分重心放在了商务知识和能力的培养方面，着重于培养适应港口经济圈发展的应用型人才。

与此同时，在基础课的教学方面要侧重于学生语言的实际运用能力和商务沟通能力的培养。笔者在综合商务英语课程的教学中，根据社会需求和课程教学目标，以产出为导向，设计真实的、符合学生语言水平的产出任务，选择提供恰当的输入材料，这正是由于商务话语"强调语言和语境的关系，强调语境中口头和书面语言的功能和使用，语言作为交际的工具，把语境化的语言作为概念的核心，更强调语言的交际属性，更关注在商务组织机构中人们如何有效沟通"（Bargiela-Chiappini，2013）。

因此，虽然语言模块的很多课程直接派生于传统的英语专业课程体系，但是这些课程所涉及的教学应当瞄准真实国际商务环境中的有效沟通，培养学生在具体商务工作环境中运用英语的实际能力。

（二）商务模块

商务模块的商务知识与能力是商务英语专业的特色，也是"外语＋"所引领出的新兴

专业。王立非和张斐瑞提出商务类课程的比例应不低于 10%—15%。由于各学校优势学科的不同和区域经济重心的不同,该模块的课程设置差别很大。例如:西安外国语大学"架设了三个课程群:会计学课程群、管理学课程群和法学课程群"(孙毅,2016)。

浙江万里学院开设商务类课程的比例为 34%,具体开设的语言类课程有经济学导论、国际金融、国际商法、国际贸易实务与操作、国际商务谈判、国际商务管理、跨境电商实务操作、国际营销、国际物流、WTO 与中国贸易。由此可见,我院商务类课程显著高于国家标准,这是为了更好地服务于宁波港口经济的发展。宁波作为我国古代海上丝绸之路重要的始发港之一,是当今亚太地区的重要门户,带动大量的金融结算、航运保险、商务服务等业务。商务课程的大量开设使得学生具有夯实的商务知识和能力,结合英语基础知识,提高学生的商务沟通能力。

为了使得商务模块的课程侧重于实践能力和沟通能力的培养,我院一方面通过学历教育、国内外进修和学术交流、行业兼职或挂职等方式,不断更新教师的商务知识结构,提高教师的商务实践能力,以满足教学的需求。另一方面鼓励学生进行各种商务实践和创业活动。例如:学院同阿里巴巴合作,开展了跨境电商的实践活动;积极参与宁波市青年学生创业孵化园项目等。

(三)跨文化模块

跨文化模块主要是指跨文化知识和跨文化能力,王立非和张斐瑞提出跨文化类课程的比例在商务英语专业应不低于 5%—10%。虽然我院的跨文化类课程设计采用"专业必修课+专业选修课"的模式,有大量的跨文化选修课来满足学生的需求,但是必修课的比例太低,仅仅只有一门跨文化交际,选修课包括跨文化交际、英美文学导论、演讲与辩论、中国文化导论、西方文化导论。

跨文化交际的有效性与国际商务两者间的关系受到学界越来越多的重视,因此我院对跨文化模块的重视程度还不够。跨文化商务交际研究的核心是跨文化性(interculturality),研究东西方的文化差异、文化偏见、文化认同及文化与种族对本国企业国际化的重要影响,涉及跨文化交际理论、跨文化商务交际、国际商务谈判、国际商务礼仪、跨文化交际管理、跨文化交际能力测评等。由此可见,跨文化知识和能力直接影响商务沟通能力,从而不利于跨文化商务沟通能力的培养,建议我院增大跨文化类课程的开设比例。

(四)国别模块

国别类课程的开设目的是提高学生的人文素养和拓宽学生的知识面,应"根据学生水平和学校层次确定开设或者不开设"(王立非和张斐瑞,2015)。虽然我院的国别类课程仅有英语国家概况,但是为了促进宁波港口经济圈的建设,我院打造了中东欧研究中心,作为港口经济圈的人文交流平台。

我院的中东欧研究中心开展了一系列的中东欧研究项目和活动,进一步扩大了"一带一路"城市间的交流交往。教师积极地将研究成果转化成教学内容,同时院方聘请中东欧国家的专家给学生授课,增进交流和沟通。国别类课程的开设有助于提高学生的跨文化商务沟通能力。

四、结语

商务英语专业的人才培养模式应当以地方经济对人才的需求为导向,从语言模块、商务模块、跨文化模块和国别模块来进行具体的实施,突出培养学生的跨文化商务沟通能力,有效地将语言应用能力、跨文化交际能力和商务知识技能的培养有机地融为一体。

同时,这种教学模式可以推广到其他同质的高校课程的教学当中去,期望有助于应用型人才的培养,满足地方经济对人才的需求。

参考文献

[1] Doyle, M. S.. *Business language studies in the United States*: *On nomenclature*, *context*, *theory*, *and method*[J]. The Modern Language Journal, 2012, 96: 105—121.

[2] Bargiela-Chiappini, F.. Catherine Nickerson & Brigitte Planken. *Business Discourse*[M]. 2nd ed. London: Palgrave Macmillan, 2013.

[3] Ellis M. & Johnson C. *Teaching Business English*[M]. Shanghai: Shanghai Foreign Language Education Press, 2002.

[4] Miyawaki, K. *Selective learning enabled by intention to learn in sequence learning*[J]. Psychological Research, 2012:84—96.

[5] 孙毅.《高等学校商务英语专业本科教学质量国家标准》的地方性解读:国标与校标的对照[J]. 外语界, 2016(2):46—51.

[6] 王立非,叶兴国,严明,等. 商务英语专业本科教学质量国家标准要点解读[J]. 外语教学与研究, 2015(3):297—302.

[7] 王立非,张斐瑞. 论"商务英语专业国家标准"的学科理论基础[J]. 中国外语, 2015(1):13—18.

[8] 文秋芳. 英语类专业实践多元人才观面临的挑战与对策[J]. 外语教学与研究, 2014,46(1):118—126.

服务经济与课程教学的互动支撑

——会展经济与管理专业的探索

任国岩[①]

摘　要：应用型专业建设对产教融合提出新的要求，如何结合产业发展的实际，为课程教学提供前瞻性、系统性、实用性较强的知识体系，对于提升课程对接产业、培养应用型人才具有十分重要的作用。本文结合会展经济与管理专业建设的实际，系统阐述了教师结合服务地方经济工作，将理论观点、研究方法和实战技能系统化提炼后应用到课程教学的具体实践中，旨在探索新形势下服务经济与课程教学互动的新思路、新模式。

关键词：会展业；人才培养；服务经济；课程教学；产教融合

会展经济与管理专业是教育部 2004 年开始设立的本科专业。迄今为止，国内共有 101 所院校（含独立学院）开设该专业。由于国外没有对应的学科专业，国内学科专业起步较晚，因此，从我国现有高校该专业的知识体系构建情况看，该专业主要是依托与会展经济与管理专业相近的学科专业，并结合会展人才培养的实际需要融合演变而来。从现有的 101 所开设该专业高校的实际情况看，旅游管理、文化传媒、市场营销、国际贸易、经济学、公共管理是主要的支撑学科和专业。也正是由于上述原因，该专业在建设过程中存在着知识体系繁杂、知识内容陈旧、理论体系不完善、方法体系缺失等问题。如何构建适合产业发展需要，并具有较强的前瞻性、科学性和实用性的知识体系就成为会展教育科研工作者亟待探索的问题。

我国会展业起步于 1999 年，当时国家发改委在一份关于发展服务业的文件中首次提出会展业的概念；2002 年 5 月，国家质量监督检验检疫总局发布国家标准《国民经济行业分类》（GB/T4754—2002），将"会议和展览服务业"纳入"商业服务业"，代码为 L7491。这也是国内首次在国民经济行业分类中出现会展产业；2004 年 2 月，国家统计局发出《国家统计局关于印发文化及相关产业分类的通知》（国统字 2004 年 24 号），通知规定，"会议及展览服务业"属于"文化及相关产业"中的"广告与会展服务"类别。具体包括：大型活动文化商务服务，文艺晚会策划、组织活动，运动会策划、组织活动，大型庆典策划、组织活动，模特大赛策划、组织，艺术节、电影等策划、组织，展览、博览会策划、组织活动，其他

---

① 任国岩，浙江万里学院教授，主要从事会展经济研究。

大型活动文化商务服务等;仅从文化角度来看,会展业的范围就包含较广的范畴。从会展业的层级看,可分为政治、社会、文化、经济和生活五个层面。自上而下,呈现出公益性逐步降低、产业性逐步提升的特征。这也体现了会展产业的内涵与外延的复杂性及宽泛性。

国内外专家学者关于课程建设与科研及服务经济关系的论文较多,其中比较有代表性的包括张敏等认为,课程体系构建所具有的服务性功能、引导性功能和探索性功能是课程体系评价的重要指标;张海生在对美国康奈尔大学和德国柏林大学进行比较后得出注重实用性与服务性相结合、注重科学研究与教学相结合的观点;张琼从知识创新与应用的关系角度开展研究,认为"知识创造注重新知识的产生,而知识创新则注重新知识的实际应用";而陈佑清等认为,知识与生活的关联及实践运用、学科前沿知识等,可以发展学生的探究意识、创新兴趣和创新能力。专家和学者近年来的相关研究,都重点指向了学生如何在实践研究中、在结合实际的探究中形成知识、培养能力的重要性。

浙江万里学院会展经济与管理专业在吸收国外活动管理、休闲管理、事件管理等相关专业、国内会展经济与管理专业课程体系建设经验的基础上,重视将教师服务地方经济的相关研究成果,逐步转化为教学内容和知识点,在一定程度上密切了课程内容与产业需求的关系,也收到了较好的教学效果。具体如下:

一、在实践中构建会展理论体系

理论体系不仅是知识体系的高度所在,也是一个专业有别于其他专业的特色所在。会展产业由于形成较晚,理论体系不完善、前沿领域不清晰成为制约会展业发展的瓶颈。但也正是由于会展业起步较晚、原理和方法缺失,为学生在教师指导下开展产业发展规律的研究,进而形成原理性观点创造了有利条件。

(一)通过量化分析培养学生发现产业规律的能力

结合会展产业和项目的数据,培养学生运用关系理念,发现产业基本规律的能力。在教师的引导下,学生已经初步具备分析会展产业与城市、会展项目与相关指标之间关系的能力。包括城市会展业发展水平、会展项目效益与规模的关系、参展商参展目的与展位面积之间的关系、安保数量与展会规模、级别与类型之间的关系。这些并不复杂的关系,初步形成学生挖掘产业数据、构建产业数据库、形成产业发展规律的能力。同时也为学生下一步应用已有的规律形成举一反三的能力,进而为对产业发展的规律性特征开展研究形成"三理一律(公理、定理、原理、定律)"奠定坚实的基础。

表1　会展项目相关数据测算表

项目名称	展览面积	展位价格	总收益	总成本	总利润
宁波国际家居产业博览会	5600	7600			2100
宁波国际机械工业展	3200	6000			850
宁波印刷机械展	1500	4500			320
宁波食品工业博览会	2700	4000			560
宁波家电博览会	4100	5500			1560
宁波塑机产品博览会	2500	3500			960
宁波文具博览会	1200	4000			700
宁波国际住宅产品博览会	4700	6000			1700
宁波年货展	800	3000			210
宁波花卉博览会	500	2000			120

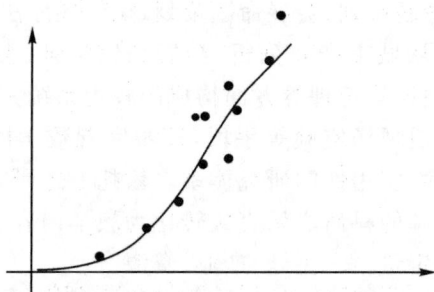

图1　会展项目投入产出关系图

(二)借用空间经济学研究方法培养学生阐述空间规律的能力

在教学过程中,教师还重视借助现有的空间经济学、面板数据等研究方法,培养学生掌握当前产业前沿方法的能力。其中包括核密度分析、EG指数、空间自相关等基本方法。该教学方法不要求学生能够系统地运用方法开展相关的计算工作,重在培养学生了解、掌握当前国内产业经济学、空间经济学的相关理论和方法在会展产业中的具体应用。

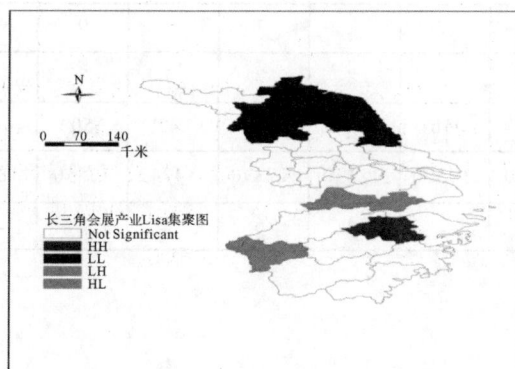

图2　区域会展产业空间布局关系图

(三)培养学生提炼理论观点的能力

在研究过程中,结合大量的数据,学生们逐步形成发现产业原理性观点的意识和能力。专业依托长三角城市经济协调会会展专业委员会、宁波市会展经济研究所平台,借助专业建设经费设立大学生研究性学习课题,指导教师参与教师主持承担的研究课题,形成物化成果。现已形成会展是创造差异性的活动、信息不对称是会展项目竞争力的核心体现、会展项目的效益与项目规模成正比等公理、定理、原理性观点。

二、在研究中提炼方法体系

方法体系是支撑学科专业发展的重要组成部分,也是一个学科专业能够独立存在的客观基础。专业教师围绕需求导向原则,结合承担会展相关研究课题的实际,提炼出城市会展业发展可行性研究、会展产业发展定位、会展中心选址、会展创意分析、会展资源分析、会展要素分析、会展非命题策划、会展命题策划、赋值还原法、矩阵法、叠加法等一系列全新的研究方法,逐步形成从城市产业分析、会展场馆选址、会展项目策划、会展项目评估、会展拉动作用测算、会展风险管理等方面构成的较为系统完善的会展经济数学研究方法体系,并通过组织学生开展现场实验等手段,逐步完善数学模型,促进模型系数的精确性,形成具有前瞻性、科学性、实用性的研究体系。依托上述研究方法,专业开设了会展经济数学研究方法课程,将教师的科研成果直接转化为教学内容。

会展创意思维:定性与定量——主题、产业、资源

表 2　会展创意主题遴选叠加法

资源	生态服装390	生态文具390	信息服装390	信息文具390	生态家电351	生态旅游351	服装科技340	国际文具340
管理	8	8	8	9	7	8	8	9
区位	9	9	6	8	7	8	9	7
文化	10	7	9	6	6	9	10	8
品牌	10	10	10	9	8	8	10	10
市场	8	7	8	7	6	9	8	7
服务	9	8	8	7	7	8	9	8
综合	54	50	49	47	42	50	54	49
得分	21060	19500	18130	17390	14742	17550	18360	16660
排序	1	2	4	6	8	5	3	7

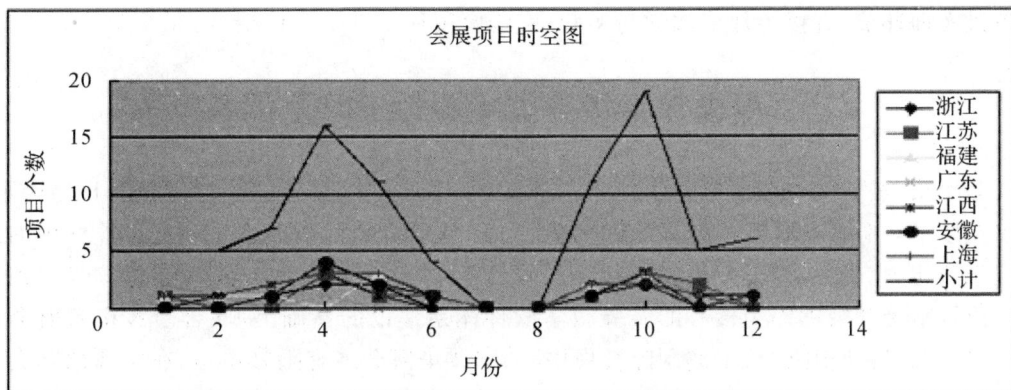

图3 会展举办时间选择时空图法

通过将会展产业资源、会展主题和社会热点问题有机结合,结合产业大数据开展定量与定性相结合的研究工作,形成用创新的逻辑思维理念取代传统的灵感思维理念的策划方法体系,形成会展策划的生产线和流水作业模式,避免了"没灵感无法策划"的问题,增强了学生策划工作的专业性、科学性和可持续性。

表3 会展项目量化分析表

名称	级别	规模	论坛	评奖	发布	演出	比赛	其他
项目一	国家级	8万平	5	2	5	7	有	统计
项目二	省级	4万平	4	2	4	6	无	统计

类型	级别	规模	论坛	评奖	发布	演出	比赛	其他
专业类	国家级	7万平	5.5	2	7	5	有87%	统计
专业类	省级	3.3万平	5.8	1.5	4.5	2.3	有51.5%	统计
消费类	省级	3万平	4.1	1.8	4	11.3	无56%	统计

表4 赋值还原法计算主办单位级别

名 称	城市	主办	级别权	距离权	产业权	主办单位
浙工文具博览会	杭州	浙江省政府	6	5	7	5
沈阳文具博览会	沈阳	沈阳市政府	6	2	6	2
西部文具博览会	成都	国家商务部	6	2	6	9
慈溪文具博览会	慈溪	慈溪市政府	2	5	2	1
重庆文具博览会	重庆	国家教育部	5	2	6	8
江苏文具展	无锡	江苏贸易厅	4	6	5	4
内蒙古文具展	赤峰	内蒙商务厅	3	2	4	4
长沙文博会	长沙	湖南文具协会	5	3	7	3
唐山文具展	唐山	唐山贸易局	3	2	4	1
东盟文博会	昆明	东南亚联盟	5	2	3	10

计算方法:主办单位×(三权加和)÷平均加权

会展经济数学研究方法体系的构建,不仅弥补了国内外会展经济数学研究方法缺失的空白,也为学生构建研究性学习体系奠定了坚实的基础。依托会展经济数学研究方法体系,专业尝试了以"一生一市、一课一研"为核心的系列教学方法的改革与创新。学生基本越过实训环节,直接将理论教学与实验、实践应用环节进行有机结合。

三、积极探索经管类实验教学改革创新

多年来,经管类专业形成的实验弱、实训强等特征,"实训替代实验的问题"日趋严重,不仅荒废了实验教学环节的验证性、研究性、设计性、综合性特征,也不利于培养学生的研究性学习能力。浙江万里学院会展经济与管理专业重视实验教学环节,在进一步完善校内以决策平台和数据库为核心的实验教学软件体系建设的基础上,联合宁波市政府会展办、宁波市会展业促进会、宁波国际会展中心、宁波华博会展有限公司等,在宁波国际会展中心设立宁波市会展大数据实验室,结合会展项目评估等,开展现场实验活动。具体包括场馆环境的测试、场馆人流量与展会质量关系测定、场馆人流量与风险管理关系测算等一系列实验项目。在教师和学生的共同努力下,结合会展项目评估开展的系列实验项目还形成了万平方米客商滞留度、展品创新吸引力等国内外首创的评价指标。这些指标不仅得到业内的认可,被称为"宁波指标",同时也让学生们感受到会展业研究性学习的巨大潜力,提高了学生对研究性学习的兴趣。

四、在实践中强化教学内容和特色案例

会展经济与管理专业在教学过程中,重视引导教师和学生结合服务地方经济工作提升知识体系的针对性和实用性。会展经济与管理专业依托长三角城市经济协调会会展专业委员会和宁波市会展经济研究所等政府科研平台,将产业规划、产业研究报告、会展项目评估、会展拉动作用测算、会展产业政策、会展产业标准等常态化会展研究项目和应对性研究、专题性研究等非常态化的会展研究项目有机结合,培养教师服务地方经济的能力和学生研究性学习的能力。专业先后为学生设立会展项目经济效益影响因素研究、参展商展品生命周期与展位特征选择、会展场馆安保数量与影响因素研究、会展场馆舒适度与人流量研究等11项大学生研究性学习课题。此外,专业通过组织学生参与教师研究课题和产业调研工作,不仅系统更新了课程教学内容、开阔了学生视野,还进一步强化了学生研究性学习的主动性和应用性研究能力,为学生今后走向社会奠定了坚实基础。

五、研究结论

通过会展经济与管理专业的实践探索及研究工作可以得出以下结论:(1)新兴产业的新设专业具有开展原创性研究的有利条件;(2)学生可以通过参与教师的课题和开展科研立项培养研究性学习的能力;(3)高校经管类专业实训替代实验的现象比较严重,还原实验本来面目有利于培养学生产学结合的能力;(4)教师的研究成果可形成理论观点、方法体系和实战案例,对培养学生应用型能力具有十分重要意义。进一步的深入研究表明,对于新兴产业,教师可以结合服务地方经济研究工作,将新的理论、新的方法和实际工作中的经验、案例应用到课程教学中,这样不仅可以在很大程度上弥补新专业知识体系不完

善、研究方法缺失等不足,而且可以进一步提高课程教学的前瞻性、科学性和实用性,有助于深化产教融合,促进教师服务经济与学生研究性学习互动提升,对应用型大学建设过程中,创新人才培养模式和知识体系获得渠道的研究探索具有较大的借鉴意义。

参考文献

[1] 张海生.大学要为学生提供什么样的课程——康奈尔大学课程设计理念对我国地方综合性大学课程改革的启示[J].高教研究与实践,2015(6).

[2] 张敏,马骅.高校课程发展瓶颈的突破方向[J].黑龙江高教研究,2015(12).

[3] 张琼.知识运用与创新能力培养——基于创新教育理念的大学专业课程变革[J].高等教育研究,2016(3).

[4] 陈佑清,吴琼.为促进学生探究而讲授——大学研究性教学中的课堂讲授变革[J].高等教育研究,2011(10).

电子商务专业应用型人才校企协同培养实践①

吕红波　钟晓军　王琦峰②

摘　要：校企协同是培养适合社会需求的技能型人才、助推区域经济社会转型发展的
重要途径。应用型高校电子商务专业校企协同培养应用型人才，必须与社会
经济发展的经济现状尤其是与区域经济发展的特点相适宜，必须与用人单位
对技能人才的现实需求相匹配。高校电子商务专业需依托区域电子商务政
策资源，着力校企协同、深化教学体系改革，构建"产、学、研、用"紧密结合的
应用型人才培养体系，培养符合行业需要、服务地方经济发展的应用型专业
人才，有效提升自身的创新能力和竞争实力。

关键词：校企合作；协同培养；应用型人才

随着国家对电子商务政策关注程度的增加，未来 5 年，我国 3000 多万家中小企业将
有半数企业尝试发展电子商务，电子商务的人才需求更加趋紧。中国电子商务研究中心
发布的《2015 年度中国电子商务人才状况调查报告》显示，75％的电商企业存在人才缺
口[1]。但在电子商务高速发展产生巨大人才需求缺口的同时，高校培养的电子商务人才
没能很好地满足企业需求，导致就业情况不容乐观。2015 年 11 月教育部等部门出台的
《关于引导部分地方普通本科高校向应用型转变的指导意见》也凸显了当前高校在人才的
教育和培养跟企业实际用人需求对接之间存在的欠缺，显现了高校当前培养出的学生很
难符合社会对高层次电子商务人才需求的标准的问题。因此，当前迫切需要构建良好的
校企协同培养人才培养路径，充分利用高校和企业两种不同的教育环境和教育资源，弥补
现行教育体系中存在的创新能力薄弱、实践能力不强等方面的诸多不足，解决高校毕业生
在校学习的理论知识与行业实际工作脱节的问题。

作为培养应用型专门人才的应用型高校的电子商务专业，校企协同承载着对学生素

①　2015 浙江省高等教育教学改革项目"电子商务专业校企协同创新实践教学体系构建"、2016 宁
波市社科规划办项目"创业导向的校企协同创新实践教学体系研究"（G16JY-07）成果。
②　吕红波，硕士研究生，浙江万里学院物流与电子商务学院讲师，主要从事电子商务研究。
钟晓军，硕士研究生，浙江万里学院物流与电子商务学院助理研究员，主要从事电子商务研究。
王琦峰，硕士研究生，浙江万里学院物流与电子商务学院教授，主要从事电子商务研究。

质、实践能力以及创新精神培养的首要责任。这就要求必须建立一个适应社会需求、结合专业特色的实践教学体系，且该协同体系应该是分层次、多类型的。通过开放性、综合性、设计性、创新性的校企协同过程，以校企协同驱动学生内在的探知欲望和创新意识，进而培养学生灵活应用所学知识分析问题、解决问题的实际能力以及创新精神等综合素质，做到"基础扎实，口径适当，强化能力，注重实践"。校企协同育人对激发大学生创新思维，增强大学生实践能力和适应社会能力，提高人才培养质量具有重要的意义。虽然我国应用型高校积极探索与实践校企协同，但在充分满足高校发展的内在要求、激发企业参与的自觉动力、保障校企深度融合有机协同等方面仍面临许多问题。

一、校企协同培养的内涵

协同的概念是德国科学家哈肯（Hermann Haken）于 1971 年提出的。协同是指复杂体系中的各个子系统通过相互协调配合、共同围绕目标齐心协力地运作，达到"1＋1＞2"的协同效果[2]。协同理念下校企协同的内涵是高校和企业利用各自不同的教育方法和教育理念，相互融合，促进资源的整合和流动，培养符合国家和社会需要的创新型人才，提高高校人才培养的质量，实现创新价值的最大化。协同创新，协同是手段，创新是目的。对高校而言，校企合作一方面能把理论教学和实践教学合理有效地衔接起来[3]，另一方面能改善高校人才培养与企业需求相脱节的现状，完成人才培养和社会需求的无缝衔接。对企业而言，通过校企合作能激发企业和学校联合培养人才的意识，为企业培养更多适合本专业特殊需求的专业人才，也能快速吸收高校的科研成果，促进企业更快更好发展，提升企业的竞争力和经济效益。

依据协同学理论，应用型本科院校对人才的培养，必须开放培养系统，使教学过程与产业、企业、岗位技能相互协作，形成人才培养价值网并力求达到有序的状态。对这个有序状态的研究发现，影响应用型本科院校人才培养的直接因素是产业对人才的需求，应围绕产业需求将高校和企业两个经济实体连接起来，进行人才交叉培养。完成基于应用型人才的培养目标、培养体制、培养途径、质量标准的教育人才培养方案协同、管理过程协同、评价内涵协同。

二、校企协同培养的现实困境

作为一所地方型本科院校，浙江万里学院以"服务需求，注重应用"为人才培养理念，着力提升学生的实践能力，学校积极开展校企合作。但在前几年的电子商务同类院校专业的校企协同培养合作中，我们逐渐发现许多企业与学校的合作程度不深，育人成效不明显，实践指导教师的主动性和积极性不高等问题，其主要表现如下。

（一）尚未形成有效的协同模式

目前各学校虽然都很重视校企合作，但是由于管理体制、运行机制、投入政策等诸多因素使得多数校企合作都存在表面化、功利化、短期化等问题。合作形式不规范，缺乏有效的协同模式和保障机制，缺乏有效的交流沟通平台，尚未形成统一协调的、自愿的利益共同体。尤其是专业在往应用型本科导向的过程中,理论教学课程体系经常只为了保证现有师资的课时工作量,导致理论课程调整量偏少;而且由于既需要保证一定理论高度,又需要满足与市场需求的对接,仅做了表面化调整。同时,实践课程体系因应用型导向需要扩充实践内涵而得不到课程内容的有效扩充。

(二)应用型教学体制有待改革

应用型高校当前尚未形成理论课主要由校内教师讲授,实践课程主要由企业专家讲授的校内校外相融通机制。因此很难实现理论与实践相结合,有效设计"教,学,做"为一体的情境教学,更谈不上强化学生的职业能力、应用能力。

(三)应用型指导教师队伍建设有待加强

在应用型人才培养的高校教师队伍建设过程中,高层次的实践师资团队引入不足,缺乏完善的教师实践培训制度、规划和计划。对实践指导教师重视不够,实践指导教师在职称评定、政策待遇方面不能与其他教师同等对待的情况普遍存在,导致实践指导教师在开展实践实训的积极性、主动性和自觉性不高,难以脱岗从事实践锻炼。

(四)育人实效性仍需加强

目前不少院校的校企协同仅仅是浅层次的合作而不是协同。部分高校电子商务专业校企合作建立的教学实习过程中,企业在接纳实习生时,仅为满足企业自身降低临时性人才需求波动的需求,在每年十一月的电商狂欢节尤为明显。这导致学生仅接受临时性培训,匆忙上岗,欠缺长远实训效果。也有部分校企合作过程仅局限于聘请企业专家为学生做讲座,组织学生到企业见习实习等,在专业内涵建设、课程过程性内容建设、校内外实验实训基地建设、应用型实践教材编写以及人才培养质量与评价机制等方面的深度合作非常缺乏,因此根本无法实现有效的协同育人。

三、应用型导向下的电子商务专业校企合作协同培养实践

浙江万里学院作为一个典型的地方型本科院校,电子商务专业的建设以地方经济建设和社会发展需求为导向,根据行业发展的需要,要构建以能力为核心的应用型人才校企协同培养模式,满足专业在服务地方经济发展的需求。要以电子商务产业发展需求为导向,实现应用型研究驱动和产学研协同创新,整合校内外教育资源,加强专业综合改造和校政企协同育人,形成面向电子商务产业特色明显、应用特色显著的电子商务类专业群体系。主动适应电子商务产业的需要,深入推进"专业建设综合改造工程",推进人才培养模式、方式方法、评价机制、保障体系等系统改革,有效对接产业发展需求,做实基础课程、做精核心课程、做特模块课程,满足行业产业对不同岗位人才专业能力要求,满足电子商务产业发展对应用型人才在知识和能力方面的要求。

(一)构建起产教融合应用型人才培养课程体系协同

与政府主管部门、产业、用人单位协同育人,主动适应浙江省产业战略需求,促进学科的交叉融合,完善与能力要求相对应的理论课程体系。

1.依照岗位能力要求,细化、优化课程内容。按照电子商务职业岗位群需要的能力、

职业素质和知识,融合职业资格标准,满足订单企业对人才的特殊要求,以作业流程为导向,设置课程,整合课程内容,构建与职业岗位紧密结合的课程体系,培养学生职业岗位群的工作能力和可持续发展的学习与适应、迁移能力。

2.以"国际接轨、产业协同"为导向,重点加强课程体系的系统性和内涵协同建设。与国外高校合作,动态更新课程内容,增加双语课程的比重,保持课程体系的先进性。探索面向国内产业紧缺岗位的国内外联合培养模式,使课程体系自始至终给学生营造一种国际化、产业化的氛围。

3.优化课程结构,加强课程群建设。减少必修课学分,增加选修课比重,减少理论课时比重,增加实践类课时比重,满足适应岗位能力要求。对学生进行"精准"培养、"菜单式"培养,满足学生就业方向差异。

(二)强化以实践与创新能力培养为核心的电子商务专业实践教学体系协同

1.优化多层次、立体型的校企共建实践教学体系。全面整合现有校内外实验、实践教学资源,理出层次,建立制度,使之形成由"认识实践"到"专业实践"再到"创新、创业实践"企业全程参与的多元化、立体型的校企协同平台。在充分利用校内实验室资源的基础上,开展模拟性实验、设计性实验、综合性实验,形成"校内实验、跨校实验、企业实践、创业演练"有机结合,逐层深入的实践教学体系。

2.开发综合性、实战性、多层次的电子商务综合实践教学训练项目,培养学生运用理论知识主动解决问题的工作能力。根据应用型人才培养目标构建包括流程性、技能操作性实验,综合应用性实验与实训,实战演练与实习三个层次的实践教学体系。

3.建立校企合作长效机制,稳定合作内容。同企业开展深度合作,坚持"走出去、引进来"的思路,在建立学生到实践基地开展实践实习有效机制的同时,鼓励知名企业与学校共建实验室、共享实验软件,全面提升实践效果。根据各年级学生的特点和需求,设计校企合作内容,建立四年不间断、企业全程参与的校企合作模式。

(三)打造高水平校企协同实践教师队伍

以国家及省"千人计划"、宁波"3315"、"甬江学者"等人才项目为依托,超常规、多渠道引进电子商务领域国内具有较大影响的教授及其团队,采取"不求所有,但求所用"的灵活方式,进一步加大柔性引进人才力度,超常规引入电子商务行业企业专家,拓宽应用型师资来源渠道。通过从企业或相关行业技术部门引进国外应用型专家、聘任实践经验丰富的高级技术和管理人才作为全、兼职教师,充实教学一线,指导帮扶学校教师。

以青年教师"博士化"工程为抓手,进一步推进教师学历和能力的提升。以电子商务产业发展和人才培养对双能型师资的需求为导向,不断健全应用型师资队伍建设的各项政策和措施,对双能型教师培养进行相关经费资助,有计划地选派博士、教授和年轻教师赴电子商务产业一线,进行实践技能和职业素养的培训,努力打造一支师德水平高、教学能力强、操作技能熟练、结构合理、充满活力的"双能型"师资队伍,以提升教师实践教学能力,提高应用型人才培养的质量。

(四)创新办学模式,建设电商人才培养校企协同

1.以学科竞赛为抓手,培养学生的创新创业意识和综合能力。大力推进学科竞赛工

作,以培养学生创新创业意识为指导,将不同层次的创业课程融入教学计划;拓宽和加大学生参与的广度和深度,以人才综合能力培养为主线,组织各类校园文化活动。

2."双证书"人才培养。以提高办学质量、培养高素质应用型电子商务专业人才为着眼点,重视学生职业(执业)技能培养,建立"双证书"人才培养教学平台,按照职业岗位需要的能力、职业素质和知识,把职业资格要求纳入教学体系中,将学历教育与职业(执业)能力教育相结合,融合学历教学课程与职业资格证书教学课程的教学体系,深入开展电子商务设计师,通过"双证书"人才培养提升学生就业竞争力。

3.建设大学生跨境电商项目孵化示范基地。与地方政府、电商园区、龙头企业等合作,在校内和园区分别建立项目孵化基地,引导企业在孵化基地投入资金和设施,为有志于跨境电商领域创新创业的大学生提供物流服务、产品提供、项目孵化、指导帮扶、资金对接等支持;建成跨境电商职前培养、职后培训平台。政产学融合,全日制培养和专项培训相结合,打造跨境电商人才培养培训的示范基地。

4.共建校企特色班、跨专业特色班。与电子商务龙头企业和电子商务园区合作,根据企业和园区的需求,面向本专业学生建立校企特色班。与社会合作,开放办学,采用"2.5+1.5"的模式面向全校学生建立电子商务跨专业特色班。突破传统的单一化学科型人才模式,探索"一专业多方向培养""多专业服务一行业"的跨学科培养体系,加强学科专业交叉复合,推进院系教学资源共建共享,满足学生多元化职业发展要求。

5.科教融合,课题项目带动协同育人模式。依托电子商务产学研一体化平台,在电子商务专业群开设跨专业的交叉课程,把课堂建在校企共建的电子商务实训中心,支持学生以项目训练、顶岗实习、毕业设计等方式进入电子商务实训中心学习和研究,以高层次项目研发、技术攻关、产品设计等为带动,通过直接参与实际项目研发培养应用研究能力,提高学生的应用型能力。

参考文献

[1] 中国电子商务研究中心.2015年度中国电子商务人才状况调查报告[EB/OL].(2014-5-12)[2016-12-20]http://www.100ec.cn,2013.29.

[2] 谢莹,洪林.校企协同创新理念下的大学生就业能力培养[J].中国成人教育,2013(10).

[3] 赵姚.创新型人才培养的校企协同创新机制探索[J].实验室研究与探索,2015(1).

[4] 常永佳.应用技术大学电子商务实践教学改革探索[J].中国成人教育,2015(7).

行业企业参与职业教育的机制与责权利[①]

候苏红[②]

摘　要: 在就业难和严重缺乏技术工人的状况下,职业教育的压力会逐渐增加。与此同时,社会更加注重企业参与职业教育,但是受到文化传统、政策制度等因素的影响,行业企业全面参与职业教育的积极性不高,这在很大程度上会影响我国职业教育的发展。与此同时,职业教育的最终目标是促使人能够全面发展。企业参与职业教育,可以有效构建和谐社会,在此过程中,务必要把关联企业、职业教育利益需要和价值理念相互融合,但是会出现诸多界面阻碍,所以需要构建一定的机制。本文针对行业企业参与职业教育的机制与责权利展开具体全面的探究,并提出相关建议,为相关人员提供参考意见。

关键词: 行业企业;职业教育;机制;权利;探究

机构与制度都是由机制组成的,每一项工作都需要具体的人实施,若想使每一项工作可以有效完成,需要具备专业的团队和良好的制度。机制具体包含工作任务与标准、明确责任、检测评价、监督成效等,几种要素的相互融合,便是机制。借助此机制的运行,大众更加乐于参与此项工作。与此同时,在经济全球化、市场自由化及技术逐渐进步的基础上,出现富有竞争实力的经济运行状况,在创新就业机遇的过程中,这样的综合作用,也会压迫劳动人员的脆弱性。

一、企业参与职业教育的重要价值

职业教育是为了帮助学生更好地了解并且掌握某一特定职业所需要的使用技术、专业知识而规划的。社会活动和经济生产是紧密联系的,大众只有不间断地了解社会活动当中的全新技能,才能够更好地学习生存的技能。

企业最为重要的核心财产是人力资源。企业是学校的用户,需要吻合岗位需求的各种各样的人才。企业的前途光明与否,受人才构造的合理性、企业人才制造策略可行性的影响。伴随科技的飞速发展,工业化知识经济需要社会具备形式多样的应用型人才,与此

---

①　发表于《科学与财富》2016年第8卷第11期。

②　候苏红,宁波城市职业技术学院助理研究员,主要从事高职教育、高教管理、公共治理研究。

同时,企业也需要掌握较强专业理论的操作人才。学校是培养大量人才的地方,人才培养的质量,代表的是学校产品的质量。产品符合标准的保证,需要企业参与到学校教育当中,针对产品的生产程序,展开全面监督。

企业参与职业教育最为有效的方式是校企合办,其主要的目标是培养学生的综合水平和就业竞争水平,应用两种截然不同的教育资源与教育氛围,以及学生参加实践活动和课堂教学的方法,培养出符合种类不一的用人单位所需要的具备创新能力的人才。这样的合作方式不但为企业更加商业化奠定基础,也是为了更加迅速地完成创新目标,在最短的时间内,适应市场发展的变化及社会对人才的需要。除此之外,校企合作能够帮助企业更好地管理在职员工。世界其他国家就在职员工的培训针对生产率与工资提升之间的联系探究得知,在经过培训之后,一般职工工资提升的范围是 5%—15%,增长培训费用带给企业的回报率范围是 20%—35%。企业借助和学校合作办学,把企业培训融入学校的正常教学范畴当中,学校科学研究、人才及教学管理的优点,能够变成企业人力资源开发的内在动力,借助提高培训内容、储存人才,可以实现推动技术优化、提升经济效能的最终目标。

整体而言,企业参与职业教育,能够在职业教育标准、培养要求、专业配置及教学内涵等角度与产业发展进行有效结合,职业学校在具体实训教学当中,应用企业资源,能够有效减少办学的资金投入,与此同时,学生提前融入企业生产的氛围当中,能够提升自身的职业技能,也更具职业意识,并且能减短就业适应时间。就企业而言,参与职业教育,不仅能够储备优秀的企业员工,还能够获取较为廉价的劳动力,减少生产的资金投入,获取优质的社会形象,优化公共关系,获得公共关系利润,构建校企共赢或者多赢的发展体系。

二、当前企业参与职业教育的发展状况

企业和职业教育在各自发展当中都存在一定的管理阻碍,这会减弱企业参与职业教育的信息动力、物质动力及精神动力,由此增加了企业参与职业教育的阻力因素。以下是针对当前企业参与职业教育的发展状况展开的深入全面的探究。

(一)校企合作的具体状况

中华人民共和国成立后,我国便开始探究校企合作。在 20 世纪 50 年代末期至 60 年代,我国曾经展开了大范围的半工半读,这样做的主要意义是,提高实践教学质量。在 60 年代末至 70 年代初期,展开校企合作的主要目标不是解决教育教学存在的弊端,更主要的是接受贫下中农再教育。在 70 年代初,某学院的开学办学将校企合作放到了工厂当中,由此,这种模式成为学校教育的发展态势,一直维持到“文化大革命”结束。学校专业教育是在 1978 年高考制度恢复后真正开始的。伴随时代的飞速发展,职业院校在校企合作角度展开了诸多实践工作与探索实验,阻挠校企合作的重点仍旧是界面阻碍。具体体现在,就运作方法而言,学校行为过多,政府参与过少;就合作模式而言,工学结合较少,顶岗实习过多;就合作对象而言,中小企业较少,大型企业较多;就合作机制而言,学校回应较多,企业回应较少。上述状况的出现,不但对校企合作的寿命与积极性造成较为严重的影响,也会导致校企合作的效果受到一定的影响。

（二）校企合作存在问题的主要影响因素

大众总是尝试借助调整其决策来反映激励的变动，在目前的校企合作状况当中，不管是外部环境因素，还是被当成中心要素的"企业"与"学校"，影响企业发展的主要因素是缺失激励机制，换言之，激起企业决策工作人员在选取校企合作这一方式当中，获取利益或者降低资金投入缺少的因子，主要体现在以下几点。

1. 校企合作的土壤缺少肥力

假设将校企合作当中"校"与"企"当成种子，其生长发展所需的土壤便是约束职业发展的规章制度和缺少劳动力的市场。国家立法与政策的出台明确政府在职业教育当中占据的主要地位。在 20 世纪 90 年代，我国构建了以《职业教育法》为中心的职业教育法律系统，针对职业教育的有序发展有一定的保障与引导价值，但其对企业在职业教育当中的主体价值，未有显著评判，缺乏企业参与职业教育的激励与反激励价值。譬如《职业教育法》当中明确表示，企业需要针对自身单位的员工与预备录用的员工，展开一定的职业教育，与此同时，需要负担与之对应的费用，该法律规定了企业需要负担的培训费用与进行职业教育的职责，但是没有规定在履行义务的过程中，能够享受哪一种类型的权利，由此可以看出缺少反激励措施，换言之，企业的不作为资金投入不会超出其作为的资金投入。相关数据信息显示，在 2020 年，劳动年龄人口会有 11.4 亿，劳动力市场出现供过于求的紧张局面，并会持续很长一段时间，由此可见，学生仍旧面临巨大的就业压力。与此同时，长时间劳动力大范围过剩、企业不培养技术人才，导致难以获得优质的技术人才，部分企业借助不间断雇佣新职员，以此维持较低的劳动资金投入，我国庞大的人口基数与人才储备的实际状况，导致企业严重缺乏参与职业教育和培训的内在积极性。

2. 校企合作缺少内驱力

校企合作缺少内驱力具体体现在职业教育吸引力不够、企业严重缺少社会责任。职业教育针对企业参与缺少吸引力，一些企业在发展当中的培养目的简单、专业规划缺少灵活性、学校具体的教学内容与时代发展不吻合、毕业学生缺少较强的动手能力、就业适应时间较长等状况。我国在 20 世纪 90 年代就开始实施职业教育办学制度的优化，但是资金投入主要是依靠学生缴费，辅助的方式是政府补贴。2006 年，某市在全国范围内首先创建中职学校学生资助系统，建立不收取费用的中职教育试点，并且奠定我国实施中职教育不收取费用体系的基础。整体而言，当前职业教育经费缺少投入力度，并且投入具有不均衡性。由相关数据信息可知，在 2008 年，全国范围内的职业中学生的平均预算资金投入是 4000 余元，但是某市的中职学校学生平均预算范围内的公用资金投入是 1000 余元。经费不充足的状况，致使部分职业院校或者教学配置老化、教学方式不能与当前的时代发展相吻合，又或者只注重扩大范围，以降低质量获取效益的提升，最后导致的结果是专业和课程规划职业特征不显著，缺乏办学特征，毕业生很难展现出其自身的不可取代性，出现这种状况的主要因素是，职业院校不能满足企业获取具有过硬动手能力并且可以解决生产当中技术状况的人才需要，由此导致企业参与职业教育的积极性不强、动力不充分。

校企合作缺少内驱力的另外影响因素是，我国企业缺少社会责任感。譬如：2007 年，我国民间慈善捐赠数额是 30.53 亿美元，而美国民间的慈善捐赠数额是 3064 亿美元。随着社会发展的不断改善，企业社会责任意识有所提升。譬如：2010 年，我国具备"首善"称号的陈光标提出,会在离世之后将全部财产捐赠给社会,还有部分爱国的企业人士承诺,在活着时便把个人财产逐渐向社会进行捐赠。我国企业若想迈向全球市场,不但要追寻经济效益,还应追寻社会效益,借助参与譬如职业教育事业等履行社会职责,塑造企业优质的社会形象,促使与企业相关联的利益能够实现最大化发展,以此更好地推动职业教育迈向更加广阔的发展空间。

三、企业参与职业教育机制的深入探究

(一)创建组织管理机构与制度框架

我国实施从上至下的教育管理体制,为确立形式多样的职业教育利益群体的标准,特别是行业企业的经济利润,需要创建教育决策平衡体制。因为这个体制的重点是创建与延伸行业组织,所以确定行业组织教育价值的法律家长制,需要政府把自身未能有效管理的职业教育问题借助委托的方法交付给行业组织,给予行业组织教育的选择权利与选择职业教育事件参与权利,在根本上保障企业说话的权利。这能够在很大程度上增强企业对政策的认可。因此,在国家层面,统一的上级主管单位,能够缓解由于管理单位分离而导致信息不通畅的问题。参照形式多样的行业,职成教司之下可以设置数个"行业技术发展中心",协调本行业的教育事业,创建教育决策利益平衡体制。

(二)激发企业内部需要

若想使行业企业和职业教育有更加深入的联系,需要分配好参与双方的利益。这也是促使行业企业参与职业教育的主要动力。企业与职业教育体制两者间不存在利益驱动,因此,只凭借外部推动和宏观指导的方式,不能维护双方长时间的合作,所以需要将降低企业损失、提升企业经济收入当成主要目标,对企业实施一定的经济补偿,促使企业经济利益能够得到显著增加。创建企业参与职业教育的利润补偿体系,第一步是召开企业职业教育,明确企业理论和实际上所属的经营范围,且需要承担与之对应的职业教育和培训准则。我国需要设立"职业教育税",应用法律的方式,在一定的时间内,向企业收取职业教育费用。与此同时,需要创建行业参与职业教育的资金投入系统。就参与职业教育的企业而言,参照一定比重减少职业教育和培训税,促使企业能够真正了解、参与职业教育,不但是在从事针对本企业经济利润有显著推动价值的事业,更是履行社会职责的体现,激发企业参与职业教育的积极性。

(三)改善职业教育和企业界面管理

职业教育和企业之间不会出现利益抗争,相同的利益可在很大程度上推动两者界面管理改善的可行性。在职业教育的发展中,会出现诸多信息资料,其会随着资金流动等流动程序,参照一定的规律的改变、调整与应用。信息流指挥与控制着另外的流动,在职业教育的管理当中具备一定的积极意义。

调整职业教育界面管理,首先要强化职业院校当中的内部构建,大力培养企业需要的应用型人才,最为重要的是对教学内容、专业配置的选取。解决这些问题的重点是确保信息传递的有效性与畅通性,预防出现信息黏滞的状况。信息黏滞指的是组织之间形式多样的信息,通常会停留在其本身信息源的附近,严重时,会引发信息传送通道出现堵塞状况。管理层次之间的界面不清晰,导致信息传送途径变长,时长出现信息黏滞状况,在具体实践当中,主要体现在企业和职业教育的自闭状况,潜在矛盾未能在有效时间内找出导致冲突出现的主要原因。因此,校企合作在追求共同利益的基础上,企业参与教学,这能够促使教学效率的提升,还能够凸显办学的特色,将解决企业具体问题当成提升自身发展的重要机会,在法律层面确定企业参与职业教育的价值。完成利润最大化,是当前企业发展需要实现的标准。企业是社会经济活动的根本部门,企业的发展与社会发展存在较为密切的联系,所以,企业需要站在可持续发展的角度上,和职业院校展开合作,不但把自身作为职业院校的合作伙伴,也需要将其当成育人主体的一方面。校企两者之间需要互惠互利,以培养出德才兼备、为社会做出更多贡献的技术型人才。

四、结语

综上所述,本文针对行业企业参与职业教育的机制与责权利,展开深入全面的探究并得出,企业参与职业教育,最重要的因素是劳动力交易资金投入。系统健全的劳动力市场系统,能够推动企业参与职业教育营造更加良好的氛围。校企合作若想保持正常的运行,需要展现出双方的积极性,还需要展现出行业协会存在的重要价值。校企合作双方需要在固定的时间,对两者的职业单位及学生进行与具体状况相吻合的评判,促使行业企业参与职业教育能够有序、合理发展。

参考文献

[1] 姚树伟.职业教育发展动力机制研究[D].长春:东北师范大学,2015.

[2] 欧阳河,吴建新.以学生成长为目标构建行业企业参与职业教育的长效机制——基于《职业教育法》重新修订的视角[J].中国职业技术教育,2014(36).

[3] 李凤.技工教育经费投资体制的缺失与构建[C].中国职工教育和职业培训协会秘书处.中国职协 2015 年度优秀科研成果获奖论文集(上册),北京,2016(10).

[4] 冯帆.行业企业参与职业教育的国际经验借鉴与启示——以新加坡"教学工厂"人才培养模式为例[C].中国职工教育部和职工培训协会秘书处.中国职协 2015 年度优秀科研成果获奖论文集(上册),北京,2016(16).

[5] 王玥.行业、企业参与职业教育双师型教师队伍建设的实现路径探讨——兼论哈尔滨市双师型教师队伍建设[J].职业技术,2011(09).

教育政策、国际化与创业创新

第二篇

大学生创业教育评价指标体系建构探析[①]

葛红军[②]

摘　要：大学生创业教育评价指标体系一直以来都是学界讨论的热点，以往主要从政府、学校、社会等层面对其进行研究，但忽视了受教育主体在创业意识、创业精神及创业能力等方面的研究。本文通过对创业教育在"时滞效应""多维动机""利益相关"因素上的分析，提出这一评价指标体系的建立必须坚持"间接性""双主体"及"立体式"原则，创新性地提出以学生创业素质提升作为学校、个体两个评价主体层面的指标体系评价内核。

关键词：创业教育；评价；指标体系

目前我国高校创业教育参与人员较多，但创业率较低，所存在的问题也较多，如创业教育配套政策缺失，缺乏师资、教材和基地等基本条件，主要以特色班形式开展，普及面依然较窄，总体上还没有形成比较成熟和系统的创业教育体系[1][2][3]。学界关于创业教育评价指标体系的研究不计其数，其中主要从政府、学校、社会等层面对其进行研究，而忽视了受教育主体——大学生群体在创业意识、创业精神和创业能力等方面的研究。本文试图从学员在接受创业教育后意识、精神、能力等方面的变化来考量创业教育评价指标体系的建立。

一、创业教育评价的影响因素

（一）创业教育的"时滞效应"因素

创业教育存在"时滞效应"，是指从接受创业教育到实际创业之间有相当长的时间滞后[4]。有研究表明，创业者的年龄 35—44 岁居多，初次创业者的平均年龄为 33—35 岁，大约是在完成大学教育十年之内创业，存在一定的"时滞效应"。从创业意识到创业行为的产生是个长期的过程，创业意向受到创业机会及创业素质的影响；创业知识转化成创业的实践能力也需要长期的实践工作积累。此外，有了创业机会和创业能力，创业行为也不

---

① 2013 年宁波市教育科学规划课题（YGH102）成果，发表于《江苏高教》2015 年第 5 期。

② 葛红军，宁波大红鹰学院讲师、学生处副处长，主要从事大学生创业、思政教育研究。

一定能够成功,创业机会与创业能力的契合度也会影响开创事业的可能性。因此,从接受创业教育到真正产生创业行为是一个长期的过程,通常存在十年的"时滞效应"。这一"时滞效应"要求我们在创业教育评价指标体系的建立过程中,必须从创业教育主体出发,考量其创业意识、创业精神和创业能力上的变化,从而为评价对象的确立指明方向。

(二)创业行为的"多维动机"因素

文中的创业行为应从广义层面去理解,它不仅指创新立业,也可以指学员将创新性思维带入就业中,在工作中不断实现自我价值的过程,这一过程被称之为在就业中"创业"。

创业行为受社会因素、心理因素和经济因素等"多维动机"因素的影响。笔者通过调查发现,这三种因素在创业行为中不可能单独存在。它们总是相互交织共同影响着创业行为,形成综合性影响因素,且心理因素在现代社会的发展中发挥着越来越重要的作用,尤其出现在大学生创业教育中。因此,自主意识的觉醒在本文的创业行为的"多维动机"因素中发挥着主体作用。"多维动机"因素亦贯穿创业教育评价指标体系的始终,明确了评价内容。

(三)创业教育评价的"利益相关"因素

从评价主体来看,创业教育评价主体一般包括政府、社会、学校[5]。虽然以上三个层面的评价主体可以在结构上帮助研究者厘清评价指标,但是从历年的研究成果来看,研究者大多是对以上三个层面进行内容罗列。另外,不同"利益相关者"所关注的内容不同,他们从自己的视角检视创业教育的成效,很容易导致评价失实。而在"利益相关"因素下,我们可以看到创业教育评价体系设置的本身就是灵活多样化的,即评价主体多元化、评价路径复杂化、受内外环境协同影响等。综合以上原因,本文在构建大学生创业教育评价指标体系中将注重大学生主体的评价视角,适度结合学校在创业教育中的目标、实施途径以及政策保障等,从创业情境出发,切实地分析评价指标体系的可行性,建立"双主体"评价指标体系,从而明晰创业教育的评价路径。

二、创业教育评价指标体系构建的原则

(一)"间接性"原则

在"时滞效应"下,笔者认为对评价主体在行为态度、主观规范上的观察非常重要。因此,本文基于规划行为理论 TPB,认为创业行为发生与否的重要影响因素是人们的行为意向,即是否有意图或打算采取行动,而创业行为意向则由两个基本因素所决定:个体对创业行为的态度和主观规范。前者是指个体对于创业行为正面的或负面的评价。后者是个体对促使其采纳创业行为的社会压力的主观感受,主要来自他人对行为者的期望,也就是个体在主观社会标准下,对自我创业行为控制程度的判断[6]。这对我们理解创业教育成效的意涵具有重要作用。本文正是基于这一原则,以创业意识、创业精神以及创业能力等三个层面内容构建创业教育评价指标体系。

(二)"双主体"原则

我国高等教育十分重视大学生的职业规划,特别是在创业教育的大力发展背景下。

但是大学生创业并没有形成普遍的社会行为,且受到"利益相关"因素的影响。因而我们在构建大学生创业教育评价指标体系时就不能忽视教育主体的评价。因为在多样化的创业教育下,大学生的创新思维得到锻炼,自主意识得到培养。所以,无论是创业还是就业,创业教育对学员的影响都是积极的。另外,创业教育本身又是学校教育的一部分,因而从学校层面考察创业教育指标体系的建立,亦是情理之中。因此,对"双主体"原则的坚持将是本文建立评价指标体系的基本原则。这一原则将有利于研究者厘清评价对象的内在结构,形成创业教育双向的评价路径。

(三)"立体式"原则

在创业教育评价指标体系的构建及其运行中,我们遵循"定性—定量—定性"的规程,从而使得评价结果可靠、有效。同时,我们不仅需要重视横向结构中不同特质的研究,还需要在纵向层面加强创业教育评价指标体系的建立,构成纵横交错的"立体式"评价原则。此外在评价过程上,我们需要坚持"评价的再评价"[7]。这是对创业教育评价指标体系运行的方法论概括。在整个评价活动中,我们需要判断它是否科学、是否符合要求。在时空上,"立体式"评价更易从研究方法上指导研究者开展研究。

三、创业教育评价指标体系的构建与解析

本文通过对受教育主体的创业意识、创业精神和创业能力等三个层面的评价,观察他们在接受创业教育后综合素质的提升情况,其中,创业精神居于主要地位。这一评价指标体系将始终遵循"间接性""双主体""立体式"的原则,构建以 3 个一级指标、9 个二级指标为主要内容的高校大学生创业教育评价指标体系,详见表1。

表1 大学生创业教育评价指标体系

一级指标	创业意识	创业精神	创业能力
二级指标	1. 创业教育的目标定位 2. 创业教育的学习需求 3. 课程设置对学生个性特质的培养	1. 创业机会 2. 创新思维 3. 创业行为的动态转向	1. 创业教育中的情商文化 2. 大学生实际发展情况 3. 创业能力的综合评价介质

(一)创业意识

基于"时滞效应",我们知道大学生创业行为可能需要经历长期过程才能产生。而创业意识的培养则是高校创业教育的前瞻性要求。因此,将创业意识纳入创业教育评价指标体系更具有时效性。

1. 创业教育的目标定位

在评价一所高校的创业教育之前,我们必须清楚其目标定位。创业是一个终身学习的过程,在高校开设创业教育课程正是顺应时代发展的需求,是为这一终身学习夯实基础。显然创业思维比创业技能更能让人走得长远,它将指引个体取得全面发展。且在教育定位上不能是"精英"教育,而应该是"大众"教育,即面对全校学生开设课程。另外,可以比较创业教育方针政策与其教育目标的差异,尤其体现在受教育者的培养方式和人才

类型上,观察是否以提升学生的综合素质为核心。

2.创业教育的学习需求

在创业教育中,培养大学生学习需求的主动性是非常重要的环节。而这项指标主要发生在大学生的实际学习过程中。我们可以结合对学习过程的观察以及学习效果的考量两个部分来观察大学生创业教育的学习需求情况。这一学习过程需要大学生抵达实际创业的情境中,才能了解毕业生与社会发展进行供需对接的反应过程,以及这种供需对接过程中发生的所有关系的总和。

3.课程设置对学生个性特质的培养

笔者在调查中发现,很多高校特别重视大学生在日常创业教育中个性特质的培养,而不是一味追求师资力量和高深的理论。目前部分大学毕业生在创业心理上表现出盲目从众,而不考虑自我特性的特点,可能会难以适应工作。而大学生个性特质既需要日常培养,又需要在不同的学习阶段给予特殊呵护。在课程设置上,在法律、心理、专业技能等方面都需要给予关注。这亦遵循了"立体式"原则。因此,在课程设置中关注个性特质变得尤为重要。

(二)创业精神

创业精神主要可分为组织和个人两个层面的解释。而本文将主要观察后者在创业精神上的培养机制。

1.创业机会

这项指标可以结合创业教育的政策支持和创业教育发展现状进行研究,主要体现了宏观政策与微观个体二者间的互动。政策制定者确立发展方向,创造更多的创业机会。而个体根据自己的现实需要反作用于宏观政策。二者间相互作用,在这一过程将有利于推动大学生创业态度的转变——从被动创业到主动把握创业机会,以推动创业教育的良性发展[8]。

2.创新思维

创新思维的评价,是对大学生在创业教育过程中最重要的评价。但并不标志着这一评价过程的结束。相反,它是新一轮评价的开始,也是"评价的再评价"。如即使大学生不会创业,个人素质的提升也促使他们在就业中不断追求自我价值。这亦是创新思维的集中体现。对这一研究主要注重定性分析方法的运用。以定量和定性相结合的原则,具体、深入、细致地研究创新思维的培养情况。

3.创业行为的动态转向

笔者受法国社会学家范·哲乃普(Arnold van Gennep)"过渡转向"理论的影响,将"过渡转向"的分析模式与创业行为相结合,分析后者的过渡转向问题。范·哲乃普认为,无论是个体还是群体,在空间、时间以及社会地位上都经历着从一种状态到另一种状态的转变,特别是在两个不同世界(本文特指自主创业和就业)之间的来去。通过将这些转变行为划为一种专门的行为种类,便可从中分析出一个共同的转变进程,统称为动态转向[9]。笔者长期观察发现,大学生的创业行为表现出动态转向的特点。在一定时间内,这种动态转向的特点表现得尤为突出——自主创业和一般性就业交互过渡。针对同一创业教育则可以对一个学生进行历时性的观察、记录和分析。这个历时性的分析则主要是考察个体受创业教育影响的创业行为的阶段性变化。

(三)创业能力

有别于社会上以解决生存问题为目的的就业能力培训,大学生创业教育是在根本上提升学生创业的综合素质。

1.高校创业教育中的情商文化

受"多维动机"因素的影响,笔者认为在大学生创业教育中,情商文化的渲染是十分必要的。那么,如何考量高校创业教育中的情商文化呢?笔者认为可以通过对受教育主体在主动性培养、同理心培养、心理调适能力培养、适应性培养以及应变能力培养等五个方面建立考核量表,观察创业教育内容在情商文化上是否涉及以上五个方面的内容和受教育主体的前后变化等。

2.大学生实际发展情况

通过上文分析,我们知道创业行为受创业教育的影响会发生变化,但这种变化是易变的,缺乏恒定标准。统计学员在"0—5年"和"5—10年"两个时间段内的创业情况和就业发展情况,则可以比较明确地体现创业教育的成效。在这里,我们更多地要看学员获得专利、奖项等创新思维现实量化情况,抑或学员在就业中与非学员在日常工作方式、发展情况等方面的对比。

3.创业能力的综合评价介质

在对大学生创业能力的评价上,既要承认"利益相关者"评价失实的客观存在,又要学会引入"第三方"评价介质。例如,当前很多大学生自主创业的新闻见诸报端。对某一创业教育进行报道并给予积极评价,这是对这项创业教育的极大肯定。因此,在构建大学生创业教育评价指标体系时,媒体评价成为评判创业教育成效的有力武器之一。另外,可以通过麦可思公司收集高校毕业生的就业情况以及就业单位对毕业生的评价等。

四、结语

笔者基于以上因素,在"间接性""双主体""立体式"的原则下,以创业意识、创业精神、创业能力为三个一级指标,构建了大学生创业教育评价指标体系。对大学生创业教育状况进行综合评价时,可以根据本文构建的指标体系逐一采集数据,可以较为全面、客观、准确地描述出大学生创业教育的整体状况。这一指标体系的建立,在一定程度上重新构建了大学生创业教育评价研究的思维结构,将评价主体从政府、社会向学校、个体聚焦,同时创新性地解释了大学生的创业行为。

参考文献

[1] 舒福灵,赖艳,景玲,等.高校创业教育评价体系探究[J].教育探索,2012(1):75—76.

[2] 马玉海,张月.高校创业教育的评价体系及其构建[J].创新与创业教育,2012(1):32—34.

[3] 梅伟惠.高校创业教育评价的类型与影响因素[J].教育发展研究,2011(3):45—48.

[4] 俞金波.论高校创业教育课程评价体系构建[J].教育评论,2011(6):24—26.

[5] 刘海滨,杨颖秀,陈雷.基于 AHP 的大学生就业创业教育评价指标体系构建[J].东北师大学报(哲学社会科学版),2012(6):227—232.

[6] 李国平,郑孝庭,李新平,等.大学生创新创业教育质量的模糊综合评价与控制方法研究[J].特区经济,2004(9):170.

[7] 吴钢.现代教育评价基础[M].上海:学林出版社,2007(04).

[8] 王铭铭.西方作为他者——论中国"西方学"的谱系与意义[M].北京:世界图书出版公司,2007.

[9] Arnold van Gennep. The rites of passage [M]. Trans. by Monika B. Vizedom and Gabrielle L. Caffee. Chicago: University of Chicago Press, 1960.

"三创教育"理论下文创人才培养

——台湾朝阳科技大学三创教育借鉴研究

刘卓平[①]

摘　要: 基于文创人才培养的视角,从分析台湾朝阳科技大学三创教育的组织架构、教育目标、实施规划等方面入手,全面剖析台湾朝阳科技大学人才培养的策略开展和执行机制等,挖掘可供借鉴的成功经验。

关键词: 三创教育;文创;人才培养

教育部 2010 年在《国家中长期教育改革和发展规划纲要(2010—2020)》中明确提出创新人才培养目标和创业教育的大学理念,历经六年探索,进一步明确三创教育对就业、创业的重要性。2015 年 6 月教育部又在深化高等学校创新创业教育改革视频会议中指出创新创业教育将是近期高等教育综合改革的重要内容,将三创教育推向一个新的高度。本文基于文创人才培养的视角,从分析台湾朝阳科技大学三创教育的组织架构、教育目标、实施规划等方面入手,全面剖析台湾朝阳科技大学人才培养的策略开展和执行机制等,挖掘可供借鉴的成功经验。

一、概念界定

(一)三创教育

"三创教育"指的是在高等教育传统人才培养模式中,融入创新教育、创造教育与创业教育作为主导的新型教育形态和教学体制[1]。这与创意人才培养的专业要求和岗位需求之间存在耦合之处。

张勇和邱安昌(2004)[2]指出,三创教育是在通识教育、专业教育和学术教育的基础之上,将创新教育、创业教育以及创造教育作为教育主导模式的新型教育形态和教学体制。其中,创新教育是对传统的教育观念、教育体制、教学制度、教学内容、教学手段等方面进行改良与变革。创造教育旨在基于创造性人才特点与培养规律来营造适宜产生创意的教学情境,探讨实施创造性教学的有效途径。创业教育强调在创造教育和创新教育的基础

---

①　刘卓平,宁波大红鹰学院艺术与传媒学院讲师,主要从事视觉传达设计研究。

上着力培养学生的创业精神、创业技能和创业人格,它鼓励学生在求学过程中或毕业后自主创业。三者之间相互依存,不可分割。

(二)文创人才

文创人才指从事文化创意产业的特殊群体,在经济全球化背景下从事以创造力为核心的新兴产业,将文化通过技术、创意和产业化的方式开发,进行知识产权的营销。

高校艺术专业不能仅停留在技能型人才、创意人才的培养层面,更要培养能将创造性成果转化为生产力的创业型人才。同时,文创人才的培养是全社会的共同责任,建立高校粗加工、企业深加工、社会精加工的联动模式,帮助大学生完成文创人才的转型。

二、文创人才培养与三创教育的耦合

文创人才主要从事与"创意"有关的艺术工作,艺术工作因其自身特点,在"创新、创意"方面要求较高,这与三创教育中的"创新""创造"相互呼应,故在人才培养方面要不拘一格,大胆尝试教学内容、教学手段、教学情境的革新。运用产业界思维,增强文创人才的创业意识,实现文创人才培养与三创教育的有机融合。

从个性特质上看,文创人才需要有较强的创业意识、创新精神和创造能力且要与岗位的具体要求相匹配。创业意识并非要求文创人才要自主创业或成为企业的领导者,而是指文创人才要具有在所属领域有所建树的动机和意愿;创新精神是指文创人才具有对已有观点、方法和理念进行革新的勇气和信心;创造能力是指文创人才能够利用已有资源来寻求工作内容和形式新突破的一系列工作能力。其中,创业意识是从事创意活动的基本动力,创新精神是开展创意工作的内在支撑,而创造能力则是最终能够实现创意产品价值的必要手段。三者相互联系,相互影响,共同构建出文创人才的"三创"品质。

三、高校文创人才培养的主要问题

(一)人才培养体系尚未建成,缺乏进阶职能培训及创业实践

高校文创人才培养体系除了基础知识、设计能力培养外,进阶职能培训即研发成果商品化几乎找不到完整的操作流程,许多获奖作品或外观设计专利停留在纸质阶段,没有进一步融入生产流程,形成文创产品。

此外,创业实践流于表面化、形式化,缺乏切实有效的创业实战、创业实践及创业优化。建立专业的创业孵化机构迫在眉睫,不能简单推给学生就业指导中心。学生普遍缺乏社会实践经历,人生阅历有限,对行业规则、国家政策了解甚微,急需具有敏锐营销能力的人进行点拨。这具有敏锐营销能力的人,可以是应用型教师,可以是业界精英,也可以是阅历丰富的社会学者。所以应当充分发挥高校的社会影响力,通过产学研合作处、科研处、学生就业指导中心、校外实习基地等多条渠道,来进行创业能力的培养。

(二)艺术素养需继续深化,调动设计内因,实现创造力可持续发展

目前,传统单一的教学方法和考核制度依然在教学领域保持主导。如在授课中,大部

分教师仍局限在专业理论灌输方面,缺乏对原创思维和创意能力的培养,更忽略了对艺术素养、沟通协作和价值取向等隐性素养的提升,造成了学生动手能力过低,创意过于雷同,这也成为阻碍切实开展"三创教育"的另一大桎梏。

教师制定创新教案以此来激发学生的创新能力。把知识传授作为课堂教学内容设计,这只能算是低层面的教学水准;如何通过课堂教学,激发学生潜能,勤思考,多尝试,举一反三地完成创意、创新设计,则是高层面教学。这需要教师从教学内容、教学组织、课堂设计等方面去潜心研究创新案例,从而激发学生的创新能力,培养学生的创新意识。

四、台湾朝阳科技大学三创教育分析

(一)三创教育组织架构

台湾朝阳科技大学为了做好三创教育,成立了三创教育发展中心,提倡"创业导向的创造力教育"。从 2009 年开始进行前期规划,历经准备、启动、实施、提升、转型阶段,十六年间不断探索,取得了今天系统化的三创教育模式。三创教育相关单位涉及学校教务处、产学合作处、创意创业发展中心、三创教育发展中心、各教学单位等多个部门,包含创意教育、创新整合、技能专利、商品行销、创业整合五大版块内容(如图 1 所示)。

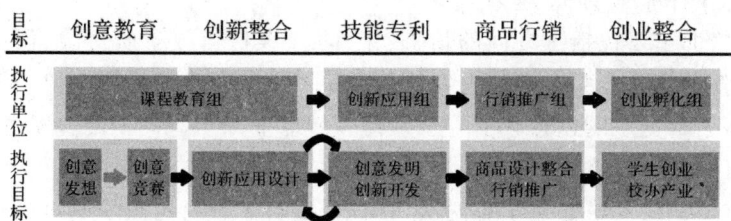

图1　台湾朝阳科技大学三创教育组织架构

(二)三创教育建构思维

台湾朝阳科技大学整合人文学院、管理学院、设计学院、通识教育中心的人文教育,理工及资讯学院的科技教育,结合服务意识,形成综合性的应用服务体系,服务于三创教育的开展(如图 2 所示)。

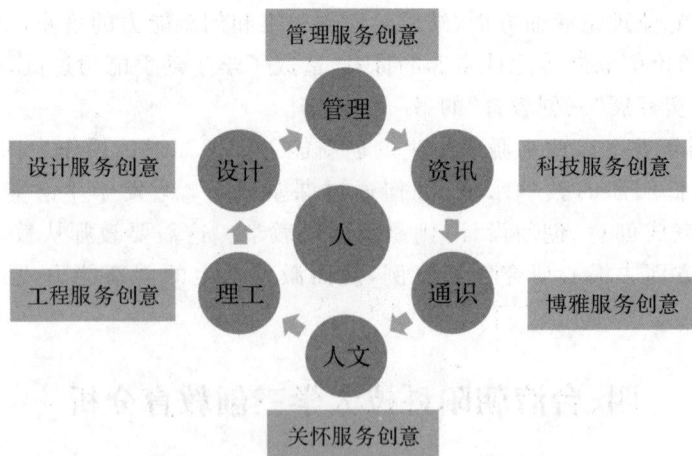

图2　台湾朝阳科技大学三创教育建构思维

(三)三创教育主要内容及实施

台湾朝阳科技大学三创教育包含教育训练、专业整合、人才培训、推广宣传四部分内容,从课程设置、种子教师培训、学生教育、跨院系整合到产出(参与竞赛、成果展示、成效检讨)都经过反复验证,形成一套完整的运作模式。

1.三创教育种子教师培训方式

种子教师培训主要包括三方面的培训:工作坊、教材与教学研讨会、创造力研习。届时邀请创造力教学实务经验丰富的专家到场,分享教育培训经验。让种子教师更好地认识创造力思维,了解更多的创意教学方法及跨领域专业知识。同期配合实务演练,帮助教师精进课程设计,如九宫格法、心智图法。

其中,工作坊调研及进修每学年两次,在校外进行。教材与教学研讨会也是每学年两场,具体内容不确定,主要依据用人市场需求及赛事需要做调整。创造力研习每学年四次,以教师成长工作坊的形式开展。

2.课程规划及设计

台湾朝阳科技大学三创教育课程开设时间跨度四年,从大一开始选拔到大四毕业后的创业协助。大一第二学期全校范围内必修"创造力讲座",普及三创教育理念。大二第二学期开设选修课"创造力",每班50人,发掘对创意感兴趣的学生。大三每学期开设选修课"跨领域创新专题讲座",从第一学期全校60人缩减到第二学期42人,对种子学生进行培训,研习创意及创新应用,学生产出成果参加国内外各类创新竞赛。大四针对设计学院毕业专题开设"跨领域设计精英班",全校仅25人。提供跨领域设计整合人才培育平台,以参加国际四大设计奖为目标,提升国际设计竞赛与创意发明的成果。

四年教育中,学生获奖成果及发明专利,由业界知名人士及专业教师评估商业价值,有市场发展空间的作品进行行销推广,推广方式有两种,一是知识产权买断,由专业机构完成后续开发工作;二是提供作品完善经费,由作者继续完成后续工作。

3.三创教育课程执行流程

台湾朝阳科技大学三创教育课程由教学目标、课程规划、教学设计、教学评价组成(如

图 3 所示）。

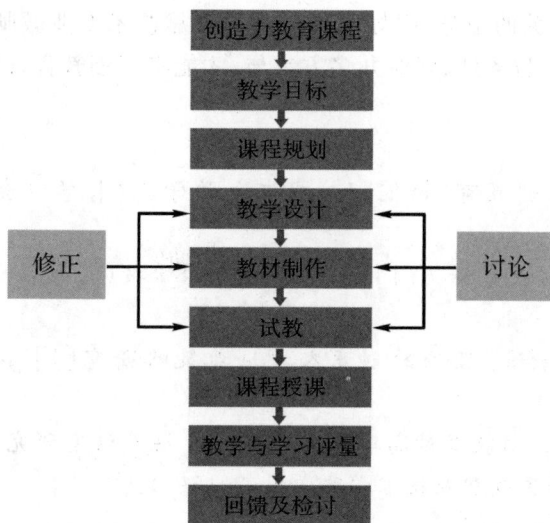

图3 三创教育课程设计与执行流程

五、台湾朝阳科技大学三创教育对文创人才培养借鉴

（一）艺术类课程整合，模块化教学

以宁波大红鹰学院视觉传达设计系课程为例，目前课程设置分为基础课和专业课两种。为便于学生系统化学习知识，进行了课程群的建设。但运行三年多来，仍有一些需要完善的地方，如课程群内课程间的衔接跨度时间长，容易打断创意思维的连续性。故在教学时间设置、课程群构成上仍需继续论证。可聘请兄弟院校资深教授协助完成。

（二）教学方法操作策略创新

宁波大红鹰学院翻转课堂已开设第四期，在应用型大学中属开设较早，较具特色的院校。将这种先进的教学方式带入文创人才的培养中，有助于创新、创意点子的开发。理论教授与团队协作来促成学生个性化学习。

（三）强化"三创教育"实践平台建设

从文创人才及"三创教育"的内涵来看，实践是永恒的主题。除了在专业课程的教学中引入实践教学平台来培养学生的创新创业能力之外，构建以创业为核心的实践平台显得尤为重要。一方面，高校可以通过在校内组建创业实验室、创业园、创业孵化基地等方式，鼓励学生参与到具体的创业实践中；在校外与企业共创实践教育基地，让学生在企业实务工作中提升"三创"品质。另一方面，高校可以通过在校内建立创业俱乐部、开展创新创业比赛、设立创业资助基金等方式，让学生的创业项目落地生根；在校外通过参加国家、省市创新创业大赛，技能大赛等方式，引入外部投资基金，助推创业项目市场化与规模化。

（四）注重获奖作品的后期培育及产业开发

获奖作品不是设计的完结，设计的最终目标还是服务于社会，美化生活。故获奖作品的后期开发及应用,亦具有较高的推广价值。这部分的行销推广与三创教育的"创业"紧密相连,高校要做好相关的服务、引导工作。这单依靠艺术专业教师是无法完成的,行销管理人员、产学研机构、教务处、就业办多方参与,才能将三创教育发展完善。

参考文献

[1] 黄进,胡甲刚."三创教育"论纲[J].武汉大学学报(哲学社会科学版),2003(4):516—521.

[2] 张勇,邱安昌.三创教育辨义[J].吉林师范大学学报(人文社会科学版),2004(1):95—96.

[3] 林剑.基于"三创教育"理论的创意人才培养策略研究[J].南方论刊,2015(10):52—55.

[4] 马勇赞.台湾地区三创教育对高职电类创新人才培养借鉴研究——以台湾健行科技大学为例[J].长沙民政职业技术学院学报,2015(3):92—94.

专业学位教育与职业资格准入机制匹配机制探析[①]

——以英国法律专业学位教育为例

王　媛[②]

摘　要：专业学位教育与职业资格匹配是研究生教育专业化和专业化社会发展到一定阶段的产物，它对确保专业学位研究生职业型、应用型的培养方向，完善专业学位研究生教育的质量保障，提升其社会认可度具有极为重要的意义。本文在探讨英国专业学位教育与职业资格准入机制匹配的基础上，总结其特点与模式，希冀为完善我国专业学位教育提供借鉴与经验。

关键词：专业学位；职业资格准入；法律专业学位

专业学位教育与职业资格匹配是研究生教育专业化和专业化社会发展到一定阶段的产物，它对确保专业学位研究生职业型、应用型的培养方向，完善专业学位研究生教育的质量保障，提升其社会认可度具有极为重要的意义。

20世纪60年代以后，欧美各国均大力调整研究生教育结构，积极发展专业学位教育，形成了专业学位与职业资格匹配的多种模式。本文以英国专业学位教育，尤其是以法律专业学位教育为例，探讨其专业学位教育与职业资格准入机制匹配的特点与模式，希冀为我国专业学位与职业资格准入匹配提供借鉴和经验。

一、英国法律专业学位教育

英国法律硕士（LLM）是一种专业硕士学位，学制为1年，招收取得法学学士学位的本科毕业生或通过CPE（转化课程）进修的非法学本科毕业生。通常集中于某一专业方向，如知识产权等。这种学位在教学内容上侧重于在本科训练的基础上提高学生的实际技能，教学方式采用的是集中授课模式。在英国有超过40所大学提供约350项LLM课

---

①　2014年浙江省人力资源保障厅科学研究课题"高学历教育与职业资格准入匹配的比较研究"、2014年浙江省教育厅科研项目"新建本科院校专业学位发展路径探析——基于比较研究视角"研究成果，发表于《亚太教育》2015年第14期。

②　王媛，硕士研究生，宁波大红鹰学院教务处讲师，主要从事比较教育、高等教育管理、人力资源管理研究。

程。除了众多"一般性"的课程外,还包括一些专题研究。此外,一些高校也允许没有法定资格的人进入 LLM 课程学习。这些学校包括英国伦敦大学校外课程中心,该校自 1925年以来就为法学本科毕业生以及非法学毕业生提供 LLM 课程的学习。另外,还包括爱丁堡大学(通过远程学习获得 LLM 学位)、莱斯特大学和女王大学。

二、英国职业资格准入的特点

英国职业资格准入的标准及程序主要由行业协会主导,因行业而异。其中既有像会计这样设置全国统考的,也有像法律这样由各地区自行决定的。由于大学专业课程的设置与职业资格考试科目并不完全一致,这使得像律师学院这样的职业培训机构在职业资格准入过程中发挥着更大的作用。但另一方面,大学专业课程与职业资格准入之间存在着千丝万缕的联系。英国的职业资格准入一般分为三个阶段:理论培训与考试阶段、专业培训与证书考试阶段、专业实习阶段。其中第三阶段的专业实习在整个系统设计中最为关键,由行业协会直接掌控。而在第一阶段,大多数行业协会一般对经过协会专业认证的相关专业本科毕业生及以上采取免修、免试的优惠政策,但未经专业认证的非本专业毕业生则必须进入"转化课程"学习或参加公共职业考试。

以法律为例,虽然没有全国统一的职业准入考试,但英国各地的司法职业准入基本上都包括两个阶段:基础法学阶段和职业适合性阶段。基础法学阶段又称法学理论阶段。这一阶段通常由合格法学学位或者其他学科学位外加一年的转化课程组成。在该阶段,职业资格申请人要完成 7 门法律基础课程的学习。职业适合性阶段又可分解为两个阶段:一是职业培训及证书考核阶段,主要进行法律实践课程(Legal Practice Course,LPC,针对出庭律师)及律师职业课程(Bar Vocational Course,BVC,针对事务律师)等专业核心课程的学习;二是司法实习阶段,通过职业课程培训并考试合格后,学生需与律师事务所或经批准的其他司法机构组织(如地方政府、刑事公诉署)签订为期两年的训练合同并学习职业技能课程。

三、英国法律专业学位与职业资格匹配的状况

1971 年公布的《奥姆罗德报告》(Ormrod Report)曾指出,在英国法学教育中,必须放弃"学问"与"职业"、"理论"与"实务"相对立之二律背反的思考方法,加强法律实务界与大学法学院之间的联系与协作,以共同提高法学教育水平。报告建议从事法律职业的人应是接受过高等教育的人,通常拥有一个法律学位,或者在获得一个非法律的学位后再学习一门两年的法律研究生课程,必须将学术性和职业性的教育综合起来,使之成为一个整体。由此在英国,无论何种情况,一个律师必须拥有一个合格法学学位(qualifying law degree),或是通过法律转化课程。合格法学学位被事务律师公会和出庭律师公会接受为符合基础法学阶段训练的条件。1990 年颁布的培训规则对合格法学学位做出了如下定义:第一,由英国或爱尔兰共和国境内的大学授予的学位。第二,由枢密院授权英格兰或威尔士境内的学位授予机构授予的学位。第三,由 1993 年 3 月 31 日解散前的国家学位

授予委员会授予的学位。第四,由前白金汉大学(在其被授予大学身份以前)所授予的法律许可证。事务律师公会和出庭律师公会还承认伦敦大学海外学生的法学学位为"合格法学学位",条件是有关学习期限不超过 6 年,且毕业生通过了 7 门法律基础课程的书面考试。

以事务律师为例,成为事务律师的途径包括法律本科毕业生(需要转化)、非法律本科毕业生、海外律师(需要转化)、出庭律师(需要转化)、苏格兰和北爱尔兰律师(需要转化)、法律行政部门的雇员、法庭书记员等。其中,在法律专业取得合格法学学位,并通过 1 年的法律实践课程及具备 2 年的实习经历是最为常见的途径。通常法律专业毕业生最短可在 6 年内取得职业资格。与此相比,非法律专业毕业生则需要多加 1 年全日制的转化课程学习,然后再和法律专业毕业生一样进入实践课程培训及司法实习,这是非法律专业毕业生想获取律师资格的必需条件。此外,法庭书记员协会的会员在通过法律实践课程培训后并能出示其在 10 年的时间内至少连续 5 年从事法律职业的证明也可申请律师资格。

法律专业学位与职业资格的匹配的关键在于法律职业资格的准入机构(行业协会)对于大学法律专业实施的专业学位认证。律师协会于 1995 年颁布的《关于合格法学学位的联合声明》(the joint announcement /statement on qualifying law degrees)中规定了合格法学学位必须符合的基本条件:学完并通过 7 门法律知识基础科目的考试。这些科目也是律师执业准入体系中第一阶段基础学习阶段的核心科目。

四、英国专业学位与职业资格匹配的特点

综观英国法律及会计专业学位与职业资格准入的匹配,主要具有以下特点:

首先,从大学专业教育与职业资格准入衔接的方式看,英国主要通过专业教育背景与职业资格考试科目的对等互换来实现两者的有机匹配。在法律领域,虽然法律专业学位(第一专业学位)并非成为律师资格的必需条件,但相对于其他的渠道而言,通过取得合格法学位,学生可以在最短的时间内进入职业领域从业。绝大多数法律专业毕业生可在通过律师公会的确认许可后直接进入下一阶段的法律实践课程的学习,而无须像非法律专业学生那样必须先经过转化课程的学习。转化课程的设计一方面使得非法律专业的本科毕业生也可以在法律职业领域从业;另一方面也使得学生的专业背景可以有效地和法律职业结合起来,为其在某一领域内的法律执业提供了便利,加强了法律职业者的专业性。

其次,从学位层次与职业准入的衔接关系看,大学本科层次的专业教育与职业资格显现出了较高的相关性。比较英国与美国专业学位及职业资格匹配的状况,不难看出,英国无论是会计还是法律职业准入,本科教育完成即可与职业资格对接。相比而言,美国法律专业在学历层次方面要求更高,基本上必须取得研究生专业学位才有资格进入职业准入阶段。这种差异一方面是两国教育体制的差异所致,美国在本科教育主要侧重通识教育,专业教育基本在研究生阶段才开始;另一方面,也反映出英国大学本科的专业化、职业化的导向较为明确,这使得其研究生层次的专业学位的优势显示并不明显。

再次,行业协会在专业教育认证及职业资格准入过程中发挥着主导的作用。无论是在法律职业资格准入还是会计职业资格准入中,行业自治的专业团体如律师公会和会计

师协会的作用都至关重要。在 ACCA 考试中,从考试主体资格的确定到考试内容和相应的免试政策,行业自治的专业团体会计师协会都有明确的规定。作为近代工业革命的发源地,英国中产阶级最早在争取独立地位和专业称号方面付出了不懈努力,创立了专业中心模式的市场准入制度。

参考文献

[1] 兰薇. 法律职业准入制度之比较分析[J]. 中南民族大学学报(人文社会科学版),2003(6):63—66.

[2] 中国政法大学科研处. 21 世纪法学教育暨国际法学院校长研讨会综述[J]. 政法论坛,1999(4):120—128.

[3] http://www.answers.com/topic/legal-education-in-the-united-kingdom.

[4] 霍宪丹. 当代法律人才培养模式研究(上)[M]. 北京:中国政法大学出版社,2005.

[5] COLE B. Trends in the solicitors' profession 1997:Annual statistical report[M]. The Law Society,2005.

高等职业教育人才培养模式的国际比较与启示

魏　明[①]

摘　要： 通过对国外高等职业教育人才培养目标、典型模式的比较分析，借鉴和学习国外成功的经验和模式，从而对我国高职教育人才培养模式设计提出可供参考的构建策略，以期不断丰富和完善我国高职人才培养模式体系。

关键词： 高职教育；人才培养模式；比较研究

一、国外高职教育人才培养目标比较分析

西方发达国家的高等职业教育不仅体现了全球教育发展的共同规律，而且表现出由于各国经济、文化、制度等社会背景不同而产生的个性特征。本文通过对美国、英国、法国、德国和日本等国的高职人才培养目标的比较分析（如表1所示），从中得出可供借鉴的规律和启示。

表1　国外高职教育人才培养目标比较

国家	层次/学制	培养目标	就业主要岗位
美国	2年制，主要由初级学院（社区学院）和技术学院承担，可获副学士学位	培养学生将来在需要懂得并运用工程、科学或数学的基本原理和知识的工程、科学或其他技术领域中当技术员或从事半职业性工作	技术员
	4年制，主要由工业大学中的技术学院承担，可获学士学位或副学士学位（2年后不续读直接参与工作）	培养能解决一般工程技术问题的专门人才，随经济的增加可提升到生产管理者、工艺设计者等岗位	技术师
英国	2年制，主要由多科性技术学院（Polytechnic）承担，可获高级国家证书（H. N.）	培养能将特许工程师的意图转化为实际工作，负责日常工作安排并提出对日常技术问题切实解决办法的技术工程师。他们是工程技术人员群体活动的计划者，有的可以进入管理和监督岗位	技术工程师

---

①　魏明，浙江纺织服装职业技术学院副教授，主要从事产业经济研究。

续　表

国家	层次/学制	培养目标	就业主要岗位
德国	高等专科学校(Fachhochschule),前身为属于中等职业教育范畴的工程学校和其他中等专科学校;学制一般为七学期,其中有两学期的实践课,可获文凭工程师(专科)	培养能将设计变成现实产品,长于实践,能动手解决实际问题的"桥梁型"工程师和善于管理的"企业型"工程师	从事制造、施工、安装调试、市场经济营销、维修、运行、设计和管理等工作
日本	高等专科学校,招收初中生,5年制,可获主任技术员证书	深入教授专门的学艺、培养职业所必需的能力	技术员
	短期大学,招收高中生,2—3年制	在教育的基础上,对学生进行高深的专门知识教育,培养职业上或实际生活中所必需的能力	技术员或技术师
	技术科学大学,招收专科生,进行本科与研究生院的连续性课程教学	为适应新技术革命的要求,以实践的技术开发为培养目的,使技术教育有进一步发展	工作一线的技术开发人员

(资料来源:根据各国职教相关资料整理而成。)

　　从上表比较中可以得到几点启示:从世界范围来看,首先,高职教育人才培养目标中所培养的人才类型均为技术型人才,即将设计、规划等转化为现实产品或其他物质形态的人才,是为生产一线或工作现场服务的人才;其次,高职的人才培养目标具有层次性,即高职的教育层次可以有专科、本科和研究生三个层次,但目前在大多数国家和地区中,高职教育层次仍然是以大学专科层次为主;最后,世界各国和地区在论及高职培养目标时,大都从人才特征、知识与能力构成、工作范围和职务教育层次来阐述。综上所述,我国高职教育作为后来者,可以借鉴世界各国和地区高职培养目标的设计规律和经验,取其精华,去其糟粕,确定适合我国国情和高职教育的人才培养模式目标体系。

二、国外高职教育人才培养典型模式分析

　　目前国际上较为流行的高职人才培养模式有德国的"双元制"模式、加拿大和美国的CBE模式、新加坡的"教学工厂"模式、澳大利亚的TAFE模式、英国的BTEC模式等,表2对五种典型模式从含义、产生背景、培养目标、教育理念、课程模式、培养途径、考核评价体系等几个方面进行了比较分析,从而发现了它们的共同特点及获得相关启示。

表2 国外高职教育人才培养的典型模式比较分析

模式	德国的"双元制"模式	加拿大、美国的 CBE 模式	新加坡的"教学工厂"模式
含义	由企业和学校共同担负培养人才的任务，按照企业对人才的要求组织教学和岗位培训。曾被誉为德国经济振兴的"秘密武器"。	以能力为基础，核心是从职业岗位的需要出发，确定能力目标。通过有代表性的企业专家组成的课程开发委员会，制定能力分解表（课程开发表），以这些能力为目标，设置课程，组织教学内容，最后考核是否达到这些能力要求。	在借鉴德国"双元制"模式的基础上，将学校、培训中心、企业三元合一，创建了新加坡的"双元制"——教学工厂，这种教育模式被新加坡各理工学院和工艺教育学院广泛采用，极大地推动了新加坡职业技术教育的发展。
产生背景	随着工业化的产生，为了提高学徒文化知识素质以及适应需求的能力，于19世纪中后期形成。到1900年时，学徒期青少年的进修学校教育被定为义务教育，并让企业参加职业培训，承担培训主要责任。同时，又用职业学校教育补充企业实训，两者相互合作，相互补充，形成了职业教育的双元制。	理论背景：20世纪50—60年代出现的系统论和行为科学，认为有效的教学始于准确希望达到的目标；经济背景：20世纪70—80年代，产业界更需要教育部门能听取他们的意见，满足他们对各类从业人员为更适应分工日趋详尽的岗位需要，而进行培训和再培训的需要。	新加坡在发展职业教育的过程中非常重视借鉴德国的双元制，同时注意结合自身的国情。由于毕业生不能很快适应工作岗位需求，而企业又要求学校重视实践能力培养，南洋理工学院院长林靖东推出"教学工厂"这一概念，实现了学校、培训中心、企业的三元合一。
培养目标	经过理论和实践两方面的职业教育，使学生获得广泛的专业知识、跨专业的合作能力、管理能力和面向国际的职业资格，成为高级实用性人才。不仅注重基本从业能力的培养，还特别强调综合职业能力，即关键能力的训练。	CBE的整个教学目标的重点是如何使受教育者具备从事某一特定的职业所必需的全部能力，包括知识、态度、经验、反馈。它强调的是综合素质分层次地提高与能力的复合。	建立一个灵活、创新而又富有伸缩性的教学系统，并以先进的科技达到"超前培训"，开发不同程度、不同兴趣和不同专业学生的最大潜能，全面提高学生的职业技能以及分析、创新和应变的综合能力。
教育理念	两个原则：一是职业教育与普通教育原则上是等值的，从而确立"双元制"的地位；二是整个教育体系有较大的渗透性，普通教育与职业教育等各类教育之间相互沟通。	CBE的教学理念可归纳为三点：一是系统论和行为科学；二是美国教育学家布鲁姆提出的"有效的教学始于准确希望达到的目标"；三是教育目标分类学。	教学工厂是将实际的企业环境引入教学环境中，并将两者融合在一起，以学院为本位，在现有教学系统的基础上设立的。教学工厂的发展经历了校园内工厂模拟、模仿到融合的发展过程。

模式	德国的"双元制"模式	加拿大、美国的CBE模式	新加坡的"教学工厂"模式
课程模式	双元制课程编制以企业为主，企业参与、指导、协调编制的全过程，并采用工作岗位目标法，以企业工作岗位目标要求为基础进行课程编制。根据技工培训的特点，理论课程设置主要采用综合课程的方法，不强调各个学科知识的系统性和完整性，而注重整体知识的广泛性、融合性和实用性。	依据本职业专家组成的DACUM委员会进行综合能力分析，之后深入分析每项综合能力中的专项能力，列出大表后由专项能力分析委员会对其进行文字描述，再分解为学习步骤和必备知识，最后由教学分析委员会设计成学习单元，确定核心课程。注重确立以职业活动为核心的阶梯式课程结构，所有课程分为基础培训、专业培训和专长培训三个层次。不统一学习内容和进度，采用模块加学分的课程运作方式。	课程开发既重视实用性（配合经济发展的需要，主动与企业及行业一起研究培训计划，确定训练内容和课程），又注重超前性（随产业结构的升级及时调整训练重点）。课程安排上第一年为基础课，第二年为专业课，第三年是应用性课程和工业项目设计。文化基础课非常少，总学时中大部分是实践教学。
培养途径	采用校企合作的方式培养学生，在教学中以企业为主，学校为辅，学生在企业和学校的一般时间比是4∶1。培训的方法是带项目培训，培训的内容是结合本企业、车间、岗位的具体情况，由用人部门或车间与培训教师共同商定的，是针对企业需要进行的。培训生还可以依法从企业那里获得部分报酬。	人才培养主要通过学校和教师为学生提供完善的学习条件和帮助，由学生自己努力完成。学生入学，先发所学专业的DACUM大表，测量入学基础，然后根据每位学生的不同起点和最终目标逐一确定教学计划，学生按教学计划到学习资源室或利用个人学习系统，逐一模块地学习专项能力。	教学工厂的教学过程实施分级模式的教学组织，根据每一学生实际情况进行量身定制，并在教学方法中倡导以学生为主体的整合式、反复式、处境式及渐进式等教学方法，调动学生学习主动性和学习兴趣。
考核评价	采取培训与考核相分离的考核办法。考试由与培训无直接关系的行业协会承担。行业协会专门设有考试委员会，该委员会由雇主联合会、工会及职业学校三方代表所组成，其中，雇主和工会代表人数相同并且其中至少有一名是职业学校的教师。	CBE强调学生的自我评估，重视学生反馈能力的培养，将自我评估列入考核制度。成绩考核，不采取学期或学年考试，而是按学习单元（模块）考核，及格者继续进行下一段学习，不及格者重新学习直到掌握，以保证学习质量。	新加坡政府通过立法强化职业技术教育，使"先培训，后就业，未经培训不得就业"成为一种制度。新加坡拥有严格的考试制度，所有技术经考核得到生产力局的承认、鉴察，可获得相应的等级证书，有职业证书者方可谋求职业。

模式	澳大利亚的 TAFE 模式	英国的 BTEC 模式
含义	一种国家框架体系下以产业为推动力量的，政府、行业与学校相结合的，以学生为中心进行灵活办学的、与中学和大学进行有效衔接的，相对独立的、多层次的综合性人才培养模式。	BTEC 全称英国商业与技术教育委员会，最初成立于 1986 年，由英国两大职业评估机构——商业教育委员会与技术教育委员会合并而成，是英国重要的资格开发与颁证机构，其在中等、高等职业教育和人才培训方面居于世界领先地位，在关键技能教育的拓展方面成绩斐然。
产生背景	20 世纪 80 年代，因为贸易状况的恶化和传统的支柱产业的衰落，澳大利亚经济受到了严重的影响，在振兴经济的过程中认识到了改革职业的重要性，改变过去只注重知识与理论的获得而形成。1989 年 4 月，成立了国家培训部，由其指导开发国家能力标准，并建立了以能力为基础的教育培训体系。	20 世纪 80 年代以来，受政治、经济和新职业主义思潮的影响，英国政府非常关注劳动队伍的技能开发，并提出"为成功的未来而开发技能"的培训目标，在此背景下合并组成 BTEC。
培养目标	TAFE 的培养目标非常明确，以就业为导向，以市场需求为动力，以工业部门、行业协会和雇主对专业人才的需求为依据，学习内容以应用性为主，所有课程按行业职业能力标准提出的要求实施。并且根据产业变化对就业市场的影响以及不同职业人力资源变化的具体情况，调整办学方向和教学计划。	BTEC 把通用能力和专业能力结合作为人才培养目标，并把通用能力（不是针对某一具体职业，而是从事任何工作的任何人要获得成功所必须掌握的技能）作为 BTEC 证书课程的核心要点。明确要求培养学生七种能力：自我管理和自我发展能力、与人合作共事能力、交往和联系能力、安排任务和解决问题能力、数字运用能力、科技运用能力、设计和创新能力。
教育理念	建立了在终身教育思想基础上以能力为本位，以就业为导向的教育理论。提出技术教育与继续教育相结合，学历教育与岗位培训相结合，以及实行柔性的教育培训等措施。同时，突破传统一次性教育的局限，建立"学习—工作—再学习—再工作"的终身教育模式。	确立"以学生为中心"的教育理念，提倡个性充分自由地表现和发展，鼓励学生表现出与众不同的个性，在学术上标新立异。
课程模式	TAFE 的课程由各州依据国家行业培训咨询机构制定和开发的培训包，根据行业和课程的类别设置不同的教育服务部门来统一进行课程开发工作。按岗位需求将应具备的知识和技能分解，并将行业标准转换成课程。课程设置中不设公共基础课，只设专业基础课和专业课。	BTEC 课程模式遵循能力本位的开发方法，将职业岗位需要的能力和学生自我发展应具备的能力需求作为开发基础，由教育专家和企业家共同制定课程。采用模块化课程体系，分为核心模块（覆盖行业发展和职业岗位要求中相对不变的概念性、基础性理论，保持 3—5 年）和可选模块（注重学生自主意识、职业岗位的个别能力发展，每三年更换三分之一的课程）。
培养途径	TAFE 的人才培养途径非常灵活，不管年龄多大，是否有工作，都可以根据自己的工作、生活情况选择全日制、半日制、函授或远程教育等学习方式。只要通过评估积累到一定的学分，就可以取得证书和文凭。	教学过程围绕学生的"学"展开。教学课堂活动讲解时间不得超过 1/3，2/3 的时间留给学生进行活动，查阅资料、市场调查和企业实践等。为培养学生合作精神，BTEC 教学强调组成学习小组进行活动，教师针对学生的性格、能力、特长、差异，指导学生合理组合搭配。

模式	澳大利亚的 TAFE 模式	英国的 BTEC 模式
考核评价	TAFE 学院的教学质量认证和评估由国家和州的行业培训顾问委员会负责。建议教师采用观测、口试、现场操作、第三者评价、证明书、面谈、自评、提交安全分析报告、工作制作、书面答卷、录像、其他等12种标准测试方法中的某几种作为对课程的考核手段,考核的结果要求符合"五性",即有效性、权威性、充分性、一致性、领先性。	BTEC 的考核评估方法采用以课业为形式,以证据为依据,以成果为标准。从根本上改变了传统的以分数为标准,以卷面成绩为依据的考核方式。考核评估的目的是考核学生解决实际问题的能力,主要通过课业的完成过程全面评估学生通过学习具备了哪些专业能力,并测量通用能力的发展水平。

（资料来源:根据各国职教相关资料整理而成。）

从对国际上五种比较典型的高等职业教育人才培养模式的分析与比较中体会到,职业教育的发展逐渐由单一模式向多种模式融合发展,从注重"教"转向注重"学",注重实践教学和学生实践能力的培养,旨在提高学生综合职业素质,同时培养模式本身的可操作性和校内外教学资源的整合利用也越来越被重视。可以说,教育的发展是与社会的发展相协调的,生产力决定着生产关系的发展。每种有特色的人才培养方式的产生是由它所处的社会发展状况所决定的,不同的职业技术教育都有其一定的适用范围,相应的实施条件以及配合措施等,因此在实际教学实践中,并不存在所谓的"最佳模式",而必须因时因地,整合各种资源,以求达到最佳效果。

三、我国高等职业教育人才培养模式的构建与策略

通过上述国际比较分析,我们认识到人才培养模式最抽象和最简要的概括就是培养人的方式,它所要解决的是高职教育"培养什么样的人才"和"怎样培养人才"这两个问题,它包括两个层级的内容:第一层级,目标体系,主要指培养目标及规格;第二层级,内容方式体系,主要指教学内容、教学方法与手段、培养途径等。

（一）高职人才培养模式目标体系设计

高职人才培养模式的目标体系主要指人才培养目标的确定。事实上,高等职业教育人才培养目标制约着教育活动的方向、课程教学方法和手段,是高职教育的出发点和归宿。在建构高职教育人才培养模式的目标体系时必须使培养目标更具职业定向性,更贴近市场地方经济,具体地可归纳为"三度"（如图 1 所示）。

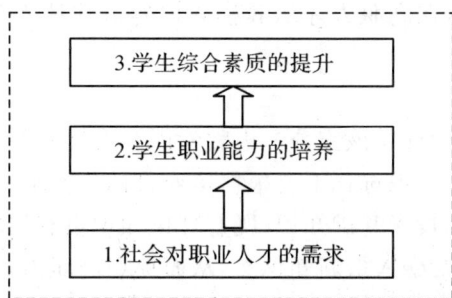

图 1　高职人才培养目标体系设计的三维要素

1. 社会需求是高职教育人才培养目标设计的基本前提

高职教育的培养目标必须与社会对人才的需求相一致,这是我们设计人才培养目标体系的前提和现实依据。众所周知,当今社会已经进入知识经济时代,高新技术的广泛应用使得生产过程中对技术型人才的素质和作用提出了更高的要求,无论是高新技术的发展所产生的岗位还是第三产业兴起所增加的岗位,它们的技术含量和技能水平普遍较高,中等职业技术教育培养的人才显然已不能适应这些岗位,因此急需发展高等职业技术教育以培养新的技术型人才。

2. 职业能力培养是高职教育人才培养目标设计的根本要求

实践证明,高职教育的培养目标设计必须从职业岗位分析入手,努力培养与岗位职责、岗位能力相适应的人才,即高职培养目标的根本在于使学生具备承担社会生产、服务和管理第一线岗位的职业能力。我们可以借助西方国家常用的"职业带"(occupational spectrum)理论来界定职业能力。总体而言,高职教育培养的人才主要是以技术员为主的技术型人才。这种人才的职业能力是需要具有更宽泛而不是更专深的专门知识面,具有综合运用各种知识解决实际问题的能力,以及人际关系能力、组织好群体的能力、交流能力等关键能力。这些职业能力就是高职教育人才培养模式目标体系设计时应着重强化的内容,也是高职教育人才培养目标设计的根本要求。

3. 综合素质提升是高职教育人才培养目标设计的理智追求

高职教育在培养目标设定时必须倡导发展学生素质。这种素质并不是某种职业技能或就业能力的拓展与架构,就其内涵与外延讲,它应体现三个基本特征:第一,在目标追求上强调的是"综合能力"的培养,实质是知识、技能和态度三位一体素质结构;第二,在人才规格上,它既强调职业素质培养,又宣扬人的体力、智力、道德精神和审美情趣等全面发展;第三,体现在培养方法上,强调通识教育与专业教育相结合,使学生成为厚基础、宽口径、一专多能的复合型人才。综上所述,对人才的综合素质的审视与把握是现代教育的本质要求,培养和提升学生综合素质是高职教育人才培养目标体系设计的理智追求。

(二)高职人才培养模式内容方式体系设计

高职人才培养模式的内容方式体系主要指教育内容、课程体系、教学方法等方面的设计。它们是人才培养模式的主体部分,是培养目标的具体化,是人才培养模式改革的主要落脚点。对这方面的研究非常普遍,不同学者提出了各自的理论和设计方式,鉴于此,这里仅综合现有的研究成果,在高职人才培养模式内容方式体系建设上提出一些设计原则和建议。

1.教学内容设计

高职教育的教学内容设计应该充分考虑教学内容发展趋势,有效地融合知识、技能和态度这三大要素。首先,在知识选择上要根据培养目标的要求,适当增加基础知识的教学内容,包括文化基础知识和技术基础知识(既有理论知识也有经验知识),同时重视知识的更新,既要扩大知识面,又要融入最新知识点,从而提高高职人才的适应性,拓展学生未来的发展空间。其次,在技能的选择上,根据技能的分类,对高职的教育内容应在保证学生有一定的动作技能基础上,重视智力技能的培养,其中更要增加创造性智力技能的比重,而削减再造性智力技能的训练时间,以突出应用型、技术型人才培养的特点。最后,在教学过程中融入态度领域的培养,教育学生懂得怀着理想和希望而劳动,感受生活的美好,体会人生的意义,进而为实现自己的理想和希望而不断进取,克服职业生涯中的挫折,成为一个有价值、有尊严、有成就的人。

2.课程体系设计

课程体系是保证高职培养目标实现的重要环节。高职的课程体系应该符合高职教育的技术性和应用性特点,基础课程应该把真正属于基础性的内容精选出来,"以应用为目的,以必需、够用为度"。专业课程要把与专业有关的现代高新技术知识及时充实进去,提高专业技能的要求和针对性。这种课程体系设计要打破传统的"三段式"课程结构模式(即按基础课、专业基础课和专业课的模式构成课程体系),因为这种传统的课程结构模式侧重于理论知识的教育,能为未来工程设计开发和学术研究奠定深厚基础,较适用于普通高等教育,而不利于学生实践能力的提高和技术技能的培养,即不适合高等职业技术人才的培养。值得借鉴的课程体系设计是"宽基础、活模块"的课程结构,即把学校全部课程依据培养目标侧重点的不同,分为"宽基础""活模块"两个阶段。"宽基础"阶段的教学内容重视学生全面素质的提高和综合职业能力的培养。"活模块"中的每一个"大模块"是针对某一个职业的多项能力定向教育,是让受教育者掌握从事一个职业必需的学识、技术和能力,它主要来源于市场经济对人才的需求以及专业工种标准,重点在于提高学生的生存能力。

3.教学方法设计

教学组织与方法是人才培养模式的重要内容,属于培养方式范畴。高职的教学方法改革必须以突出启发性为原则,以有益于促进学生积极主动地"学"为指导思想。目前,高职教学界大力提倡以案例教学法、项目教学法、模拟教学法、角色扮演法、诊所教学法、实验实训法等为主的"行为导向教学法",相关的著述较多,在此不再累述。除上述教学方法设计之外,课题组认为教学方法的创新源于对每门课程的设计和开发。这方面笔者比较认同姜大源的理论,即按工作过程系统化进行课程开发,以学习情境(主题单元)的形式开展教学活动。工作过程系统化是一种课程设计理念,但通过教学实践,笔者更倾向于认为它是一种有效的教学方法,可以归属于活动导向教学模式。这一过程实现了职业场与教育场完整转换,符合岗位需求导向的课程设计原则。

参考文献

[1] [美]乔治·凯勒.大学战略与规划:美国高等教育管理革命[M].别敦荣,主译.青岛:中国海洋大学出版社,2005.

[2] 肖化移,聂劲松.从人才结构理论看高职人才培养规格[J].职业技术教育,2005(19).

[3] 周明星,高职教育人才培养模式新论素质本位理念[M].天津:天津教育出版社,2005.

[4] 蒋乃平.课程目标与综合职业能力对"宽基础、活模块"的再思考之一[J].教育与职业,1999(1).

[5] 姜大源.职业教育学研究新论[M].北京:教育科学出版社,2007.

[6] 魏明.基于高校战略管理理论的高职教育人才培养模式探析[J].教育与职业,2010(5):8—11.

国际化城市职业教育开放合作政策比较
与宁波对策研究①

夏宁满②

摘　要：在把握宁波基本建成现代化国际港口城市目标内涵的基础上，系统梳理宁波
职业教育开放合作现状，通过与国际化城市尤其是现代化国际港口城市职业
教育开放合作的经验及政策比较，开发出符合宁波实际的职业教育开放合作
框架。

关键词：国际化；城市；开放合作；政策比较

经济全球化和劳动分工的国际化需要进一步完善职业教育开放合作机制。于城市而言，积极推动职业教育开放合作既直接关系到劳动者的综合素质，也关系到城市经济结构转型及其国际化水平的提高。本文的研究一方面可以加强人们对职业教育开放合作的意识，丰富和发展职业教育开放合作的相关理论，促进职业教育开放合作的战略研究；另一方面可以借鉴国际化城市，尤其是国际化港口城市职业教育开放合作的经验与政策，为推动宁波职业教育可持续发展及其开放合作进程、促进宁波经济社会结构转型升级、努力实现现代化国际港口城市建设的目标提供建议与对策。

一、相关概念

"国际化城市"的概念最初由苏格兰城市规划师格迪于 1915 年提出，1966 年经英国地理学家、城市规划师彼得·霍尔发展，现在专指那些在世界经济、政治、文化事务中产生全球性作用和影响的国际一流大都市。学术界根据城市国际化程度的不同将"国际化城市"的概念分为两类，一类是指那些在政治、经济、文化上产生全球性影响的大城市，这个概念与彼得·霍尔对"国际化城市"的定义基本一致，如纽约、伦敦、东京等；另外一类专指

①　2016 年浙江省教育科学规划课题（浙教办教科〔2016〕10 号）"国际化城市职业教育开放合作政策比较与宁波对策研究"（2016SCG233）、浙江工商职业技术学院科研基金专项课题"区域职业教育国际化战略研究——以宁波为例"成果。

②　夏宁满，浙江工商职业技术学院副教授、高职教育与区域发展研究中心，主要从事国际教育研究。

那些具有某些国际性功能的地区性国际化城市,如巴黎、芝加哥、香港、悉尼、新加坡、首尔、莫斯科、法兰克福、北京、上海、深圳等。研究表明,国际化城市在全球经济、政治、文化和交流中发挥重要作用,其开放合作的速度和水平始终处在同类城市的前列。

"开放合作"由"开放"与"合作"两个词语组成,"开放"即张开、释放、解除限制之意,《尚书·周书·多方》"开释无辜"(孔传:"开放无罪之人")中的"开放"即释放、解除限制之意;"合作"是个人与个人、群体与群体之间为达到共同目的,彼此相互配合的一种联合行动或行为方式。因而,"开放合作"成为当前化解经济危机和解决社会问题的基本精神。职业教育开放合作,即将那些带有国际的、跨文化的或全球性的因素全面融入职业教育的办学目的、功能和供给的过程,其本质要求是打破当前职业教育办学理念落后、办学活力不够、内容方法陈旧等限制,广开言路,集聚吸纳,促成职业教育办学要素内外整合、联合、配合、协同、联盟、对接之路,有效提升职业教育的办学质量及其开放合作的水平。概而言之,国内关于职业教育开放合作政策的学说主要有协同论、共赢论、发展论"三论说"。"协同论"关注职业教育开放合作中各要素的合理分工、优势互补;"共赢论"主张职业教育开放合作应该加快体制机制改革,打破壁垒,实现一体化发展和互利共赢;"发展论"认为职业教育开放合作应该在发挥自身优势的同时,承力借势以扩权展力,争取职业教育可持续发展。

相对于国内,国外关注职业教育开放合作已有很长一段历史。"二战"后,欧盟把职业教育开放合作作为其全部职业教育与培训政策的核心。20世纪90年代以来,伴随知识经济、全球化和欧洲一体化进程的深入,欧盟又出台若干国家职业教育开放合作政策,大胆采用项目合作形式(达·芬奇计划、苏格拉底计划等),或利用机构协调形式(欧洲理事会、欧洲教育理事会、欧洲职业教育与培训发展中心),或实施基金和专项政策加强职业教育开放合作,概括起来,其内容主要包括提高职业教育开放合作程度,促进职业教育要素在各成员国家之间、企业之间的流动,发展职业教育信息及经验共享,鼓励技术技能型人才跨国流动,推动职业资格证书互认,支持职业教育参与国际组织合作等。大体而言,国外关于职业教育开放合作政策的观点主要集中在几位有代表性的学者身上。美国学者巴兹认为,职业教育开放合作应该是多维和多元的,不仅包括技术性人才培养、课程设置、管理等层面的开放合作,还应该包括职业教育跨国性研究、研究者和学生的跨国流动等,确保建立支持职业教育开放合作的国际系统。同是美国学者的汉森和梅耶森则认为,职业教育开放合作是职业教育办学国际导向的过程,其水平高低在于职业教育开放合作的产出——毕业生身上,那些具有国际合作能力与竞争力的杰出毕业生才是职业教育开放合作的核心产物。加拿大学者奈特认为,职业教育开放合作应该促使跨文化层面的因素融入职业教育机构教学、研究以及服务的功能和过程,应该运用两种互补性战略来提升和支撑职业教育开放合作——项目战略和组织战略等。

综上所述,关于国际化城市职业教育开放合作政策的研究在国外较多,而国内还处于起步阶段。国内外学者对职业教育开放合作政策的研究无论是在内容上还是在研究方法的选择上都存在很大差异。在内容方面,国外注重职业教育开放合作政策的细节,提出解决方案;国内学者的关注点则比较宽泛,缺少微观研究和深化研究,也没有提出可行的解决方案。在方法层面,国外多通过实地调查,通过量化分析增加研究的信度和效度,再付诸实践；国内则通过文献法、比较法对职业教育开放合作的内容进行研究，研究方法比较单一，而且研究成果存在不同程度的重复。研究的滞后导致我国职业教育开放合作政策存在诸多问题，严重影响了职业教育的可持续发展及其服务经济社会转型的能力。

二、研究方法

本文综合采用文献研究法、比较研究法、调查研究法、专家咨询法等多种研究方法，力求将理论研究与实证研究、一般研究与个案研究结合起来，从而取得既有理论意义，又具有可操作性的高质量研究成果。具体而言，文献研究法即通过阅读相关文献，了解国内外职业教育开放合作的基本经验与政策，制定本文的理论起点与逻辑起点；比较研究法即比较国际化城市职业教育内容，尤其是开放合作的机制、评价等要素，为本文提供经验借鉴；专家咨询法即通过设计简明的专家征询表，采用隶属度分析法对各子项目进行信息筛选，初步明确职业教育开放合作的基本框架等；实验法即通过对选定的城市及职业院校设计实验，对初步设计的职业教育开放合作框架进行评估，根据反馈信息修订和优化；统计与建模即运用统计工具、结构方程模型等方法，评价职业教育开放合作机制，提出开放合作的路径与计划等。具体而言，本文以国内外国际化程度较高的城市职业教育开放合作基本理念为研究的逻辑起点，在厘清基本理念之后，设计符合宁波实际的职业教育开放合作基本框架，探索适合职业教育开放合作实践的人才培养机制以及职业教育开放合作信息反馈机制。本文根据不同的研究内容选择不同的研究方法，多种研究方法的灵活运用贯穿本文的始终。

三、研究结论

本文在准确把握宁波基本建成现代化国际港口城市的目标内涵基础上，参照国际通行标准，遴选在城市规模、性质、特点、功能类型和地理位置等方面与宁波具有可比性的国际化城市，在对这些城市职业教育办学理念、规模、布局等内容进行整体研究的基础上，重点对其实施开放合作的经验与政策进行历时与共时、纵横结合的深入比较与分析，最后构建宁波职业教育开放合作政策体系并提出相关政策建议。宁波的职业教育开放合作理念及其政策机制和与其城市性质相似的国际标杆城市相比还存在差距，职业教育总体上还不能满足宁波经济转型升级和现代化国际港口城市建设的需要。具体内容包括以下四个方面。

（一）树立职业教育开放合作的基本理念

职业教育开放合作是一个跨学科、跨领域的命题，我们认为至少应该从外国语言文学、教育学、管理学等多学科的视角，才能深入阐释职业教育开放合作的基本内涵与理念：职业教育开放合作的价值在于其过程始终坚持学生为本、服务社会，走向共赢。首先，以学生为本，即职业教育开放合作要以拓宽学生的国际视野、提升学生的国际竞争力和服务学生的全面发展为终极目的。比如，随着教育的国际交流越来越频繁，国际招生已经成为教育开放合作的一个重要环节。为保证国际学生的教育质量，研究如何规范学分的国际转换与学历文凭的等值认定以促进学生流动;如何从未来的国际学生中寻找潜在的国际市场并确保国际留学生的多样性;如何实施有效的、完整的市场计划以不断推进国际招生等就是以学生为本的重要内容。其次,把适应经济社会转型升级的需要作为目标追求,克服职业教育自身存在的深层次体制性、结构性问题,增强职业教育自身的可持续发展能力和吸引力。当前正处于全球经济增速放缓,经济增长动力转换和经济发展方式转变的关键时期,面对世界高新技术的迅速发展以及劳动分工国际化的进一步加剧,素有"海上丝绸之路"美誉的对外贸易港口宁波需要积极利用优越的"地利"条件和对外贸易环境,进一步完善职业教育开放合作,与境外学校和有关机构实施教学、科研以及社会服务领域等全方位的教育合作,以克服职业教育国际化不够、国际交流与合作缺少动力等问题。作为改革开放的前沿和国家城市规划中的重要方队,宁波在贸易、金融、物流等服务业一直领先全国同类城市,这与宁波职业教育服务地方经济社会发展做出的贡献不无关系。在新常态下,如何发挥职业教育在宁波经济社会发展中的助推作用,既直接关系到宁波职业教育的可持续发展,也关系到宁波经济结构转型升级和现代化、国际化港口城市建设目标的实现。再次,"多方共赢"应被视作职业教育开放合作的基础,共赢不仅指城市之间的职业教育开放合作要实现共赢,也包括城市内部校校之间、校企之间以及职业教育与经济社会之间等多主体的共赢。职业教育是城市向中高端发展的重要推动力量,城市离不开经济基础和上层建筑,更离不开职业教育的推动。职业教育办学的灵活性,适应区域经济社会发展的动态性都是其他类型和层次的教育形式所无法比拟的。通过吸收国际先进经验,有效推动与地方经济社会互动,这是开放合作的主要目的。此外,通过国内外职业教育院校之间的合作,实现优势互补、资源互通。就目前宁波职业教育国际合作的规模来看,院校合作仍然是合作的主流,如宁波城市职业技术学院、宁波外事学校与澳大利亚 TAFE 院校之间的合作就具有代表性,新成立的宁波 TAFE 学院就是国际院校合作的产物,利用澳大利亚先进的职业教育教学经验和办学资源,实施本土化的教育教学,培养本地化人才,是宁波职业教育开放合作的重大成果,是利用职业教育开放合作促进"多方共赢"的"样板工程"。

本文认为,对宁波而言,当务之急是开展宁波职业教育服务和宁波国际化战略思维研究:一是突破知识、技术、人才瓶颈,从宁波发展模式全面转型的实际需要出发,规划、推动宁波职业教育开放合作进程;二是创新驱动宁波职业教育开放合作进程战略思维研究,即创新国际化人才培养体系、国际化管理机制、国际化专业和课程标准以及开放合作经费保障,系统推动宁波职业教育开放合作进程;三是院校联盟助推宁波职业教育开放合作战略思维研究,即利用各职业院校的优质资源,推动院校联盟获取国际职教市场更多的竞争份额,在此基础上探索宁波职业教育国际化的海外发展试点,形成宁波职业院校开放合作整体品牌,提高宁波职业教育开放合作水平与影响力。

(二)建立职业教育开放合作的基本框架

"十八大报告"提出,到 2020 年基本实现教育现代化,要参考国际水平、立足国情和时代特点,确立教育现代化的指标体系,推进教育事业科学发展。本文在查阅有关文献和资料的基础上,对国际化城市尤其是国际化港口城市职业教育开放合作的特点做出以下归纳:一是合作国家的针对性。职业教育开放合作的对方国家一般都集中在德国、澳大利亚和加拿大等三个职业教育相对发达的国家。选择德国作为合作对象既有历史的原因,更是现实的需要。历史上我国与德国在职业教育领域的合作始于20世纪80年代,德国职业教育的"双元制"教育思想和教学模式对我国影响很大,当前的"职业教育师资培训""职业教育教学法培训"等合作热潮更是一浪高过一浪;除了德国,与澳大利亚和加拿大的合作是诸多港口城市的首选。澳大利亚的职业教育是完全能力本位的职业教育,所开发的"培训包"受到国家法律的保护,并风靡全球,对我国职业教育的发展影响甚广;与加拿大职业教育的合作主要是"高中后合作",其基本的理念是:职业教育从供给转向需求,从知识转向就业和服务,这为我国"以服务地方经济社会发展为宗旨,以就业为导向"的职业教育办学方向提供了重要的启示和借鉴。二是开放合作的对称性。选择与本校在办学类型、办学层次和办学方向上"门当户对"的学校合作,主要通过互派留学生,开设国际课程研讨班,聘请国外教师开展教学,所修课程学分互认,举办国际课程预科班,在政府组织下建立姊妹学校或者友好学校等形式实现。三是开放合作的跨境跨行业性。例如,通过相关国际组织或者政府等中介机构的引介与境外的大型知名企业合作,一方面可以获得软、硬件等资源的支持,另一方面还有利于培养国际化专业人才,从而有效提升本校的办学质量和办学活力。四是举办国际学术会议,了解国外职业教育的办学理念和办学动态,加速本校的改革与创新。在保障层面,国际化程度较高的港口城市职业院校的发展态势一般来说要好于内陆非港口职业院校,由于地方经济发展较好,对学校的办学资金投入较大,学校本身"盈利"能力较强,收入渠道多元化,可支配的资金相对较多,办学的自主权较大,政府的压力相对较轻,可以集中力量通过与境外高校和企业的合作弥补办学的"短板",进一步增强办学活力和吸引力;除了资金支持,就是政策支持,充分支持职业院校开放合作,通过与青岛、苏州等港口标杆城市的比较,本文认为,职业教育开放合作的保障机制应该从三个方面着手落实:一是建立财政拨款机制,研究如何在保证政府财政性投入稳定增长的基础上,有效发展校办产业、留学生教育,增加经费来源;同时面向社会筹集教育经费,争取非政府投入、资助和捐赠,完善成本分担制度等。二是规制建设,研究如何加强立法和立法指导,改善中外合作办学、学分互认、留学生管理等领域多头管理、分工不明、效率低下、职业教育国际化项目审批原则与管理权限错综复杂等问题,保障国外优质教育资源的依法引进与依法运作,建立完善的职业教育合作法律体系。三是信息畅通保障,研究如何通过搭建宁波职业教育国际化研究平台、信息平台、协作平台建设,加强职业教育国际化动态监测和决策咨询,提供信息服务和信息共享联络渠道。

(三)建立职业教育开放合作人才培养机制

建设现代化国际港口城市,离不开人才,特别是高层次人才的支撑保障。高层次人才培养是宁波现代化国际港口城市建设中基础性、战略性和决定性的因素。拥有一支外语好、通晓国际职业教育规则的高层次职业教育专家队伍,在制定开放合作政策方面将发挥更大作用,而且能在国际职教舞台上产生积极影响。本文认为,需要从外国语言文学、教育学与管理学的视角,研究培养熟悉职业教育开放合作规则、能够执行职业教育国际合作任务的高层次人才队伍的四种途径。途径之一:培养师资。宁波职业教育在培养和引进国际高水平师资方面有非常大的提升空间。相关机制和政策并没有建立起来,这与苏州、青岛等港口城市存在很大差距。因此,需要研究如何健全留学人员回国服务体系,完善留学人员回国政策体系,构建多渠道、多层次、符合留学人员特点的引进机制;研究如何采取措施支持职业院校开展国际技术技能研究,联合建立实训基地、合作研究中心;加大力度选派教师出国培训进修、合作开发职教课程、实施海外短期课程等国际交流项目。途径之二:培训校长。校长的国际化视野直接决定学校的开放合作水平。需要针对宁波职业院校校长群体开展国际化领导力研究:研究如何在教育国际化背景下提升宁波职业院校校长群体的领导力,包括如何提升校长基于国际视野的课程设置能力、国际教育交流能力等。途径之三:研究如何规范学分的国际转换与学历文凭的等值认定以促进学生流动;如何从未来的国际学生中寻找潜在的国际市场并确保国际留学生的多样性;如何实施有效的、完整的市场计划以不断推进国际招生;如何遵循国际化人才培养规律,确立国际化人才培养理念,所秉持的理念包括创新理念(创新意识、创新思维与创新能力)和合作理念(深化学术国际交流导向、拓宽教师国际交流渠道、构建学生国际交流平台)。途径之四:课程植入。研究如何通过课程目标、课程内容、课程管理改革,使课程融入国际化思维与理念,增强学生跨文化交际的意识,培养学生在多元文化环境下的生存技能和文化理解力。同时研究如何解决使用本土高职课程在培养国际化高技能人才时的水土不服问题。

(四)建立职业教育开放合作信息反馈机制

反馈机制的建立一方面为宁波制订职业教育开放合作政策提供信息咨询,另一方面也能为城市之间职业教育开放合作提供信息服务。研究如何通过发挥政府宏观调控职能,搭建宁波职业教育开放合作信息服务平台,促进职业教育开放合作信息公开与共享。本文认为,反馈机制的建立关键在于研究如何建立职业教育开放合作信息公开与反馈制度,如何确定信息公开和反馈的路径和程序,如何保证国内外优质职业教育资源(如职业教育知识、经验、资产、制度、品牌、理念等)有效共享,使之长期跟踪国内外职业教育发展趋势。实践中,政府需要制定职业教育国际化质量评估标准;研究如何通过第三方评估机构,如借助国际通行的 ISO9001 质量认证体系来规范教学和行政管理,或借助 CIPP 评价模式、ISO9000 质量管理体系实施教学质量过程控制和持续改进等。

四、未来研究方向

本文在遴选与宁波国际港口城市性质相似的国际化标杆城市时,由于需要综合考虑国内外政治、经济、文化、人口、体制及意识形态等因素,准确把握这些因素的影响对研究者来说有一定困难;其次,本文提出了一些政策方案,但是如何保证政策的均权化、民主化、科学化和专业化,最终使政策问题进入政府议程是研究者面对的现实挑战。因为以上两个因素的存在,所以本文存在一定的局限性。在克服以上两个因素的前提下,本文从破解职业教育开放合作的难题出发,对职业教育开放合作进行了较为系统的理论研究和比较研究,为宁波职业教育可持续发展和加快宁波国际化进程、融入全球城市体系提供理论支撑。未来需要进一步将理论转化为实践,构建出符合宁波实际的职业教育开放合作政策体系,如宁波职业教育开放合作支撑发展方式转变政策、宁波职业教育开放合作支撑现代化国际港口建设方案、创新驱动宁波职业教育开放合作发展政策、宁波职业教育开放合作的管理政策、宁波职业教育开放合作保障的政策、宁波职业教育开放合作的评价政策等。

参考文献

［1］Codd，J. A. The construction and deconstruction of Education Policy documents［J］. *Journal of educational policy*，1988(03)：235—247.

［2］Dye，T. R. Policy analysis：*What governments do，why they do it，and what difference it makes*［M］. *University*，AL：*University of Alabama Press*，1976.

［3］Goodlad，J. Curriculum making as a sociopolitical process［G］//M. Klein(Ed.). *The Politics of curriculum decision making：Issues in centralizing the curriculum* . Albany，NY：State University of New York Press，1991：9—23.

［4］Lingard，B. It is and it isn't：Vernacular globalization，educational policy andrestructuring［G］//N. Burbles&C. Torres (Eds). *Globalization and education：Critical perspectives*. New York，NY：Routledge，2000：79—108.

［5］Taylor，S. Researching educational policy and change in new times：using critical discourse analysis［J］. *Journal of Education Policy*，2004，19(04)：433—451.

［6］Taylor，S. Critical policy analysis：Exploring contexts，texts andconsequences［J］. *Discourse*：Studies in the Cultural Politics of Education，1997，18(01)：23—35.

［7］李钢. 话语　文本：国家教育政策分析［M］. 北京：社会科学文献出版社，2009.

［8］李迎生. 转型时期的社会政策：问题与选择［M］. 北京：中国人民大学出版社，2007.

［9］［美］克拉克·克尔. 大学的功用［M］. 陈学飞，译. 南昌：江西教育出版社，1993.

［10］姜维. 目前我国高职教育国际化路径的问题与对策［J］. 中国高教研究，2006(5)：51—52.

高职教育领域公私合作伙伴关系模式建设：
实践观照和机制设计

熊惠平①

摘 要:被赋予"公共品的非政府提供理论职教场域建设"新内涵的高职教育领域 PPP 模式建设,其实践同样遵循西方国家历经的"'硬经济'领域—'硬社会'领域—'软经济'领域—'软社会'领域"原则顺序,但受制于供给侧改革、社会治理体制创新建设、产能和资本国际输出的国家政策,同时对这些政策的实施产生"涟漪效应"和"撬动效应"。因而如何动员这个"搅局者"——以"私"方为典型代表的社会资本和社会力量,投身高职教育领域建设,是"公私"合作大时代赋予的重大实践命题。而以商业模式和退出通道安排为两大要件的"进入—退出"机制设计是高职教育领域 PPP 模式建设实践的中心内容。

关键词:PPP 模式;实践;供给;进入—退出机制;捆绑

公私合作伙伴关系模式即 PPP(Public-Private Partnership)模式(以下简称 PPP 模式),将 PPP 模式运用于特定的公共服务领域——高职教育领域,便有了高职教育领域 PPP 模式,简称为高职领域 PPP 模式。高职领域 PPP 模式是指在公办高职领域项目建设中,"公"方基于优化高职(职业)教育公共服务而引入"私"方形成的"公""私"主体间相互合作的模式。"公"方指公办高职院校及其背后的政府,"私"方既指以"私"企(私人企业)为典型代表的非国有企业,又指"私"校即那些拥有资本的非国有的各类各级学校。

鉴于此,本文是在政府治道变革的大背景下,即在从社会管理向社会治理转变、从市场"统揽"到政府"统揽"再到政府与市场"分担"演化的格局下,基于"职教"场域而展开分析的。

一、PPP 模式建设:基于"四领域"的实践观照

(一)PPP 模式建设的实践悬念:理论溯源和"四领域"建设的适应性

公共经济学和随后兴起的新公共管理理论催生并指引着 PPP 模式建设实践。公共

---

① 熊惠平,浙江工商职业技术学院教授,主要从事教育经济学研究。

经济学缘起于 20 世纪 60 年代的西方政府财政危机、福利国家危机以及由此而来的政府改革、公共服务市场化和民营化浪潮；将公共品提供和生产区分开来，是 20 世纪后半叶公共品理论的重大发展，也是 20 世纪 80 年代欧美各国对公用事业实行"再私有化"实践的理论基础[1]。PPP 建设实践在西方国家率先兴起并得以推广，遵循的是"'硬经济'领域→'硬社会'领域→'软经济'领域→'软社会'领域"的原则顺序。"硬经济"领域主要指公共基础设施领域，"硬社会"领域通常指医院、学校、供水、污水处理、监狱、城市改造等所在的领域，"软经济"领域主要包括研究开发、技术转移、（社会性）职业培训、囚犯改造领域，"软社会"领域多指社区服务、社会福利、安全保障等领域。由于价费机制相对成熟、需求稳定、投资规模大，"硬经济"领域最适于采用 PPP 模式建设，其他领域或多或少地具有 PPP 模式建设的"不适应性"。

这种"不适应性"源于在这些市场性不明显或没有充分挖掘的较特殊领域，尚难以或未能找到政府规制与市场机制的有效实践边界。这便引出了"公共品的非政府提供理论"的实践悬念：面对委托代理制下惯常出现的三个操作难题（双方诱因不同而利益不一、受托者的规避行为、监督成本），委托人如何确定代理人在满意价格下能够圆满完成被赋予的任务。公共经济学和新公共管理理论尽管在指导公共基础服务领域推进 PPP 模式建设实践方面取得了很大成功，但仍留下了"如何厘清政府规制与市场机制边界"的实践悬念，这就是说，西方并没有提供"一揽子"的解决方案。

（二）PPP 模式建设的悬念回解：供给侧改革试图提供中国式新方略

中国特色社会主义市场经济建设，正通过建立一种基于"中国情境"的政府规制与市场机制有效对接即"公私"合作的新模式、新机制，试图回解这一悬念；而新常态给予"回解这一悬念"的最新诠释是：致力于以市场化方式提高政府投资或公共投资效率、蕴含并创新性运用"公共品的非政府提供理论"的供给侧改革，提供了以一种新"公私合营"模式即 PPP 模式及其机制建设为重要途径和重要手段来破解政府治道建设瓶颈的新方略。

如今，PPP 模式建设如火如荼。"落地"和正在实施的 PPP 项目以"硬经济"领域居多而其他领域有限，其原因在于，能够被"公""私"方等相关利益方接受的机制和与之配套的法治环境，在其他领域或运行不畅或还没有建立起来。因而"进入—退出"机制设计问题成为 PPP 模式建设实施的顶层设计问题。

二、高职领域 PPP 模式建设：基于"三大效应"和工具化的实践观照

（一）高职领域（"硬社会"领域）PPP 模式建设会形成印证性效应和"涟漪效应"

为此，在"硬经济"领域外的其他领域，找到一个"切口"，就有了以该领域形成 PPP 模式建设示范效应的现实意义；而高职领域正是以"硬社会"领域 PPP 模式建设特性而形成这一效应的较好"切口"。

由于高职领域总体属于"硬社会"领域，因而高职领域 PPP 模式建设，其顺序原则上要后于"硬经济"领域而先于"软经济"领域和"软社会"领域，由此形成的效应是：既对"硬

经济"领域 PPP 模式建设成效进行印证,同时又对后两个领域 PPP 模式建设产生波及性和辐射性影响。

不仅如此,这种"涟漪效应"还表现在高职领域 PPP 模式建设会对教育领域和社会领域产生渗透性影响。高职教育既是职业教育中的高等教育,又是催生并受益于以社会分工为代表的社会文明发展,同时又是促进社会持续进步的教育类型,高职领域由此兼具了教育性和社会性。因而从职业教育领域的子领域——高职领域这"一点"出发,推进 PPP 模式建设,以此向职业教育领域乃至社会领域(职教领域又是社会领域的子领域)进行创新性复制,形成"点面"效应。同时,高职领域所具有的产业性特质又使这一"出发点"建设顺理成章:最"经济"的高职领域的 PPP 模式建设问题与本身就是经济问题的 PPP 模式问题最靠近;而"经济社会发展"这种惯常表述本身就表明,经济与社会两者的联系又是如此紧密。

(二)公共服务供给机制重大创新的高职领域 PPP 模式建设会形成"撬动效应"

高职领域 PPP 模式建设还能够借职业教育公共服务供给机制的创新建设,促进高职院校形成多元利益主体下的新型治理结构,进而促进社会治理结构的优化建设,从而形成"撬动效应"。PPP 模式不是一种新的融资模式,而是公共服务供给机制的重大创新[2]。这是高职领域 PPP 模式建设所昭示的深层意义。

这一供给机制创新正与供给侧改革主旨吻合。供给侧改革要求物质资本供给改革和人力资本供给改革、管理供给改革"三管齐下",既要着力提高资本形成效率——提高政府投资效率并保障企业和个人投资自主权,又要致力于建立利益共荣的激励机制,使各相关利益方能够聚集于社会治理的架构下。同样,PPP 模式建设也要通过构建良性的公共服务供给机制而让"公""私"方齐集于有秩序的社会架构中。如此,供给侧改革与创新公共服务供给机制的 PPP 模式建设,两者"吻合"于通过产业端("物质资本+人力资本+管理"供给端)或公共服务供给端来建设一个可治理的社会。

显然,高职领域以其教育性、产业性、社会性"三性"兼具的品质,成为连接产业端和公共服务供给端的重要领域;高职领域需治理的高职院校则是这个"可治理的社会"的重要单元。选择这样的领域和单元切入 PPP 建设模式,是对"深层意义"的进一步诠释:该建设可成为"以高职教育发展促进区域经济社会协调发展"的重要"抓手",进而成为国家治理体系和治理能力现代化建设的重要"推手"。"抓手"和"推手"正是该建设产生"撬动效应"的杠杆。

(三)高职领域 PPP 模式建设反向的实践观照:"抓手"和"推手"被工具化进而功利化

然而,如果这一"抓手"和"推手"被工具化进而功利化,那么"撬动效应"释放出的负能量同样巨大。由于社会治理秉持"四法则"(彰显文明、法治理念的双向互动法则,激发非政府组织社会建设参与度的多元参与法则,探索应对利益多元化格局的制度性解决办法的合作协商法则以及公开透明法则),即社会治理比社会管理更具备现代化的特征[3],高职领域 PPP 模式建设若仅作为一种投融资机制或以"提供或优化职业教育服务"为名而

"圈地""圈资源",则其功能就被扭曲和"矮化"了。这有悖于社会治理法则。对此,目前PPP模式建设的实然状态所反映出的与应然状态的差异,提供了这种扭曲和"矮化"的印证性解读和反向的实践观照。

PPP模式,这个被认为起始于英国撒切尔夫人执政时期、以PFI(私人部门融资创制)形式为首创的模式,既给国内研究以借鉴,又被人为发挥——实践设计的自我性和操作的随意性使中国PPP模式建设实践出现变异的苗头。如目前PPP模式被解读为"政府和社会资本合作模式","私"方被"放大"为社会资本,包括私企(这本是"私"方的经典含义),以及集体企业和外企,甚至扩及非地方政府辖区内的国企。由此可见,PPP模式被定位为政府融资工具或政府债务处理工具的倾向明显,有借"西学"之名,行投资扩张之实之嫌。这偏离了PPP模式建设的"现实意义"和"深层意义"。

高职领域PPP模式建设应有矫正这种倾向的责任,其建设不是借职业教育领域之名而推介作为一种投融资模式的PPP模式,而是以之为平台和契机来推进高职院校"建设模式—办学机制—治理结构"的优化建设,以此推进职业教育发展方式以至教育发展方式的转变,进而撬动一个"有秩序的社会架构"的创新建设。

三、高职领域PPP模式建设的机制设计: "进入—退出"机制安排是中心内容

高职领域PPP模式建设正向和反向的实践观照,必会引发关于这一建设的顶层设计问题的审慎追问,而"进入—退出"机制安排是"追问"的中心议题。

(一)高职领域PPP模式建设机制设计要以两个"四个合作"的有效对接形成可持续发展机制

当然,"私"方被放大也有社会资源拓展的积极意义。基于此,高职院校推进PPP模式建设,其实质是要引入"私"方所代表的社会资本等社会力量和社会资源,通过"政校企社(社会力量)用"协同而实现"四个合作",进而在创新高职教育建设模式和办学机制中构建可持续发展机制。

高职领域PPP模式建设,无论采取哪种方式或形式,都会涉及合作主体选择、合作投入分解、合作风险分担、合作效益分享四大要素,这"四个合作"与高职院校大力推进合作办学、合作育人、合作就业、合作发展的"四个合作"异曲同工——高职院校可持续发展系于产学研合作、产教融合根本途径的殊途同归。高职院校推进"四个合作"的过程,就是高职领域PPP模式建设"四个合作"被嵌入的过程。因此,"公"方对待以这些产业组织为代表的"私"方的态度以及由此形成的制度安排就至关重要。

(二)两个"四个合作"有效对接的关键是进退自如的制度建设

为此,高职领域PPP模式建设必须解决"私"方引入的制度建设,尤其是进退机制设计问题:一是"私"方"进得去""愿意进"问题,即进入机制设计问题;二是"私"方"出得来"问题,这是退出机制设计问题。由于进入机制和退出机制是密切贯通的,因而要统筹规划,即进行"进入—退出"机制设计。但在具体推进中,进入问题仍是前置问题,是首要问

题，退出问题是后续问题，是根本保障问题。

"进得去"问题实为高职领域 PPP 项目建设中的"私"方进入门槛问题。鉴于高职领域的非基础教育性质和开放式办学"风格"，显性的门槛问题似乎没有，但隐性的门槛问题明显存在，即"私"方通过 PPP 项目建设进入高职领域所形成的资产产权的归属问题。"愿意进"问题是这些项目及其代表的教育领域等社会事业领域对于"私"方的吸引力问题，吸引力问题的核心是建立一套较成熟、可实施的商业模式，为"私"方——那些潜在的合作者，找到预期的、有声誉，虽无暴利却稳定的赢利模式。然而潜在赢利向现实收益转化，必须有顺畅的资产"变现"通道。这便连带产生了后续建设问题，其核心是退出机制设计问题，即设计出能让这些投资者适时、自如退出的通道。

四、高职领域 PPP 模式建设"进入—退出"机制设计的两大要件：商业模式和退出通道安排

(一)进入机制设计的核心是商业模式安排

1."捆绑式运作"和"套餐模式"是一种优而现实的商业模式安排

PPP 项目的具体运作，主要由收费定价机制、项目投资收益水平、风险分配基本框架、融资和改扩建需求、期满处置等因素决定。因而适宜采用 PPP 模式的项目应满足以下条件：价格调整机制相对灵活、市场化程度相对较高、投资规模相对较大、需求长期稳定等[4]。问题在于，尽管高职教育的产业属性凸显，但本质上高职领域仍然属于公益性领域、社会事业领域，故而高职领域 PPP 项目本身，通常可以满足"投资规模相对较大、需求长期稳定"的条件，但难以满足"价格调整机制相对灵活、市场化程度相对较高"的要求。不妨从学费收取机制展开。

学校已有的收费机制——学费收取机制，是学校为维持其正常的教学运转、保障学生完成学业而建立的事业性收入来源机制；进一步说，由于公益性和社会事业性的限制，这些公办高职院校的建设项目与社会性或民营的职教项目不同——其本身并无或难以建立明晰的投资性(商业性)回报机制。这样一来，由高职领域 PPP 模式建设的收费机制形成的赢利模式建设，就与"硬经济"领域 PPP 模式建设直接通过 PPP 项目收费而形成赢利模式有较大的差异。

为使难以直接产生现金流从而难以独立形成一种赢利模式的高职领域 PPP 项目建设能够被引入"私"方，以践行"使具有公益性特性的高职领域 PPP 项目建设借力于市场机制而实现'公私'合作"的思想，需要引入一种运作方式和模式，来补足这种项目在适用性上的"不完全吻合性"，"捆绑式运作"和"套餐模式"的商业模式设计，由于能够形成可预期、稳定的收益，正是一种较优的"吻合性缺补"选项。即从高职教育服务以追求社会效益为主并兼顾经济效益的基本原则出发，将这种 PPP 项目和与此有关联的收益性项目进行"捆绑"，或将这种 PPP 项目的设计、建造、融资、运营、维护、保障各环节"捆绑"，以形成"主产品"和"副产品"互补的"套餐模式"。"套餐模式"是"主产品"和"副产品"的组合模式，"主产品"是高职教育服务本身(技术技能人才培养＋应用性研发＋特色社会服务)，而"副产品"是由"主产品"衍生或附带生发的商业性服务系统，如与"主产品"配套的各种服

务设施及其维护、保障等。

2."安哥拉模式"提供了关于"捆绑式运作"和"套餐模式"的经验指引

这种"捆绑式运作"和"套餐模式"吸取了"安哥拉模式"的精髓。2002年,内战结束时的安哥拉,无法得到西方国家的重建资金,中国则带去资金和项目,结下了一段十几年的中非"姻缘"。中国在安哥拉没有抵押品和还款来源的情况下,约定用未来开采的石油作为安哥拉应支付的债务,以此帮助安哥拉启动重建。此后,刚果(金)、赞比亚、苏丹、尼日利亚等国也依此相继与中国有关组织(如进出口银行等)签署石油等资源产品担保协议。这种做法被统称为"安哥拉模式"。我国在国际产能合作(主要是中国援建非洲的合作)中创建的这种模式,名为"以资源交换基础设施的易货交易",实为一种以"闲置"的资源换取现实的资金和项目的互惠合作,即以这些非洲国家丰裕但"束之高阁"的资源(由于开采、运输等基础技术和设施的匮乏而无法产生现时现金流)为担保,"捆绑"中国带去的能够直接启动这些基础技术开发和基础设施建设的资金及其形成的项目。

如今,国内外发展环境已发生巨大变化。为纵深推进供给侧改革,去过剩产能、建立新的双边和多边自由贸易体系以冲抵TPP(跨太平洋伙伴关系协议)和将要成型的TIPP(跨大西洋贸易和投资伙伴关系协议)的影响,"一带一路"建设被赋以重任,"安哥拉模式"也由此被赋予新内涵。如正在起航的丝路基金拟采用"安哥拉模式",即把有直接现金流的项目和没有直接现金流的项目进行捆绑、整合,综合还款[5]。

"安哥拉模式"带来的启示是:在商定的商业模式下,高职领域PPP模式建设如果能够"捆绑"并融于更多具有国际背景的合作"元素"和合作资源,中国高职院校就能够积极投身"一带一路"建设,加速高职教育国际化进程。

3."捆绑式运作"和"套餐模式"的制度经济学解读

其实,这种"捆绑式运作"和"套餐模式",本质上是将公共物品供给与私人物品供给"捆绑"的思路,并由此演化为两种物品"捆绑"供给的制度安排。从提出这一思路,到"诱饵"和"搭卖"创见的提出,再到"灯塔"案例的阐释,一些产权经济学和制度经济学大家的研究成果,为高职领域PPP模式建设提供了重要借鉴。

德姆塞茨被认为最早提出了这种思路。1964年,德姆塞茨认为将公共物品与私人物品"捆绑",能够吸引私人提供具有排他性的公共物品。1965年,奥尔森则提出以具有竞争性和排他性的私人物品作为"选择性激励"的诱饵,来促使私人物品和公共物品的联合供给或"搭卖"。1974年,科斯发表的《经济学的灯塔》一文,是关于公共物品与私人物品"捆绑"供给的经典分析。该文通过对英国灯塔供应现实的分析提出了公共物品私人供给的观点[6]。这一观点是对庇古主张灯塔难以向船只收费的反对性回应。1938年,以分析私人资本与社会资本的分离而支持政府干预的经济学家庇古以灯塔为例说明,由于在技术上难以向船只收取费用,政府建造灯塔这一类产品是必须的[7]。科斯的分析使人们认识到,有可被看作是私人物品的港口或泊位,就可以对使用灯塔的船只收费。不过,灯塔由私人建造和收费的局面维持了一段时间后,由于收费过高,加之那些不经过港口的船只仍搭了灯塔的"便车",灯塔的私人建造和收费权还是被政府回购了。

这就反映了公共物品私人供给的一个悖论:公共物品由政府独家供应,难免会出现"公地悲剧",但若不处理好政府规制和市场机制的合理边界,任由私人供给作为,又难免会出现公共利益被侵害。这也是以"捆绑"问题的制度经济学分析作为对上述"实践悬念"问题的呼应。

（二）退出机制设计的核心是顺畅的通道安排

退出通道的设计有三种：一是"交易"退出通道；二是"移交"退出通道；三是"资产证券化"退出通道。无论采用哪种通道，其基本的也是根本的前提是：高职领域 PPP 项目资产，其产权是明晰的。这就有赖于项目运行中治理结构以及为此提供保障的法律法规的制度建设——如何以股份制或混合所有制形式来清晰界定"公""私"等相关利益者各方的产权。因此，形成良性运转的治理结构和"好"的制度安排，是退出通道安排以至整个项目成功实施的要件。

通道一一般是指利用本地（省、市）的产权交易组织（交易所、交易中心等）实施退出。其优点是操作相对简便，但通用性即交易的全国有效性较低（目前各地产权交易组织仍各自为政，市场分割），交易层级较低。所以，这种通道最为"低端"。

通道二的实施有多种方式，如 BOT（建设—运营—移交）及其"精简版"BT（建设—移交）、BOOT（建设—拥有—运营—移交）、BLT（建设—租赁—移交）、BOOST（建设—拥有—运营—补贴—移交）、BTO（建设—移交—运营）、ROT（重构—运营—移交）、BLOT（建造—租赁—运营—移交）等。在这些方式中，"建设"是基本内容，"移交"是"出让""建设"的成果——参与部分或全部投资的"私"方由此退出，而项目资产（产权）最终归"公"方保留。这些方式是公办托管、国有民办、租赁托管等模式在高职领域的应用或延展，是对《国务院关于加快发展现代职业教育的决定》（以下简称《决定》）关于"探索公办和社会力量举办的职业院校相互委托管理和购买服务的机制"要求的落实。由于这些"移交"方式各显优劣并各有适应性，需结合制度环境，并特别关注它们对于职教 PPP 项目等公益性PPP 项目的适用性，在博弈中达成其中的智慧选择。本通道应用相对成熟。如果从 20 世纪 80 年代我国第一个 BOT 项目——深圳沙角 B 电厂建设算起，该通道已运行近 30 年。但在实施时要注意甄别真假 PPP 项目，防止出现"伪"PPP 项目和"明股实债"行为。"明股实债"被称为"去表业务"[8]，实际就是一种置换，即对原来用发债方式运作的项目，通过PPP 模式置换成以政府的公共预算支出操作的项目。由此，政府"悄然"完成去杠杆任务，PPP 模式也成为帮助地方政府"债务去表"的工具。这种方式固然短期可解政府融资、处理债务的燃眉之急，但无益于投融资机制的根本转换以及由此带来的政府治理方式、社会治理机制的变革。在此即对前述的反向实践观照问题进行了"通道"式回应。

通道三的运作首先要进行合作载体设计，即要有一个科学合理的载体来承载高职领域 PPP 项目，这个载体即为特殊目的载体 SPV（Special Purpose Vehicle）。通过 SPV，可以将各利益方（高职院校、政府及其有关部门、企业等社会资本、金融组织等）连接起来。资产证券化通俗来说就是把缺乏流动性，但具有可预期现金流收入的资产，通过在资本市场上发行证券出售以获取融资，提高资产的流动性[9]。高职领域 PPP 项目的资产证券化的基本流程（见图 1）是将具有稳定未来现金流的非证券化资产集中起来（设立 SPV、非证券化资产证券化即将 PPP 项目资产改造为证券资产、组建资产池）；将这些资产进行重新组合（证券化资产所有权转移以及增级和评级）；据此发行和交易证券（证券出售、价款支付、证券清偿）。本通道是对《决定》关于"探索发展股份制、混合所有制职业院校"要求的落实。

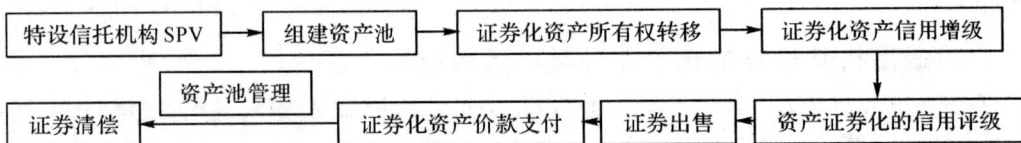

图 1　高职领域 PPP 项目资产证券化基本流程

　　鉴于通道二出现的问题，本通道应被推荐使用，但由于其最高级、最复杂，要求也最高——涉及产权结构及其重整，需完善的政策、法律制度环境特别是相应的金融财政环境以及技术手段等的配套跟进。目前我国高职教育尚达不到或不完全达到这些要求。这也是当前推进高职领域 PPP 项目的难点之一。我国资产证券化试点实践自 2005 年起已有10 年，换言之，"资产证券化"退出通道实践至少比"移交"退出通道滞后 20 年。然而 10年以后（PPP 项目合作应以长期合约为保障，一般认为低于 10 年的合约为伪 PPP 项目合约），本通道运作将进入实质性、规模性操作阶段。

参考文献

[1] 张琦,朱恒鹏.公共品的非政府提供[J].比较,2014(3):5—7.

[2] 王海平.江苏大规模推广 PPP 鼓励社会资本参建 14 领域[N].21 世纪经济报道,2015-09-29(5).

[3] 李强.创新社会治理体制[J].前线,2014(1).

[4] 周潇枭.PPP 低签约率三大难题:资金成本谈不拢,易突破财政红线[N].21 世纪经济报道,2015-05-09(4).

[5] 张霞.丝路基金起航[N].南方周末,2015-03-20(5).

[6] 高希宁,董金阳.公共物品的产权鉴定、效率分析以及合理安排——读科斯《经济学中的灯塔》中对"公共物品问题"的理解与扩展[J].消费导刊,2009(21):74.

[7] 许彬.公共经济学导论——以公共产品为中心的一种研究[M].哈尔滨:黑龙江人民出版社,2003.

[8] 冯禹丁.两年锐减 1400 亿 重庆大减地方债[N].南方周末,2015-05-21(6).

[9] 陆玲.抢滩资产证券化[J].财经,2015(32).

高职院校与县域发展的共生模式构建

姚奇富[①]

摘 要：从矛盾协调到一体化而形成一种良性或理想的共生关系，这是高职院校与县域发展关系质的飞跃，是高职教育发展的新境界或更高境界。共生理论为研究高职院校与县域发展关系提供了更具解释力和建构力的分析框架。这种良性或理想共生关系形成的过程，是通过培育共生单元、优化共生环境、构建适切的共生环境实现的，也是深化"县校协同创新"的过程。

关键词：县域；共生模式；共生环境；共生关系；共生单元

在高等教育从大众化向普及化不断发展的背景下，随着我国新型城镇化建设的不断推进，"大学与县域发展关系"这一现实命题越来越受到关注，也成为大学尤其是高职院校改革的重要实践命题。高职院校与县域发展关系，从矛盾协调到一体化所形成的一种良性或理想的共生关系，是高职院校与县域关系质的飞跃，是高职教育发展的新境界或更高境界。共生理论为研究高职院校与县域发展关系提供了一种更具有解释力和建构力的分析框架。解读高职院校与县域的这种共生依存关系，可以更好地明确高职院校的办学定位和发展方向，以使高职院校在更好地为县域发展服务的同时拓展其服务区域发展的广度和深度，进而实现其可持续发展。

一、将共生机理引入"高职院校与县域发展关系"的分析具有重要意义

（一）共生机制和共生模式也成为职业教育问题分析的重要路向

德国生物学家德贝里于 1879 年提出了生物学意义上的"共生"概念。随后布克纳关于"内共生"、科瑞勒和刘威斯关于"寄生"和"互惠共生"、斯哥特关于"共生是生物体生命周期的永恒特征和生理上彼此平衡的状态"的系列观点，进一步拓展和丰富了"共生"的概念。共生关系由共生单元、共生模式和共生环境三大要素构成，共生单元构成共生关系的基本能量生产和交换单位，共生模式构成共生单元相互作用的方式或形式，共生环境构成

---

① 姚奇富，浙江工商职业技术学院院长、教授，主要从事教育经济学、高等教育管理研究。

共生关系存在与发展的内部和外部条件。"在共生关系的三要素中,共生模式是关键,共生单元是基础,共生环境是重要外部条件"[1]。

共生理论和方法自20世纪中叶以来开始应用于社会科学领域,主要是医学领域、农业领域和经济领域。经济领域的应用被认为起始于1998年我国管理工程博士袁纯清运用共生理论研究小型经济。袁纯清认为:共生不仅是一种生物现象也是一种社会现象;共生不仅是一种自然现象也是一种可塑状态;共生不仅是一种生物识别机制也是一种社会科学方法。由此,以袁纯清为代表的研究者,建构了将共生理论作为一门社会科学所需的概念工具体系、基本逻辑框架和基本分析方法,将生物学上的共生学说创新为社会科学的共生理论,为人们提供了一种认知自然现象和社会现象的新境界、新思维和新方法。

基于共生现象、共生机理而形成的研究方法和研究范式,也已广泛应用于对于教育问题的分析;从共生机理出发而构建的共生机制和共生模式亦成为职业教育问题或高职教育问题分析的重要路向。鉴于高职教育办学定位的规定性、自身特质和成长潜质,进行基于共生模式建设的"高职院校与县域发展关系"研究,既具有现实性价值,又有着前瞻性意义。在此特别指出两点:第一,这里的"高职院校"主要指的是专科高等职业院校。因为按我国现代职业教育体系建设布局来看,将形成"中等职业学校—专科高等职业院校—应用型本科院校(转型为职业本科的)"的格局。引导部分地方本科高校向应用型学校转型成为既定国家政策[2]。但这些转型为职业本科的应用型本科院校中有相当一部分院校,对建立和发展与县域的关系并无实质性动力和兴趣——专科高等职业院校有责任、有能力担当主力。第二,"县域"不单单指一个特定的区域,而且也指以县政府及其有关部门和县域行业企业为代表的各"县校合作"利益方的统称——它被当作与高职院校相对的行为主体。

(二)高职院校与县域发展的动因

高职院校与县域共生发展,既是高职院校以促进县域发展为新的依托,在区域经济社会发展中发挥越来越重要的作用所要追求的更高境界,也是高职院校应对新常态的现实需要,还是区域经济社会发展受制于内外部因素的制约而越来越依赖于高职院校支撑作用的重要标志。这就是说,高职院校与县域共生发展具有内外部动因。

首先,高职教育在"创时代"同样大有可为。这要从高职院校的成长历程谈起。如此,不能不提到已历时十年的示范校建设。如果说示范校建设,高职院校发挥作用的主战场是城市区域,那么在"后示范建设"时期与"双创"时代相互交织的新阶段,高职院校要获得新的成长空间,发掘和拓展县域这个新的成长空间是顺势应势之需。新型城镇化、城乡一体化、中国制造2025、精准扶贫事业、农业供给侧结构性改革,这些国家"十三五"时期发展建设战略的推进,都需要有一个好的"通道"或"切口"实现与县域产业发展、科技进步的有效对接。这个好的"通道"或"切口"便是高职院校。

其次,县域发展由于追踪新"国策"而急需使之"落地"的大批高素质的技术技能人才。这对高职教育发展提出了更高更新的要求。一方面,县域发展为高职院校可持续建设提供了坚实的土壤——县域经济发展水平、产业发展现状、教育支持政策等都支持或制约着高职院校的办学条件、专业设置和课程设计;另一方面,县域发展中新问题的出现也呼唤着"最接地气"且居于相对高层次的高职院校的进入——高职院校可通过技术技能人才培养、应用性科技开发、特色社会服务和文化传承促进县域可持续发展。

最后,在国家现代职业教育体系建设背景下,职业教育的内部分层也将逐步显现[3]。专科高等职业院校即本文所论及的高职院校,其服务面向——目前仍以城市区域为主的服务面向,正在或已经被面向职业本科的地方本科高校所替代,这是说,这些专科高等职业院校将重要的服务面向"锚定"为县域,是理性的智慧选择。经济发达地区的高职院校已率先迈步并取得了实质性成效。

高职院校对于由新常态所引发的高等教育领域以及高职教育领域发展的新变化、新趋势的积极反应,反映了高职院校与县域发展建立共生关系的趋势性要求;或者说,高职院校与县域发展两者之间赖以建立一种相互依存关系,为高职院校与县域发展的共生模式构建提供了新的研究和实践命题。

二、高职院校与县域发展的共生模式选择

(一)高职院校与县域发展的共生关系要素解析

根据以上分析可知,高职院校与县域发展的关系,是"大学与区域发展关系"在县域的反映;高职院校与县域发展形成的共生关系,由三大要素即共生单元、共生环境和共生模式组成。三大要素中,高职院校和县域各单位(包括县政府和乡镇政府及其部门、企业、行业等,县域内的学校也可囊括在内)构成共生单元,为这种共生关系的基本能量"生产"(学校是不直接从事生产但为生产提供服务的单位)和交换单位,是"高职院校—县域"共生关系得以形成的基础;共生环境是高职院校所处的县域政治、经济、文化、教育等各种关系的总和,是形成这种共生关系的重要条件。

由于共生模式是维系高职院校与县域共生关系的关键,也就是说,共生模式及其效率是承载高职院校与县域发展共生关系的核心,所以,这里就重点讨论两者之间的共生模式及其构建问题。研究共生模式的要旨"在于研判何种共生模式具有最大的效率,共生的效率应该视为中心问题和判断基准"[4]。

为进一步促进高职院校与县域发展形成共生关系,需要培育合格、平等的共生单元,选择合适的共生模式,优化共生环境,建立高职院校与县域和谐共生的机制。

(二)不同共生模式形成的多种共生状态

就共生单元之间的联系或组织模式来划分,共生模式有点共生、间歇共生、连续共生和一体化共生四种模式,分别记作 M_1、M_2、M_3、M_4;就共生能量分配的对称程度或共生单元的行为方式来划分,共生模式又有寄生、偏利共生、非对称互惠共生、对称互惠共生四种模式,分别记作 P_1、P_2、P_3、P_4。共生单元的组织模式和行为方式两者交叉组合,共形成 16 种共生状态(详见表 1)。

表 1　不同共生模式形成的多种共生状态

共生单元的组织模式 共生单元的行为方式	点共生 M_1	间歇共生 M_2	连续共生 M_3	一体化共生 M_4
寄生 P_1	$S_{11}(M_1,P_1)$	$S_{12}(M_2,P_1)$	$S_{13}(M_3,P_1)$	$S_{14}(M_4,P_1)$

共生单元的组织模式　　　　共生单元的行为方式	点共生 M_1	间歇共生 M_2	连续共生 M_3	一体化共生 M_4
偏利共生 P_2	$S_{21}(M_1,P_2)$	$S_{22}(M_2,P_2)$	$S_{23}(M_3,P_2)$	$S_{24}(M_4,P_2)$
非对称互惠共生 P_3	$S_{31}(M_1,P_3)$	$S_{32}(M_2,P_3)$	$S_{33}(M_3,P_3)$	$S_{34}(M_4,P_3)$
对称互惠共生 P_4	$S_{41}(M_1,P_4)$	$S_{42}(M_2,P_4)$	$S_{43}(M_3,P_4)$	$S_{44}(M_4,P_4)$

以效率为基准,16种共生状态各呈现出不同的优劣性。对称互惠一体化共生"S_{44}(M_4,P_4)"为最佳共生模式;对称互惠点共生"S_{41}(M_1,P_4)"、对称互惠间歇共生"S_{42}(M_2,P_4)"、对称互惠连续共生"S_{43}(M_3,P_4)"以及非对称互惠一体化共生"S_{34}(M_4,P_3)"为次佳共生模式;非对称互惠点共生"S_{31}(M_1,P_3)"、非对称互惠间歇共生"S_{32}(M_2,P_3)"以及非对称连续共生"S_{33}(M_3,P_3)"为较佳共生模式;偏利点共生"S_{21}(M_1,P_2)"、偏利间歇共生"S_{22}(M_2,P_2)"、偏利连续共生"S_{23}(M_3,P_2)"和偏利一体化共生"S_{24}(M_4,P_2)"为较差共生模式;寄点共生"S_{11}(M_1,P_1)"、寄间歇共生"S_{12}(M_2,P_1)"、寄连续共生"S_{13}(M_3,P_1)"和寄一体化共生"S_{14}(M_4,P_1)"为最差共生模式。

(三)高职院校与县域发展的共生模式现状

将以共生单元的组织模式为基础形成的四种共生模式和通过共生单元的行为方式形成的四种共生模式,应用于职教领域,应用于分析高职院校与县域发展的共生关系,会出现什么样的情形呢?

目前高职院校与县域发展的共生关系,就组织模式而言,共生关系的稳定性较弱,共生模式相对单一,其表现是:以点共生和间歇共生为主,连续共生和一体化共生相对不足。高职院校向县域多个企业进行技术转让表现为点共生;县政府委托高职院校制订县域产业和行业发展规划为间歇共生;高职院校与县域合作,共建公共技术服务平台等平台即为连续共生;一体化共生的重要表现是,高职院校与县域共建共管特色产业学院,特色产业学院通过股份制或混合所有制的产权架构设计,将高职院校与县域的各相关利益方捆在一起。县域特色产业学院建设,其关键词首先是"产业"。"产业"的基本内涵是,产业学院建设要与县域产业发展的现状与趋向结合;县域产业部门——包括企业以及行业、产业园区、开发区等企业要素,要进入产业学院的组织结构并协同高职院校办学。县域产业部门的实质性进入,是产业学院冠之以"产业"的重要标志。"特色"也是关键词,其基本内涵是,与县域特色产业和特色文化对接的特色专业建设;与之相适应的并能体现现代职业学校制度的特色组织架构。

高职院校与县域发展的共生关系,还可以通过行为方式来观察。虽仍然存在寄生(高职院校与县域一方得益而另一方有损)和偏利共生(双方一方得益而另一方无明显损伤)的情形,但总体上这种共生模式以非对称互惠共生(高职院校与县域双方都得益但收益不平衡或某方未达成理想意愿)为主,尚未有效形成对称互惠共生(双方都达成意愿的理想状态)。尽管非对称互惠共生模式呈现广泛的存在形式,但高职院校与县域双方的能量累积以及由此进行的能量交换,因不对称的利益分配、资源配置等情形而存在差异,因而这种模式难以保证合作的长期稳定开展;对称互惠共生模式则通过一种对称性分配机制,使双方在同等摊入成本的基础上获得同等的能量积累和进化机会,因而这种模式是一种效率最高、凝聚力最强的共生模式。

因此,高职院校与县域要真正实现联动发展,这个系统就必须形成互惠双赢、共存共荣的"对称互惠、一体共生"模式[5]。县域作为区域的子域、作为合作的主体方之一,在"高职院校与县域发展"的共生系统中,只有均衡分配各共生单元相互作用产生的新能量,并保有自身的特色,才能保证"高职院校—县域"这一生态系统的稳定和可持续运行。

三、"三管齐下"推进高职院校与县域发展的共生模式构建

形成高职院校与县域发展良性的共生关系,合格、平等的共生单元是基础,良好的共生环境是重要条件,适切的共生模式是关键。

(一)培育合格、平等的共生单元

在高职院校与县域发展的共生模式构建中,共生单元培育处于基础性的地位,高职院校、县域政府和行业企业等是共生单元。各单元的物质、资金和信息等要素优势互补才能形成资源集聚,发挥资源的最大使用效率。这里重点谈高职院校共生单元的培育问题。

解决高职院校作为合格的共生单元的培育问题,实质上是要明确高职教育的性质和办学定位问题。这是事关高职教育发展方向的根本性问题。如果高职教育的办学定位不准、不当,那么从事高职教育的高职院校就不可能被培植为一个合格的共生单元。总体上讲,就性质来看,高职教育既姓"高"又姓"职"并且首先姓"职";就办学定位来看,高职院校要立足城域,拓展县域,并将县域作为重要的成长点和发展极。高职院校作为平等的共生单元培育的问题,实际是要从根本上解决高职教育的歧视性问题。这一点在高等学府林立的城域表现尤为明显。好在县域的相对"低端"天然地对应了高职院校的相对"低层次",也就是说,高职院校的受歧视性在县域无形地被淡化,这正为高职院校作为平等的共生单元培育创造了条件。

(二)优化共生环境

共生环境是一个包括政治、经济、文化、教育和法律等多要素的复杂综合体。

从是否有利于共生能量产生的角度看,共生环境可分为正向环境、中性环境和反向环境。不同的环境对高职院校与县域发展的规模以及合作方式产生不同影响。科技水平、政策法规、市场成熟度、县域文化等显性或生发的特定环境都会影响高职院校与县域的共生发展。好的环境有利于提高参与主体之间的共生效率,降低合作风险,实现资源的合理配置,推动新组合模式衍生,同时也有助于形成多元化、融合化、动态化、持续化的协同创新模式与创新体系。

在共生环境建设方面,政策、法规环境建设是重要内容。这也是区域政府和县域政府发挥引导作用的重要体现。以宁波市为例,宁波在全国率先出台了《宁波市职业教育校企合作促进条例》及其实施办法,率先成立了职业教育校企合作促进会,建立了宁波市职业教育校企合作公共服务平台,基本形成政府主导、行业指导、企业参与的办学制度。2014年,《促进高等职业院校与地方共建的指导意见》(以下简称《意见》)的发布,是政府进一步

推动职业院校提高服务于宁波区域(含县域)发展能力的重要标志,是从"校企合作"到"地方共建"的转变。《意见》从指导思想、工作目标、机制体制、双方职责等方面,对校地合作进行了政策引导。

(三)构建适切的共生模式

高职院校与县域发展建立一种良性的共生关系,最佳共生模式——对称互惠一体化共生,是追求的最高境界,次佳共生模式——对称互惠点共生、对称互惠间歇共生、对称互惠连续共生以及非对称互惠一体化共生,是致力于能够实现的目标,而较佳共生模式——非对称互惠点共生、非对称互惠间歇共生以及非对称连续共生,为过渡性的共生模式建设安排;同时要尽量避选较差共生模式——偏利点共生、偏利间歇共生、偏利连续共生、偏利一体化共生,特别是要避选最差共生模式——寄点共生、寄间歇共生、寄连续共生以及寄一体化共生。

因此,根植于县域发展,与县域建立一种共生关系,已成为高职院校实现错位发展的一种新趋势,也是高职院校形成其核心竞争力的重要方向。此外,高职院校致力于与县域发展形成一种对称互惠一体化共生关系,高职院校在追求这一境界中将获得可持续发展,县域发展也会相得益彰。这是高职院校与县域双方通过建立一种共生关系到追求更高境界的共生关系从而不断"进阶"的过程。

参考文献

[1] 袁纯清.共生理论——兼论小型经济[M].北京:经济科学出版社,1998.

[2] 赵秀红.引导部分地方高校转向"应用型"[N].经济参考报,2015-11-16(1).

[3] 伍红军.高职院校服务特色城镇建设研究[J].职业技术教育,2016,37(4):64—64.

[4] 宋宏,程雁雷,夏焰.大学与区域发展共生系统的建构[J].学术界,2008(2):176—187.

[5] 姜茂,朱德全.自由与共生:职业教育与区域经济联动发展的生态学审视[J].职教论坛,2014(10):17—20.

高校师生对学生评教影响因素的认知研究

——基于 H 学院学生评教问卷调查数据的统计分析[①]

王肃婷　刘　琳[②]

摘　要:为探讨高校师生对学生评教影响因素的认知情况,研究采取问卷调查法对 H 学院 2082 名学生和 147 名教师进行调查。调查发现:高校师生均认为学生评教受教师、课程、学生和管理因素的综合影响,其中教师的教学态度和教学技能影响度最大,而师生在评教结果的处理方式、教师科研水平、教师对学生严格要求的程度、周围同学对教师的评价和师生关系五个方面的认知存在显著差异。

关键词:学生评教；影响因素；认知研究

一、引言

学生评教是近年来我国高校构建内部教学质量保障体系、完善教学质量评价机制的重要举措,旨在收集学生对教师教学质量的评价信息,使教师在教育教学过程中的问题能够被及时发现和解决,从而不断提升教学质量。经过 30 多年的发展,学生评教已经成为我国大部分高校的一项常规管理制度,其结果被广泛应用于教师教学质量评估、课程教学优秀奖评选、职称晋升、绩效考核等活动中。然而,这种做法引发了很多教师和学者质疑,他们认为学生评教并不能准确反映教师的教学水平,评教结果受诸多因素的影响,其中很多因素并非是教师所能控制的,如很多学者采用高校积累的学生评教数据探讨学生评教影响因素,结果表明,学生的学习兴趣、课堂出勤率、学习成绩、评教能力和评教态度,课程的性质、难度、授课班级规模等因素都会影响学生评教的结果[1][2]。但目前通过这种方法探讨学生评教影响因素的研究并未取得一致结论,甚至互相矛盾。如吴培群、陈小红基于北京一所高校学生评教分数的统计分析发现,学生评教与学生的专业、年级以及课程的特

①　发表于《扬州大学学报(高教研究版)》2017 年第 5 期。

②　王肃婷,宁波大学科学技术学院教务部副部长、助理研究员,主要从事教师发展、高教管理研究。
刘琳,高等教育学硕士,宁波大学科学技术学院教务部教研管理,主要从事教学评价、创新人才培养研究。

点相关性显著,而与教师的年龄、性别、学历和职称等相关不明显[3]。与之相反,国外学者Michael J. Seiler,Vicky L. Seiler 和 Dalen Chiang 的研究却发现,学生专业、年级和学习成绩三个方面对评教差异没有影响[4]。国内学者毛丰付的研究发现教师职称对教学评估分的影响显著,且具有一定的稳定性[5]。研究结论的不一致使我们很难判断这些因素是否对学生的评教结果产生影响,而且这些研究只揭示了各因素与学生评教结果的相关性,到底其影响度如何,哪些因素影响度最大,并未得出结论。

采用评教数据探讨学生评教影响因素的实证研究固然有助于得出客观的结论,但由于种种原因很难得到一致的、可靠的结论,而且比起真实客观的情况,师生对学生评教的主观认知往往对其行为发挥着更大的作用。认知行为理论认为,在认知、情绪和行为三者中,认知扮演着中介与协调的作用。认知对个人的行为进行解读,这种解读直接影响着个体是否最终采取行动。认知行为理论将认知用于行为修正,强调认知在解决问题过程中的重要性。由此可见,认知对我们的行为方式产生重要影响。高校师生作为学生评教的直接利益相关者,他们对学生评教影响因素持有何种认知,极大地影响着他们对待学生评教的具体行为。因此,从主观认知的角度研究高校师生对学生评教影响因素的认知情况,可以为现有研究提供一种新思路。具体研究问题为:①高校师生认为哪些因素会影响学生评教有效性?②各影响因素的影响度有多大,哪些因素发挥着最为重要的作用?③高校师生对学生评教影响因素的认知是否存在差异?

二、方法

(一)调查工具

研究以自编的学生评教调查问卷(学生版和教师版)作为调查工具,并根据研究目的将调查问卷分为个人信息、学生评教影响因素两部分。通过梳理学生评教影响因素的相关研究成果,提炼出15个学生评教影响因素,分别是教师的个性特征,形象举止,教学态度,教学技能,科研水平,师生关系,教师对学生严格要求的程度,教师所授课程的重要程度、难度,学生对教师所授课程的兴趣,学生的评教态度、评教能力,学生对课堂的期望值,周围同学对教师的评价和评教结果的处理方式。据此,将学生评教影响因素分解为15道题目,采取5级评定法,"1"表示完全没有影响,"2"表示没有影响,"3"表示一般,"4"表示有影响,"5"表示影响非常大。由调查对象根据自己的切身感受进行填答。

(二)调查对象

本文以 H 学院为调查对象,分别对教师和学生开展学生评教问卷调查。其中,教师版调查问卷采取纸质随机发放的方式,共发放160份,回收有效问卷147份,有效回收率为91.9%。学生版调查问卷采取挂网调查的方式,共回收有效问卷2082份。调查样本构成情况如表1所示。

表1　调查样本构成情况

群体	指标	类别	百分比	群体	指标	类别	百分比
教师	性别	男	44.20%	教师	历年评教得分	优秀	57.20%
		女	55.80%			中等	42.80%
	教龄	5年以下	15.10%			较差	0.00%
		5～10年	32.90%	学生	性别	男	34.90%
		11～15年	27.40%			女	65.10%
		16～20年	11.00%		年级	大一	26.50%
		20年以上	13.70%			大二	30.40%
	职称	助教	12.20%			大三	34.00%
		讲师	73.50%			大四	9.20%
		副教授	10.90%		学科	文科	51.10%
		教授	3.40%			理工科	34.20%
						艺术类	14.70%

三、结果

(一)师生对学生评教各影响因素影响度的评分结果和排序结果

影响度表示教师或学生认为该因素对学生评教有效性的影响程度。将各等级按照对应数值赋分,计算方法为$(1 * y_1 + 2 * y_2 + 3 * y_3 + 4 * y_4 + 5 * y_5)/(总人数 * 5) * 100$,$y_i$表示选择该等级的人数,影响度满分为100分。首先按照上述公式分别计算学生和教师对学生评教各影响因素的影响度评分,然后将评分结果从高到低进行排序。

结果显示,师生对学生评教各影响因素影响度的认知一致性与差异性并存。一致性体现在高校师生均认为这15个因素会不同程度地影响学生评教有效性,其中,教师的教学态度和教学技能对学生评教有效性影响度最大,两个因素的评分结果和排序结果均不存在差异。

差异性分为三种情况,第一种是评分差异不大,但排序差异较大。表现在师生对教师所授课程的重要程度,其影响度差值仅为1.86分,评分差异不明显,但排序差异却高达7位,在15个影响因素中,学生将该因素排在第5位,教师则将其排在第12位;第二种是评分差异较大,但排序差异不大。表现在周围同学对教师的评价,其排序差值仅为1,但影响度差值却高达8.88分;第三种是评分差异和排序差异均较大。表现在师生对评教结果的处理方式、教师的科研水平、教师对学生严格要求的程度和师生关系四个方面。其中,学生对评教结果的处理方式和教师的科研水平的影响度评分均高于教师,差值分别为6.42和12.16分;两个因素的学生排序名次分别是第6和第7位,教师排序名次分别是第14和第15位,排序差值均为8。学生对教师对学生严格要求的程度和师生关系的影响度

评分均低于教师,差值分别为 8.1 和 11.48 分;两个因素的学生排序名次分别是第 13 和
15 位,教师排序名次分别是第 5 和第 4 位,排序差值分别是 8 和 11(具体数据详见表 2)。

表 2   师生对学生评教各影响因素影响度的评分结果和排序结果

项目	影响度（学生）	影响度（教师）	影响度（差值）	排序（学生）	排序（教师）
教师的教学态度	84.86	82.72	2.14	1	1
教师的教学技能	83.03	82.04	0.99	2	2
学生对教师所授课程的兴趣	78.40	80.54	−2.14	3	3
学生对课堂的期望值	76.54	75.21	1.33	4	7
教师所授课程的重要程度	73.97	72.11	1.86	5	12
评教结果的处理方式	72.27	65.85	6.42	6	14
教师的科研水平	71.34	59.18	12.16	7	15
教师所授课程的难度	71.26	73.61	−2.35	8	9
学生的评教态度	71.11	76.87	−5.76	9	6
学生的评教能力	71.07	75.10	−4.03	10	8
教师的形象举止	70.58	72.79	−2.21	11	11
教师的个性特征	70.30	73.29	−2.99	12	10
教师对学生严格要求的程度	68.77	76.87	−8.10	13	5
周围同学对教师的评价	67.68	71.56	−8.88	14	13
师生关系	66.21	77.69	−11.48	15	4

(二)师生对学生评教各影响因素影响度的认知差异检验

为进一步检验师生对学生评教各影响因素影响度的认知差异,分别对各题项进行独
立样本 T 检验。结果显示,师生在评教结果的处理方式、教师科研水平、学生的评教态度
和评教能力、教师对学生严格要求的程度、周围同学对教师的评价和师生关系 7 个方面存
在显著差异(p 值均<0.05,具体数据详见表 3)。

表 3   师生对学生评教各影响因素影响度的认知差异检验

项目	学生 M	教师 M	t	p
教师的教学态度	4.24	4.14	1.224	0.223
教师的教学技能	4.15	4.10	0.562	0.575
学生对教师所授课程的兴趣	3.92	4.03	−1.176	0.241
学生对课堂的期望值	3.83	3.73	1.088	0.278
教师所授课程的重要程度	3.70	3.61	1.001	0.318

项目	学生 M	教师 M	t	p
评教结果的处理方式	3.61	3.29	3.701	0.000
教师的科研水平	3.57	2.96	5.919	0.000
教师所授课程的难度	3.56	3.68	-1.291	0.199
学生的评教态度	3.56	3.84	-3.514	0.000
学生的评教能力	3.55	3.76	-2.513	0.012
教师的形象举止	3.53	3.64	-1.210	0.228
教师的个性特征	3.51	3.64	-1.214	0.227
教师对学生严格要求的程度	3.44	3.84	-5.199	0.000
周围同学对教师的评价	3.38	3.58	-2.310	0.021
师生关系	3.31	3.88	-6.861	0.000

综合上述统计结果,师生在评教结果的处理方式、教师的科研水平、教师对学生严格要求的程度和师生关系四个方面的认知存在显著差异;在教师所授课程的重要程度方面仅存在排序差异,但差异不显著;在周围同学对教师的评价方面仅存在评分差异且差异显著。此外,调查显示,师生对学生的评教态度和评教能力影响度的认知存在显著差异,但其评分差异和排序差异均不甚明显,对于该结果及其原因还有待进一步的研究与证实。

四、讨论

(一)研究结论与启示

1.学生评教有效性受教师、课程、学生和管理因素的综合影响,教师的教学态度和教学技能是两个最大的影响因素

影响度计算结果显示,师生均认为这 15 个因素会不同程度地影响学生评教的有效性。根据这 15 个因素的特点,可以将其归为四类,即教师因素(教师的教学态度、教学技能、科研水平、形象举止、个性特征,教师对学生严格要求的程度,师生关系)、课程因素(教师所授课程的重要程度、难度)、学生因素(学生对教师所授课程的兴趣、学生对课堂的期望值、学生的评教态度和评教能力、周围同学对教师的评价)和管理因素(评教结果的处理方式)。这一结论与何云辉和秦国柱的研究结论基本一致,他们对湖南三所高校 840 名师生开展问卷调查,并结合一所大学某一年学生评教的原始数据进行分析,结果发现,评价态度、误差心理、教师对学生严格要求的程度、师生关系融洽程度、评价指标、课程特征、环境特征、评价方式和评教结果处理等因素都在不同程度上导致学生评教结果产生偏差,影响了学生评教结果的有效性[6]。

在所有影响因素中,教师的教学态度和教学技能影响度最大。这一结论与董桂才的研究结果基本一致,他按照授课教师对所有学生评教分数进行分组,将学生评教差异分为组内差异和组间差异,组间差异代表教师因素造成的差异,组内差异代表非教师因素造成

的差异,使用泰尔指数进行分析,结果显示 76%—69%的学生评教差异是教师因素造成的,剩余的 24%—31%的学生评教差异是非教师因素导致的[7]。

该研究结论表明学生评教固然会受到其他因素的影响,但关键因素仍然是与教师教学密切相关的因素。这一研究结论意味着学生评教结果在很大程度上是可信的,学校和教师需要重视学生评教结果,真正将其作为改进教学,提高教学质量的依据,而不仅仅是走走形式。同时,学校在运用学生评教结果对教师进行考核时应当慎重,不能仅仅将原始评教结果作为奖惩教师的依据,还必须考虑到其他非教师因素对学生评教结果的影响。对此,学校最好可以对学生评教原始数据进行二次加工,尽量剔除其他非教师因素的影响,使评教数据更加接近教师教学的真实情况。

2. 学生对评教结果的处理方式和教师科研水平的影响度评分显著高于教师

目前,许多学校不注重向学生反馈评教结果,认为评教结果只与教师和管理者有关,学生只需要评教,而无需了解评教结果。但调查结果却显示,72.9%的学生希望学校公布评教结果。这表明大部分学生想要了解学生评教的真实情况,如果学校不向学生反馈评教结果,势必会引起学生的反感,进而导致学生评教结果产生偏差。此外,许多学校对评教结果的利用方式不当,大部分学校主要将其用于人事管理,而不是教学管理,仅仅将其作为教师考核、晋升的依据,却不重视用于改进教学,促进教师发展。久而久之,学生感觉不到教师的变化和教学质量的提高,会对评教产生一种应付的心态。这也解释了为什么学生对评教结果处理方式影响度的评价显著高于教师。因此,学校要重视评教结果的反馈,不仅要向教师和管理者反馈,还需向学生反馈,并合理利用评教结果改进教学,促进教师发展,让学生感受到评教结果与他们的切身利益密切相关,如此才能引起学生对评教的重视,端正其对评教的态度。

师生对科研水平影响度的评分差异最大,学生评分显著高于教师。这一结果表明教师需要重视科研,树立"科教融合"的育人理念。早在洪堡时代就提出了"教学与科研相统一"的原则,该原则要求教师要用高水平的科研支持高水平的教学[8],一方面教师要重视将科研成果引进教学,为教学提供新思想、新素材;另一方面教师也要重视将科研方法、科研思维传授给学生,帮助学生掌握独立探究知识的能力。坚持科教融合,以科研促进教学,既有助于提高人才培养质量,也有助于提高学生对教师的认可度,从而促进师生协同发展。

3. 学生关于教师对学生严格要求的程度、周围同学对教师的评价和师生关系的影响度评分显著低于教师

教师对学生严格要求的程度、周围同学对教师的评价和师生关系影响度的学生排序分别是第 13、14 和 15 位,且学生对这三个因素的影响度评分显著低于教师。这表明,学生在评教过程中仍然主要根据教师的教学态度和教学技能进行教学评价,并不像教师认为的过多地受师生关系等人情因素的影响。因此,教师不需要为了赢得较好的评教分数而刻意讨好学生,迎合学生不合理的要求。在教学过程中,教师应该发挥主导作用,做到宽严结合,一方面严格要求学生,对违反教学纪律、不认真学习的学生进行批评教育,严加管理;另一方面也要关心学生,时刻关注学生的学习状况,及时发现学生学习中的问题,对学有困难的学生加强辅导。

(二)研究局限与未来研究方向

本文主要存在两方面的不足,希望能够在将来做进一步深入的研究。首先,本文只对一所学校的师生进行了调查且囿于学校师资数量的限制,教师样本量较少,期望能够在后续研究中进一步扩大调查范围,使调查样本涵盖各层各类学校的师生,增强样本的代表性。其次,本文对学生评教影响因素的提炼不够全面,仅筛选了 15 个影响因素,而教师的职称、性别、年龄、学历,学生的年级、学科、性别、学习成绩,课程班级规模等其他可能影响学生评教有效性的因素没有被纳入其中。未来的研究需要构建一个更为全面的学生评教影响因素体系,以期进一步探讨各影响因素对学生评教有效性的影响度以及师生对各影响因素影响度的认知差异。

参考文献

[1] 汪旭辉.高校学生评教结果的影响因素研究[J].开放教育研究,2009(2):77—80.

[2] 常亚平,陈亮,阎俊.高校"学生评教"误差形成机制研究——基于学生态度的视角[J].高教探索,2010(1):80—86.

[3] 吴培群,陈小红.大学生评教的统计分析及其改革途径探索——基于北京一所高校学生评教分数的统计分析[J].高教探索,2010(3):78—81.

[4] Michael J. , Vicky L. , Dalen C. Professor, Student, and Course Attributes that Contribute to Successful Teaching Evaluations [J]. Financial Practice and Education,1999(Fall/Winter):91—99.

[5] 毛丰付.学生评教,偏差几何——对某校学生评教的数据分析[J].高等教育研究,2009(3):87—91.

[6] 何云辉,秦国柱.高校学生评教结果影响因素研究[J].理工高教研究,2008(1):66—70.

[7] 董桂才.学生评教的非教师因素研究[J].高教探索,2014(2):104—106.

[8] 郭卉,刘琳,澎湃,等.参与科研对理工科大学生创新素质影响的实证研究[J].高等工程教育研究,2014(2):106—111.

老年教育公平的缺失与回归

——基于宁波社区大学老年教育发展的个案分析①

赵文君　卢筱媚②

摘　要：近年来，我国老年教育需求呈"井喷式"增长，老年教育资源供给却严重短缺。二者叠加加剧了老年教育资源供需的严重背离和不平等竞争，凸显了老年教育公平的缺失，如城乡老年教育之间、干群老年教育之间、区域老年教育之间的公平缺失。探究老年教育公平缺失的原因，主要是受"一次性"教育观、老年教育公平边缘化、老年教育含义狭窄化等观念桎梏，城乡社会二元结构、城乡社保双轨制、现有老年教育办学一元化等体制制约及政府、家庭或个人经济基础还不能充分满足老年教育需求等经济束缚。因此，我们必须通过转变观念、创新体制、保障经费供给等举措推进老年教育公平的回归。

关键词：老年教育公平；缺失；回归

一方面，早在 2000 年，我国 60 岁以上人口就已占总人口的 10.46％，超过国际上界定"老龄化"社会 10％的标准，而步入老龄化社会。2013 年年末，浙江沿海城市宁波的老年人口已超过两成，标志着其进入中度老龄化社会[1]。另一方面，终身教育理念的逐步普及，极大地激发了成人接受继续教育的积极性。这两方面的因素促成老年教育需求的"井喷"。然而，近年来，老年教育的资源供给却没有相应增长，教育资源供求严重背离。以宁波为例，近几年虽然市政府出台了多项文件，创建了多所市、区级老年大学，截至 2013 年，全市共开班 895 班、招收学员 31063 名，但这仅仅满足了不到全市 3％的老年人的学习需求，"僧多粥少"的现象十分突出。供需失衡阻碍了老年教育资源配置的均等化，导致了老年教育公平的缺失。可是，早在 1948 年，《世界人权宣言》就明确地提出了人人享有平等的教育权，这在我国后来的宪法中也有充分的解释，强调教育平等是公民应该享有的一项重要权利。可见，探讨老年教育公平，回归宪法所规定的老年教育公平权利，不但有利于老年教育自身的发展，而且对依法治教、创建和谐社会也具有十分重要的现实意义。

---

　　①　宁波市教育科学规划课题"老年教育均等化策略研究——以宁波社区大学老年教育中心为例"（ygh072）成果，发表于《职教论坛》2015 年第 6 期。

　　②　赵文君，宁波广播电视大学社区教育处副处长，主要从事社区教育与终身教育研究。
　　卢筱媚，宁波大学成人教育学硕士研究生，主要从事社区教育研究。

一、老年教育公平的缺失

（一）城乡老年教育公平缺失

城乡老年教育公平的缺失主要体现在老年教育资源差距、老年人可学习时间的差量及老年教育组织网络差别上。首先，在教育资源方面，以图书量为例，有官方数据表明，近几年，中国年出版图书 17 万到 19 万种，其中有关"三农"的图书还不到 4000 种；城市发行网点在过去十几年间增逾 3 倍，而农村却减少了 40％。在经济较为发达的浙江省，占人口 60％以上的农民享有的文化资源还不足 30％"[2]。长此以往，城乡老年教育的"马太效应"只会越来越明显。其次，联合国人口基金与全国老龄办的调研显示，截至 2010 年，我国城乡之间的老年人收入来源差异巨大。城市老年人中，有 66.3％的老年人主要依靠离退休养老金生活；但在农村，这一比例仅为 4.6％。城市老年人中仅有 6.6％的老年人需要靠劳动获得收入，农村老年人却占到了 41.2％[3]。经济保障的缺乏，进一步致使农村老年人参加老年教育缺乏必要的时间保障，成为农村老年教育顺利开展的巨大阻力。此外，现有的农村老年教育组织网络较为分散，主要依托当地的成人学校、老年活动中心或老人协会开展；再加之受制于通信条件，农村的信息服务平台建设又大多滞后于城市，没有构建起相应的网络教育渠道。相反，城市老年教育依托原有的老干部局及新开拓的教育局办学体系，已基本构建起市级老年大学（老年教育中心）、区级老年大学、街道老年学校、社区老年学习点四级网络。宁波借助当地的社区教育体系，依托其终身学习公共服务平台（宁波终身学习网）正推进线上老年大学建设活动。城乡老年教育公平的缺失，需要老年教育"重心下移"，着力向农村普及。

（二）干群老年教育公平缺失

我国的老年教育是改革开放的产物，起步较晚。1983 年山东省成立了全国第一所老年大学，才标志着中国老年教育的正式开启。据 2007 年中国老年大学协会统计数据，在 258 所会员校中，公办占 86.43％，民办占 2.7％，公办民助和民办公助各占 5.43％。另据 2007 年中组部老干部局公布的材料，在全国 4000 所老年大学中，属老干部系统办的占 94.7％[4]。可见，我国的老年教育办学是政府办学占绝对主导地位。绝大多数的办学是各级党委组织部门、老干部部门主办，而且主要是作为老干部工作的组成部分来运作，且普遍呈现出"老干部局办老年大学，办老年大学服务老干部"的办学模式和体系。宁波也不例外，在宁波社区大学老年教育中心创办之前，全市 12 所老年大学中，11 所是由老干部局主管创办，办学宗旨首先是为离退休老干部服务的，在优先满足离退休老干部（处级以上）学习的基础上，再招收社区老年群众。"老干部局办老年大学"中出现的圈定服务对象，只管离退休干部"老有所教"的行为惯性，忽视或漠视了更大的老年群体的受教育权，是办学公平性不足的体现，将使得干群老年教育公平的缺失越来越显著。老年教育由老干部教育转到面向广大社会老人教育的重点下移过程需要进一步提速。此外，也反映了我国老年教育的办学体制僵硬，渠道过窄的现象，需要加速拓展其他教育途径，加快老年教育多元体系办学建设。

(三)区域老年教育公平缺失

区域老年教育公平的缺失,主要表现在经济发达和经济不发达的城市之间,沿海地区与内陆地区之间以及东部、中部与西部地区之间。不同区域间老年教育的发展尚存在较大差距。从老年教育机构的分布来看,首先,在经济较为发达的城市,如上海、北京、广州、天津等,"中心城区、县乡镇、居委会、村"的四级网络已基本建立;而在一些偏远的经济发展较为落后的省市区,市中心老年大学的建立都存在困难。沿海地区老年教育的发展也比内陆地区要顺利。同时,东部、中部、西部之间老年教育机构的分布也存在很大的差异性[5]。从"享学网—中国社区教育信息平台"汇总的各地社区教育网站数量上看,东、中、西部地区在构建上存在差距,东部地区,如浙江已有 37 个社区(终身)教育网站、江苏 24 个、上海 20 个、北京 16 个;中部地区,如湖南有 7 个、安徽 4 个、湖北 3 个、山西 2 个、河南 2 个、江西 1 个;而在西部地区,如宁夏、西藏、贵州、甘肃,均未建立起社区教育网站[6]。已进入中度老龄化社会的宁波,依托"市社区大学—县(市)区社区学院—街道(乡镇)社区教育中心—社区市民(村民)学校"四级社区教育办学网络以及宁波电大完善的组织系统和网络优势,发展老年教育,并强调社大和电大要主动融入老年教育,为办好老年大学添威助力。但是,即使在同一网络的搭建下,不同的地区条件优势和政策优势,使小区域内也出现了老年教育不公平现象。宁波的 11 个县(市)区的老年教育发展仍存在较大差距,宁波各地老年教育经费较为参差不齐。老年教育的扶持力度需要适度向发展较为薄弱的地区倾斜,这也是区域老年教育公平缺失的重要补缺内容之一。

透过老年教育公平缺失的表象,探究导致老年教育公平缺失的缘由,是找寻老年教育的公平不可或缺的重要途径。

二、老年教育公平缺失的原因

(一)观念桎梏

首先,"一次性"教育观仍束缚着社会大众的思想,终身教育理念仍然需要进一步加强宣传,尤其是在欠发达的地区以及农村地区,理念的传递还是不到位。老年教育是终身教育的重要内容,老年教育的施行是终身教育"教育机会均等"宗旨的有力体现。现今,老年个人、家庭成员、相关部门等社会全员的观念还没有得到全面更新,老年教育在观念上的阻力有待消除。其次,老年教育公平问题有被边缘化的趋势,尤其相较于基础教育和高等教育。基础教育和高等教育的资源投入被认为是雪中送炭,而老年教育的投入则被认为是锦上添花,关注度不同,地位不同,得到的保障也存在较大差距。政府及家庭在财力有限时,较少顾及老年教育,尤其是多数农村老年人,不仅需要照顾第三代,还多忙于生计,不能保障富余学习时间。此外,老年教育含义狭窄化观念,也制约着老年教育的公平发展。老年教育在注重"颐养"功能时,忽略有些老年人的"乐学有为"需求,尤其在农村和欠发达地区的老年教育活动开展中,容易受城市老年教育经验的束缚,简单套用城市老年教育模式和课程内容,缺乏因地制宜的教育内容。

(二)体制制约

我国长期形成的城乡社会二元结构体制,造成城乡二元教育体制,导致了城乡教育资源差距,不管是公共教育设施的完备程度,还是人力资源的配备程度等,都存在巨大的城乡差异。另外,城乡社保双轨制带来的老年人可学习时间的差量,也制约了基本公共教育均等化的向前推进,迫切需要统筹城乡公共教育,保障老年弱势群体的受教育权。此外,现有老年教育办学一元化体制的制约作用也较大,尤其体现在干群教育公平缺失上。从国外老年教育办学的成功经验上看,多数国家不仅办学主体多元化,而且办学呈现"中间大、两头小"的橄榄形结构,即自主自治办学、民间力量办学居多,政府投资办学、高等院校办学较少[7]。国外老年教育办学主体的橄榄形结构是老年教育群体结构较均衡的重要原因。老年教育办学资源属于公共服务财政体系投资,本应该面向全社会开展。我国老年教育办学体制,需要进一步的合理调整。一方面,老干部部门应解放思想,打破服务对象只是离退休干部的做法;另一方面需要拓展办学渠道,丰富壮大其他办学力量,社区学院、广播电视大学、成人学校等相关终身教育部门,需要及时上位补缺老年教育,缓解、破除体制制约。

(三)经济束缚

老年教育在经济上受到的制约,主要体现在两个方面,一是政府出于国家经济实力的考量,将有限的财力偏向于基础教育和高等教育,较少重视老年教育,使得老年教育的投入不足,未能满足老年人的学习需求。从我国老龄化社会发展与我国人均GDP的关系上不难发现国家经济实力的制约作用。许多发达国家在进入老龄化社会时,人均GDP是在5000—10000美元;而由我国国家统计局官网的数据可知,我国在2000年步入老龄化社会时,人均GDP才达到800美元左右(7857.68元)。2012年我国人均GDP才刚达到5000美元左右(38459.47元),我国是在步入老龄化社会的第12个年头,才逐渐靠近发达国家老龄化初期的人均经济水平。据《中国老龄事业发展报告(2013)》的数据,截至2012年年底,我国老年人口数量达到1.94亿,已逼近2亿。[8]二是家庭或个人经济基础不够夯实,也较难考虑处于边缘化地位的"老年教育"这一上层建筑。即使在有一定经济基础的情况下,老年的"继续社会化"问题也常被忽视,更多的教育投入,仍然会偏向下一代的教育。老年人个人在生活上也普遍较为节俭,老年教育投入的主动性也不足。目前情况下,老年教育的经济支持力量,主要还是较为依赖政府投入的老年教育经费。

三、老年教育公平的回归

(一)更新传统观念,加强宣传引导

终身教育理念需要进一步加强宣传,以解除传统"一次性"教育观的束缚,尤其需要加强在欠发达的地区以及农村地区的理念传递,要营造全社会都来关心老年教育的良好氛围。这不单需要改变老年人个人的思想观念,还需要使其家庭成员也树立终身教育思想,将更多的关注投向老年人。社会上相关部门的宣传和引导也是必不可少的。只有社会全员的观念得到更新,老年教育在观念上的阻力才能得以消除。

随着十八大报告提出公共服务均等化的任务目标,公共教育服务均等化作为我国公共服务均等化的重要内容得以强调。公共教育服务均等化主要是教育资源在全社会公平

合理地配置,教育在不同城乡、地域和人群之间均衡发展,是实现教育公平的必由之路。这就需要政府及家庭在老年人有教育需求的情况下,积极提供教育支持和经济保障,保证不同年龄阶段群体的教育权利平等和教育机会均等。

需要树立老年人全面发展的观念。老年教育的深度需要挖掘,从社会变化和不同老年人的生活现状出发,将"颐养"与"有为"相结合,以提高综合素质为目标,兼顾增能型、发展型的教育课程,保障处于不同阶段的老年人的教育权利。对于农村和欠发达地区的老年人以及老年初期的老年人,他们或需要解决生计问题,或仍然需要体现自身价值,因此应该提供他们适当的职业教育;对于处于老年后期的老年人来说,尤其需要加强生命教育和心理健康教育;对于整个老年阶段的老年人来说,闲暇教育需求仍应占主要部分,使他们的晚年生活得以丰富。

单一依靠老干部学校办老年教育的观念亦需要解除。电大融入社区教育,与社区大学"两个牌子、一套班子",创办老年大学,属新生事物,需要加强宣传引导、解放思想束缚。此外,应加强社大、电大等办老年教育的宣传工作,让更多的老年人知晓办学信息,让更多的相关单位支持老年教育办学,积极营造全社会都来关心老年教育的氛围,为多渠道壮大老年教育工作争取更好的条件。尤其建议社大、电大系统加强研究,顺势而为,抢抓机遇,积极宣传,主动应对,及时介入,实现社会效益和学校发展的有机统一,抢占事业发展的新增长点和发展极。

(二)打破体制制约,分步优化办学

现有的老年大学和老年学校作为我国老年教育的中坚力量,应进一步普及,不仅增加数量,而且扩大招生范围,广泛设置分校,使教学点不断延伸,或积极与社区教育点开展合作办学,借助已有的社区教育资源,尽量花小成本办成更多的老年教育活动。政府应逐步将老年大学纳入社会发展的规划中,加强管理,加大投入。通过国家办学,在市、区、镇(街道),以政府行为模式出资办老年大学,使老年大学延伸到农村去;通过集体办学,在镇(街道)、社区、村,利用敬老院、老年活动中心以集体模式筹办老年大学。发挥老年教育是党政主导、政府办学的优势,为老年学员参与社会、服务社会提供多内容、多渠道的载体和平台。

近年来,随着老年教育的发展,社区教育作为一种便利、有效的教育形式已经成为建立学习型社会的重要途径。除了依托原有的老年大学开展老年教育外,广泛开展依托电大的社区老年教育或创办老年教育中心,也成为创新老年教育办学体制的极佳探索,是实现教育公正、公平的需要。同时,这也是电大转型发展的需要,二者互利共赢。以宁波电大为例,其正是着眼于这个现实,顺势而为,谋势而动,乘势而上,主动而为,利用自身优势挂牌成立社区大学,主动参与、融入社区教育,打破了老年教育只有老干部局办的狭隘陈旧办学体系,这也是电大人自我转型的主动举措。依托宁波电大建设的社区大学老年教育中心,作为宁波市唯一一所由市教育局主办的老年教育机构,为开展社区老年教育奠定了扎实的工作基础。其在2011年创办之初,就本着"普及、普惠"的原则,把服务对象定位在全市所有社区老年群众,只要符合一定的身体、年龄条件,市民凭身份证就可以参加报名,而且有部分宁波新市民中的老年人也参加了学习班,可以说宁波社区大学老年教育中心是一所真正面向基层、面向社会、面向广大老年群众的老年教育机构;是促进教育公平、

惠及全体市民的重要举措和创新探索。宁波社区教育已经形成比较完善的"市社区大学—县(市)区社区学院—街道(乡镇)社区教育中心—社区市民(村民)学校"四级社区教育办学网络。宁波社区大学作为宁波社区教育的协调引领机构,以宁波市高标准成人学校建设、宁波市社区教育实验项目、宁波市优秀学习型社区建设和宁波社区大学的"百课下基层进社区"为抓手,积极依托系统优势,大力推动全市各级成人教育、社区教育学校机构主动融入老年教育。据初步统计,现全市已有 60 多家社区学院(中心)、成人学校开办起各类规模不等的老年教育班,开展了各类老年教育活动,其中 6 个明确挂出了乡镇(街道)老年教育中心的牌子。2013 年我市终身教育机构年组织培训老年学员达到了 120 万人次。社区大学创办老年教育中心的示范影响日益显现,老年教育办学多元化的格局正在我市逐渐形成。

现有社区大学的建设,多为依托当地电大的发展,国家也鼓励电大与社区大学合作办学,最大程度盘活电大资源,包括依托电大的软硬件资源。依托社区大学、电大办老年教育,就要发挥它们的优势,办出电大的特色。宁波电大从学校原有的并不宽裕的教育设施中调剂出老年教育办学专业教室 12 个,进行了专门的改造,建筑面积达到了 2200 平方米,并新购置了 200 多万元的专用教学设备,进而实现了电大与老年教育的教辅设备共享,教育资源共用。同时,在任课教师的选聘上,着眼电大转型要求,积极鼓励相关教师参与老年教育的任课工作。学校制订的绩效工资改革方案规定与成人教育课程的工作量一视同仁,明确了相关报酬与工作量,强化了系处间、系部间的合作共赢,把一批年富力强的一线教师推上了老年教育的讲台,深受老年学员的喜爱,涌现了一批老年校园名师和名课程。学校教师直接参与老年教育课任课教师达 16 人,占整个老年教育师资总额的三分之一。此外,尤其需要有效整合统筹电大远程教育资源,因地制宜打造老年学员的线上学习平台,推进线上老年教育学校(中心)的建设,使办学系统延伸到城市的各个角落,覆盖到大部分重点乡镇和区域。宁波电大(社区大学)就依托"宁波社区教育网"开设了"老年校园"网页,其中设有"学园动态""学员笔坛""图文共赏""教师之窗"等栏目;依托刚开通的宁波终身学习公共服务平台,积极筹建高标准的"空中老年大学"。以"空中老年大学"为基础,可以加强辐射引领效应,并以此为基础建好基层老年大学远程教育点。此外,单独建设了宁波老年教育网,实现了功能的更强大对接。宁波依托电大资源,筹备建设开办老年教育中心只花了半年时间,所花费用也只是 400 多万元,可谓花小成本办出了一所大学校。

老年教育的"社会化"办学,即要求发挥老年教育与多机构、多部门的对口和衔接。鼓励大型民营企业投资或捐资筹办老年大学,并逐步改善现有办学条件,改革可实施性的老年办学政策,使质量更高、规模更大、更加规范化的"社会化"办学的老年大学不断涌现。通过福利彩票、体育彩票以及企业赞助,多渠道获得资金,拓展单靠政府财政拨款、靠政府福利性投资来改善办学条件的途径。通过接洽地方高等院校和教育、卫生、文化等部门,建立讲师团,为老年教育提供较为稳定的高水平的教师资源,壮大教师队伍,定期组织送教下乡,使发展较为滞后的地区也能享受到丰富的教育资源。通过与报刊、电视等传统媒体和网络新媒体的合作,拓展宣传空间和扩大舆论影响力。通过借助文化馆、博物馆、图书馆等公益性社会设施,丰富老年教育内容和场地。通过与各个历史、文化景点的合作,积极促成老年教育的优惠政策,节省老年教育经费,拓展老年学员的社会活动场地,也能进一步扩大老年教育的社会影响力。

(三)制定政策法规,完善机制指标

老年教育公平问题是老年教育均等化的题中应有之义,老年教育是教育均等化的重要一环,是一项公益性大事业。相对于老干部局办老年教育的原有体制体系而言,无论是办学主体、任务、责任,还是资金、政策扶持,社大(电大)或其他终身教育机构参与老年教育的制度都还没有具体可操作性的文件条例,还没有形成完善的体制机制。特别是县级政府一级层面对当地社区学院、电大承担此项工作的支持力度不够。许多学校想积极参与老年教育,但碍于政策不扶持,经费无着落,工作不受肯定,老年教育工作推动就比较艰难。建议国家或省教育部门通过顶层设计、统筹规划,出台社区教育系统、电大系统等办老年教育的综合性扶持文件,开启创建教育系统办老年教育新格局,使基层能落地办老年教育。宁波也正努力构建城乡统一、府际互通的老年教育均等化制度体系,积极推动《宁波市终身教育促进条例》出台,为推进我市老年教育有序健康发展提供有力保障。在多数农村及欠发达地区,老年教育经费问题,更是迫在眉睫。政策法规保障中尤其需要保障经费投入、提供适当补助,缓解老年教育中的经济制约。

不同地区、不同机构各有不同的老年教育的成功办学经验,可由此提炼出老年教育的有效办学机制,进而制定成相关制度,细化办学规范,相互借鉴,取长补短。此外,老年教育的开展,尤其可以借鉴现有社区教育中已经逐渐形成的机制和制度。前者包括组织管理机制、经费保障机制、资源整合机制、政策保障机制、督导评价机制、激励机制等,后者涵盖《管理人员工作制》《管理人员培训制》《管理人员技能考核制》《教师或讲师团注册制》《兼职辅导员管理办法》《志愿者服务培训制度》《志愿者注册制》《社团活动考核制度》《社团骨干成员培训》《经费多渠道筹措制》《资源共建共享机制》《信息报送管理制度》《学员教育培训档案制》《学员学分银行学分认定制》《学员学习激励奖励制》等。在此基础之上,尝试制定老年教育均等化测度指标评估体系,构筑监管激励机制,使老年教育公平发展的要求进一步细化、深化,使老年教育工作的目标和方向更为明确。

在弥补老年教育公平缺失,促进老年教育公平回归的实践中,依托宁波电大建设的社区大学老年教育中心,做到了"明确理念,小举动促大转型;整合资源,小成本办大学校;示范引领,小中心辐射大区域;创新拓展,小行动见大公平"。其从理论上对老年教育公平内涵进行深刻挖掘,通过相关课题引领老年教育公平在实践中有效开展的做法,在老年教育发展的崭新大时代里,尤其值得广泛借鉴。

参考文献

[1] 全国老龄工作委员会办公室.宁波老年人口达118.7万 进入中度老龄化社会[EB/OL].
(2013-08-19)[2014-11-12].http://www.cncaprc.gov.cn/tongji/42760.jhtml.

[2] 新华网.城乡文化强弱差距挑战中国新农村建设目标[EB/OL].(2006-01-31)[2014-11-12].
http://news.xinhuanet.com/politics/2006-01/31/content_4123220.htm.

[3] 新京报.全国养老来源城乡差距大 两成老人主要靠养老金[EB/OL].(2012-10-23)
[2014-11-12].http://business.sohu.com/2012 1023/n355467336.shtml.

［4］杨启村.中国特色老年教育的主要特征及其积极意义［J/OL］.福建老年大学,2010(2).
http://www. fjlndx. cn/Zazhi/ default. aspx? id＝78.

［5］陈杏铁,张正义.老年社会工作［M］.北京:中国人民大学出版社,2003:36.

［6］享学网——中国社区教育信息平台.社教网站［EB/OL］. (2014-11-10)［2014-12-22］.
http://www. apclc. com/indexsjwz. asp.

［7］新华网.我国老年人口数量达到1.94亿［EB/OL］. (2013-2-27)［2014-11-12］. http://
news. xinhuanet. com/2013-02/27/ c_114824543. htm.

会计专业国际合作教学探索

——基于应用型人才培养目标的实现

梁旭雯[①]　林　灵

摘　要：随着世界经济一体化进程的加速，具有国际视野的会计人才成为紧缺资源。作为培养国际化会计人才的高等学校，如何改革专业人才培养模式，为社会输送高素质国际化会计人才，成为会计专业改革的一项重大课题。当前，对于具有国际视野的高素质会计人才培养的需求，国内高校的会计专业都在尝试着多元化的国际合作项目。如引进国外的会计组织机构，与国外高校合作进行学生互访等。本文以宁波工程学院会计专业国际化人才培养的应用实践为案例，对会计专业国际化合作的教学模式进行了有效探索，以期实现会计专业应用型人才的培养目标。

关键词：应用型人才；会计专业；国际合作

一、引言

经济全球化趋势对会计国际化的期待与呼唤，是会计教育国际化观念形成的客观环境，会计必须适应市场经济发展和经济环境变化的需要。在全球化背景下，会计作为经济领域的重要组成部分，将会不可避免地受到影响，经济全球化对会计人才培养国际化提出了现实的要求。当前各高校在如何推进会计专业国际化培养路径方面做了不同的尝试，大多数学校采用与国外会计组织合作的方式，引进英国 ACCA（国际注册会计师）、加拿大 CGA（加拿大注册会计师）、美国 IMA（美国注册管理会计师）、英国 CIMA（英国注册管理会计师）等合作办学模式，如上海财经大学、西安交通大学、宁波大学等。

与上述这种单一引入国际执业教育的办学模式不同，宁波工程学院在会计专业国际化教学改革中采用多元化国际合作模式，既引进国际执业教育，又采取与美国特拉华州立大学紧密合作办学模式，同时也与全世界先进国家和地区高校合作，直接输送优秀学生赴海外交流学习和实习，这些多元化的国际合作教学模式在会计专业国际化教学改革的进程中起到了推波助澜的作用。

---

①　梁旭雯，宁波工程学院经济与管理学院副教授。

二、国际化教学是会计应用型人才培养的必要基础

教育归根结底是为社会输送更优秀的人才,为经济发展提供更优质的服务,因此,明确应用型人才培养是会计专业教育的基本目标,这一点在各级会计专业重点建设的课题中已充分得到肯定,成为各高校会计专业教学的基本要求。

上海财经大学对会计人才培养的定位成为中国高校会计专业人才培养目标的典范:追踪国际上会计学理论与实践发展的最新动态,抓住国内外会计师领域的重点、热点和难点;提倡"敢为人先"精神,"踏实肯干、追求卓越"作风,"尊重成果、珍惜人才"风尚;重视国内外学术交流,鼓励跨学科、跨地区的合作研究;推动教学研究水平的不断提高,为社会培养德、智、体全面发展的应用型、复合型、外向型的高级会计和财务管理人才。[①]

各高校会计专业无论排名如何,在探索应用型人才培养规格要求的同时,都兼顾了复合型人才和外向型人才培养的需求,从而完美地构建出会计专业人才培养的基本构架,实现高素质人才培养的最终目标。

其中外向型人才的培养是当前特有的经济环境所决定的,企业国际化是企业顺应时代潮流、走向世界的必经之路。在我国,伴随着企业"走出去"和"一带一路"战略的实施,中国企业,尤其是民营企业国际化呈现出跳跃式发展,如吉利收购沃尔沃汽车,联想收购谷歌的摩托罗拉业务等。据商务部 2013 年统计,中国企业的境外投资去向共计 184 个国家和地区(包括香港和澳门)。联合国贸发会议《2015 年世界投资报告》显示,2014 年全球跨国投资为 1.23 万亿美元,下降了 16%,但流入发展中经济体的外资达到了历史最高水平;中国吸收外资 1290 亿美元,增长约 4%,超越美国成为全球最大的外资流入国;中国对外投资发展迅速,达到 1160 亿美元,增速为 15%,基本上接近了吸收外资的规模。[②] 除了海外投资,更多企业则以产品出口的方式寻求企业的国际化,如华为的品牌和广告我们在很多国家都可以看到,而海尔品牌曾连续两次蝉联全球大型家电第一品牌,其在全球大型家用电器市场占有率超过 6%。

据统计,2013 年在中国大陆注册经营的港澳台商投资企业 112602 家,外商投资企业130851 家;港澳台商投资企业提供城镇就业 1397 万人,外商投资企业提供城镇就业 1566万人。2013 年全国出口商品贸易总额 22100 亿美元[③]。因此我国在国际化人才方面具有巨大的需求缺口。

由此可见,随着不断国际化的企业发展进程以及外商企业在中国的投资不断增加,会计国际化教学成为会计专业应用型人才培养的必要基础。

宁波工程学院的会计专业一直以来积极探索专业人才培养模式的改革,在重点专业建设方案中,提出了通过四年本科教育,打造出一大批"A 型会计人才"的培养模式。即我

---

① http://www.shufe.edu.cn/上海财经大学官网。

② http://www.sdpc.gov.cn/fzgggz/wzly/wstz/wstzgk/201506/t20150630_710034.html 联合国贸发会议发布《2015 年世界投资报告》。

③ 国家统计局统计. 2014 年国家数据,http://data.stats.gov.cn/,2016/9/26。

校培养的毕业生能够适应多变的经济社会需求(Adaptability),具有创新意识和冒险精神(Adventure)、应用型(Applicability)的高级(Advanced)会计师(Accountant)。充分发挥学生"个性"且具备"国际化视野"两大特色,从而使我校培养的毕业生成为能够充分发挥学生"特长"、具有"国际化视野"、适应多变的经济社会需求、具有创新意识和冒险精神、应用型的卓越会计师(Excellent Accountants)。由于专业方案的特色明显,本专业先后成为宁波市重点建设专业和特色专业。①

在国际化人才培养方面,我们进行多层次的国际化拓展,构建多元化国际合作途径,促进会计专业教师出国进修,通过中西方会计教学方法的差异比较,充分吸收西方先进的教学理念,以双语教学为平台进行教学方法和手段的改革,提高课堂教学效率和教学质量。鼓励会计专业学生积极参加中外合作办学项目,学习西方会计核算和管理的理念与方法,熟悉中西方会计准则的应用,了解外向型企业和跨国公司财务管理状况,满足国际化现代港口城市发展的需要。

三、会计专业国际合作教学的基本模式

各高校的会计专业在国际合作教学模式的探索中各显神通,在提升国际化办学理念的同时积极寻求与先进国家和地区的学校和办学机构的紧密合作,走出去,请进来,成效显著。

(一)中外联合办学

在教育部和地方政府的联合推动下,截止到 2014 年 2 月,全国中外合作办学机构和项目达 1979 个;其中由教育部审批和复核通过的中外合作办学机构和项目 930 个;由省级人民政府和教育行政部门审批并报教育部备案的中外合作办学机构和项目 1049 个。②中外合作办学涉及 11 个学科,其中会计学专业占总项目的 6.42%。在 127 个会计学联合培养项目中,长三角地区(沪、浙、苏、皖)40 个,占该专业项目的 31.50%。

为打造国际化会计人才,满足社会对高素质国际化会计人才的需求,2011 年宁波工程学院与美国特拉华州立大学合作,创新了中美合作会计学专业本科教育模式。该专业依托学校办学资源,引进美国特拉华州立大学优质教育资源和人才培养模式,采取"4+0"办学模式。参加该专业的学生本科段 4 年全部课程均可在宁波工程学院完成,获得规定学分、符合毕业要求的学生可同时获得中美双方本科毕业文凭,符合学位授予条件的可获中美双方学士学位。③

美国特拉华州立大学商学院已获得国际精英商学院协会(AACSB)的权威认证,全世界仅有 5%的商学院取得了此项认证。获得 AACSB 认证的商学院也随即被视为教学质

① 姚丽琼、王菁华、梁旭雯:《卓越会计师"人才培养探索与实践》,《财会通讯》2012 年第 8 期。
② 《教育规划纲要实施三年来中外合作办学发展情况》,http://www.crs.jsj.edu.cn/index.php/default/news/index/80,2016/9/26。
③ 许志龙、王益明:《美国会计教育对我国国际型人才培养模式影响的启示——以宁波工程学院为例》,《商场现代化》2013 年第 10 期。

量一流的商学院。AACSB认证代表着全世界商学院的最高成就。学院通过严格和全面的评估取得认证资格意味着对其质量和发展前景的肯定。取得AACSB认证资格是优秀的管理教育的重要标志。

根据AACSB官网统计,中国大陆地区通过AACSB认证的商学院共有18所。分别是北京大学光华管理学院、清华大学经济管理学院、中国人民大学商学院、对外经济贸易大学国际商学院、中欧国际工商学院、复旦大学管理学院、上海交通大学安泰经济与管理学院、西安交通大学管理学院、南京大学商学院、中山大学管理学院、中国科学技术大学管理学院、中山大学岭南(大学)学院、大连理工大学管理与经济学部、浙江大学管理学院、西交利物浦大学国际商学院、上海交通大学上海高级金融学院、同济大学经济与管理学院、南开大学商学院。① 参加项目的学生通过四年的学习,共享了国际顶尖商学院的教学理念和方法,是这个项目能够获批的最重要原因之一。

(二)国际合作互换学习

"国际学生交流计划"起始于第二次世界大战之后,主要目的是加强全球不同国家之间的交流,增进国家间的了解、文化沟通和学术交流,促进各国之间的友好往来。截至目前,每年世界各地有60多个国家和地区的学生参加交换项目,相互交换学生。美国国务院于1995年正式批准中国加入"国际学生交流计划"。②

宁波工程学院会计专业通过这项计划,与国际学校合作每年都派出学生前往交流学习,为拓展该批学生的国际化视野打下了非常扎实的基础,以下是学生前往交流学习的主要学校。

1. 德国埃森经济管理应用科技大学(FOM)

该校师资力量雄厚,所聘请的教授中,有的是专业应用性强的大学教师,有的是具备丰富管理经验和教学资格的工商界人士。目前,FOM大学共计聘请了150位大学教授,其中35名为该校全职教授,此外还有450名资深的客座教授。FOM大学总部设在埃森(Essen),所颁发的文凭均得到德国政府的承认。

2. 法国诺欧商学院(NEOMA BUSINESS SCHOOL)

法国诺欧商学院前身为鲁昂高等商学院,是一所国际学院,建立于1871年,是法国第二大商学院。从学院初建就着重于经理人与管理者的培训,诺欧商学院在法国重点商学院中一直享有盛誉。诺欧商学院是鲁昂工商协会的管理教育部门,工商协会与管理学院的密切关系保证了商业与教育机构的相互利益。诺欧商学院于2002年4月获得EQUIS的认证,全世界共有61所主要的商学院获得此认证。EQUIS是一个世界质量评估体系,由欧洲最大的管理教育中心网络协会——欧洲管理发展基金会建立。从法国诺欧商学院交流学习归来的13级王宇劼同学就在众多的强大竞者中脱颖而出,被世界四大所之一,毕马威会计师事务所录用,这与我们实施的国际合作教学探索紧密相关。

---

① http://baike.baidu.com/link? url=4FOlnfgwzl30os4DO3E0iuGYcpY9EK-vstQbQL0dwZe28hI29LDbYJxyfB_iMahH9ygPBUllLfrePpFixDz13_.

② http://baike.baidu.com/link? url=9HiIPX1dDVc4NR5amuK2A6bDly1EWdIJ7gPQAO_bn-9o7g_WOrr20e6OSf.

3. 日本山梨学院大学（Yamanashi Gakuin University）

该校创立于 1946 年,坐落于日本山梨县甲府市,近东京,有温泉之乡的美名。在学校附近可直接看到富士山。该校设有高中、本科、研究生等综合一体办学机构。总计在校生约 6100 人。该校拥有优良的教学质量、多元的校园文化,并有来自全球 70 多个国家和地区的国际留学生在校学习。

4. 马来西亚马来亚大学

马来亚大学是全马来西亚规模最大和最负盛名的大学,同时也是全马来西亚历史最悠久的大学。学校成立于 1905 年,坐落在首都吉隆坡,占地面积 4500 多亩。马来亚大学是一所文科、理科和医学兼有的综合类大学,也是马来西亚教学和科研实力最为雄厚的大学。

此外,还有英国的赫特福德大学和考文垂大学,韩国的庆北大学（Kyungpook National University）和岭南大学（Majors of Yeungnam University）,台湾的龙华科技大学、东吴大学及南华大学等。

（三）与境外会计团体合作,开设考证班

为提升会计专业学生的国际竞争力,我们与高顿财经合作,开办了 CMA 培训班。CMA 即美国注册管理会计师,被誉为财会领域的三大黄金认证之一,在全球范围内被企业财务高管所认可。高顿财经设置了丰富而系统的课程体系,有着优秀的明星师资力量、高水准的国际财务专业水平,采用双语化课程教学,向参训学员提供高端而可持续的职业路径规划。

此外,我们还将积极与中国注册会计师协会合作,拓展由英格兰及威尔士特许会计师协会与中国注册会计师协会合作推出英国国际会计师中国培训课程,参加培训的学生经过两年学习并通过考试,即可获得由 ICAEW 颁发的皇家特许会计师资格证书。同时,契机参与中国注册会计师协会与澳洲会计师公会合作开展的"澳洲注册会计师国际培训班项目"（IPP 项目）的学员需赴澳学习,并在 14 周培训结束时,参加澳洲会计师公会的专业考试,考试合格并达到规定的要求后,可以申请成为澳洲注册会计师。[①]

四、结论

在实施多元化国际合作教学模式的同时,我们还完善了国际化的实践基地建设,聘请一批有国际背景的企业财务总监作为国际化专业建设委员会成员和特聘校外兼职教授,派送优秀学生去有国际背景的企业实习,尤其是与在宁波的跨国公司分支机构进行密切合作,掌握来自企业的对国际化会计专业人才需求的第一手资料。如普华永道宁波分公司、立华制药股份有限公司（香港上市）、沃尔玛（中国）投资有限公司宁波分公司、美国总统轮船（中国）有限公司宁波分公司、3M 中国公司宁波分公司、中国建设银行宁波市分行等。这些实践活动拓展了会计专业学生的国际化视野,提升了国际竞争力,从而为更好地实现会计专业人才培养目标打下了基础。

---

① 中国注册会计师协会:《涉外考试》,http://www.cicpa.org.cn/exam/exam_foreign/,2016/9/26。

参考文献

[1] 林灵,梁旭雯.国际人才"走出去"培养战略可行性研究[J].市场周刊,2016(12):139—140.

[2] 梁旭雯,姚丽琼.会计专业中美合作教学探讨——基于宁波工程学院会计专业教育实践[J].宁波工程学院学报,2016(3):119—123.

[3] 许志龙,王益明.美国会计教育对我国国际型会计人才培养模式影响的启示[J].商场现代化,2013(10):181—182.

[4] 何玉润,李晓慧.我国高校会计人才培养模式研究——基于美国十所高校会计学教育的实地调研[J].会计研究,2013(4):26—31.

[5] 姚丽琼,王菁华,梁旭雯."A"型会计人才实验教学效果分析及启示——以宁波工程学院为例[J].财会通讯,2011(1):44—47.

[6] 姚丽琼,王菁华,梁旭雯,等."卓越会计师"人才培养探索与实践[J].财会通讯,2012(22):38—40.

OBE 工程教育模式下应用型人才培养
方案设计与思考

——以宁波工程学院为例

朱春艳[①]

摘　要：本文阐述了 OBE 教育模式的概念框架及特点，结合应用型人才培养的目标定位，对 OBE 工程教育模式下培养方案的设计进行了深入探索和思考。

关键词：OBE 工程教育模式；应用型人才；培养方案

　　人才培养方案是人才培养目标实施的蓝图。科学、合理、有效的人才培养方案应考量如下问题：人才培养目标设立依据是什么？人才培养目标与毕业要求之间连接纽带在哪里？怎样进行架构？课程体系如何体现毕业能力要求？能否将其进行量化？每一门课程在课程体系中的安排是否合理？应当怎样进行鉴别？从人才培养目标到课程设置之间的线性关联如何进行评价？上述问题的回答需要有明确的思路设计。本文拟以当前 OBE 教育范式为切入点探讨应用型人才培养方案的设计与实施。

一、应用型人才及其培养模式

　　根据联合国教科文组织公布的《国际教育标准分类法》，现代教育培养的人才主要分为学术研究型人才、应用型专门人才和实用型职业技术人才。其中，应用型人才是指能够将学到的专业知识、技能应用于从事的专业生产和专业实践，并能转化为社会生产效益的技术或专业人才。随着社会的发展，高素质应用型人才的标准也越来越严格，不仅要具有深厚的专业知识和较强的职业能力，还应具备较高的专业素养。应用型人才培养本质上是指面向社会、以社会需求为导向的教育理念的贯彻与实践。

　　如何培养出应用型人才涉及应用型人才的培养模式问题。培养模式是指人才培养的目标、规格和方式的有机统一。其中，培养目标是培养模式的核心，培养过程在开始和结束都需要明确培养目标；毕业要求能够将培养目标清晰、具体地展现出来；而培养方式能够很好地实现培养目标和毕业要求，例如，通过教学、课程、培训等多种方式。具体到应用型人才培养模式，它是一种参照性指导方略，即以市场需求为导向，结合高校知识生产和

---

①　朱春艳，宁波工程学院教务处助理研究员，主要从事教育管理研究。

成果开发的特点,通过培养目标、毕业要求和方式的有机结合,以培养出适应社会发展需要、能够很好地将专业知识应用到实际生产工作中的高素质应用型人才。长久以来,我国应用型人才的培养主要强调以工作为目标方向、以专业理论知识学习为重心,重点培养"对口型""专业型""适应型"的各类人才,而忽视对学生综合素质、创新精神和创业能力的培养。研究表明,当前应用型人才培养还存在目标定位模糊、人才培养规格和企业岗位需求存在较大的错位、培养方案缺乏整体优化、培养目标达成无法有效评估等许多问题。

二、OBE 概述

(一)OBE 概念和框架

基于学习产出的教育模式(Outcomes-Based Education,缩写为 OBE)最早出现于美国和澳大利亚的基础教育改革。美国学者斯派帝(Spady W. D.)撰写的《基于产出的教育模式:争议与答案》一书把 OBE 定义为"清晰地聚焦和组织教育系统,使之围绕确保学生在未来生活中获得实质性成功的经验"。西澳大利亚教育部门把 OBE 定义为"基于实现学生特定学习产出的教育过程。教育结构和课程被视为手段而非目的。如果它们无法为培养学生特定能力做出贡献,它们就要被重建。学生产出驱动教育系统运行。"虽然定义繁多,但其共性较为明显。在 OBE 教育系统中,教育者必须对学生毕业时应达到的能力及其水平有清楚的构想,然后寻求设计适宜的教育结构来保证学生达到这些预期目标。学生产出而非教科书或教师经验成为驱动教育系统运作的动力,这显然同传统上内容驱动和重视投入的教育形成了鲜明对比。从这个意义上说,OBE 教育模式可被认为是一种教育范式的革新。

OBE 是以预期学习产出为中心来组织、实施和评价教育的结构模式。阿查亚(Chandrama Acharya)指出实施 OBE 教育模式主要有四个步骤:定义学习产出(Defing)、实现学习产出(Realizing)、评估学习产出(Assessing)和使用学习产出(Using)。定义毕业生预期学习产出是首要的关键环节。学习产出定义要可操作化和具体化。为了实现预期学习产出,所有的教学计划和课程内容都是遵循"回溯式设计"原则,实现完整的匹配矩阵。评估学习产出是 OBE 教育模式中十分重要的环节,而这恰恰是国内高校做得较为薄弱的一环。按照美国高校学生学习评估实践的理论和经验,预期学习产出评估划分可从以下几个方面进行。按层次分,学习产出评估可以分为课堂层面、专业层面和学校层面;按评估内容分,可以分为直接评估和间接评估;按主体分,可以分为教师、学生、校友、用人单位、管理者等。

(二)OBE 工程教育模式的特点

1. 重视定义工科毕业生品质(Graduate Attributes)

《华盛顿协议》各成员国(或地区)大多数采取"成果导向"之认证标准,即将学生表现作为教学成果的评量依据,并以促进专业持续改进作为认证的最终目标。近来,其将建立基于学生产出的认证标准,规定参加认证的高校专业到 2014 年必须展示毕业生的 12 条能力。在过去 20 年里,许多国家的职业工程师协会都建立了工程专业认证系统,并清晰地制定出工科毕业生的知识、能力和职业素养等。"毕业生品质"由一系列可以评定的学习产出组成，每项结果均表明毕业生可在相应水平上实践的潜在能力。例如，《华盛顿协议》规定了工程师（Engineer）的 12 个品质。

2. 围绕预期学习产出（Intended Learning Outcomes，ILOs）开展教学活动

这一方面表现在课程计划的"反向设计"，即将规定的毕业生能力有机地导入到课程计划之中，明确各门课程、每节课对于实现 ILOs 的贡献，最终形成无缝的匹配矩阵。如表1 所示。

表 1   各项毕业要求与课程的支撑关系矩阵

课程名称	课程 1	课程 2	课程 3	课程 4	课程 5	课程 6	……	
毕业要求 1								
指标点	支撑权重							Σ支撑度
指标点 1.1								1
指标点 1.2								1
……								1
毕业要求 2								
指标点	支撑权重							Σ支撑度
指标点 2.1								
……								1

3. 十分重视学生学习产出评估工作

学习产出评估工作是 OBE 教育模式必不可少的环节，也是牵扯教师精力最多、最复杂的环节。从本质上讲，OBE 教育模式就是围绕"定义预期学习产出—实现预期学习产出—评估学习产出"这条主线而展开，学生产出评估构成了教育质量持续改进的闭环。图1 是美国学者理查德（Richard M. Felder）所提出的基于 OBE 模式的课程设计模型。从中可以看出，学习结果评估工作是该模型三大要素之一。

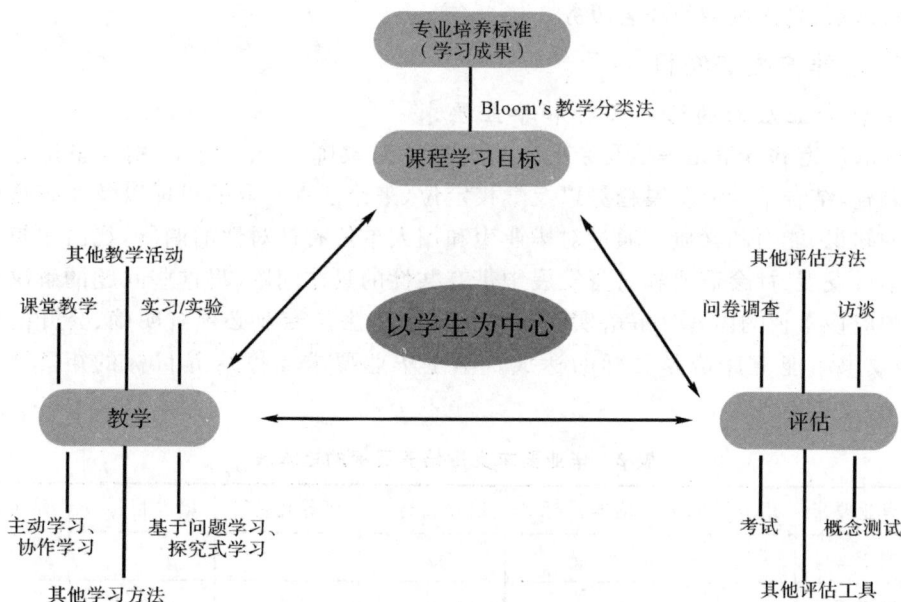

图1 基于 OBE 模式的教学设计

三、宁波工程学院 OBE 工程教育模式下培养方案设计思路

宁波工程学院基于 OBE 工程教育模式,以卓越工程师教育计划改革实践为基础,结合国际工程教育改革及工程教育认证发展趋势,进行了进一步探索,主要设计思路如下。

(一)培养观念的更新

1.变学科导向为专业导向

学科是学术范畴的概念,而专业则是教育范畴的概念。学科通常与科学研究相联系,而专业则主要指向人才培养。学科是专业的基础,高校专业的设置与分布必须兼顾学科发展的内在逻辑:专业作为一种人才培养制度,为学科的发展提供了相应的后备人才,是学科发展的重要保障。但是学科与专业之间并非呈现出完全的一一对等关系。以学科为导向往往追随着学科发展的内在逻辑,却忽略了作为一个完整的社会人的需求。专业所涵盖的学科知识并非对应学科的全部知识,而是远远超出了该学科的知识内容。专业的设置与划分不仅受制于学科发展的内在逻辑,而且还受到了社会分工、市场发展需要的影响,应用型专业更是如此。应用型人才应以学科为支撑、以专业为基础、以岗位为核心,强调的是知识的集成和应用的能力。

2.变知识传授为能力培养

应用型人才的培养要打破过去建立在学科体系上的知识结构,以应用能力为核心,从能力分析入手,分析能力获得所需要的知识,将知识整合,重新构建教学主题和内容,构建教学模块;集中开展相关的理论知识、实践经验、操作技能,以及活动方式、方法、方案的同步式一体化的教与学。学生通过知识的学习、实践和实习,具备一定的职业能力,继而适应社会的需求,真正做到为社会服务。

(二)培养方案的制订

1.制订专业层面的培养目标和毕业要求

目标的确定和分解是一项复杂的工程。基于对教师、学生、校友、用人单位等利益相关者的调查,结合本专业发展趋势以及学校定位,来论证本专业的目标以及实施这些目标所需要的知识、能力和素质。通过对毕业生和用人单位有针对性的调研,找出本校毕业生在适应学科发展、社会需要和自身发展中带有共性的具体问题,将这些问题的解决作为培养目标中应该重视的内容分解落实到具体的课程中去。专业必须有明确、公开的毕业要求,毕业要求应能支撑培养目标的达成。学生毕业要求支撑培养目标的矩阵表如表 2所示。

表 2　毕业要求支撑培养目标的矩阵表

本专业毕业要求	培养目标 1	培养目标 2	培养目标 3	培养目标 4	培养目标 5	培养目标 6
毕业要求 1	√	√	√			
毕业要求 2	√	√	√			
毕业要求 3	√	√	√	√	√	
毕业要求 4	√	√	√			
毕业要求 5	√	√	√	√	√	
……	……	……	……	……	……	……

2.确定课程层面的毕业要求指标及实现策略,形成支撑矩阵

毕业要求最终要落实到课程。围绕毕业要求具体指标点逆向设计各门课程,明确各门课程对于实现毕业要求的具体知识或能力要求,设计与专业培养标准相匹配的"一体化"课程体系。专业必须确保每项毕业要求及分解指标点都有足够的教学环节支持。支撑关系用矩阵的方式实现,其中支撑关系中明确课程对该项毕业要求指标点的支撑强度(权重),例如,表 3 显示出了宁波工程学院计算机科学与技术专业部分课程对毕业要求指标点的支撑矩阵。

表3 计算机科学与技术专业毕业要求指标点与课程的量化支撑关系矩阵表（部分）

毕业要求指标点	高等数学A	线性代数A	概率统计A	大学物理B	电子技术基础	大学物理实验	文献检索与科技论文写作	计算机应用基础	计算机导论	工程伦理	程序设计I、II	数据结构	计算机组成与体系结构	数据库理论与技术	计算机网络	离散结构	操作系统	软件工程	Java程度设计/C#程序设计（专业基础课程组）	Java/ASP.NET web应用开发（专业选修课组）	面向对象课程设计	数据库技术课程设计	学年设计I、II、III	计算机网络实验
1 工程知识：能够将数学、自然科学、工程基础和专业知识用于了解复杂工程业问题																								
1.1 具备数学及自然科学知识，并能将其应用于计算机系统问题的恰当表述	0.2	0.2	0.2																					
1.2 掌握电子信息类工程基础理论知识，并能将其应用于计算机体系结构的理解					0.4											0.2								
1.3 掌握计算机基础理论知识，并能将其应用于计算机系统设计方案的分析和验证									0.1		0.5		0.4		0.1									
1.4 掌握计算机领域专门知识，并能将其应用于复杂工程问题解决途径的分析和改进									0.2			0.2		0.2	0.2		0.2		0.3					0.1

209

续表

指标点	高等数学A	线性代数A	概率统计A	大学物理B	电子技术基础	大学物理实验	文献检索与科技论文写作	计算机应用基础	计算机导论	工程伦理	程序设计I、II	数据结构	计算机组成与体系结构	数据库理论与技术	计算机网络	离散结构	操作系统	软件工程	Java程度设计/C#程序设计（专业基础课程组）	专业基础课程组	NET/JavaWeb应用开发（专业选修课组）	面向对象课程设计	数据库技术课程设计	学年设计I、II、III	计算机网络实验
														专业基础类与专业类											
2 问题分析：能够运用数学、自然科学、工程基础的基本原理来识别、表达，并通过文献研究分析复杂工程问题，以获得有效结论																									
2.1 具有运用数学、自然科学和工程基础知识识别并正确表达计算机复杂工程核心问题的能力						0.2						0.2				0.2			0.2						
2.2 具有运用专业基础知识，并通过文献研究分析计算机复杂工程问题的能力							0.2						0.2			0.2				0.3	0.1			0.2	
2.3 具有分析计算机复杂工程问题解决过程中关键因素，并获得有效结论的能力													0.2				0.2								

各专业在围绕培养目标进行课程结构设计时,要注意学术课程与技术课程相匹配,通识教育和专业课程相协调,学科课程与活动课程、分科课程与综合课程、必修课程与选修课程、必选或限选课程与任选课程相结合,同时重视课堂教学与课外活动相结合,还要解决好社会实践活动比例和相互关系的问题。对于应用型人才的培养,专业课程和理论程度的要求相对少一些,知识应用类的课程则相对多一些,明确每一门课程在课程结构中的主次和性质、作用和地位,以及内容的筛选和学时学分的赋值,最终形成在总体上结构最优的人才培养方案。表 4 显示出了宁波工程学院土木工程专业课程体系总体情况。

表 4　土木工程专业课程设置体系

类别		内容	学分构成						课程门数
			学分	比例	讲课	实践	必修	选修	
通识课程		思想政治、体育、心理、职业指导、外语、计算机与信息技术、文化素质课程	49	26.0%	43	6	30	19	21
专业基础课程		数学、物理、理论力学、结构力学、混凝土结构基础原理、钢结构基本原理、土木工程制图、工程建设法规、工程经济与项目管理、流体力学、土木工程材料、土木工程测量、土力学与地基基础、工程基础理论系列、专业英语、土木工程地质、工程安全、工程结构抗震与抗风、工程招投标、普通化学、弹性力学、CAD基础	70	37.1%	66	4	58	12	24
专业（方向）单程	限选	房建方向:砼与砌体结构设计、建筑钢结构设计、建筑工程施工 道桥方向:路基路面工程、桥梁工程、道桥工程施工	13	12.2%	13	0	0	13	3
	任选	房建方向:房屋建筑学、建筑设备、地下建筑结构、特种结构、工程结构耐久性等 道桥方向:道路勘测设计、城市给排水、工程结构耐久性、隧道工程概论、道桥工程试验与检验等	10		7	3	0	10	5
主要实践环节		军事理论与训练、创新社会实践、综合素质、大学物理实验、金工实习、认识实习、测量实习、土木工程地质实习、学年论文、技能学习、毕业实习、毕业设计 房建方向:混凝土结构综合课程设计、建筑钢结构设计课程设计、建筑工程施工课程设计 道桥方向:道路工程结构综合课程设计、桥梁结构课程设计、道桥工程施工组织课程设计	46.5	24.7%	0	46.5	41	5.5	17
合计			188.5	100%	129	59.5	129	59.5	70
比例						31.6%	68.4%	31.6%	

(三)课程体系的实施

专业培养方案制订完成后,其执行主要表现在课程体系的实施上,这与学校专业的办学理念、教学管理与教学组织形式、教学形态、学习方式、相关的硬件设施等因素紧密相关。

1. 制订教学大纲、明确考核要求,完成毕业要求达成度评价

各专业确定课程层面的预期"学习产出",制订与之相配套的教学大纲等教学基本文件,明确考核评价要求,便于在教学过程中根据成绩分析评价,完成毕业要求达成度评价。

2. 建立具有供求关系的"课程链"

避免在课程实施过程中发生先修课程与后续课程"掉链子"和"夹生饭"现象,保证实施的连续性和整体性。例如当前存在的"课程地图",不仅有利于学生进行学业规划,各专业也可以借此审视现有课程的架构与内容是否符合教育目标及核心能力需求,推动课程整合或改革。

3. 建立"大课程"的人才培养理念,充分发挥隐性课程的作用

将各种课外活动、科技创新活动以及大学文化建设纳入人才培养的整体范畴考虑,充分发挥这些活动作为隐性课程对于能力和素质培养的作用,形成课堂内外相结合、理论实践相结合、校内校外相结合的人才培养整体合力,保证培养目标的实现。

上述环节构成了宁波工程学院OBE工程教育模式下的应用型人才培养方案设计整体思路。在专业层面,有《工程教育专业认证标准》(或《卓越工程师计划通用标准》)和《课程匹配矩阵》;在课程层面,有《课程大纲》《毕业要求达成度评价》等;在课堂层面,有详尽的教案和学习过程性评价制度。

四、对OBE工程教育模式下培养方案设计的思考

(一)避免机械化、程式化问题

OBE模式是基于行为主义心理学原理,强调学生对同一刺激做出同一反应,以预先设置好的教学目标规定和影响教学过程,教学实际上成为按预定模式对学生进行塑造的过程,这种外显化的教学目标可观测、可操作,但是如果简单地把教育中"质"的问题一律进行"量"化处理,容易陷入机械化、程式化的误区。即使学生在一定教学情境达到相同的行为目标,其内心世界也是参差不齐的。为避免过度机械化、程式化,宁波工程学院在实施OBE模式过程中,将毕业要求设为教学的最低标准,对学生发展程度不做上限规定,为师生发挥创造性预留弹性空间;在重视量化的精确化"行为目标"的同时,重视学生平时学习的情意发展、审美意象以及高层次的能力等模糊的"表现性目标",对这类目标不做生硬的分解和量化;使知识成为激发各种类型和不同水平理解的中介,而不是作为固定信息或标准答案让学生接受;通过实行学习过程性评价制度,不仅关注结果的评估,还关注学生学习过程的表现,尤其是非智力因素的发展,不仅有量的评估也有质的评估,通过多项分层、多元互动的综合性评价,促进学生个性发展,促进学生全面发展。

(二)需要建设一支高水平双师型教师队伍

OBE教育理念颠覆了传统的教学思想。在反向设计教学活动中,教师需要清楚地知

道该课程对专业培养计划的作用及贡献、课程之间的关系,据此安排课程大纲,编写教案,重构理论环节、实践环节教学计划,重新选择知识点及组织相关教学活动,明确制订学习结果的评估方法和评分标准,确保课程教学的可持续改进,保障"知识—能力—素质"一体化学习结果在具体教学环节的实现。

(三)需要激发教师参与一体化人才培养体系的积极性

变革教师业绩评价制度,改变教师评价与聘任中"重科研,轻教学"的现象;通过实施各类教育教学改革,调动各方面的积极性与创造性,从而保障一体化教学改革的持续性。

参考文献

[1] 宋幸辉,王晓琳,汪洋,等.应用型本科人才培养模式的探索与思考[J].郑州牧业工程高等专科学校学报,2015,35(3):28—30.

[2] 华小洋,蒋胜永.应用型人才培养相关问题研究[J].高等工程教育研究,2012(1):101—103.

[3] 吴耀兴,陈政辉.论应用型人才培养的内涵及策略[J].黑龙江高教研究,2008(12):123—125.

[4] 顾佩华,胡文龙,林鹏,等.基于"学习产出"(OBE)的工程教育模式——汕头大学的实践与探索[J].高等工程教育研究,2014(1):27—37.

应用型本科院校实施通识教育的思考和探索

张新光[①]

摘　要：应用型本科院校承担培养高素质应用型人才的使命，必须清醒地认识到通识教育的重要意义。专业教育和通识教育是"他"和"她"的关系，人才培养既要重视"制器"，更要强调"育人"，实现两者有机融合。在应用型人才培养实践中，专业教育应贯彻通识教育的理念，在"制器"中育人，在育人中提高人才的专业化水平和创新能力。合理安排专业教育和通识教育的课程内容和教学方式方法，共同实现人才培养目标。

关键词：应用型本科院校；通识教育；专业教育

通识教育是事关育人的重要问题，高校具有不可推卸的责任。20 世纪末以来，由于办学理念和人才培养规格的发展变化，国内重点院校普遍加强了通识教育，相继出台通识教育培养计划和实施方案，通识教育有声有色，人才培养颇有成效。而与之形成鲜明对比的是，一些地方应用型本科院校却对如何实施通识教育焦虑犯愁，把持不定，通识教育边缘化较为严重，在通识教育上认识不清、方法不当、举措不力。因此，应用型本科院校必须认识和贯彻通识教育理念，并实施有效的举措。

一、认清应用型本科院校实施通识教育的几个问题

（一）通识教育有何用

通识教育（general education）也被称为"普通教育""通才教育"等，通识教育源于 19世纪的欧美国家，由于当时大学学术分科太过专门化，知识被严重割裂，一些学者创造出了通识教育。通识教育的目的是培养学生能独立思考，且对各种学科有所认识，以至能将各种知识融会贯通，最终目的是培养出全面、自由而完整的人。自从 20 世纪以来，通识教育已广泛成为欧美大学的必修科目。美国的哈佛大学把通识教育定义为"人类的每一个成员和每一个公民所接受的那部分教育"，"人首先是人，然后才是商人、企业主或专家，教

---

① 张新光，宁波工程学院社科部副教授，中国社会科学院访问学者，主要从事高等教育、马克思主义理论与思想政治教育理论研究。

育不仅要使人学会做事,更要使人学会做人"[1]。由于通识教育是人的基本教育,无论是何种类型与定位的高校,通识教育都理所当然成为其人才培养的题中应有之义。

通识教育对于应用型本科院校具有十分重要的意义和无可取代的作用。

首先是国家经济结构战略转型发展的需要。习近平指出,"十三五"期间,中国应推进经济结构性改革,明确结构调整的目标和方向。李克强指出,国家要大力发展现代职业教育,培养更多管用实用的高技能人才、创新人才和拔尖人才,为全面建成小康社会发挥好关键支撑作用。国家对高素质应用型创新人才的需求迫切要求应用型本科院校重视通识教育,培养规模宏大、具有创新创业精神、敢于担当的高素质应用型人才,为国家经济结构性改革提供高素质的应用型人才。但从现状上看,应用型高校在应用型人才培养变革转型上的努力距离经济社会发展对应用型人才的要求还有较大的差距。其中,学生知识结构单一,独立思考能力不够,实践意识、创新意识缺乏和创新能力薄弱等是这一问题的主要表现。因此,要加快本科院校向应用型高校的转型,切实改变人才培养方式、方法,在注重专业教育的过程中加强通识教育和创新创业教育。

其次是人全面发展的需要。马克思在批判资本主义社会"畸形发展"的片面性、工具性和有限性的基础上,阐明了人的发展的具体内涵,即全面、自由、充分、和谐发展。教育的最终目的就是要促进人的全面发展,而不是培养只有狭隘知识的专业人才。应用型本科人才的职业性和专业性导向决定了其必须以市场发展和职业变动为导向。不可否认,这种导向有助于学生的专业实践和应用能力的培养,但也容易陷入过度强调实用主义和功利主义的误区而忽视人本身的发展。而通识教育恰恰是对高等教育专门化、功利化导致的人的片面发展的一种矫正和超越,是教育理念和育人本质的回归。

最后是学校健康发展的需要。社会主义大学都有坚持学术使命和不可推卸的社会责任和政治责任。高校的功能除了对学生进行专门化教育以外,还要承担文化传承的社会责任,培育美丽心灵、健康体魄和人格的使命。社会主义教育是要培育德、智、体、美、劳全面发展的人。当然,全面发展不是全才发展,不是把每一个学生都培育成为"上知天文,下知地理"的"超人",术业有专攻,应用型本科院校要把培养高素质的应用型人才作为自己的办学定位。当然,培养应用型人才不能培育成社会畸形人。正如裴斯泰洛齐所说:"教育的宗旨不是孤立地发展个人,而是把个人放在人类缚在一起的大链条的位置上,使整个人类都得到发展。"[2]

(二)"制器"还是育人

所谓"制器",就是术业有专攻,把一个人培养成社会职业需求的专业人才,"制器"是高校特别是应用型本科高校育人的一个重要目标,但不是唯一目标和终极目的,育人是教育的终极目标。

中国古代教育家们清晰地指明"器"与"君子"的关系。孔子说"君子不器"(《论语·为政》),并不是排斥"器","器"与"不器"是两个不同的成长境界而已。"器"是道的承载体,孔子在《易传》里说:"形而上者谓之道,形而下者谓之器。"意思是,道是无形的,器是有形的。但是,道器不离,无形的规律的道,恰好就存在于有形的器之中。"制器"是教化育人的必由之路,集道德仁义之人必先修身践行而成"器"。

但"制器"不是终极目标。宋代理学集大成者朱熹对"君子不器"解释道:"器者,各适其用而不能相通。成德之士,体无不具,故用无不周,非特为一才一艺而已。"意思是说,作为君子,不能囿于一技之长,不能只求学到一两门或多门手艺,不能只求职业发财致富,而当"志于道",从纷繁复杂的世界里去悟冥冥天道,从而以不变应万变。作为君子,需要"制器"有技能,又不拘泥于某一方面的技能。高校人才培养不只是让人学会谋生的本领,更是让人能够成为认识事物发展规律、承载社会道德价值的"君子"。从"器"到"君子"符合人才培养的发展规律。

培养什么样的人才,如何培养人才的问题是高校办学的首要的基本的理论问题。应用型本科高校就是以应用型人才培养为办学定位的本科院校,是国家培养应用型人才,推进高等教育大众化的主要承担者。有人认为,在知识经济时代,人的时间和精力都十分有限,人的全面发展成为不可能完成的任务,高校人才培养应该有所选择,术业有专攻。人才培养重视"制器"无可厚非,但片面强调人才培养的"专业性""职业性"和"应用性",忽视育人目的和社会责任,那是狭隘的,也是十分有害的。高校的功能除了对学生进行专业教育以外,还要承担文化传承的社会责任,培育美丽心灵、健康人格和体魄的神圣使命。也就是说,应用型本科院校既要重视"制器"更要重视"育人"。

(三)如何摆正专业教育与通识教育的关系

高校是知识教育和道德的引领者,专业教育和通识教育都是高校育人的必需途径,孰轻孰重的争论没有意义,历史的教训已经十分深刻,在这里笔者不想去罗列高校教育史上的惨痛教训,而是关注专业教育和通识教育的关系。

要说两者之间的关系,目前,在应用型本科院校普遍存在这样一种观点,认为专业教育和通识教育是主辅关系,专业教育是主,通识教育是辅,通识教育是专业教育的补充和纠正。因为专业教育直接关系到学生职业选择和就业谋生,而通识教育仅仅是点缀和服务而已。持这种观点的人依然没有摆脱实用主义和功利主义的泥潭,无视通识教育的育人功能,没有清醒地认识到专业教育和通识教育的关系。

专业教育和通识教育的关系,用一恰当的比喻是"他"和"她"的关系,谁对谁都重要,谁也不能离开谁。只是两者在育人的表现方式上有所不同。由于人才培养定位和教育培养模式的不同,当前,研究型高校往往把通识教育放在育人的"台面"上,而应用型本科高校往往把专业教育放在育人的"台面"上。其实,无论强调哪种表现形式,两者都是高校育人的"两只手",两手都要硬。

专业教育与通识教育只是教育模式的不同选择而已。通识教育重在"育"而非"教",重在"学"而非"训",因为通识教育不像专业教育那样有明确的专业知识技能的培养目标,它提供的选择是多元的,它所要求的学应该是自主的。而学生通过多元选择和自我学习,得到了全面而自由的发展。从某种意义上讲,通识教育是一种超越功利性与实用性的人文教育,它弘扬人文精神和科学精神的有机结合。健康人格、美丽心灵与独立思考的可贵品质,正是通识教育的终极追求。学校要"培养独立思考的习惯和不带成见与偏见的探索精神。如果一所大学不能完成这项任务,那么就说明它堕落到了只会灌输的水平"[3]。通识教育不是车间里的生产流水线,制造出来的都是同一规格的产品,而是开发、挖掘出不同个体身上的潜质与精神气质。因为通识教育是要"孕育"出真正的"人"而非"产品",具有育人的终极意义。

知识经济时代的到来,科技发展、知识爆炸和社会变动速度呈倍速增长,社会职业的变动和工作的性质及要求都发生了极大的变化,要求就业者必须有能力迅速适应变化,包括通过在职训练和转岗转职培训的能力和素质。因而,应用型本科人才是着眼于整个职业生涯而不是针对专业职业或具体岗位发展的。另一方面,职业性和专业性等是以本科教育本身的丰富性和知识基础性为根基的。因而,应用型本科人才在强调专业性、职业导向与能力培养的同时,也不能忽视其教育目的,应更加重视作为本科教育的普通知识和基础能力的培养。

应用型本科高校应在重视专业教学的同时,摆脱实用主义和功利主义的陷阱,合理处理好两者之间的关系,加强通识教育,使专业教育的"教""训"和通识教育的"育""学"实现水乳交融,既强调应用型人才培养的专业性和职业性,又重视应用型人才培养的基础性和发展性,把专业教育的"他"和通识教育的"她"有机地结合起来,发挥"1+1>2"的作用,最终实现育人本质。

二、应用型本科院校实施通识教育的初步探索

在应用型人才培养实践中,专业教育应贯彻通识教育的理念,在"制器"中育人,在育人中提高人才的专业化水平和创新能力。合理安排专业教育和通识教育的课程内容和教学方式方法,相互补充和相互交融,实现"她"和"她"在人才培养上"双剑合璧",共同实现育人目标。

(一)在专业教育中贯彻通识教育理念,实现专业教育和通识教育水乳交融

通识教育是一种人文教育,它超越功利性与实用性,弘扬人文精神和科学精神的有机统一,以追求知识的完整性和人的发展为宗旨,既是对自由教育思想的革新,也是对现代社会急功近利的专业教育的矫正。[4]以通识教育为导向,深化应用型人才培养理念。一方面要深刻领会人的发展规律和育人规律,把握教育的根本目的是育人。教育的最终目标是首先培养全面和谐发展的人,而不是培养有用的"器具"。另一方面要充分认识到当前的专业教育存在的弊端。如果教育将每个个体局限在某一狭窄的专门知识里而缺少整体的关照,那么,将会给学生的知识能力思维和方法带来很大的局限,缺少了通识教育的专业教育会让应用型人才的培养目标无法实现,不可能培养出知识能力素质相协调的应用型人才。

在应用型本科院校,通识教育理念融入应用型人才培养的过程,首先是把通识教育理念融入专业教育过程中。在应用型本科高校,应用型人才培养的定位决定了专业教育的重要地位,在课程体系上,专业课程占比最高,如何在专业课程中贯彻融入通识教育理念就成为重中之重。在应用型本科高校提高通识教育的"质",关键是提高专业课程教学中的育人水平,而绝不是把通识教育的任务一股脑地推给思想政治教育和人文素养等通识课程。通识教育反对片面强调人才培养的"应用性、职业性"而忽视"人文性、基础性",也反对开设很多通识课程,鼓吹回到读经的道路上去。通识教育强调人文精神和科学精神,"只有同时具备这两种精神,才能在人才和自然科学之间形成一个真正的通道"[5]。如果我们的专业教师在进行专业课程教学的过程中注重课程内容的拓展和整合,不断挖掘专

业课程内容内在的人文精神和科学精神,鼓励学生独立思考、不断探索,这样融于专业教育的通识教育才能取得更好的教学效果。

在通识教育中,即使通识课程不多,但如果我们的专业教师也在专业教育中融入通识教育,培养学生积极探索的科学精神,帮助学生树立正确的人生观和科学观,构建科学合理的知识逻辑结构和思维能力,这样就能够有效提高教学的质量,可以让通识教育发挥其真正的作用。

同样,通识教育也应该充分展现专业教育的学术魅力。通识教育的课程没有专业的硬性划定,它关注的是人和社会发展的基本问题。我们在教学中要求学生"天下事,事事关心",关注人类和社会发展命运的基本问题和现实问题,把这种要求体现在课程教学的目标任务上,如果没有专业学术的支撑,没有最新的学术研究成果的支持,这些问题都是无法解决的。应用型本科高校具有得天独厚的专业学术优势和地位,通过丰富的专业学术资源来思考和解决当代社会和人类的发展问题,通过专业知识学习和技能训练,提高学生的逻辑推理和论证的能力,理解不同专业的专业思维和创造力,解决人和社会发展的基本问题和现实问题,理解人文的终极关怀,从而达到通识教育的目的。

贯彻通识教育理念不仅体现在专业教育的创新教学模式上,还体现在学生的自主选择上。尊重学生的自主选择权本身就是通识教育的题中应有之义。高校教育是文化多元、博雅的教育场所,况且通识教育不受专业限制,本身就是多元包容的。因此,无论是专业教育还是通识教育都应该让学生有更多的自主选择权。应用型本科高校的专业和课程设置因社会市场和职业发展需求而设置,但也不能忽视学生对专业和课程的选择权。

应用型本科高校在专业设置上以市场为导向,选择设置社会热门专业和急需专业成常态,学生进入大学攻读一个职业性的专门科目,主要目的也是希望能够找到一个称心如意的职业。然而,初进校的大学生由于认识不足,在专业选择上不可避免存在一定程度的盲目性,因此,给予大学生至少一次的转专业机会实属必要。转专业本身就是对大学生的人文关怀,是尊重大学生自主选择的体现。

(二)在课程体系中设置通识课程模块,实现专业教育和通识教育"双剑合璧"

除了在专业教育过程中贯彻通识教育之外,还应该建构一个相对独立的通识课程模块,与专业课程一起构成应用型人才培养的整体方案。有"他"无"她"的课程体系是不完整的,也不符合人才培养的要求。一个相对独立和完善的通识课程体系是应用型本科高校培养高素质应用型创新人才的基本要求。而目前的情况是,一些应用型本科高校尚未建构比较完善的通识课程模块,充其量也仅仅是一些国家规定的公共必修课和随机开设的选修课。公共必修课学分占比大,课程优化少,由于学科少,师资严重缺乏,通识选修课程的稳定性差,可供学生选的通识选修课十分有限。而且,由于得不到重视,通识教育课程长期被边缘化。由于没有一个相对独立的通识课程模块,通识教育没有发挥应有的作用,根据专业课程的设置和学生学习发展需求,学校设置通识课程模块,联袂专业课程教育模块,并实现"双剑合璧",有机结合,培养高素质的应用型本科人才。

建构通识课程模块需要做好以下几个方面的举措:

第一,优化公共必修课程。公共必修课程是国家或学校有明文规定的有固定学分的课程,包括思想政治课、大学英语、大学计算机等。此类课程学分占比大,课程师资相对稳定,课程内容也相对固定。近年来,一些高校为了加强应用型人才的培养,注重专业教育和职业训练,增加了专业课程学分,减少了部分公共必修课程学分。从事实上讲,增加专业学分,专业教育效果未见得提高,因此,不要轻易减少公共必修课学分比重,而应该把改革的心思花在如何提高公共必修课的教学质量上。很多高校在这方面已经有一些新的探索,主要是在公共必修课的基础上开设一些学生创新实践课程。但这些探索依然没有解决公共必修课的理论教学问题。我们的做法是根据学校人才培养定位和目标,适度地对公共必修课程结构和内容加以改造,优化公共必修课程模块。

在总学分不变的前提下,在原有思想政治理论课程的基础上,推进工程专业教学和思想政治理论教学的融合,增开"工程伦理""中国特色社会主义实践在浙江""大学生思想政治教育创新实践"等课程,实施课堂联动,板块轮动教学。课堂联动,就是实现课堂理论教学和课外实践教学的联动;板块轮动教学,就是在构筑一个理论教学、网络教学和创新实践教学等多板块教学模式的基础上,针对学生实际,着重开展板块轮动教学。对"大学英语""计算机基础""大学语文"等公共必修课实施分类分层教学。把原先的"大学英语 I、II"改为"大学英语 I、II"(必修)"大学英语 III、IV""商务英语""口译""翻译写作"等必选课程。学生根据自己的英语水平对不同的英语课程有所选择。把"大学语文"课程细分为"阅读欣赏""应用文写作"等课程,学生可以根据专业实际和爱好而有所选择。"计算机基础"课程根据各专业需求分别开设"计算机 I""软件程序开发""CAD 制图"等课程。"大学物理"和"高等数学"等基础课程也根据专业需求编写不同的教学大纲,整合教学资源和讲解不同专业的课程内容。

第二,完善通识选修课程模块。目前,设置通识教育课程的途径主要有两种,一是向校内外广泛征集通识教育选修课程(包括购置优质网络课程)。由于应用型本科院校学科少,通识课程师资短缺,无法全面满足学生的日益增长的学习和选择需求。为此,向校内外广泛征集选修课程成为必要。通识教育选修课程包括人文科学、社会科学、自然科学、工程技术等学科领域的课程,课程类型包括导论型、导读型(经典著作选读)、专题讲座型、方法经验与技能型等。宁波工程学院根据学校实际、学生需求建设课程资源库,开设了一些独具特色的选修课程,比如校内老师开设的"阅读欣赏""刺绣"等课程、校外企业家开设的"职业规划"课程;同时,也引进了一些名牌大学的慕课课程供学生选课。

为了确保通识选修课程的教学质量,学校实行定期评审和学年评估制度,在课程设置要求上坚持通识教育不断线,课程四年贯通,原则上每学期均应开课,课程以小学分为宜。面向校内外征集通识选修课程,以课程申报和审议的形式进行课程的新增或变更。课程申报要求提供课程简介、教学大纲、任课教师基本情况等信息。通识选修课程应从教学目标、课程内容、实施与评价方式、教学效果等方面进行审议,经审核通过的课程列入学校通识教育选修课程。通识教育选修课程实行学年课程评估,根据选课人数、学评教、开课质量等确定是否继续开课。

第三,开发建设通识核心课程作为稳定性课程。由于师资不确定等原因导致广泛征集的通识选修课程具有不稳定性,不能每学期都能够开设,不能满足广大学生的持续选课的需求,而且也不能体现学校通识课程的特色和优势。因此,对于应用型本科高校,集中有限资源,开发和建设一批具有学校特色的通识核心课程显得十分必要。

通识核心课程作为学生的必选课程,要求每学期开设,既要结合学校实际,体现专业优势和特色,又要满足大多数学生的选课学习和发展需求。根据"宽口径、厚基础"的人才培养要求,遵循基础性、经典性原则和融通性建设原则,突出课程内容的基础性和通识性,突破单纯的"专业视域"和"知识视域",着力培养学生健康的人格、美丽心灵和良好的审美情趣,帮助学生养成良好的学习习惯和积极的生活态度。课程建设宁缺毋滥,以项目形式进行建设,从师生公认的推荐课程里遴选建设,并实行严格的审议和考核。

当然,设置通识课程模块,课程数量不是越多越好。如果我们的老师照本宣科,教学方式和方法不当,通识课程的教学仅仅停留在灌输的层次,学生就不会有太多的收获,也不可能达到通识教育的育人目的。因此,鼓励教师进行教学方式方法的创新。比如利用现代教育技术,采用网络课程平台,开展线上线下混合式教学。当然,除开设专门的通识教育课程之外,还可以通过学生社团活动、校园文化建设、社会实践等第二课堂课程来开展通识教育。实践证明,通过设置和完善通识课程模块,不仅不会影响专业课程的教学,反而能够有效地提高专业教育效果,极大地提高了学生自主学习的积极性。

参考文献

[1] 布鲁贝克.高等教育哲学[M].杭州:浙江教育出版社,2002.

[2] [英]伊丽莎白·劳伦斯.现代教育的起源和发展[M].纪晓林,译.北京:北京语言学院出版社,1992.

[3] 杨玉良.今天我们该如何培养人才[N].解放日报,2010-7-18(8).

[4] 曾智平.地方应用型本科院校实施通识教育的探索与思考[J].改革与开放.2011(22):180-181.

[5] 张新光.联结—互动教学模式的探索与实践——以《毛泽东思想和中国特色社会主义理论体系概论》课程教学为例[J].宁波工程学院学报.2014(4):102—105.

创业型:"双一流"背景下新兴大学的一种战略选择[①]

黄志兵[②]

摘　要: "双一流"建设以学科为突破口,走多样化发展之路。这要求我国大学选择适合自身发展需求的战略,在人才培养质量、科学研究水平、社会服务能力等方面向着"双一流"目标迈进。随着大学、社会、政府、市场的关系日趋密切且复杂,在合作和应用中生产知识并运用知识,同时获取自身发展,已成为大学实现"双一流"的重要路径。在知识传播、知识生产、知识应用相互融合的过程中新兴大学应运而生。与传统大学不同,新兴大学更强调结合社会的多样化、开放性需求进行创新、改造与突破。从战略管理视角来看,创业型战略顺应了新兴大学的特质,它是"双一流"背景下新兴大学的一种战略选择,它为新兴大学建设一流大学和一流学科提供了战略方向。

关键词: "双一流";新兴大学;创业型战略;多样化发展

一、引言

2015 年 10 月,国务院印发的《统筹推进世界一流大学和一流学科建设总体方案》(以下简称《方案》)提出:"到 2020 年,若干所大学和一批学科进入世界一流行列,若干学科进入世界一流学科前列;到 2030 年,更多的大学和学科进入世界一流行列,若干所大学进入世界一流大学前列,一批学科进入世界一流学科前列;到 21 世纪中叶,一流大学和一流学科的数量和实力进入世界前列。"[1]《方案》明确了"双一流"建设以学科为突破口,结合自身发展,在满足社会多样化需求过程中走多样化发展之路。"双一流"建设在"十三五"开局时刻吹响了中国大学冲向世界前列的"集结号"[2]。

建设世界一流大学和一流学科,选择适于自身发展的战略至关重要。在财政经费日益紧张,生源竞争日益激烈的情况下,大学战略的选择无疑成为建设一流大学和一流学科

①　国家自然科学基金项目"基于学科—专业—产业链的区域高等教育协同创新治理机制研究"(71473139)成果,发表于《现代教育管理》2017 年第 3 期。

②　黄志兵,上海师范大学教育学院博士生,宁波教育学院科研处副教授,主要从事高等教育管理研究。

的突破口。在知识社会时代,大学的知识形态正在发生着改变,即从知识的传承(教育)拓宽到知识的创造(科研)以及所创造的新知识的商业应用(创业)[3]。与这一知识形态变化相适应,新兴大学应运而生。所谓新兴大学,从时间来看,是指那些建校历史较短(根据《泰晤士高等教育》的排行榜单来看,新兴大学平均建校时间不足50年)的大学;从质量来看,是指那些办学成就较为突出、发展态势较好的大学;从组织资源来看,是指那些资源尚不够充足,需要不断拓展外围来获取资源的大学;从知识形态来看,是指那些能把知识传播(人才培养)、知识生产(科学研究)与知识运用(社会服务)有机融合的大学;从主导哲学来看,传统大学以提供者为导向,而新兴大学是以多样化社会需求(或消费者)为导向的大学,它更强调结合社会的多样化、开放性需求进行创新、改造与突破,其学术活动驱动主要是来自"外部参与",正如昆士兰科技大学副校长 Peter Coaldrake 所言,"传统大学的科学研究缺少跨组织交流和根据当代社会的需要改变行动,这意味它们很快失去地位和价值,相比而言,新兴大学从事的研究对社会来说是急需的、有意义的、具有挑战性的"[4]。随着大学、社会、政府、市场的关系日趋密切且复杂,在合作和应用中生产知识并运用知识,同时获取自身发展,已成为大学实现"双一流"的重要路径。那么,在"双一流"问题上,新兴大学应该做出怎样的战略选择? 做出战略选择后又如何实施推进? 这一问题的厘清无疑会对"双一流"背景下中国新兴大学的发展方向产生深远的影响。

二、新兴大学选择创业型战略的原因分析

"创业型"在高等教育领域源于欧洲。20世纪下半叶,英国华威大学为了摆脱发展困境,通过实施创业型战略获得了成功。后来这一发展战略被一些大学所借鉴,并成为大学的一种战略选择。创业型战略要求大学在战略管理上改变传统观念,结合社会需求进行知识创新与应用。而这一战略,在很大程度上顺应了新兴大学的基本特质及其战略选择的基本标准,从而成为新兴大学的一种战略选择。

1. 消费者导向:新兴大学战略选择的基本标准

丹尼尔·若雷和赫伯特·谢尔曼在《从战略到变革:高校战略规划实施》(2006)一书中提出不同形式高等院校的二维模型[5]。即两个主要的维度是组织资源(图1中的大资源基础和小资源基础)和主导哲学(图1中的提供者导向和消费者导向)。这一模型中还包括三个不同的风险(图1中的一区、二区和三区)。

在图1最上方的"资源"维度,是指估计大学现有的或可获得的基本的和非专项资源[6],其重要性在于资源大小会直接影响大学内部进行主要变革或把握主要机会的能力。资源基础越小,大学受其他利益相关者的影响就越大。从图1中可以看出,新兴大学处于偏向小资源基础的位置,说明新兴大学资源很有限,需要通过创新、突破的方式来影响其他利益相关者,从而获取相应的资源。

在图1最左边的"主导哲学"维度,决定着大学的发展方向,无论是"提供者导向"还是"消费者导向",都和大学对学生的态度有关。其中,"提供者导向"是指大学强调内部驱动,按照更为传统的学术方式对知识的传播、生产进行战略安排,促进教师拥有最大限度的学术自由开展人才培养和科学研究活动;"消费者导向"则是指大学对社会的需要有更

多的认识,并根据社会需求来设计研究进程和课程[7]。从图 1 中可以看出,新兴大学处于偏向消费者导向一方,这说明新兴大学更注重把知识的传承、知识的创新与知识的应用相结合,十分注重多样化、开放性的社会需求。

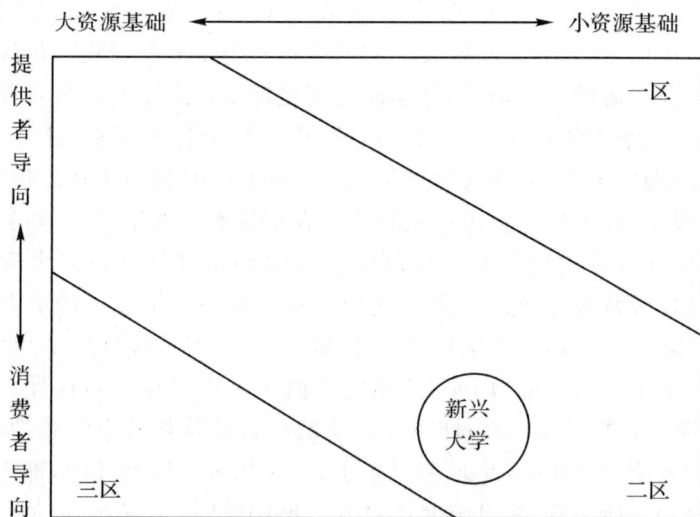

图 1　新兴大学在二维模型中的战略地位

(资料来源:[美]丹尼尔·若雷,赫伯特·谢尔曼.从战略到变革:高校战略规划实施[M].周艳,赵炬明,译.桂林:广西师范大学出版社,2006:49.)

在图 1 中有三个不同风险区,一区风险最高,学校资源不充足,关注内部需求大于关注外部需求;二区风险居中,把高资源水平和更宽泛的哲学定位结合起来;三区风险最低,运作中更偏向应用领域和消费者导向。从图 1 中看出,新兴大学处于二区的右下部,由于"当今世界效率驱动的价值观",势必引起"大多数未来的教育新模式将是为了满足社会需要,而且很少会是提供者导向的"[8]。在这种趋势下,新兴大学必然要以消费者导向作为自己战略选择的基本标准,因为"更加偏向消费者导向的高校会取得成功"[9]。新兴大学由于资源有限,必须走差异化、多样化发展之路,需要分析它们的特定环境,评估社会、政府、市场的变化和要求,并应对这些变化和要求做出恰当的战略选择,这应当是新兴大学通向成功的钥匙。

2.创业型战略:新兴大学的一种选择

从大学的职能来看,新兴大学与传统大学不同,它承担着人才培养、科学研究、服务社会等职能的同时,更直接地成为知识生产链条当中不可或缺的一个主体。在中世纪时期,大学唯一的职能是人才培养,虽然也培养社会所需求的医生、律师、教师和牧师等专业人士,但并不是主动地去服务社会,是一种被动式地满足了社会的某种需求。到了 19 世纪,科学研究成为大学的第二种职能,但是,当时的大学"相当重视纯粹研究,以至于看起来像完全脱离了校外的时事一样"[10],它们"趋向于把以'闲逸的好奇'精神追求知识作为目的"[11],与社会的关系并不密切。20 世纪初,威斯康星大学提出了著名的"威斯康星思想",主张大学要走出象牙塔,主动服务于社会。从此,社会服务逐渐被公认为大学的基本职能之一。随着知识社会和高等教育大众化、普及化的到来,大学开始走向多样化发展之路,结合社会的多样化、开放性需求主动地凭借其三大基本职能来承担自己的社会责任。应该说,新兴大学也正是在这个时代背景下应运而生的。消费者导向的新兴大学由于更加直接和有效地促进经济社会的发展,从某种程度上来讲,它是大学服务社会的新阶段。因此,与传统大学相比,新兴大学同社会之间的关系产生了质的变化。传统大学还是相对宁静的象牙之塔,往往通过人才培养、科学研究间接地承担大学的社会责任。新兴大学则直接成为知识生产链条中的重要一环,成为知识社会可资依赖的源发主体之一。

从图1的战略地位来看,新兴大学处于二区,风险居中,但由于在二区的右下角,在资源方面偏向小资源基础,可见其资源比较有限。在资源有限的情况下,新兴大学需要选择一种能够提升资源获取能力的战略。而创业型战略则正好符合新兴大学的战略选择要求,即资源偏少且以消费者导向作为自己战略选择的基本标准。美国著名学者伯顿·克拉克基于1980—1995年欧洲五所案例大学的创业经验,探索提炼出20世纪末大学对社会多样化、开放性需求所做出的"创业型"反应。伯顿·克拉克认为这种"创业型"需要五大要素[12]:一是强有力的领导核心,即需要一流的校长及其强有力的管理团队或机构,以便进行战略制定、实施与评价,并形成制度规范;二是拓宽的发展外围,即需要一种以消费者为导向、跨学科的科研模式,主动满足多样化、开放化的社会需求;三是自主处理的多元资金,能够拥有并自主处理政府拨款、捐赠、学费、借贷、科研回报等多元资金的权利;四是激活的学术心脏地带,即学术立业的组织机构。大学服务社会的使命是教学与学术研究活动的延伸,大学是利益相关者组织,其经济效益最终指向的仍然是关乎人类福祉的学术;五是整合的创业文化,即需要开发一种涵盖变革的文化,而这种文化由简单制度上的理念整合成为一些信念或价值观,这些信念或价值观引导着其他要素的发展和整个大学的组织行为,并在实践过程中形成大学的创业文化。因此,大学离开了创业文化就难以实施创业型战略。从以上五大要素来看,创业型战略与新兴大学战略选择的基本标准相吻合。

三、新兴大学实施创业型战略的国际经验

从国际的实践经验来看,一些发展态势好的新兴大学通常对多样性、开放性的社会需求做出"创业型"反应,走特色化、差异化、多样化发展之路。2015年4月29日,英国媒体《泰晤士高等教育》公布2015年世界百强年轻大学排名[13],英国华威大学、新加坡南洋理工大学、中国香港科技大学、韩国浦项科技大学等四所新兴大学均进入排行榜前10名。这四所新兴大学之所以能获得成功,其主要原因之一是在管理、创业、资金、学术、文化等五个方面选择并实施了创业型战略,从而在短短数十年时间内发展为"世界一流"。笔者从创业型战略的五大要素对这四所新兴大学的成功经验进行分析。

(一)强有力的领导核心

伯顿·克拉克指出,"转型途径中的加强驾驭核心,并不是说要加强某个人的权力,不同的研究对象有不同的表现形式和结构"[14]。因此,不同国家、地区的新兴大学在建立强有力的领导核心方面,其表现形式和结构会有所差异。从四所新兴大学来看,尽管在管理

形式和结构层面有所不同,但在实施创业型战略过程中都注重领导核心的打造。例如,英国华威大学改变英国传统的分权管理模式,积极打造强有力的领导核心。华威大学采用横宽纵短的扁平管理结构,文学院、理学院和社会科学学院三大学院各系直接受学校的领导,推进学校统筹与协调。华威大学的统筹机构"联合战略委员会"在学校整个运作中发挥着"强有力的领导核心"作用,大学的"创业与学术研究"等核心任务都通过联合战略委员会做出高效反应[15]。新加坡南洋理工大学大胆引入产业界的管理经验,各级领导均致力于大学与产业界的联系,采用开放式管理模式,提高学校对社会环境变化的敏感度。中国香港科技大学由学校董事会任命并公开设立校长遴选委员会,制定规范严格的选拔程序,经过初选、面试等层层筛选,最终遴选出最佳人选。通过精选校长,学校形成了强有力的领导集体。韩国浦项科技大学则借鉴企业管理理念形成强有力的领导核心,加强与政府、社会、市场之间密切的内在联系,以寻求共同发展为目的,以充分发挥各自优势为基础,以人才、技术、效益为纽带,形成多赢的良性循环机制。

(二)拓宽的发展外围

"发展外围作为通向外部世界的一个场所,成为一所大学内部进入和吸引全部新的思维模式的一个有组织的地方。"[16]新兴大学为了满足地方经济社会发展的不同需求,会通过创建多样化的组织来拓宽其发展外围。这些组织既可以是承担对接产业、开发知识产权、实现成果转化、筹集资金等职能的企业孵化器、大学科技园等,也可以是能把解决重大经济社会问题的研究者带到大学的跨学科组织,例如近几年来有学者提出的"学科—专业—产业链"也可以被称之为一种能有效地拓展发展外围的跨学科组织[17]。在英国,外部资助是大学尤其是新兴大学发展的重要经费来源。英国华威大学作为一所新兴大学,在政府投入日益减少的今天,拓宽发展外围成为其实施创业型战略的重要举措。英国华威大学首任副校长巴特沃斯把学校战略定位为"既是一所适应时代需要的大学,又是一项以学科为中心的事业"[18]。在这种思想的指导下,华威大学在学系下面以消费者需求为导向自由设立各种跨学科性质的华威制造集团、科学园等,大大拓宽了学术发展的外围。新加坡南洋理工大学培养服务及创业意识:立足校内,以各院系为主体,鼓励其跨越院系边界,加强跨系合作;服务本国,与本国产业界协同创新发展、参与国家重点项目、促进本国教师专业发展;面向国际,寻求"三角形区域",即同时拥有科研转化能力强的研究密集型大学、与大学共同研发的公司和创新创业者的区域。中国香港科技大学不断拓展技术转让、工业联络、继续教育和咨询等外围单位,在日常运营中与院系融为一体,以调解大学和外部组织间的关系。韩国浦项科技大学积极拓宽发展外围,在人才、学术、产业等方面,与政府、研究中心、企业等保持着密切联系,通过成立知识中心、创建地区性创新平台,为研究人员、教育者、企业家、投资者、工业人士、政策制定者等提供各种创意与企业精神的策略方案以及大量的项目,形成跨学科、跨组织领域人士的互动交流与合作平台,从而获取更多的创新成果与资源。

(三)自主处理的多元资金

自主处理的多元资金是新兴大学通过增强环境适应力来实现创业型战略的先决条件,也是新兴大学成功转型的催化剂。新兴大学的资金来源既有政府财政拨款、科研项目竞争性经费,也有专利收益、相关产业行业机构资助、慈善基金会、校友资助募捐等。对于新兴大学来说,高度依赖一种主要资源存在着较大的风险,唯有自主处理的多元资金才能从容应对现代大学改革与发展中的资金问题。20世纪80年代初期,撒切尔夫人执政以来,英国开始实行新自由主义,主张将大学推向市场,在此背景下,"华威大学被削减10%的经费"[19]。在20世纪70年代末,华威大学开始与工商业合作,这使得学校"收入从1965年的26.7万英镑增加到1970年的近300万英镑,1980年继续增加近2000万英镑"[20]。华威大学不断开拓新的领域来增加大学的财政收入,多年来大学内部90%的专业都投入到了创收的行列中,"通过几十年的发展,到2012年年底华威大学政府外筹资已达到3.2亿英镑"[21]。新加坡南洋理工大学除接受政府资助外,积极寻求"第三渠道经费",例如校友捐赠、学生学费、与企业合作所得收入等。尤为重要的是,南洋理工大学非常注重强化基层部门在预算制度上的自主权及额外收入上的支配权。中国香港科技大学尽管会接受大学教育资助委员会提供的财政资助,但更愿意从非政府部门获取发展资金,例如,通过推动教师科研成果转化和学术资本化,以获取更多的学科建设经费;通过良好的社会服务获取产业界、社区等社会的资助,以实现教育成本有效性的最大化。韩国浦项科技大学在发展过程中通过接受大量捐赠、多渠道募集资金、争取研究经费等多种途径获得自主处理的经费。正是这些自主处理的多元资金,为浦项科技大学争创世界一流大学和一流学科提供重要经济保障。

(四)激活的学术心脏地带

伯顿·克拉克在《建立创业型大学:组织上转型的途径》一书中认为,"由于大学由它们的传统各系广泛岔开的领域组成,创业的行动典型地、不平衡地分散在旧的心脏地带。科学和技术的各系通常首先成为创业型,而且变革最为彻底。社会科学各系除经济学和商业以外,感到转变比较困难,通常落后。最难转变的人文科学各系,新的经费很难从赞助者流向它们。它们审慎地走出去,通过提供服务筹集资金似乎不合适,甚至降低身份"[22]。正是科学技术各系与社会科学各系的这种不平衡,使得新兴大学在战略选择中与传统大学有所不同。为了激发学术创新活力,提升办学绩效,新兴大学往往积极吸纳学术力量进入服务经济社会的队伍。例如,英国华威大学建立了一个以学科为中心的学术基地,并且一直鼓励学术服务社会,通过加强创新意识培育与企业家精神培育,大大激发了各基层学术组织的创新活力。新加坡南洋理工大学在国立研究基金会的带动下,推动了新加坡在科研和创新科技领域的发展,尤其在生物医学、互动与数码媒体科学、环境与水务技术等学术领域引领着大学迈向世界一流大学和一流学科行列。中国香港科技大学在一些特色学术领域,如纳米科技、电子学与无线通信及资讯、科技生物科学及生物技术、工商管理教育及研究、环境及可持续发展,注重走特色化、差异化、多样化发展之路。香港科技大学除激活上述五大学术心脏地带外,还通过开设跨学科课程来打破传统学科之间、学科与专业之间的壁垒;通过调动各学院优势,创建跨学科环境学部,推进学科之间、学科与专业之间的融合。韩国浦项科技大学也十分注重激活重点学术研究领域,如生命科学、物理科学、工程技术、钢铁技术研究等。针对以上学术领域,浦项科技大学通过配备优秀学术人员、提供优质资源、提升国际化水平等举措,实现学术资源配置的最优化和优势学科发展的特色化、差异化与开放化。

（五）整合的创业文化

整合的创业文化是新兴大学实施创业型战略过程中尤为重要的一环。有学者指出，整合的创业文化，是"象牙塔"精神与现代企业文化的有机结合[23]。选择走"创业型战略"的新兴大学既要维持"象牙塔"精神，也要积极营造"创业型文化"氛围。当然，整合的创业文化，其形成不是一蹴而就的，而是新兴大学在摸索性创业过程中逐渐形成的。自20世纪80年代开始，英国华威大学就把创业型作为自己的战略定位，把企业家精神作为学校办学理念根植到大学的人才培养、科学研究与社会服务当中，并把这种企业家精神一以贯之，最终成为华威大学迈向成功的创业文化。这种企业家式的创业文化在学校内部各个方面融合、渗透，使得华威大学创业型战略得到了有效实施。新加坡南洋理工大学重视创新精神培养，鼓励师生开展创业实践，在创新创业文化的创建过程中极大地促进了大学组织机构之间及人与人之间的协调和控制。中国香港科技大学则把创业文化与学术文化、行政文化紧密结合，有效协调了内外部关系，从而形成了可持续发展的、自主创业的良性循环结构。韩国浦项科技大学同样比较注重营造创业文化氛围，培养师生创新创业意识，并通过这种创业文化培养能够在科技领域探索未知世界的人才。

四、"双一流"建设中新兴大学实施创业型战略的突破点

从战略管理视角来看，创业型战略顺应了新兴大学的基本特质，它是"双一流"背景下新兴大学的一种战略选择，它为新兴大学建设一流大学和一流学科提供了战略方向。英国华威大学、新加坡南洋理工大学、中国香港科技大学、韩国浦项科技大学等四所新兴大学成功实施创业型战略并获得快速发展。借鉴国际经验，并结合我国实际情况，我国新兴大学要在"双一流"建设中抓住发展机遇，实施创业型战略，需要从以下几个方面来突破：

（一）以大学校长的选拔为突破口提升战略执行力

从国际经验来看，英国华威大学、新加坡南洋理工大学、中国香港科技大学、韩国浦项科技大学四所新兴大学都把打造强有力的领导核心作为实施创业型战略的重要抓手。在某种程度来讲，大学校长则在打造强有力的领导核心过程中起到关键作用。当前国家正统筹推进世界一流大学和一流学科建设，而这一战略的实施，需要大学能够快速做出回应，并提升战略执行力。"双一流"建设以学科为突破口，这意味着要建设一流大学，首先要建设一流学科。然而，从实践来看，无论是一流大学还是一流学科，都离不开强有力的领导核心尤其是超一流的大学校长。"没有超一流大学校长创造出良性的机制与氛围，就无法建设一流学科和一流大学。"[24]约翰·米利特也明确指出，"一所大学规划的有效性取决于校长领导的有效性。这种情况没有例外"[25]。只有具有企业家精神的大学校长，才能提升战略执行力，才能通过成功实施创业型战略引导新兴大学在"双一流"建设当中胜出。企业家精神是一种强调创新、把握机遇、顾全大局的思维方式，追求价值的创造、提升与实现，其核心是善于创新、敢于冒险、勇于担责等。同时，"企业家精神又是一种在别人只看到无序、冲突和混乱的地方捕捉机会的能力。"[26]企业家精神最初在经济学领域被广泛运用，但它不仅仅局限于经济学，也可以代表教育领域的某些思想。从国际成功经验

来看,上述四所新兴大学之所以能够成功实施创业型战略,与具有企业家精神的大学校长是分不开的,这些新兴大学每一次提出不同的办学理念都与大学校长的职业背景、所处社会背景等休戚相关。

(二)以创业型学科为基础激发创新创业活力

伯顿·克拉克所提到的"学术心脏地带"实质上指的就是在新兴大学中表现出色,起到核心作用的学科——创业型学科,这种学科往往产生于社会发展需求,具有消费者导向、创业型组织文化导向等特质。新兴大学要激活学术心脏地带,就要激发学科的创新活力。以学科为突破口,是我国当前"双一流"建设的基本原则之一。而坚持以创业型学科为基础,是当前新兴大学实施创业型战略的重要举措。新兴大学要想在历史悠久且实力雄厚的传统著名高校中突围,只有凝练特色,建设好一流的创业型学科才有跨入世界一流大学行列的可能。综观国际上的一些新兴大学能够在短时间内发展为"世界一流",这与其坚持以创业型学科为基础的创业型战略分不开。例如,英国华威大学以创业型学科为基础,学科建设定位为创业型,根据社会需求来针对性地开展自己灵活而具特色的学科建设。华威大学不追求学科的综合性,到目前为止,也只设置了人文学院、理学院、社会科学院和医学院。这种以学科为基础的学术研究,使得学科服务社会的能力得到迅速提升,学术创新活力也被大大地激发出来。中国香港科技大学在实施创业型战略过程中,坚持以创业型学科为基础,激活学术中心地带。例如,香港科技大学信息技术等学科研究紧跟社会重大需求,始终保持强劲发展的势头。由此可见,这些新兴大学创业型战略的成功实施,在很大程度上与它们一流的创业型学科表现息息相关。有了一流的创业型学科,新兴大学在实施创业型战略过程中就拥有了创业型师资、创业型专业和创业型课程,才有了创新型的一流教学、一流学术研究和一流社会服务。

(三)以特色发展形成大学竞争力

根据前面图1可以看出,新兴大学在二维模型中处于资源不充足、以消费者为导向的位置。很显然,新兴大学领导者和战略规划者们能根据其所处的位置,更好地界定新兴大学在市场中的竞争地位。迈克尔·波特认为,"组织只能通过选择特定的战略在市场机会中赢得竞争优势"[27]。新兴大学根据其所处的位置可以通过选择创业型战略在市场机会中赢得竞争优势,从而形成大学竞争力。新兴大学选择创业型战略实质上也是走特色发展的一种战略选择。前面几所新兴大学之所以能够成功实施创业型战略,一个重要原因在于它们坚持走特色发展之路,形成了自己的竞争力。实施创业型战略,新兴大学就要有创业思维,办出自身的特色。事实上,特色发展也是一种创业。新兴大学的发展要区别于其他传统大学的特性,走特色化、差异化、多样化发展之路,这一点在上述四所新兴大学实施创业型战略过程中都有所体现。我国新兴大学在建设一流大学和一流学科过程中,要立足自身实际,在特色发展中实施创业型战略,相对于传统大学,更要具备在高等教育竞争市场中获得独特地位的能力。

(四)以构建创业文化形成发展持久力

伯顿·克拉克基于欧洲五所大学实施创业型战略而成功转型的案例,形成了关于创业型战略的五大要素,即管理(强有力的驾驭核心)、创业(拓宽的发展外围)、资金(多元化的资助基地)、学术(激活的学术心脏地带)、文化(整合的创业文化)。这五大要素中,文化是五所大学成功转型的共同要素[28]。因此,要成功实施创业型战略,创业文化的构建就显得尤其重要。既然创业型作为新兴大学的一种战略选择,那么在创业的整个实践过程和整体组织结构中构建创业文化,就成为新兴大学实施创业型战略、形成发展持久力的行动指南。从体制机制层面来看,新兴大学要构建创业文化,首先要"形成创新精神为核心、创业文化为载体、学术与产业文化融合的治理机制"[29]。其次要建立信任机制,这是因为:创业文化是一种鼓励创新思维蓬勃涌现的环境。在这种环境下,在大学里的每个人都应当得到了充分的信任。也正是这种信任感,往往会让组织内的人或团队不断地向前进步。基于治理机制和信任机制下的创业文化,一方面为新兴大学实施创业型战略提供了良好的文化机制,另一方面必然会给新兴大学带来发展持久力,并为其在"双一流"建设中找到适合自身发展的战略方向。

参考文献

[1] 国务院.国务院关于印发统筹推进世界一流大学和一流学科建设总体方案的通知 [EB/OL]. (2015-11-05)[2016-10-10]. http://www. gov. cn /zhengce /content / 2015-11 /05 /content_10269. htm.

[2] 王瑜,沈广斌."双一流"建设中的大学发展目标的分类选择[J].江苏高教,2016,(2): 44—48.

[3] [12] [14] [16] [22] [28] [美]伯顿·克拉克.建立创业型大学:组织上转型的途径 [M].王承绪,译.北京:人民教育出版社,2007:3—7.

[4] Times Higher Education. 150 under 50 rankings 2016:youthful universities use their flexibility to make a mark [EB/OL]. (2016-4-6)[2016-10-10]. https://www. timeshighereducation. com/world-university-rankings/150-under-50-rankings-2016-youthful-universities-use-their-flexibility-to-make-a-mark.

[5] [6][7][8][9] [美]丹尼尔·若雷,赫伯特·谢尔曼.从战略到变革:高校战略规划实施[M].周艳,赵炬明,译.桂林:广西师范大学出版社,2006:18,19,20,48,21.

[10] [11][15][19] [美]约翰·S.布鲁贝克.高等教育哲学[M].3版.王承绪,郑继伟, 张维平,等,译.杭州:浙江教育出版社,2001:16,13,12,15.

[13] Times Higher Education. 100 under 50 rankings 2015 results[EB/OL]. (2015-4-29) [2016-10-10]. http:/ /www. timeshighereducation. co. uk /world-university-rankings /2015 /one-hundred-under-fifty.

[17] 黄志兵,夏人青.知识资源配置方式转型与地方大学治理之道[J].教育发展研究, 2015(19):34—39.

[18] University of warwick committee structure [EB/OL]. (2013-10-01)[2016-10-10]. http://www2. warwick. ac. uk/services/gov/committees/ diagram/diagrammatic_ rep_of_cttee_structure_2013-14. pdf.

[20] BURTON R. Clark. Places of inquiry:research and advanced education in modern universities[M]. California:The Regents of the University,1995:11.

[21] University of warwick annual report. ［EB/OL］.（2012-10-12）［2016-10-10］. http：//www2. warwick. ac. uk/services/ finance/resources/ accounts/workbook-2011-12-draft-11—26. 11. 12-web-links. pdf.

[23] 蔡先金. 大学与象牙塔：实体与理念[J]. 高等教育研究，2007(2)：33—38.

[24] 王洪才.“双一流”建设的重心在学科[J]. 重庆高教研究，2016(1)：7—11.

[25] ［美］乔治·凯勒. 大学战略与规划：美国高等教育管理革命[M]. 别敦荣，译. 青岛：中国海洋大学出版社，2005.

[26] TIMMONS. J. A. New venture creation：entrepreneurship for the 21st century [M]. Boston：McGraw-Hill，1999.

[27] PORTER，M. E. Competitive advantage：creating and sustaining superior performance[M]. New York：Free Press，1985.

[29] 胡赤弟，黄志兵. 知识形态视角下学科—专业—产业链的组织化治理[J]. 教育研究，2013(1)：76—83.

大学英语学习者本土文化认同现状的调查研究①

张益君②

摘　要：选取浙江省在校大学生为样本，采用自编问卷《大学英语学习者本土文化认同问卷》，分析该群体的本土文化认同现状。从统计结果看，被试者对本土文化有深入的了解和积极的态度，二年级被试者对本土文化的认知情况优于一年级被试者。通过本土文化认同的现状调查，讨论了本土文化认知和情感对于本土文化认同行为的影响，建议在大学英语教学中进一步加强本土文化教育的渗透。

关键词：英语学习者；本土文化认同；调查

一、引言

在全球文化多元化、本地化的世界潮流中，平等的国际交流不仅需要国人拥有适量的英语文化知识，也需要具备用英语传播本土文化的能力。大学英语课堂作为培养阵地，必须坚持英语文化与本土文化并重的原则。但是，我国大学英语教学中的文化主题长久以来被归化为"英语文化"。王菲曾对两套大学英语《综合教程》教材中的文化选择与分布情况进行统计，结果显示"英美文化的选择与配置分别达到 68.7% 和 53.1%"，而"中国文化比例分别为 1.56% 和 4.1%"[1]。大学英语学习者群体中出现"重英语文化，轻本土文化"现象，罹患"本土文化失语症"，呈现出严重的本土文化认同淡薄。

认同的概念由心理学家弗洛伊德提出，指个人与他人、群体在感情上、心理上趋同的过程。认同是个拥有多维度结构的概念，但不同的学者给出不同的维度分析，其中 Richard M. Lee[2] 对亚裔的大学生进行测量，通过探索性因素分析抽取了三个维度，认知分类、情感自豪和行为承诺。

本土文化主要是指植根本土、世代传承、有地方特色的文化。个人对本土文化的认同既包含其理解或感悟地方民俗风情、历史文化的认知，也包含其承认、欣赏与接收文化的

---

①　浙江省教育科学规划项目（2014SCG289）、浙江省高职教育研究 2015 年研究课题、浙江省宁波教育学院教改教研项目（NJJG201504）成果，发表于《宁波教育学院学报》2016 年第 18 卷第 2 期。

②　张益君，宁波教育学院副教授，主要从事英语语言文化教学研究。

情感期望,同时也包含个人与其他文化群体成员沟通时的行为。

而针对我国大学英语学习者"本土文化失语症",许多学者也曾提出一些教学改进建议。朱丽华根据克拉姆契的"文化语境"观点,从翻译的角度,提出了应对策略[3];陈东则从教学大纲的制定、教材的选择、教师综合素质的提高等方面提出建议[4]。但以上所有措施都只着眼于教学中的"教",而没有考虑"学",缺少从心理学角度、在了解学习者的现状基础上提出合理的教学建议和可行的应对方法。

基于以上认识,本文以所在高校大学生为研究对象,以问卷调查获得数据,通过数据分析这一群体的本土文化认同现状,目的在于:(1)了解该群体对本土文化的认知和情感现状;(2)群体内部在本土文化认知和情感方面的差异;(3)本土文化认知和情感对本土文化行为的影响。

二、研究方法

(一)问卷

调研人员以 Richard M. Lee 以亚裔大学生为对象所分析抽取的认同三维度(认知、情感、行为)为基础,自编问卷《大学英语学习者本土文化认同问卷》,该问卷经过信效度检验,内部一致性信度为 0.847,结构效度也较为理想。该问卷分为人口统计学资料部分和本土文化认同量表部分,后者采用李克特五级量表,5 分表示非常赞同题项陈述,1 分表示非常不赞同题项陈述。

(二)被试

以某高校英语专业学生为研究对象,共发放问卷 250 份,回收 238 份,人工去掉没有完成的问卷以及全部题项填写一样的无效问卷后,共得到有效问卷 216 份,其中男性 19人,女 197 人;大一 144 人,大二 72 人,其中大二被试已完成为期一年的大学英语课程,并参与和台湾高雄海洋科技大学合作展开的课程内项目化学习任务——"本土文化英语DV 摄制"。将问卷输入电脑,以备后期分析。

(三)分析工具及方法

以统计软件 SPSS19.0 为工具,采用方法为数据描写、独立样本 T 检验和回归分析。数据描写可以了解数据的总体情况;方差分析可以揭示被试之间的差异情况;而回归分析可以了解本土文化认知和情感对本土文化行为的影响作用机制。

三、结果和分析

(一)本土文化认知、情感现状

在本土文化的认同中,最重要的一点就是对本土文化的认知情况,即被试对本省文化、风俗、习惯等的认识和了解,在问卷调查中以 6 个不同题项予以反映,通过统计被试在这几个题项上的得分均值(见表 1 左)可以了解被试对本土文化认知的基本情况。结果显示,被试在这几道题项上的得分均值都在 3 分以上,这意味着被试对题项陈述呈积极支持态度,也就是说,被试对本土文化的认知情况整体较好。其中,对浙江风俗习惯最为了解,对浙江文化含义的了解最为不足。从题项内容设置看,第 1 题反映的是文化身份总体评价,有 78.7% 的被试认同自己的浙江人身份,完全或基本赞同自己是典型的浙江人,仅有 3.2% 的被试不认可这一说法,另有 18.1% 的被试对此持中立态度。剩余 5 题则是浙江本土文化各个具体表现,从得分情况看,被试对浙江风俗习惯和民间传说故事的了解要优于对本地历史和文化内涵的了解。通过后期个体访谈,我们发现之所以存在这种现象是因为在被试的日常生活中,由于祖、父辈的行为范例,传统风俗习惯通过现实生活中的实际操作被熟悉,民间传说以故事的形式口口相传。相对而言,比较书面抽象的本土历史与文化内涵,则因缺少正式书籍文本以及被试没有主动去追根溯源的兴趣,从而对其了解不全面。以性别和年级为自变量,题项得分为因变量进行独立样本检验,结果表明,不同性别人群在题项得分上均不存在显著差异,而不同年级之间均存在显著差异(T 值见表 1右)。从两个年级得分的平均值看(见表 2),二年级的得分均值都高于一年级,这说明二年级被试对本土文化的认知情况要明显优于一年级被试。究其原因,二年级被试在大学英语课程学习期间,除了教师在课堂内有意识地利用比较、注解、同化等方式融入浙江本土文化外,还参与了学习项目"本土文化英语 DV 摄制"。通过自发挖掘文化主题,搜集相关介绍材料,制作英语 DV 介绍文化,主动对本土历史文化进行追根溯源,二年级学生的认知与了解程度大大提高,因此明显优于一年级被试。

表 1 本土文化认知基本情况及 T 检验结果

编号	题项内容	最小值	最大值	均值	标差	性别	年级
Q7	知道浙江独特的风俗习惯	1	5	4.23	0.840	−0.374	−5.842***
Q1	自己是典型的浙江人	2	5	4.13	0.822	0.423	−6.836***
Q2	知道浙江民间传说和故事	1	5	4.12	0.772	1.184	−7.210***
Q24	主动介绍浙江历史文化	1	5	4.01	0.925	1.254	−8.144***
Q4	了解浙江的历史	2	5	3.87	0.860	0.992	−7.964***
Q6	知道浙江文化的含义	1	5	3.75	1.002	1.118	−8.158***

表头:本土文化认知情况(编号、题项内容、最小值、最大值、均值、标差);T 检验结果(性别、年级)

(*** 表示 sig. <0.001,** 表示 sig. <0.01,* 表示 sig. <0.05,全文同)

表 2 本土文化认知不同年级得分情况

		年级	平均值	标准差	标准误
Q7	知道浙江独特的典型风俗习惯	1	4.01	0.849	0.071
		2	4.67	0.628	0.074
Q1	自己是典型浙江人	1	3.89	0.803	0.067
		2	4.62	0.615	0.073

续　表

		年级	平均值	标准差	标准误
Q2	知道浙江民间传说和故事	1	3.88	0.747	0.062
		2	4.60	0.573	0.068
Q24	主动介绍浙江历史文化	1	3.72	0.898	0.075
		2	4.60	0.664	0.078
Q4	了解浙江的历史	1	3.60	0.839	0.070
		2	4.40	0.620	0.073
Q6	知道浙江文化的含义	1	3.44	1.002	0.083
		2	4.38	0.659	0.078

　　本次研究还涉及被试对本土文化的情感调查,目的在于了解被试对浙江文化的主观情感,具体分为两个部分。其一是对本土文化认同感,其二是对本省地域的归属感和区域居民的认同感。前者以第3、5、8、10、23题呈现,后者以第9、11、12、18题呈现(见表3左)。从题项的平均值看,对本土文化的情感要优于对本土文化的认知。被试对所有题项的得分均值都在4.28分以上,说明被调查对象基本赞同甚至是完全赞同题项陈述。此外,本土文化情感调查题项的标准差也均小于本土文化认知调查,这说明被试在情感调查部分的差异远不如认知调查部分明显。我们仍以性别和年级为自变量,题项得分为因变量进行独立样本T检验,结果表明,不同性别之间均不存在显著差异,而(T值见表3右)从两个年级得分的平均值看(见表4),二年级的得分均值都高于一年级,这说明二年级被试对本土文化的情感明显比一年级被试深厚。究其原因,我们认为,学生们在"本土文化英语DV"的摄制过程中,因需要向台湾的学习伙伴介绍展示摄制短片,所以不但深入了解了相应的文化内容,尽可能地理解了文化内涵,同时,也因为主人翁态度的树立,产生了较强的归属感和自豪感,从而产生比一年级被试更深厚的对本土文化的情感。

表3　本土文化情感基本情况及T检验结果

本土文化情感情况						T检验结果	
编号	题项内容	最小值	最大值	平均值	标准差	性别	年级
Q10	作为浙江人值得自豪	3	5	4.76	0.489	−1.192	−5.180***
Q3	浙江有很多值得骄傲的地方	3	5	4.75	0.487	0.906	−6.192***
Q5	浙江历史悠久,文化灿烂	3	5	4.69	0.511	0.889	−6.475***
Q8	相比其他省份,浙江有特色	2	5	4.53	0.681	0.342	−7.105***
Q23	听到他人说浙江的坏话会生气	2	5	4.48	0.682	1.392	−5.476***
Q9	在外地遇见浙江人感到亲切	3	5	4.77	0.472	−0.860	−3.305***
Q18	愿为浙江振兴贡献自己力量	2	5	4.44	0.652	0.942	−8.158***
Q12	很看重浙江人的身份	3	5	4.37	0.754	−0.302	−7.471***
Q11	感到自己和其他浙江人是一家	2	5	4.28	0.806	0.784	−6.132***

表 4 本土文化情感不同年级得分情况

编号	题项内容	年级	平均值	标准差	标准误
Q10	作为浙江人值得自豪	1	4.67	0.555	0.046
		2	4.94	0.231	0.027
Q3	浙江有很多值得骄傲的地方	1	4.64	0.550	0.046
		2	4.96	0.201	0.024
Q5	浙江历史悠久，文化灿烂	1	4.57	0.563	0.047
		2	4.93	0.256	0.030
Q8	相比其他省份，浙江有特色	1	4.35	0.743	0.062
		2	4.88	0.333	0.039
Q23	听到他人说浙江的坏话会生气	1	4.33	0.718	0.060
		2	4.78	0.481	0.057
Q9	在外地遇见浙江人感到亲切	1	4.71	0.514	0.043
		2	4.90	0.342	0.040
Q18	愿为浙江的振兴贡献自己的力量	1	4.25	0.674	0.056
		2	4.83	0.375	0.044
Q12	很看重浙江人的身份	1	4.15	0.778	0.065
		2	4.79	0.473	0.056
Q11	感到自己和其他浙江人是一家	1	4.06	0.804	0.067
		2	4.72	0.610	0.072

(二)认知和情感对行为的影响

一般而言，对本土文化的认知和情感会影响与之相关的具体行为举止。为了从量化数据的角度说明这一现象，我们在问卷中加入了 3 道题目用于具体衡量言(Q19. 会讲本地方言)、行(Q21. 爱吃江浙菜肴)和价值倾向(Q22. 不做违背浙江人传统价值观的事)，并以三题得分求和作为本土行为变量的具体数值表现。

1. 本土文化认知对本土文化行为的影响

首先对本土文化认知的 6 个变量和本土文化行为变量进行相关分析，以皮尔逊系数为检验标准，进行双尾统计决断，结果表明，这 6 个变量和本土文化行为之间均存在显著相关，但皮尔逊系数值较小，属于微弱相关(见表 5)。

表 5 本土文化认知和本土文化行为相关

	Q7	Q1	Q2	Q24	Q4	Q6
皮尔逊系数	0.217**	0.383***	0.191**	0.422***	0.253***	0.188**
Sig.	0.001	0.000	0.005	0.000	0.000	0.006

为进一步了解本土文化认知六个变量对本土文化行为的影响,以前者为自变量,后者为因变量进行多元线性回归分析,回归方法为逐步进入法(stepwise),以此完成自变量的筛选。结果表明,共有两个变量(Q24 和 Q1)进入到回归方程,回归模型显著($F=34.890, p=0.000$),这两个变量累计解释了因变量24.0%的方差变异。这意味着在本土文化认知六个变量中,真正对本土文化行为产生显著影响的仅仅只有Q24(主动介绍浙江历史文化)和Q1(自己是典型浙江人)两个因素。我们认为,Q24变量是建立在对浙江历史、文化、风俗、习惯充分了解的基础上的,因此,模型将其他变量剔除在外。而Q1变量是文化身份的总体评价,因此进入了回归模型。结合回归系数表(表6)得到模型的回归方程如下:本土文化行为$=9.003+0.597×$Q24$+0.557×$Q1。

表6 回归系数表

模 型		未标准化系数		标准化系数	t	Sig.
		B	标准误	Beta		
1	(常数)	10.679	0.456		23.434***	0.000
	Q24	0.753	0.111	0.422	6.801***	0.000
2	(常数)	9.003	0.579		15.555***	0.000
	Q24	0.597	0.112	0.334	5.326***	0.000
	Q1	0.557	0.126	0.277	4.418***	0.000

2.本土文化情感对本土文化行为的影响

同理,对本土文化情感的九个变量和本土文化行为进行相关分析,以皮尔逊系数为检验标准,进行双尾统计决断,结果表明,这九个变量和本土文化行为之间均存在显著相关,而相关系数基本在0.4左右(见表7),和表6相比,略有提高,这说明本土文化情感和本土文化行为的相关性略高于本土文化认知和本土文化行为的相关性。

表7 本土文化情感和本土文化行为相关

	Q10	Q3	Q5	Q8	Q23
皮尔逊系数	0.405***	0.355***	0.384***	0.303***	0.421***
Sig.	0.000	0.000	0.000	0.000	0.000
	Q9	Q18	Q12	Q11	
皮尔逊系数	0.365***	0.457***	0.511***	0.280***	
Sig.	0.000	0.000	0.000	0.000	

为进一步检验这九个变量对本土文化行为的影响,以前者为自变量,后者为因变量进行多元线性回归,方法同上一个模型。共有四个变量(Q12、Q23、Q18、Q9)依次进入到回归模型。方差分析结果表明,这四个变量所构建的模型显著(F=30.115,p=0.000),这说明这四个变量中至少有一个对本土文化行为产生显著影响。四个变量累计解释因变量(本土文化行为)35.1%的方差变异。结合模型的回归系数(见表8)可以得到模型的回归方

程如下：本土文化行为＝4.392＋0.635×Q12＋0.451×Q23＋0.465×Q18＋0.514×Q9。

表8 回归系数表

Model		未标准化系数		标准化系数	t	Sig.
		B	标准误	Beta		
1	（常数）	8.809	0.571		15.425***	0.000
	Q12	1.120	0.129	0.511	8.689***	0.000
2	（常数）	7.002	0.701		9.992***	0.000
	Q12	0.893	0.136	0.407	6.585***	0.000
	23	0.625	0.150	0.258	4.165***	0.000
3	（常数）	6.025	0.757		7.959***	0.000
	Q12	0.692	0.148	0.315	4.663***	0.000
	Q23	0.519	0.151	0.214	3.433**	0.001
	18	0.525	0.171	0.207	3.077**	0.002
4	（常数）	4.392	1.007		4.361***	0.000
	Q12	0.635	0.149	0.289	4.273***	0.000
	Q23	0.451	0.152	0.186	2.971**	0.003
	Q18	0.465	0.170	0.183	2.726**	0.007
	Q9	0.514	0.212	0.147	2.425*	0.016

四、讨论

第一，男女性别之间无差异，大二学生的认知和情感均优于大一。

在经济全球化的时代，文化多元、平等并相互补充是跨文化交际的基础。如果我们"不会用英语来表达自己的文化，我们又如何进行跨文化的输出呢"[5]？鉴于此，在大学英语教学中，在介绍英语文化的同时，有意识地加强本土文化的导入，通过采用桂诗春提出的比较法、旁白法、文化包等方式，帮助学生认同自己的本土文化并建立文化自信。同时，我们与台湾高雄海洋科技大学合作开展了"本土文化英语 DV 摄制"的项目化教学实验，作为大学英语课程的有机组成，有完整的任务描述、组织架构和评价总结等环节。

统计数据证明，接受过融入了本土文化的大学英语教学的大二学生对本土文化的认知和情感均优于大一学生，因此，我们认为，在大学英语课程内加强本土文化的教学有利于学生扩展本土文化的认知内容，加深对本土文化的归属、自豪等情感，并触发产生自觉的本土文化传播行为，从而消除大学英语学习者本土文化认同淡薄现象。

第二，文化动机与态度对文化行为有显著影响。

在影响跨文化交际行为的社会心理因素中，魏岩军等对非华裔汉语学习者的调查结果表明，文化认同行为与动机、态度的相关度最高，且呈正相关[6]。这与我们的调查结果相符。本调查数据统计结果表明,有关本土文化认知的两个题项:"主动介绍浙江历史文化"和"典型浙江人身份判定",是影响被试本土文化行为最显著的两大因素。我们认为,前者为具体动机,后者为态度表达。被试在了解异文化的同时,向世界传播本土文化,以促成多元文化的和谐共存,实现世界文化生态平衡,是跨文化交际的主要目标。另一方面,作为具有国际视野的学习者,其根本态度即为"立足本土,放眼世界",学习者对自身本土文化身份的典型性态度越是坚定,其文化行为的自觉性就越强。

第三,文化道德与情感对文化行为有显著影响。

在情感社会学中,情感对行为的激发作用不容忽视,情感是"引导和激发微观行动的关键机制"[7]。"道德情感对人的自然情感与行为有着极其重要的作用。"[8]在本调查中,题项12、23、18、9测试了被试对浙江人身份的重视、对浙江形象的维护、愿意为浙江贡献力量以及对同乡人的亲切感等,均关系到对本土文化所表现的羞恶、是非等道德情感,因而可以解释其对被试的行为产生显著影响的结果。

五、小结

在"和而不同"的世界多元文化格局中,平等的文化交流离不开本土文化的继承与传播。中国大学英语学习者本土文化缺失的问题必须从多角度进行解决,而其自身对本土文化的高度认同更是解决问题的关键因素。本文对大学英语学习者本土文化认同的现状调查结果显示,被试对本土文化有深入的了解和积极的态度,而二年级被试者对本土文化的认知情况优于一年级被试者,建议在今后的大学英语教学中进一步加强本土文化教育的渗透,尤其是要加强本土文化的认知和情感教育,从而使本土文化认同行为水到渠成。

参考文献

[1] 王菲.我国大学英语教材中的文化选择与配置——以两套大学英语《综合教程》为例[J].西安外国语大学学报,2010(2):101—104.

[2] LEE, R. M, Yoo, D. C. Structure and measurement of ethnic identity for Asian American college students [J]. Journal of counseling psychology, 2004 (2): 263—269.

[3] 朱丽华.应对英语教学中"中国文化失语症"的策略[J].山西师大学报(社会科学版),2009(51):211—212.

[4] 陈东.中国大学英语教学中的"中国文化失语症"[J].河北工程大学学报(社会科学版),2011(2):110—112.

[5] 李秀梅.大学英语教学中加强母语文化导入的必要性研究[J].西华大学学报(哲学社会科学版),2012(5):44—47.

[6] 魏岩军,王建勤,朱雯静,等.影响汉语学习者跨文化认同的个体及社会心理因素[J].语言文字应用,2015(2):107—115.

[7] 孙秀丽,黄少华.青少年网络游戏行为的情感维度[J].兰州大学学报(社会科学版),

2014(4)：65—67.

[8] 胡军方.论王阳明的道德情感[J].贵州师范大学学报（社会科学版），2015(3)：24—29.

宁波诺丁汉大学中国文化课专题教学研究[①]

周 琦[②]

摘 要:专题教学因其有助于使教材体系向教学体系充分转化、提高课堂教学针对性、增强课堂教学感染力而成为当前高校思政课程教学改革的一种方向。宁波诺丁汉大学作为中外合作办学模式的先行者,在思政理论课中积极导入专题教学模式,对课程架构、教学过程、考核机制进行了富有成效的创新探索,并对教学实践中的师资配备、专题设计、内容衔接等方面提出了进一步改进的方案,对高校思政教学改革具有一定的参考借鉴价值。

关键词:中外合作大学;思政理论课;专题教学

"专题式教学是指教师依据教学大纲,结合社会现实、学生实际和教材内容,遴选几个主要问题,并围绕这些问题,分教师、按问题进行专题讲授的教学方法。"[1]高校思政课程教学改革的方向,在《中共中央宣传部 教育部关于进一步加强和改进高等学校思想政治理论课的意见》实施方案中明确提出,"要精心设计和组织教学活动,认真探索专题讲授、案例教学等多种教学方法",因此,中外合作大学的思政理论课教学既要坚持教育部方案的精神与宗旨,又要结合学校的实际来探索专题教学。本文以宁波诺丁汉大学中国文化课专题教学为例,研究并积极推动专题教学在中外合作大学思政课中的有效实施。

一、实施专题教学的必要性

(一)充分转化教材体系为教学体系

把教材体系转化为教学体系的问题,就是如何在规定的课时内讲授好教材理论、把握教材体系的问题。思政课程的理论性较强,知识点繁多,容易出现"课时少、内容多"的情况,而专题教学能够根据教材体系的内在逻辑,通过突出教材中的重点、难点与疑点开展教学,解决这一问题。专题的设计,既是教材体系的基本内容,又是教学的要点,还能够最

---

① 宁波市高等学校思想政治教育研究会立项资助项目(SGXSZ14016)成果,发表于《西昌学院学报(社会科学版)》2017 年第 1 期。

② 周琦,宁波诺丁汉大学讲师,主要从事高校思想政治教育研究。

大化地避免与中学同类课程的重复,从而将教学的着力点由知识层面升华到培养塑造学生的世界观、价值观和人生观上,在这种教材体系向教学体系转化的过程中,采取精、深、特的专题教学无疑是一种较为理想的方式。

(二)提高课堂教学针对性

思政课程的教学专题经过教师的筛选,在依照教材大纲的基础上,摒弃简单、重复的知识点,着力于分析、指导学生在阅读、思考过程中提出的问题,并能够紧密结合当前社会发展形势和学生关注的热点问题,对教材的重点、难点进行充分讲授,对教材的内容做必要的补充和延伸。这种方式的教学,"打破了常规教学中教师按章节顺序讲授教材的传统,更加突出精讲和深讲,注重某种理论或问题的系统讲述。"[2]同教材形成了一种既统一又区别的关系,提高了教学的针对性和学生学习的自主性。

(三)增强课堂教学感染力

专题教学的特殊性在于它把学科打通,开创性地打破了教材章节限制和课程框架,要求"综合教学"。通过多样的授课方式,重点突出、目标明确,从而让学生更易于接受。同时,在课堂教学中也存在类似于经济学中的边际效益递减的规律,即同一教师在讲课中对学生的吸引力和感染力会随着其重复出现在课堂而不断减弱。相反,采取由各个不同教师主讲某一专题的教学方式,能够让学生在整个学习阶段接触到不同个性的教师与不同风格的课程,而具有一定新鲜感的课堂氛围将有助于提升教学的边际效益,增强课堂的吸引力和感染力。

二、宁波诺丁汉大学中国文化课专题教学的实践

在中外合作大学开设一门引导学生爱国崇德、创新进取的课程的关键在于"如何开设",要在坚持用中国特色社会主义理论体系武装学生的基础上不断创新方式、丰富内容,真正让中外合作大学的思想政治理论课成为培养学生家国情怀与思辨理性,并沟通古今、桥接中外的一门课程。

经过几年的摸索,宁波诺丁汉大学在以中国文化为主线的"国情、国史、国学"教育系列课程的教学实践中逐步形成了专题式教学的基本模式。

(一)创新课程架构

2012年,学校正式确立了"一门课程,两本教材,三条路径"的课程架构。所谓一门课程,就是中国文化课;两本教材指的是本校编写的《中国文化与大学生成长》和《思想修养与大学生成才》;三条路径就是中国文化课理论课、研究性系列讲座和实践课。

《中国文化与大学生成长》以中国古代的经典文化、中国近代的转型文化、中国现代的新兴文化、中国当代的改革文化、中国文化的发展与重建为核心内容,深入探讨中国文化对当今中国乃至全球社会的发展以及当代青年学生成长所能发挥的影响和力量;《思想修养与大学生成才》则通过对中国历史、中国法律、中国国情、思想修养等专题的讲述,探讨批判精神、辩证思维、国际视野、家国情怀、学识素养、人格养成的内在逻辑。中国文化理论课、研究性讲座和实践课三者同时开展,注重的是理论和实践的结合、理性和感性的一

致、丰富学识和启迪思想的统一、教师引领和学生自主的互补。

这样的课程架构把原思政课程的内容进行了优化整合,改变了过去课堂教学中由先到后、由古到今、由中到外的按章施教模式,并对课程内容交叉重合的地方进行了完善,能够将专题式教学的要旨蕴含其中,这样既保持了教材的逻辑性与系统性,又使得各个章节专题能独立成篇,具有较强的完整性,从而保证了专题教学方式的顺利开展。在此基础上,各个教师根据自身的专业背景及研究专长,讲通、讲透、讲精若干个专题,即以教师掌握的"一杯水"产出学生求知的"一滴水",让学生在理性认识和感性认识上均有收获。

(二)变革教学过程

在实际教学中,采用以学生为主体,通过"教"与"学"的互动来组织教学过程。要求教师将讲授的着力点放在对一些重点和难点问题的指导上、对教材做必要的补充上以及对学术层面讨论的引导上。这就要在教学过程中密切联系学生的实际状况,在教学手段上采用启发式、参与式、研究式教学,用鲜活生动的案例、通俗易懂的语言、活泼新颖的形式来启发学生思考、活跃教学气氛,进而增强教学效果。学校以"大班讲座""小班讨论"相结合的方式来实践这种"教"与"学"互动的教学过程。

在"大班讲座"中,教师抓住知识的主干,将每一章节中的重点、难点问题梳理出来,同时针对学生的心理特征,选择恰当的切入点,做好教学设计,准备好教案和课件,进行课堂教学。在这个过程中,要求教师以传授具体理论知识为前提,但又不局限于此:教师需要通过案例选择、课堂提问、即兴演讲等形式把抽象的理论知识通俗化,最大限度地提高和保持学生对课堂的注意力。同时教师需研读与本专题有关的著作、论文等各类资料,特别要对不同学者的不同视角、不同理论、不同观点进行对比性研读,在思想上厘清容易受社会思潮影响而产生的理论模糊点,使得教师在教学过程中,一方面能够牢牢把握主流意识形态的话语权,强化正面引导;另一方面又能通过给学生提供多元视角,帮助他们养成辩证的、批判的思维习惯,培养他们的独立思考能力,这是专题式教学下"大班讲座"与传统课堂讲授最大的不同之处。

"小班讨论"课则是"大班讲座"的延续和深化,目前学校设置班型规模为以6人左右为1组,5组为1班。学生经过了"大班讲座"的学习,获取并积累了与专题相关的一定的知识和信息,通过安排课堂讨论,增加思维碰撞交锋,将学生学习的主动性最大化地激发出来。目前学校讨论课的组织流程是:(课前)资料阅读和问题设置—(课时)观点交锋—引导总结。课前由任课教师根据授课专题内容提供一定的阅读资料,同时布置与授课专题相关的问题;课时以问题为载体开展讨论辨析,通过质疑、释疑促使学生全身心地投入其中,激发学生求知欲和思辨力;引导总结则是学生形成正确价值观念和掌握相关知识原理的关键,课堂讨论是一个动态的、复杂的过程,要求教师在更高层次上把握方向、掌控温度,施以正确的启发和引导,真正通过讨论使学生有所思、有所悟、有所得,避免课堂讨论流于表面热闹。

(三)转变考核机制

考核机制的转变是实现专题教学的重要环节。由于专题教学是由多人共同完成,教学活动又呈现出多样化的特征,因此,为了实现对学生知识和能力的综合考评,学校在教学质量的监控与评价上采用了过程性评价与结果性评价相结合的方式。中国文化课理论课的总分为100分,其中讲座的课堂表现分值占15%,评分依据主要包括出勤状况、课堂纪律、课堂参与度等方面;讨论课成绩占15%,影响成绩评定的因素主要有观点表述、材料阅读、团队精神、交流互动等方面;科目考试以撰写论文的形式进行,分值占70%,要求学生结合所上专题的内容,选取相关的角度展开论述,言之有据、论之有理。

这种考核机制具有全面化、互动化、常态化的特点,相对于传统的、单一的结果性考核方式,更为科学,更能较好地考量学生的学习态度及分析解决问题的能力。

三、改进专题教学的路径

虽然中国文化课运用专题教学的方式高度契合了思政理论课的教学目的,在实践中取得了很好的教学效果,但也应该看到,目前对专题式教学的应用尚处在初级、探索的阶段,还存在不少问题,如师资结构不均衡、专题设计不科学、专题之间的衔接不紧密等,这些问题需要在今后的实践中逐步改进,可以从以下几个方面着手:

(一)合理配置师资,实行主讲教师负责制

专题教学相比传统教学方式具有更广的学术视野和更深的理论层次,这就要求教师除了对教学怀有强烈的事业心、责任感之外,还要以自身扎实的理论素养、广博的知识积累、独到的分析视角和全面的知识结构,从而影响学生。

目前,学校中国文化课教研室教师的专业涵盖哲学、历史学、文艺学、法学、伦理学等领域,能够初步满足目前开设专题的需求,但要将专题教学做到精致,教师的人数应该增加,专业素养应该有更大的提升。就当前而言,在教学实施中,应该结合专题内容,根据教师的学科知识储备和专业研究方向统筹协调各专题的教师配置,发挥教师专业优势,精讲专题内容。并且,还要不断提升教师的理论水平,以科研带动教学、以教学促进科研,形成结构、梯次合理的教研一体化的专业团队。

同时,按照"精品化"的要求,可以从学识水平、知识结构、科研能力、教学能力等多方面综合考虑推选主讲教师,实行主讲教师负责制,即每一专题的主讲教师对本专题教学全面负责并组织本专题的教学研究,包括备课、准备教案和课件、梳理学生集中反映的问题等方面,并将教学效果纳入到对主讲教师的业绩考评中,在这样的要求下,专题教学可以获得更多、更新、更好的内容设计,也能够取得更好的教学效果,实现每个专题有精彩、各个模块有特色。

(二)科学设计专题,以现实状况为发端

在专题教学的实践中,我们发现,尽管有些专题在内容上、思想上都比较精彩,但在实际的教学中却没有达到预想的期望。究其原因,是其与当下社会及大学生的现实生活脱节,因此,要在以理论为主题的基础上,以现实为取向,有针对性地设计专题。

结合学校"中外合作"这样的实际状况,专题的设计可以从以下方面着手:

一是专题内容要结合我国国情,培养学生对国家发展的形势和政策的认识理解能力。中外合作大学多元文化共存的局面对于拓宽学生视野、消除文化隔阂、增强文化交流以及

完善个体精神都有着积极的意义,但也容易使学生失去对正确价值的追求。因为在国际化的环境中,学生时刻面临着多元价值观的冲击,而青年学生思想尚未成熟,对于各种文化所蕴含的价值观缺乏必要的辨别能力,往往仅凭着肤浅、感性的认识在各种思想、文化之间盲目地摇摆、追随,从而出现了对民族认同感的淡化、对传统文化的淡漠以及对国家意识的消解等价值观错位的现象,进而在理想信念、价值取向上产生困惑和迷茫。因此,中国文化课的专题设计必须贯穿社会主义核心价值观,让青年学生在认识理解国情中增强判断力、辨别力。

二是专题内容要体现国际意识,培养学生的国际素质和国际能力。中外合作大学的中国文化课还应当具有一定的国际视野,在内容设置上要积极向关注国际现象和国际问题延展,培养学生立足本国,关注全球的主动自觉,使他们能以开放的视角、包容的心态理解国内外政治、历史和文化上的差异,增强他们的民族自豪感和对中国特色社会主义的道路自信、理论自信、制度自信、文化自信,从而为参与国家建设、国际合作,投入全球竞争打下良好的心理基础。

三是专题内容要结合学生的实际思想状况,主题要贴近社会、贴近生活,要能够吸引学生的注意力并且引起学生心灵上的共鸣,让学生切身体会到理论指导实践的现实意义,帮助他们客观认识社会存在的问题,并学会如何解决实际问题,真正做到学以致用。因此,应该结合学生的不同知识背景、不同学制、不同专业,对教材内容、时下热点等进行取舍与凝练,有针对性地设置专题内容。

(三)注重内容衔接,树立整体意识

专题教学中,为了明晰知识结构和教学重点,避免基本理论之间的重复,各个专题的设置应当具有独立性,这是由专题教学的特点所决定的。这种独立性在保证教学效果的同时,也会带来专题之间衔接不紧密、互相脱节的问题。这一问题对于专题教学效果的影响是显而易见的,必须被解决。

一方面,要明确专题教学是思想政治理论课的一种教学方式,无论设置多少专题,无论每个专题的内容侧重什么,都应该统一于这门课程,所有的专题都只是课程内容的一部分;另一方面,要探索各个专题之间的内在逻辑关系,寻求各部分内容之间的连接点,将这一连接点在进行专题内容设计时充分考虑,有意识地凸显出专题之间的关联,增强教学的整体性。

参考文献

[1] 戴月波.高校思想政治理论课专题教学存在的问题与对策[J].黑龙江高教研究,2013,31(5):170—172.
[2] 张雷声.新时期思想政治理论课教学方法探讨[M].北京:高等教育出版社,2006.

中外合作大学思政教育创新研究[①]

姚亚红[②]

摘　要:在多元文化背景下,中外合作大学的思想政治教育工作不断呈现出多样性,那么,思想政治教育如何在国际化办学背景下顺利开展和传播,成为时下的必要命题。多维度发掘中外合作大学模式下的思想政治教育中的实效性,有利于我们探讨与思考其创新发展的可能途径与方式。

关键词:中外合作大学;思政教育;创新

在经济全球化的推动下,我国高等教育国际化趋势逐渐展现出了新的趋势,其传统理念、模式、内容等受到全方位的冲击和挑战。我们进一步加大对外教育开放,积极引进优质教育资源,旨在提高高等教育的质量,提高教育的国际竞争力,培养大批具有国际视野、通晓国际规则、能够参与国际事务和国际竞争的国际化人才。中外合作大学遂应运而生,它不同于中外合作办学,从招生条件、教学模式和管理、师资构成、学校组织等方面看,更具独立性;它是拥有独立实体法人、独立校园的大学,实现了"不出国门享受优质留学资源"的目标。"在这样一所特殊的大学里,如何对学生进行有关国史、国情教育和有关国民品格、公民精神的政治思想引导,成为了中外合作大学不可回避的一个现实问题"[1]。宁波诺丁汉大学校长杨福家院士多次提出:宁波诺丁汉大学的办学宗旨是,培养通晓中西文化的、具有较高科学素养的、对社会有用的人才。新的办学方式与培养目标、培养方式的国际化,使中外合作大学思想政治教育必然首先面向"国际化"背景开放。在这一过程中,中国传统教育方式理念与国外教育理念的博弈以及中外合作办学高校自身内部的"多元性"特点就展现在我们面前。

一、中外合作大学的文化多元性要求思政教育不断创新

(一)学生群体的多元性

中外合作大学由来自全国各个省市区的学生和来自世界多个国家的学生共同组成,

---

①　宁波市高等学校思想政治教育研究课题(SGXSZ13016)成果,发表于《都市家教月刊》2016年第8期。

②　姚亚红,宁波诺丁汉大学讲师、中外合作大学研究中心成员,中国文化课程教研室教师。

俨然是一个"小型联合国"。不同地域、不同国家的学生文化背景在同一校园中呈现出多元性,而这一多元性也正是中外合作大学国际化的战略目标之一。在这样的国际化校园中,中外合作大学的学生接受的是英式的教育模式和知识体系,常与外籍教师、学生接触交流,常有机会到国外进行交换学习,不同的知识体系、不同的政治信仰、不同的道德观念、不同的文化传统在这里汇集、融合,势必产生中西文化多方面的交融和碰撞。西方社会的意识形态、价值标准、社会文化、宗教信仰都会随之渗透进校园,影响学生的人生观、价值观、道德观。

同时,由于在吸收国外优质大学理念的过程中,招生对象相对集中使学校学生群体特征明显,一般而言,学生家庭背景相对优越,有着良好的学习习惯和较强的独立思考能力和创新能力,善于吸收新鲜信息和资讯,不同理念对学生主体的思想影响性和交融性比较充分。如,宁波诺丁汉大学本科学生招生要求其高考分数需在一本线之上,同时英语单科成绩需在115分之上才能被录取;西交利物浦大学本科生招生条件为学生高考分数线需一本线以上:在这样的招生条件下,学生入校之后,学校实行全英文教学模式和国外的教学评估体系。在这种"严进严出"的教育模式下,学生整体素质较高。与其他学生群体相比:他们对大学生活的期望值较高,成才愿望强烈;热情直率,敢于发表不同意见;……受家庭的影响,部分学生接触社会相对较多,容易受到各种社会思潮的影响,导致学校的正面教育、思想工作效果不明显[2]。因而,在这些大学生中进行思想政治教育的多途径、多形式的传播和宣传是非常必要的。

(二)教师群体的多样性

相对于学生主体的多元性,同样由于中外合作大学发展战略的国际化,其专业课教师面向全球招聘,教师队伍由不同国家的专业教师组成。其行政员工也面向全国乃至全球招募。来自各国各地区的教师及行政员工群体,除了进行专业教学之外,同样需要适合自身的文化生活。比如在宁波诺丁汉大学,针对不同国家的教师可以定期安排播放不同语种的电影,定期聚餐活动,还有组织不同种类的员工团体俱乐部进行定期活动,如自行车俱乐部(the UNNC Cycling Club)、瑜伽训练、体育类俱乐部(乒乓球、篮球等)、舞蹈社(Dance Club)、OL Dressing Club、UNNC Mama and Papa Club等,这既是其自身的文化生活需求,同时也增加了多元文化的交流可能性,从而实现文化间的相互尊重和理解,无形中也增进了彼此间的感情。

(三)校园文化的多元性

由于文化主体及教育理念的差异,多元文化总是显示出其互相碰撞的情景,比如,语言问题、教学方式问题、工作流程问题以及对某些特定事务的立场观点和面对方式问题。当然,尽管此类的文化碰撞甚至冲突在中外合作大学中时有发生,比如,教学员工间、教学员工与行政员工间、教学和行政员工与学生间等,都会出现文化差异带来的种种矛盾,但是,基于共同的发展目标及统一的校园情景,这种文化碰撞或者冲突,又能较好地得以交融。不过,我们必须看到的是,类似的多元文化的碰撞与融合在所有的高等院校,甚至任一人类群体中,都或多或少地具有其自身的表现形式,只是在中外合作大学中,这种形式表现出国际化的特征。

(四)学制模式的多元趋向

中外合作大学本科生多实施"4+0"(国内读4年,但可参加学校的交换生项目、留学项目和暑期短期留学项目)、"2+2"(国内学习2年、国外2年),国外留学生活的经历让学生亲身去体验异国文化,同时也让他们处在复杂多变的社会情境中。建党90多年来,中国经济实力不断壮大,改革开放不断深入,中国的发展越来越多地融入整个世界中,但世界上部分国家尤其是部分发达国家从未放弃"分化"中国的阴谋,那些有预谋的歪曲事实的宣传,容易使海外学习的学生落入政治、经济和文化侵略的陷阱。因而,高校要多对海外学生从思想上和生活给予多关注和关心,提高大学生抵御西方文化的渗透和腐蚀的能力,提升爱国情愫,增强民族自豪感。

(五)网络社会资源的复杂性

当今社会,互联网已进入信息传播的全新时代,高校思想政治教育工作面临更多挑战。中外合作大学的学生所面临的全英文教学环境和与国外大学网上资源共享,使学生在获得学术最前沿研究成果的同时,也使其能通过更多途径获得鱼龙混杂的社会信息,参差不齐的社会论调和别有用心的事实举证等,这些都对学生已有的价值观和信念产生不良冲击。总之,西方国家从未放弃通过媒体、网络和文化产品等途径争夺优质人力资源,我们要牢牢绷紧思想政治教育这根弦,加强思政教育的建设,包括网络思想建设,多形式、多角度地深度建构思政教育的平台,从而让爱国情怀在每一个学生的心灵里被坚守,成为其生命的一部分。

二、中外合作大学形式下思政教育创新的路径

中外合作大学处于多元文化交流的最前沿,思想政治教育的工作任重道远。根据中央《关于进一步加强和改进大学生思想政治教育的意见》的精神,文件明确指出,"国际国内形势的深刻变化,使大学生思想政治教育既面临有利条件,也面临严峻挑战。国际敌对势力与我争夺下一代的斗争更加尖锐复杂,大学生面临着大量西方文化思潮和价值观念的冲击,某些腐朽没落的生活方式对大学生的影响不可低估"。思想政治教育工作不得不面对的问题是:如何有效地继承、发扬。因而,在多元文化特征下中外合作大学的思想政治教育,就要不断创新工作方法和理念,在塑造国民品格、公民精神等方面起到积极的引导作用。

这里,以宁波诺丁汉大学近些年思想政治教育的实践成果和经验为基点,来探讨思政教育创新的路径,从而为中外合作大学的思想政治教育的实效性提供相关借鉴。

(一)坚守文化使命,积极创新"两课"

中外合作大学更应该发挥思想政治教育主阵地的作用,加强对学生的政治思想引导和国情国史国学的教育。宁波诺丁汉大学成立伊始,坚持开设"两课",占领思想教育的主阵地,并积极尝试打破传统的思想政治教育理论课授课方式,进行大胆改革。

自2006年9月起,采取了专题授课的形式进行教学,以"中国思想传统""中国近两百年历史""中国文化名人""中国法律法规"等为观照范围,倡导"多元互观""中国立

场"的治学品格和批判性思维的立体眼界。为了更好地满足教学的需要,逐渐尝试采取学生小组互助讨论模式、小班化授课模式和研讨性讲座相结合的方式,取得了比较好的效果。更主要的是,大家达成共识:我们这所学校的学生更应该了解自己祖国的文化,学习和吸收中华文化的精髓。唯其如此,当他们踏上异国他乡深造或工作时才能够真正成为文化交流的使者。试想,一个连自己祖国文化都不热爱、不了解的人何以成为具有竞争力的国际化人才?改革后的"两课"是有初步成效的。学生说他们更喜欢老师们启发式的教学方法,欣赏他们的激情,享受着别样的平和,在一种宽松的环境中去体味中华文化的魅力。

(二)开发特色学生活动,让思政教育"动"起来

为了营造深厚的人文精神的校园,让同学们在社会实践中深切地理解和体会中国文化对真、善、美的追求和"海纳百川"的民族自尊心与自豪感,以理服人、以情感人、以情动人、感化学生,推动学生会等学生组织自发地开展各类学生活动。比如,爱中华文化社举办的每年一度的诗歌朗诵比赛和经典著作诵读的活动、青年志愿者协会秉持"奉献、友爱、互助、进取"的宗旨开展的各类活动、国际文化交流社举办的国际生汉语演讲大赛、书友会的书画大赛等,让中外合作办学的大学生们在感受西方文化的同时,中国文化也以不同方式进入学生们的大学生活,国际生在这氛围中感受和学习中国文化,促进了文化间的交流和尊重。以上这些不拘一格的教育活动往往能取得意想不到的效果,浸润学生心灵。

(三)坚守党团建设,塑造公民品格

校园文化作为思政教育传播不可替代的"润物无声"的力量,时间长、任务重,高校管理者需潜心研究并锲而不舍地为其发展而努力,管理育人者可看作学生思想政治教育的"第三阵地",他们在校园文化建构中发挥着舵手作用和监督促进作用。

1.培育学生事务团队职业化

在中外合作大学中,要培养出具有良好的道德风尚和过硬的专业知识的国际化人才,首先要培育好学生工作第一线的思想政治辅导员,他们不仅要有较好的英文水平,更要"政治强、业务精、纪律严、作风正",在学生中树威信、言传身教,以开放的心态和批判的精神去看待中西文化。所以,学校积极为思政辅导员们寻求更多自我提高和学习的机会,进行自我职业定位,各司其职,逐渐形成一批专家化、专业化的队伍,从而进一步提高服务质量。

并且,各部门管理者不断改进工作方式,为塑造独特的校园文化魅力而探索。在中外合作大学中,不同的管理理念和方式以及文化根基不可避免地产生矛盾,但学校本着共同目标背景,管理上取长补短,为来自国内和国外的师生提供更好的服务。可见,在全校师生的共同努力下,建构尊重、欣赏的文化氛围,这样才能真正培养出一流的国际化人才——自尊、自爱、自强。

2.党建工作的常态化

本着学生不出国门就能享受到国外教学模式,在独立校区、独立法人实体的校园内,全英文教学等特殊模式,教学主要由英方负责,行政事务由中英方共同负责,其中学生的

思想政治教育工作的开展主要由中方负责。宁波诺丁汉大学坚持用科学发展观统领党建工作，定位于八字原则：保证、监督、传播、沟通。营造良好的育人环境。

在党建工作推动中，我们特别注意启发式教育，提倡循循善诱，避免直接填充式灌输带来的弊端和鸿沟，并再要求学生党员思考以下几个问题：

①作为学生党员，与普通学生在思想上、行为上应有何不同？

②作为宁波诺丁汉大学学生党员，与国内其他高校学生（党员），在思想上、行为上应有何不同？

③作为一名党员，在成长获得的过程中，有什么是可以奉献给这个学校、这个社会、这个国家的？

党组织也一直致力于研究如何进行海外党建工作，遂制定了《宁波诺丁汉大学海外学生入党条例》（针对本科生），旨在确保他们与组织紧密联系，使其不至于产生失落感和孤独感，始终以党员标准严格要求自己。在英国进行交换学习的预备党员刘铮同学曾在给党组织的一篇电子版的思想汇报中这样写道：来到英国之后，身边能接触到的信息来源比在国内时多了很多，同时也就更能够听到来自多方面的消息。我也看到在国外的反华势力是怎样歪曲事实，丑化中国，丑化党。但是很多标榜客观公正的网站、媒体，却在用捏造的证据，采信单方面言论的方式来给民众灌输错误的信息。……我想，只有通过自己不断学习，提高认识，并对国际国内形势进行客观分析和综合考量，一个人才能够得出正确的结论；如果只是人云亦云或全盘接纳，那么或失去自己独立思考的能力，或在纷乱的资源和言论中迷失自我。这使我应该应用自己所学的知识和独立思考的精神去探寻真相，获得真知的锻炼，让自己的认知水平能够尽量达到新的高度。

总而言之，相对于国内其他高校，中外合作大学的学生更多地接触各国人士，能更深地感受到祖国的强大对自身的重要性。

（四）抢占思政教育的网络宣传基地

当今，互联网已经成为每一个大学生学习与生活的一部分，对其生活方式和价值观念产生了很大影响。在中外合作大学模式下，每年都有部分学生留学海外，置身在异国他乡，学校可以利用网络突破时空的限制，通过多种形式与之取得联系，如 QQ、MSN、微博、微信，以学生喜欢、常用的联系方式，关心和鼓励他们，及时沟通，提供必要的帮助；还有以某组织的形式网络联系，如海外党员的培养和发展工作，国外党员一起相互鼓励、相互关心，通过视频参加国内党支部的活动和支部大会，使学生感觉到学校与祖国的温暖与关爱，传递无国界的爱心，更能激发学生对祖国的热爱，使思想政治教育工作达到事半功倍的效果。

"天行健，君子以自强不息。"虽然对中外合作大学这样具有探路者性质的学校，思想政治教育实践的成效还需要时间的推进，但我们还是能从一些方面，看见这种实践的成效正在逐渐显现，而且思政教育在因势利导的传承和变革中，与时俱进，有利于铸造大学生的民族精神和赋予国际化视野，引导他们将爱国之情转化为报效祖国的行动。

参考文献

[1] 宁波诺丁汉大学中国文化课程教研组.中国思想文化概论［M］.北京：科学出版

社,2010.

[2] 蒋和法,王国荣.大学生思想政治教育的宁波模式[M].上海:上海教育出版社,2010.

[3] 陈实.诺丁汉毕业生"真情告白"[N].宁波日报,2008-03-26.

中外合作办学思想政治理论课设置的现状与思考

孙　珂[①]

摘　要：中外合作办学可分为中外合作办学项目、无独立法人地位的中外合作办学机构和有独立法人地位的中外合作大学三种形式。在思想政治理论课的设置方面，中外合作办学项目较为强调与国家统一的思政课的一致性，无独立法人地位的中外合作办学机构在一致性的基础上增加了一些多样性，而中外合作大学则更多体现了多样化发展态势。总的来说，前两种办学形式的思政课可归为非独立法人模式，未来更应该将注意力放在课程的特色化发展方面；中外合作大学的思政课作为独立法人模式，未来更应该把注意力放在明确课程的基本要求方面。

关键词：中外合作办学；思想政治理论课；课程设置

中外合作办学是我国在高等教育国际化进程中出现的一种特殊办学形式，它突出中外两所大学在办学过程中的合作，借以引入国外优质的高等教育资源，在具体实施过程中出现了中外合作办学项目、无独立法人地位的中外合作办学机构和有独立法人地位的中外合作大学三种形式。经过了 30 多年的时间，中外合作办学事业获得了较大发展，截至2016 年，本科教育阶段的中外合作办学项目和机构已达 2371 个，现有本科及以上在校生45 万，占全日制高等教育在校生规模的 1.4%[1]，中外合作办学已经成为我国高等教育事业的重要组成部分。然而，中外合作办学的特殊性决定了该教育途径中的学生会比其他学生更容易受到西方价值观的冲击，这就对这类办学形式如何开设思想政治理论课发起了挑战。为此，研究者对中外合作办学思想政治理论课的开设情况进行了调查，以期了解其课程设置现状以进一步促进其完善和发展。

一、中外合作办学思想政治理论课

中外合作办学项目或机构涉及中外双方办学者，二者在共同设计人才培养方案和教育计划时必然要将其本国的文化传统和价值观念渗透到相关的课程和活动中去。中外合作办学的初衷虽然是要引入西方先进的教育资源，但其根本目的还是要培养满足社会主

---

①　孙珂，教育学博士，宁波诺丁汉大学中外合作大学研究中心副研究员。

义现代化建设需要的人才,因此在这种情况下,中外合作办学不但应该通过专业课程培养学生过硬的专业能力,同时还应该通过相应的思想政治教育培养学生作为社会主义事业接班人所需要的思想道德素养。思想政治理论课作为高校思想政治教育的主渠道,一直承担着培养学生合格的思想道德素养的主要任务,在中外合作办学项目或机构中,这种课程的重要地位依然不容忽视,但另一方面,鉴于中外合作办学项目或机构作为中西方文化交会之地的特殊性,完全将国内一般大学思想政治理论课的开设模式照搬到这类项目或机构也有不当之处,因此这类项目或机构如何设置思想政治理论课成了摆在人们面前的一个重要问题。

想要进一步探讨这个问题,首先要对我国当前的中外合作办学思想政治理论课的设置情况进行了解,为此研究者对相关的中外合作办学项目和机构进行了实地考察。由于目前我国的中外合作办学项目和机构可以分为 3 种类型,因此本研究从 3 类中外合作办学项目和机构中分别抽取了若干项目或机构作为考察对象,总共涉及了 9 个省(直辖市)的 24 家单位,包括 12 所有中外合作办学项目的大学,6 个无独立法人地位的中外合作办学机构,6 个有独立法人地位的中外合作大学。在选取考察对象时,尽量挑选那些地处中外合作办学活动集中地区的,属于 985、211 层次的,与研究者所在学校曾建立过联系的,中外合作办学起始时间早的大学或单位。考察时采用了团体访谈的方法,访谈对象包括被调查单位院校层面的管理者、中外合作办学思想政治理论课负责人,以及相关教师和学生等,根据这些人提供的信息和资料大致可以勾勒出我国当前的中外合作办学思想政治理论课的基本情况。

二、中外合作办学思想政治理论课设置的现状分析

在调研中发现,中外合作办学的具体形式对于某中外合作办学项目或机构的思想政治理论课开设状况来说是一个重要变量,因此这里拟按照办学形式,将调研对象划分为中外合作办学项目、无独立法人地位的中外合作办学机构和有独立法人地位的中外合作大学三类,分别阐述其思想政治理论课的开设情况。

(一)强调一致性:中外合作办学项目的思想政治理论课

中外合作办学项目的思想政治理论课一般由其中方合作大学的马克思主义学院开设,所开课程与我国普通大学针对本科生普遍开设的思想政治理论课一致,包括马克思主义基本原理概论、毛泽东思想和中国特色社会主义理论体系概论、中国近现代史纲要、思想道德修养与法律基础、形势与政策 5 门课,其中前 4 门课的教材为国家统编教材[2]。

也有一些中外合作办学项目在国家统一的思想政治理论课的基础上,根据中外合作办学项目中学生的特点增设了一些思想政治教育类课程,如中国农业大学在上述 5 门课之外,还为中外合作办学项目中的学生开设了"传统文化教育"课程,主要是以系列讲座的形式设置,讲座内容还经常与时政相结合。此外,由于该校的中外合作办学项目主要是与美国高校合作举办的,因此还为中外合作办学项目的学生开设了"中美法制比较"课程,为学生将来去美国学习做准备。哈尔滨工程大学也为中外合作办学项目的学生提供一些国际局势方面的专题讲座,还为即将出国学习的学生提供一些爱国主义专题讲座,介绍国外

礼仪、风俗和国情的课程,安全教育讲座,学术诚信讲座等。此外,该校还为这些学生召开学长经验交流会,让出国学习回来的学长向即将出国的学生介绍相关经验。武汉理工大学针对中外合作办学项目中的计划外学生开设思想政治理论类的讲座,中外合作办学项目中的其他学生也可以去听,极大地调动了学生学习思想政治理论的积极性。

除了在传统的思想政治理论课之外增设课程,有些中外合作办学项目在上述5门课程的教学过程中也会在教学内容和考核方式上做一些调整。如华北电力大学在针对中外合作办学项目的学生讲授思想政治理论课时,会结合教学内容适当穿插一些该项目出国学习的学生在海外成长的案例。浙江工业大学在针对中外合作办学项目的学生讲授形势与政策课时,也会增加一些有关外国国情的内容。中南财经政法大学在针对中外合作办学项目的学生讲授思政理论课时,会在其中增加一些帮助学生认知国情、认同国家与政党、认识东北亚局势和爱国主义等内容,旨在培养具有中国心的国际化人才。在思想政治理论课考核方式上,有些中外合作办学项目也会引入一些更加灵活的方式,如中国农业大学针对中外合作办学项目学生开设的思想政治理论课突破了原有的闭卷考试形式,引入了小论文、网上测评和记考勤等多种方式,最后将多种考核方式的分数综合起来计算总分,取得了比传统考核方式更好的效果。

总的来说,中外合作办学项目的思想政治理论课基本上是按照中方合作大学的方式开设,外方合作大学并不干涉。但是,思想政治理论课在项目的整个课程计划中占有重要地位,如果学生没有通过这类课程的考试,是无法拿到相关的学历、学位证的。另外,有些中外合作办学项目也有一些国外来短期交流的学生,如中国农业大学的中外合作办学项目中有几百个国际交流生,学校虽然不会针对这些学生开设中国学生要学的思想政治理论课,但也会为他们开设一些中国国情类的课程供他们选修。可见,中外合作办学项目是十分重视学生的思想政治教育的,不但针对中国学生注重培养其思想政治理论素养,针对外国学生也注重向他们传播中国文化,使他们树立对中国正确的认识和态度。

(二)一致性基础上的多样性:中外合作办学机构的思想政治理论课

无独立法人地位的中外合作办学机构在思想政治理论课的课程设置上基本上与中方合作大学保持一致,相关课程也是由中方合作大学的马克思主义学院开设,有的中方合作大学也称为思想政治理论学院或社会科学学院等。其中的必修课程也包括马克思主义基本原理概论、毛泽东思想和中国特色社会主义理论体系概论、中国近现代史纲要、思想道德修养与法律基础、形势与政策5门课,采用国家统编教材。

然而,与中外合作办学项目相比,大多数无独立法人地位的中外合作办学机构都在全国统一的思想政治理论课的基础上进行了拓展,如北京航空航天大学中法工程师学院设置了一系列通识课程,包括思想政治理论课、军事理论课、体育课、博雅课、核心通识课、一般通识课等,其中前三类课程是国家统一要求的课程,大学语文、通用工程师导论、法国社会与文化、法语国家和地区概况、经济管理和企业法语(文化)等,一般通识课包括数学建模和计算机图形学等。可见,该院除了为学生提供国家规定的思想政治理论课和一些与专业有关的课程之外,还为学生提供丰富多彩的人文社科类拓展性课程,主要是帮助学生更好地了解外方合作大学所在国的风土人情,为其在未来的学习生活中接触法国文化做准备。

许多中外合作办学机构还增加了思想政治方面的选修课或讲座,如上海理工大学中英国际学院开设了很多思想政治方面的讲座,内容都是文化、历史方面的。思想政治讲座与学生评奖学金挂钩,学生想获得奖学金就必须获得一定的附加分,而要取得附加分每学期就必须听2次思想政治讲座,一学年必须听4次思想政治讲座。北京航空航天大学中法工程师学院也是如此,该院为学生设置了很多文化素质讲座,要求大一、大二的学生每学期至少要听4次讲座,另外还要参与2次相关的参观活动;大三、大四的学生每学期至少要听2次讲座,参与2次相关的参观活动。此外,中国人民大学中法学院也设置了思想政治方面的选修课供学生选择,以进一步加强对学生思想政治素质的培养。

除此之外,有的中外合作办学机构还对国家规定的思想政治理论课本身进行了改革。如东北财经大学萨里国际学院有一门名为"马克思主义与当代"的特色课程,虽然也是由中方合作大学的马克思主义学院开设的,但面对萨里国际学院的学生,该课将国家规定的几门思想政治理论课的内容进行了高度浓缩,并没有使用国家的统编教材,体现了较大的灵活性。

总的来说,无独立法人地位的中外合作办学机构的思想政治理论课的开设方式与中方合作大学也是基本一致,但相对于中外合作办学项目来说,大多数中外合作办学机构都不会拘泥于国家规定的几门思想政治理论课,而是会在此基础上开设丰富多彩的相关课程,有的是用必修课的形式开设,有的是用选修课或讲座的形式开设,甚至有的中外合作办学机构还会对国家规定的思想政治理论课进行一定程度的改造,旨在满足中外合作办学机构学生的特殊需要,加深其对中外文化和国情的了解。虽然思想政治理论课的形式更加多样,但这类课程在中外合作办学机构中同样也占据非常重要的地位,通过这类课程的考试是学生最终获得学位、学历证的必要条件。对于中方合作大学开设的思想政治理论课,外方合作大学普遍持理解态度,甚至有的外方合作大学对此还十分关注。如中山大学中法核工程与技术学院是与法国大学合作举办的中外合作办学机构,法方大学也非常重视意识形态教育,要求该机构在制订课程计划时要加入管理、文化类的课程。在对待海外学生方面,许多中外合作办学机构也会对其开展相关形式的文化教育,如上海理工大学中英国际学院针对外国学生开展了中国国情教育,中山大学中法核工程与技术学院允许港澳台学生选修中国历史文化方面的课程等。

(三)多样化发展:中外合作大学的思想政治理论课

我国现有中外合作大学7所,包括宁波诺丁汉大学、西交利物浦大学、昆山杜克大学、上海纽约大学、温州肯恩大学、北京师范大学—香港浸会大学联合国际学院、香港中文大学(深圳)等(香港与内地合办的大学按照中外合作办学的相关政策执行)。这些中外合作大学具有独立法人地位,是所有中外合作办学机构中独立性最强的,其思想政治理论课都是各个大学独立开设的,并没有遵循国家规定的思想政治理论课开设形式,因此其在课程名称、课程内容、开设部门和教材选用方面都各有不同。如宁波诺丁汉大学的该课程是由中国文化课教研室开设的,课程名称为中国文化课[3],教材自编,包括《中国文化与大学生成长》和《思想修养与大学生成才》两本。西交利物浦大学的该课程是由中国文化教学中心开设的[4],课程名称也叫中国文化课,教材有国家统编的和自选的两种,并没有自编教材。上海纽约大学的该课程是由文理学院开设的,课程名称为科学视野下的中国,没有自编教材。温州肯恩大学的该课程是由中国国情与文化教育中心开设,课程名称为中国文化与国情课,选用的是社会上的其他教材。北京师范大学—香港浸会大学联合国际学院的该课程是由中国语言文化中心开设,课程名称为国情国学教育课程[5],没有自编教材。香港中文大学(深圳)的该课程是由通识教育部开设的,课程名称为通识教育课程,教材选用的是香港中文大学的教材,包括《与自然对话》和《与人文对话》两本书。相比较而言,现有的中外合作大学中当数宁波诺丁汉大学的思想政治理论课发育最为成熟,已经有了独立编写的教材,而其他大学要么是选用国家统编教材或社会上的其他教材,要么是只有课程内容和参考资料,并未形成系统的教材。

在中外合作大学思想政治理论课的课程内容上,各大学一方面结合了国家对思想政治理论课的统一要求,另一方面又加入了一些特色化的内容。如宁波诺丁汉大学的"中国文化课"有两本教材,其中《思想修养与大学生成才》这本教材结合了国家统编教材在政治、历史和法律方面的内容,而《中国文化与大学生成长》这本教材则更多地从中国文化的角度来阐释中国的历史和现实,更加注重培养学生的文化素养。西交利物浦大学的"中国文化课"则既采用了国家统编教材,又选用了社会上的其他教材,体现了从文化视角对思想政治理论的重新解读。上海纽约大学的"科学视野下的中国"在设计时也加入了国家统一的思想政治理论课的基本内容,甚至还加入了老三篇,即《为人民服务》《纪念白求恩》《愚公移山》,既体现了毛泽东思想的精髓,又体现了课程内容的多样性。温州肯恩大学的"中国文化与国情课"也是在国家规定的思想政治理论课的基础上改编的,但在教材上并没采用国家统编教材,而是选用了社会上的其他教材,满足了该校培养国际化人才的特殊需要。北京师范大学—香港浸会大学联合国际学院的"国学国情教育课程"包括"大学国文""中国社会思潮""中国历史与文明专题"三门课,其中后两门课包括了国家统编教材在政治、历史方面的内容,同时又有自己的编排,体现了较大的灵活性。香港中文大学(深圳)的"通识教育课程"虽然选用了香港中文大学的教材,但对于国家统一的思想政治理论课中较为重要的,而这两本书中没有的内容则会补充进去,满足了国家对培养学生思想政治素养的要求。

在中外合作大学思想政治理论课的课程类型上,各大学普遍采用必修课和选修课相结合的方式。如宁波诺丁汉大学的"中国文化课"的必修课覆盖大一和大二的学生,而选修课则以讲座的形式开设,覆盖从大一到大四的所有中国学生。西交利物浦大学的"中国文化课"的必修课覆盖大一的学生,选修课则覆盖全校的学生,一般安排在暑假的两头,每班超过 5 个人便可开课。上海纽约大学的"科学视野下的中国"包括一系列课程,无论中外学生都要从中选修一门课,每门课 3 个学分。温州肯恩大学的"中国文化与国情课",包括"辩与思"、"古与今"和"我与社会"三个部分,其中"辩与思"和"古与今"都是必修课程,"我与社会"中除了一门课程为必修外,其他都是选修课程。北京师范大学—香港浸会大学联合国际学院的中国语言文化中心除了提供"国情国学教育课程"之外,还提供"通识教育选修课程",不仅要引导学生对民族文化进行深入思考,还侧重培养学生的批判性思维。香港浸会大学(深圳)的"通识教育课程"包括通识教育基础课和通识教育选修课两部分,也体现了必修和选修的结合。

在中外合作大学思想政治理论课的实施方式上,各大学普遍借鉴国外的教学方式。

如宁波诺丁汉大学的"中国文化课"在实施时不仅仅采用大班讲授的方式，还引入了英国的小班教学、小组讲述和社会实践等方式，有效地调动了学生学习的积极性。西交利物浦大学的"中国文化课"也引入了英国的教学方式，让学生课前阅读资料，课上参与测试，课后网上讨论。同时该课还设置了社会实践环节，让学生组成团队，拍摄视频等。温州肯恩"大学的中国文化与国情课"引入了美国的讨论式教学方式，采用了大课讲座、中课研讨和小课探究的做法。香港中文大学（深圳）的"通识教育课程"吸收了香港中文大学的教学方式，将大班上课和小班教学相结合，并采用了启发式教学、角色扮演和情景模拟等教学方法，使课堂教学氛围变得生动活泼。

在中外合作大学思想政治理论课的师资队伍建设上，这几所大学可以归纳为三种模式，第一种模式是以专职教师为主，西交利物浦大学、北京师范大学—香港浸会大学联合国际学院和香港中文大学（深圳）都属于这种模式。第二种模式是专兼职结合，主要代表学校是宁波诺丁汉大学，该校的中国文化课教研室现有6名专职教师，除此之外，还任用大量兼职教师给学生上课，这些兼职教师既有来自本校其他部门的教师，又有来自其他的大学的教师，具有较大的多样性。第三种模式是以兼职教师为主，上海纽约大学和温州肯恩大学都属于这种模式。如上海纽约大学教"科学视野下的中国"的教师并不是来自本校，而是来自华东师范大学，可以算是兼职教师。温州肯恩大学的中国国情与文化教育中心只有1名专职教师，其他教师都是兼职的，兼职教师的来源不局限在本校，而是来自全国各地的大学。

总的来说，中外合作大学的思想政治理论课在开设形式上是非常多样的，每一所中外合作大学的做法都不尽相同。根据各所中外合作大学相关负责人的介绍，由于外方合作大学在学校中的权力较大，直接采用国家规定的思想政治理论课无法为外方合作大学理解，因此必须淡化意识形态的灌输，从文化、国情、通识教育的角度重新编排课程。虽然课程得以重新编排，但这类课程在中外合作大学的课程体系中普遍占有重要地位，尤其是对于中国学生来说，想要获得最终的学位、学历证就必须通过相关思想政治理论课的考试。

三、对中外合作办学思想政治理论课的思考

中外合作办学就办学形式来说可以划分为中外合作办学项目、无独立法人地位的中外合作办学机构和中外合作大学，三种办学形式的思想政治理论课虽然各具特色，但总的来说，作为前两者的项目和机构由于都没有独立法人地位，对中方合作大学的依附性较强，因此其思想政治理论课的设置具有更大的相似性，可以统一归纳为"非独立法人模式"。而有独立法人地位的中外合作大学由于独立性更强，受外方合作大学的影响更大，所以其思想政治理论课的设置形式与无独立法人地位的项目和机构大为不同，可以归纳为"独立法人模式"。两种模式在课程设置方面呈现出相反的态势，因此为进一步促进其完善和发展也需要采取不同的策略。

（一）非独立法人模式：走特色化发展之路

中外合作办学项目和无独立法人地位的中外合作办学机构在开展思想政治理论课方面主要是围绕国家规定的几门课程开展，即使有所创新也主要是在这几门课程之外再增

加一些课程,或者在这几门课程的教学方式上进行一些调整,但其课程设置的总体思路依然紧扣国家要求,这种与中方合作大学保持一致的做法虽然有利于保证项目或机构思想政治教育实施的力度,但在满足这类项目和机构在国际化方面的特殊需求上可能会有所欠缺。这种趋同化倾向一方面是因为国家教育行政部门并没有给这类项目和机构开展思想政治教育足够的自主空间,另一方面也是因为这些项目和机构的相关负责人对国际化人才应具备哪些思想素质缺乏正确的认识。

鉴于此,非独立法人模式的思想政治理论课在课程设置上应该走上一条特色化发展之路,为此,国家应该赋予中外合作办学项目和机构更多的自主开设思想政治理论课的空间,鼓励它们从本项目或机构的国际化需要出发重新编排课程,增加其通识性,从而提升学生学习中国国情与文化的积极性。另一方面,中外合作办学项目和机构的负责人之间应该加强交流,适时举办一些关于思想政治理论课方面的研讨会,让大家在互相研讨的过程中探讨国际化人才应该具备哪些思想政治素养,以及如何通过特色化的思想政治理论课培养这些素养,从而促进思想政治理论课的创新。

(二)独立法人模式:明确课程基本要求

中外合作大学在开设思想政治课程时并不拘泥于国家规定的几门课程,而是另起炉灶在思想政治理论课的名称、内容、实施方式和师资建设方面都有所创新,虽然课程中都融入了国家课程的一些要素,但在编排方式和切入角度上都可以体现出独特的思路,从而满足了这些大学培养国际化人才所需的思想政治素质的要求。有些中外合作大学还把相关的思想政治理论课纳入了从外方合作大学引进课程体系中,如上海纽约大学和香港中文大学(深圳)的相关思想政治理论课已经通过了外方合作大学相关部门的审核,并向中外学生同时开放,这等于是同时也对外国学生也进行了中国意识形态的教育,起到了传播中国文化的作用。

中外合作大学的思想政治理论课设置形式多样,但由于针对这类大学国家并没有统一的课程教学要求,因此在课程内容和课时的安排上难免具有随意性,因此国家应该出台《中外合作办学思政课课程教学要求》或相关文件,明确中外合作办学思政课应涉及的基本教学内容,如马克思列宁主义、中国特色社会主义理论、党的基本路线、爱国主义、集体主义和社会主义思想、中国近现代史、中共党史、国情与形势政策、社会主义民主和法制、中华民族优秀传统文化和民族团结思想等,从而明确思想政治理论课的性质和定位问题。另外,这一文件还应该对中外合作办学思想政治理论课的总课时进行规定,从而保证其教学时间,避免专业课或其他教育教学活动对思想政治课教学的挤占。

参考文献

[1] 中华人民共和国教育部中外(境内外)合作办学监管工作信息平台. 教育规划纲要实施三年来中外(境内外)合作办学发展情况[EB/OL]. (2016-04-03)[2016-10-19]. http://www.crs.jsj.edu.cn/index.php/default/news/index/80.

[2] 教育部社会科学司. 教育部社科司关于高校思想政治理论课2015年修订版教材和教学大纲使用的通知[EB/OL]. (2015-07-13)[2016-07-04]. http://www.moe.edu.cn/s78/A13/A13_gggs/A13_sjhj/201507/t20150715_193939.html.

［3］Centre for Research on Sino-foreign Universities. Chinese culture courses［EB/OL］.
（2015-12-10）［2016-9-10］http：//www. nottingham. edu. cn/en/crsfu/teaching/
index. aspx.

［4］Chinese Cultural Teaching Centre. Chinese cultural teaching centre［EB/OL］.
（2016-11-20）［2016-12-6］http：//www. xjtlu. edu. cn/en/departments/centres/
chinese-cultural-teaching-centre/.

校政所合作，助推高校法律援助工作新发展[①]

余妙宏[②]

摘　要: 高校开展法律援助是当前法律援助工作的重要组成部分,高校法律援助的实现是卓越法律人才培养的重要途径、实现法学教育与法律援助的两项职能、实现教育与社会效益的双重目的,有利于培养"双师型"教师与应用型学生。但目前法律援助在制度上与法律上都存在一定的困境。通过深化认识,校地合作实现法律援助与法律诊所的协同发展。浙江万里学院法学院探索校政所合作,增加法律援助站的新功能,运用课程结合的方式助推法律援助的新发展。

关键词: 法律援助;卓越法律人才;法律诊所;校政所合作

一、高校开展法律援助的重要性

1992年5月,武汉大学设立我国高校第一个法律援助机构"社会弱者权利保护中心",但高校法律援助在我国真正成规模地开展起来,是在2000年9月北京大学等高校在美国福特基金会的支持下引进美国诊所式法律教育之后。此后,高校法律援助与诊所式法律教育基本形成相互融合、互为一体的发展态势。[1]20余年来,我国开设法学专业的高校约有10%不同程度地实施过法律援助这一实践教学方式,取得了一定的教育与社会效益。但总体上,高校法律援助仍处于初始探索阶段,至其成熟完善阶段还有相当长的一段路要走,而其发展过程中,也存在较多的困境。

(一)高校开展法律援助的依据

党的十八届四中全会提出:"完善法律援助制度,扩大援助范围,健全司法救助体系,保证人民群众在遇到法律问题或者权利受到侵害时获得及时有效的法律帮助。"习近平总书记多次讲话也强调:"要坚持司法为民,改进司法工作作风,通过热情服务,切实解决好老百姓打官司难的问题,特别是要加大对困难群众维护合法利益的法律援助。"十八届四

① 发表于《浙江万里学院学报》2017年第2期。
② 余妙宏,法学博士,浙江万里学院法学院副院长、副教授。

中全会和习近平总书记的讲话,为法律援助工作指明了方向。

2003 年通过并生效的国务院《法律援助条例》第八条规定:"国家支持和鼓励社会团体、事业单位等社会组织利用自身资源为经济困难的公民提供法律援助。"司法部 2003 年颁布的《关于贯彻落实〈法律援助条例〉促进和规范法律援助工作的意见》(司发〔2003〕18 号)第五条第十一项也明确规定:"鼓励和支持法律院校高年级学生在教师的指导下为经济困难的公民提供与其业务知识和工作能力相适应的法律援助。"

高等院校由于集智力资源、专业能力和人力成本优势于一身,具有自治属性和公益定位,参与法律援助无论是对法律援助制度本身、对司法正义还是对法律教育都具有独立的价值,是构建完善的法律援助制度不可或缺的力量。

(二)高校参加法律援助的价值

1. 高校法律援助是实现应用型卓越法律人才培养的重要途径

2011 年年底,教育部、中央政法委发布《关于实施卓越法律人才教育培养计划的若干意见》(以下简称《意见》),要求强化法学实践教学环节,培养学生法律实务技能,造就一批信念执着、品德优良、知识丰富、本领过硬的应用型、复合型法律人才。高校法律援助即高校设立法律援助机构,学生在教师的带领下为社会弱者提供法律援助服务。

高校法律援助组织存在的核心目的是解决法学教育中理论与实践结合的不足而采取的一系列教育教学方式,不仅能促进实践教学环节、丰富实践教学内容,而且对学生实践能力的提升具有举足轻重作用。作为一种开放式的法学实践教学方式,高校法律援助组织是培养卓越法律人才的不可替代的有效途径之一。

2. 高校参与法律援助,同时实现了法学教育和法律援助两项职能

法学教育既是知识教育,又是技能教育,以法律援助为载体,实现了两者的有机结合和相互促进,这也是高校支持开展法律援助的重要原因。同时,作为更高的目标,理想化的高等法律教育又体现在教书和育人两个方面:知识教育和技能教育属于教书的范畴;培养和发掘学生的公民意识、社会责任感、志愿精神及使其内化形成职业信仰和职业道德则属于育人的范畴,这在一定程度上已经超越了法学教育的目标而具有了一定的社会价值。就法律援助事业而言,高校作为社会力量参与,当其分担国家法律援助的义务时,实现了法律援助制度的基本职能;当其拓展了法律援助的范围,而具有了独立的社会价值。

高校开展的法律援助,集教书育人和公众法律教育于一身,通过对特定案件的前瞻性关注,已经成为法律和制度变革的重要推动力量。[2]

3. 高校参与法律援助,同时实现了教育目的与社会效益双重目的

从功能价值上讲,高校参与法律援助既能够实现自己的教育目的,提升自己的教育质量,又能够回报于社会,收到良好的社会效益。一方面,高校设立法律援助机构提供法律援助服务,让学生自己亲自参与到案件中去,能够改变传统的老师讲、学生听的教育方式。学生在自身的体验中,能够迅速掌握办案技巧,提高办案技能,还能够在其中培育自己独立的分析思考能力和社会认知能力。同时,学生为当事人提供法律援助的过程,也是增强其社会责任感和使命感、凝练其团队合作能力、提升其沟通能力的过程。另一方面,高校为社会提供法律援助服务,有利于扩大现有法律援助的对象范围,扩展法律援助的形式,缓解当前法律援助的供需矛盾。简而言之,高校法律援助既是一种实践教学方式,也是法

律援助这一人类伟大事业的组成部分,因而同时具有教育质量效益与社会正义作用双重价值。

4.高校参与法律援助,可以培养"双师型"教师与应用型学生

高校法律援助中心有着不同于一般社会法律援助中心的特色功能,它既可以培养"双师型"的教师,还可以培养高素质的应用型法学学生。同时,具有其他高校法学实践教学平台的比较优势,能够为法学学生应用能力的培养提供足够的资金、稳定的案源和丰富的案卷材料。

高校中不少教师拥有司法(律师)资格证及律师执业证,但由于不少教师缺少案源,部分教师在从业后每年还得交纳年检费、执业保险费、律所管理费,不但没有创收,反而要倒贴。加之,我国的法治环境尚未建立起来,律师界一些不良现象的影响。于是部分教师在从业一至二年后就又歇业了。而法学专业是一门应用性极强的专业。如果教师不熟悉法律实务知识的话,就难以胜任学生法律实务的指导工作。如果有了高校法律援助中心平台,教师就有了案源;同时,政府也给予法律援助案件适当的补贴,可以给教师一点劳务报酬。此外,高校法律援助中心还可以实现教师服务社会的愿望。这样一来,教师的社会价值认同感就大为增强,"双师型"的教学队伍就得以扩大。

法学专业的人才培养目标就是应用型人才。有了高校法律援助中心,学生应用能力的培养就"落了地"。有了这个平台,教师就可以带着学生全程参与案件的办理过程,其间学生与当事人的沟通能力、案例分析能力、法律文书写作能力等应用能力都会得到锻炼与提高。如此一来,学生一走上工作岗位基本上就能独立办案。

二、高校法律援助工作面临的困境

(一)高质量的、稳定的高校法律援助者团队难以形成

高校法律援助者团队由指导教师和高校学生组成,学生为主体。

指导教师方面,存在三个比较明显的不足:一是缺乏专职的高校法律援助指导教师。现有高校法律援助通常与课程教学联系在一起,学期结束,指导教师的任务也就相应终止和更换。二是教师参与指导高校法律援助的积极性不高。教师指导学生参与法律援助,任务繁、责任重,而教师在其任职、职称评定、工作考核方面并不比普通教师具有任何优势,甚至处于劣势,因而其内心的积极性难以获得稳定的支撑和保障。如何让参与法律援助的教师工作量得到认可,是高校参与法律援助必须面对解决的问题。三是师资力量不足。高校教师多从事理论教学与研究,实务经验较欠缺,因而仅靠高校自身的力量难以匹配培养学生法律实务技能的任务要求。

学生流动性强。不同年级大学生存在不同问题,大一新生参加法律援助,有热情但专业知识和经验严重不足,难以提供高质量的法律援助服务,往往只能提供非专业性帮助。大二的学生处于学习专业知识阶段,尚无经验。大三的学生由于面临司考与就业压力,参与高校法律援助的积极性大为降低。大四学生迫于生存压力,忙于寻找工作或考研,对法律援助的关注和热情在下降,也难提供适格服务。高校参与法律援助事业是一项长期系统项目,如何发挥学生的积极性,发挥他们的优势,克服流动性等需要一个组织形式和

架构。

(二)法律修改影响高校法律援助工作的开展

2012 年修改后的《中华人民共和国民事诉讼法》第五十八条规定,下列人员可以被委托为诉讼代理人:(一)律师、基层法律服务工作者;(二)当事人的近亲属或者工作人员;(三)当事人所在社区、单位及有关社会团体推荐的公民。

依据《民事诉讼法》的上述规定,高等院校法律援助机构工作人员既非律师、基层法律服务者,又不属于当事人的近亲属,所以其出庭必须得到当事人所在社区、单位,以及有关社会团体的推荐。此种情况下,高等院校法律服务机构又丧失了承担法律援助服务的正当性,其不能直接指派法律服务人员作为当事人的诉讼代理人。这种困境在诉讼实践中往往会影响到当事人利益的保护。

正是由于《民事诉讼法》的修改,浙江万里学院法律援助工作站的学生受理参与具体诉讼已经不被允许,近几年侧重于开展社会法律宣传、法律咨询、法律文书代写和在具有律师资格的专业教师的带领下开展法律援助活动。

除此以外,援助机构职能不全或难以开展工作、缺少资金和独立性等诸多问题同样钳制事业发展,导致高校参与法律援助的效率一般。

三、校地合作谋求法律援助的新发展

我国目前正在大力建设公共法律服务体系,鼓励、引导社会力量参与公共法律服务,实现公共法律服务提供主体和提供方式多元化。2014 年 2 月,司法部为此专门制定了《关于推进公共法律服务体系建设的意见》(以下简称《意见》),予以部署运作。高校参与法律援助,应当积极参与到该体系中,发挥更大作用。笔者认为,高校法律援助应当建立适应社会需要的新模式,这种新模式应当是以高校为依托,与司法行政机关、律师事务所共建,以高校教师作为支撑力。

(一)深化认识:高校法律援助是卓越法律人才培养机制的组成部分

卓越法律人才的培养要求强化学生实践教学环节,造就具备法律实务技能的应用型人才。高校法律援助作为一种法学实践教学方式,其要求学生在解决实际法律问题的"实战式"教学理念,与传统的灌输式、填鸭式、模拟式法学教学方式相比,在培养学生法律实务技能上天然具有优势,能有效满足卓越法律人才的培养要求。因此,我们必须认识到,高校法律援助是卓越法律人才培养机制的重要组成部分。只有认识到这一点,才能进一步明确卓越法律人才培养的具体措施,进一步提高对高校法律援助的重视程度,增加对高校法律援助的各项投入;也只有认识到这一点,高校在完善与贯彻法学人才培养目标与计划时,才能够真正有效推行高校法律援助实践教学方式。

(二)积极探索高校与实务部门联合培养机制

突破高校法律援助发展的制约因素,必须改变传统的单纯的以高校为主导的模式,探索建立高校与实务部门联合培养机制。第一,前述《意见》在提及卓越法律人才培养的主要任务时就明确指出:必须进行机制创新,探索联合培养模式。作为卓越法律人才培养机制组成部分的高校法律援助,当然应该贯彻这一任务要求。第二,实践经验已经证明,由于高校在实践教育资源上的有限性,很难培养高质量的法学实用型人才。必须把高校的优质理论教育资源与实务部门的技能经验教育资源等有机地结合,才能产生聚合效应,推进高校法律援助的发展。第三,从高校法律援助的功能上看,其具有的教育质量效益与社会正义作用双重价值决定了实务部门支持与发展高校法律援助并非一般的道德义务,而是其应承担的法定义务,因为高校法律援助也是我国法律援助事业的组成部分,而《法律援助条例》第三条规定:"法律援助是政府的责任。"高校法律援助作为一种教育方式,必须立足于高校,走出去、请进来。

(三)高校法律援助与诊所式法律教育应协同发展

高校法律援助尽管比诊所式法律教育出现的历史稍早,但两者的发展大体是同步的,然而对于两者的关系,却鲜有清晰系统的认识。正确辨识两者的关系,是促进两者协同发展的前提。第一,在教育理念与性质上,两者都以培养法学学生法律实务技能、造就高素质的应用型法律人才为己任,都是一种法学实践教学方式,但高校法律援助还兼具法律援助这一公益事业的性质。第二,在功能价值上,两者都体现了素质教育的题中应有之义,具有提升教育质量的功能,但高校法律援助还具有保护社会弱者、实现司法公正的社会正义价值。第三,在参与的主体上,两者都以教师指导下的法学学生为主,但高校法律援助必定与社会受援者发生关系,而诊所式法律教育则只可能与社会第三者发生关系。也就是说,高校法律援助必定走出校门,而诊所式法律教育则可能仅在校园内完成。第四,在形式上,高校法律援助主要表现为法律咨询、代写法律文书、代理当事人出庭应诉等,而诊所式法律教育则形式更多样化,除上述形式外,还可以包括典型案例剖析等。可见,高校法律援助与诊所式法律教育是既有区别又有联系的两种类型的法学实践教学方式,那种把两者完全等同起来或者完全割裂开来的做法都是错误的,两者的紧密联系说明了两者完全可以做到协同发展、互相促进。

四、法律援助在我院的实践与探索

(一)法学院法律援助工作站的基本情况

2005 年 3 月 31 日,宁波市法律援助中心浙江万里学院工作站正式挂牌成立。工作站是宁波市唯一的一家高校法律援助机构,采取司法部门与高校联合管理的模式在全省属于首家。宁波市法律援助中心浙江万里学院工作站由市法律援助中心工作人员和浙江万里学院法学院的师生志愿者组成。法学院目前拥有宁波市仲裁委员会仲裁员 5 名,宁波市鄞州区人民法院人民陪审员 11 名,拥有法律(律师)资格证书的教师有 21 名,其中有律师(兼职)执业证书的 15 名。

作为法律援助对象的居民可到工作站进行资格审查,对符合条件的申请人可给予法律援助。法学院具有律师资格的教师担当职员律师工作,接受市法律援助中心的统一指派,代理需要援助且符合条件的民事案件,内容涉及工伤、家庭纠纷、合同纠纷、职工权益维护、妇女权益维护等。法律援助的日常工作主要是接待来访咨询者、电话咨询、信函回复,提供诉讼支持,如代写法律文书、帮助调查取证等,并对法律援助案件进行诉讼代理,帮助应当受到法律援助的人。对身体残疾或因其他原因行动不便的人,工作站工作人员还提供上门服务。

近年来,学院师生面向社会提供现场和电话法律咨询1000多人次,接待来访60余人次,举办了校外法律咨询与宣传20余次,进行非诉讼代理8起,处理社区纠纷20余起,提供法律文书、法律意见200多份,受到社会的广泛好评。由于活动成效明显,"宁波市法律援助中心浙江万里学院工作站"被共青团浙江省委、浙江省青年志愿者协会评选为"先进青年志愿者服务站"并荣获"2014年感动宁波高校十大人物"。[3]

(二)推进法律援助工作的新的探索

1.校政所合作

由于受制于《民事诉讼法》第五十八条的限制,目前宁波市法律援助中心浙江万里学院工作站不能以公民代理的身份从事法律援助工作,严重限制了法律援助站业务的发展,导致目前法律援助站多以接受咨询、提供法律解答等低端法律服务为主。无法起到以案导学的效果,起不到让学生通过诉讼的方式实现实践教学的目的。

但法学院积极谋求新发展,搭建学校与政府(宁波市司法局,宁波市法律援助中心及鄞州区法律援助中心)的合作平台,建立学校、政府与15名教师(兼职律师)所在律师事务所的合作机制。由政府(法律援助中心)直接指派法律援助案件到律所事务所,律师事务所指定将案件交给我们的教师(兼职律师)承办。教师(兼职律师)对政府(法律援助中心)负责,受政府(法律援助中心)的管理,办理案件承接与归档工作,同时办案经费直接由政府(法律援助中心)支付给教师(兼职律师)。教师(兼职律师)作为承办律师,接受政府(法律援助中心)指派,组织、带领、指导法律援助站里各位同学参与法律援助活动。教师(兼职律师)承接了指派的案件后,组织学生对案件材料进行整理分析,以鲜活的案例指导学生分析案情,概括争议焦点,训练学生的法律思维能力;让学生撰写案情分析报告,完成相应起诉状或答辩状的初稿,完成辩护词的初稿;让学生旁听案件的庭审,对案件的流程进行记录,再组织学生进行研讨。之后要求学生完成法律援助工作的学习报告,由教师(兼职律师)进行批改与指导,提升学生的实践能力。

2.法律援助站功能的扩大

除了宁波市法律援助中心浙江万里学院工作站之外,法学院同时还拥有"浙江万里学院人民调解委员会"(鄞州区司法局授予"五星级规范化调解委会"称号)、"鄞州区消费者协会宁波市浙江万里学院联络站"(鄞州区消费者权益保护委员会授予"消费维权先进单位"称号)、浙江万里学院大学生创业法律服务中心、浙江万里学院学生权益维护中心、浙江万里学院教师法律服务中心等机构。之前,法律援助站主要向符合条件的校外人员提供法律服务,要逐步发展到向校内、校外人员提供法律服务相结合,向广大的教职员工及全校的学生提供法律服务。只有扩大了服务对象,才能增加案源,才能增加让学生实践学习的机会与平台。

3.将法律诊所、素质拓展与法律援助相融合

目前法律援助站以大二、大三学生为主体,每年进行人员的纳新,在选拔同学进入法律援助站时以笔试与面试相结合,将优秀的有意愿从事法律援助的学生吸纳到法律援助

站中来。

将法律援助工作与实践教学、素质活动相结合,参加法律援助站的同学需要选修"法律诊所"课程,以法律帮助中心接收到的实际案例为课程内容。选修的同学可以获得学分,参与指导的老师亦计入课时工作量,以此提高老师参与办案的积极性。在"法律诊所"中表现优秀的学生被特聘为"业务指导员",这部分同学往往有着较高的参与热情并愿意无偿地为法律援助事业做贡献。安排"业务指导员"定期为"法律诊所"的新成员进行业务培训及案情指导,既减轻了指导老师的压力,也改变了较大的人员流动导致的新人难以上手的现状。法律援助站的活动同时也纳入素质拓展学分,提交案件分析报告、案情研讨记录、案件处理总结的给予相应的素质拓展学分。

总体上看,高校法律援助存在着机构设置有待进一步科学优化、规章制度有待进一步健全化、经费来源渠道有待进一步多元化、案件来源需要进一步拓宽等问题。因此,为了保障高等院校法律援助机构的健康发展,需要我们不断学习、借鉴、调整步伐、完善目标,需要我们为打造一个精品社团,完成更好的法律学术实践,提供更好的社会公益服务而做出不懈的努力。

参考文献

[1] 谭庆康,龚志军.高校法律援助的困境与出路[J].湖南商学院学报,2015(2):91—95.
[2] 谭志福,高校参与法律援助的价值分析[J].政法论坛:中国政法大学学报,2014(3):177—182.
[3] 关于表彰第四届"感动宁波高校十大人物"决定,甬教德〔2014〕201号.
[4] 李冰,郑阳,周琦,等.高校法律援助现状及未来探索[J].华北水利水电大学学报(社会科学版),2015年(2):84—86.

应用型本科课程体系转型研究与评价①

林怡②

摘　要:普通本科高校向应用型转型是当下高教改革的热点,而课程体系的转型是其中的难点和核心。立足学科基础,结合行业发展,对接职业需求,模块化设计应用型本科课程体系,并建立相应的评价标准,是推进普通本科高校转型发展、培育应用型本科专业人才的必然途径。

关键词:转型;应用型;课程体系;模块化

继 2015 年年底教育部、国家发改委、财政部联合印发《关于引导部分地方普通本科高校向应用型转变的指导意见》后,今年全国两会的政府工作报告明确提出,"提升高校教学水平和创新能力,推动具备条件的普通本科高校向应用型转变","应用型"已成为几百所普通本科高校今后办学定位和发展思路的风向标。目前,已有 13 个省(市)出台方案,确定 181 所高校完全转型为应用型高校或部分专业进行转型[1]。

如何转型"应用型"? 地方高校要实现转型发展,需经历四个阶段:理念的转型、学科专业的转型、人才培养模式的转型和课程体系的转型。其中,难点也是最核心的就是课程体系转型[2]。目前应用型本科高校课程体系设置基本沿用传统高校,尚未形成有力支撑办学定位、"应用导向"鲜明的课程体系,因此该课程体系下的人才培养必然缺乏特色与竞争力。人才培养目标不同,其课程就理应有所区别,根据应用型本科人才培养目标的定位合理设置课程、科学选取内容、有效组织教学,势必需要对现有的课程体系进行大刀阔斧的改革和创新。

一、应用型本科课程体系的设计理念

如何设计应用型本科课程体系? 剖析指导意见,不难发现其聚焦的中心理念强调"与时俱进的技能培养"和"指向应用的实践训练"。一是紧跟社会发展,整合优化课程。以社会经济发展和产业技术进步驱动课程改革,整合相关的专业基础课、主干课、核心课、专业技能应用和实验实践课,更加专注于培养学习者的技术技能和创新创业能力。二是对接

---

①　浙江省教育科学规划项目(2015SCG386)成果,发表于《高教学刊》2016 年第 17 期。

②　林怡,浙江万里学院教务部助理研究员,主要从事高等教育管理研究。

职业标准,重点培养技能。通过改造传统专业、设立复合型新专业、建立课程超市等方式,大幅度提高复合型技术技能人才培养比重。实现专业链与产业链、课程内容与职业标准、教学过程与生产过程对接。三是强化实践教学,扩大学生选择权。尤其要加强实验、实训、实习环节,实训实习的课时占专业教学总课时的比例达到30%以上,建立实训实习质量保障机制。要逐步扩大学生自主选择专业和课程的权利。

基于以上建构理念,从"学科—行业—职业"链视角设计应用型本科课程体系,即立足于学科基础整合课程,结合行业发展培养技能,对接职业需求强化应用,可以进一步细化兼具学术、技术和职业特点的专业目标规格。同时,要达成"应用导向"的课程体系目标,在编排形式上宜采用"模块化"的组织方式。模块化课程体系设计能突破传统的线性结构,利于针对应用型本科人才的知识要求,对学科知识的重新梳理与分解,对原有课程知识点进行优化、重组,可以避免课程之间教学内容的重复;利于针对应用型本科人才强实践的能力要求,能灵活融合实践教学来深化对理论的理解和运用,实施理论、实践、练习、研讨同步式一体化的教学模式,达到知行合一;同时还利于针对应用型人才的职业能力培养,对接产业发展和职业标准,调整教学内容,开发企业课程,而解决高校课程的相对滞后性的问题。模块化课程体系设计也可以使学生根据自己的学习基础、兴趣爱好和就业取向,自由选择学习内容,也利于提升学习效果。

二、应用型本科课程体系的建构途径

人才培养质量提高的关键在课程。应用型本科课程体系的"模块化"设计打破了原有的学科中心的结构体系,根据应用型本科人才培养目标定位,基于"学科—行业—职业"链视角,从宏观、中观和微观三个层面,对原有的教学体系和内容进行重构,建立以能力为核心的教学单元(即模块),由此彰显出不同于普通高校的应用型人才培养特色。

(一)整体谋划宏观模块

宏观模块对于某个专业来说,是整个课程体系的整体框架,需要体现知识、能力、素质的整体要求。因此,要根据应用型本科人才培养的目标定位做好顶层设计。应用型人才培养的课程体系应由校企共同制定人才培养目标,细化人才规格要求,对应职业的职责任务和国家职业标准制定具有专业特点的能力标准。在此基础上,重新梳理学科专业知识系统,按照基础服务专业、专业服务行业指向,构建基础模块、核心模块和方向模块组成课程体系。具体建构思路和学分分配分别见图1和表1。

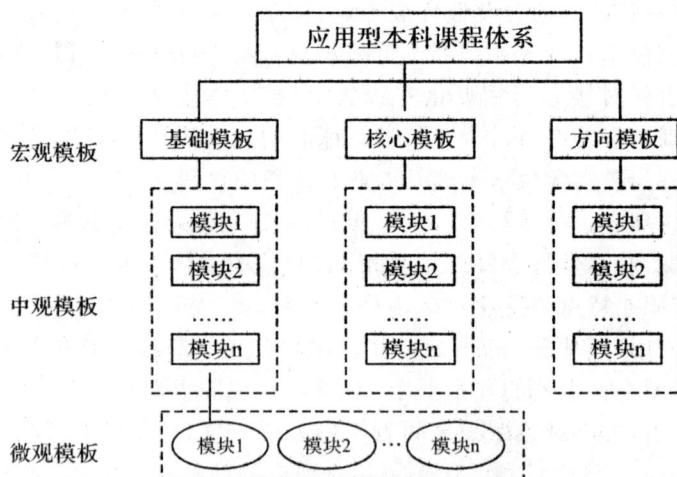

图1　应用型本科模块化课程体系示意图

表1　　应用型本科模块化课程体系学分分配原则一览表

模块层次		学　分	比　例	实践教学学时比例
基础模块	公共必修模块	30—45	18.75%—28%	文科不低于30%，理工科不低于40%
	公共选修模块	18—20	11.25%—12.5%	
核心模块		40—50	25%—31.25%	
方向模块（含毕业论文、设计）	专业必修模块	45—60	28%—37.5%	
	跨专业选修模块			

（二）统筹构建中观模块

中观模块是整个课程体系的核心，它决定了人才培养的基本知识架构。中观模块的建设任务就是按照培养目标对基础、核心和方向三大模块进行细化，关键是根据专业能力标准，确定能力实现课程及其合理配置。专业核心模块设计要围绕专业核心能力培养，按照产业和行业需求对原有学科知识进行删减、重组与增设，根据知识点之间的关系以及重要程度进行教学时数和时间分配，如图2通信工程专业的中观模块设计，着重强调设计时要重点解决三个问题：一是选择好实现预设培养目标的课程；二是确定这些课程的教学内容，即讲授的知识点及深度与广度；三是处理好各块教学内容之间的相互衔接和支撑[3]。

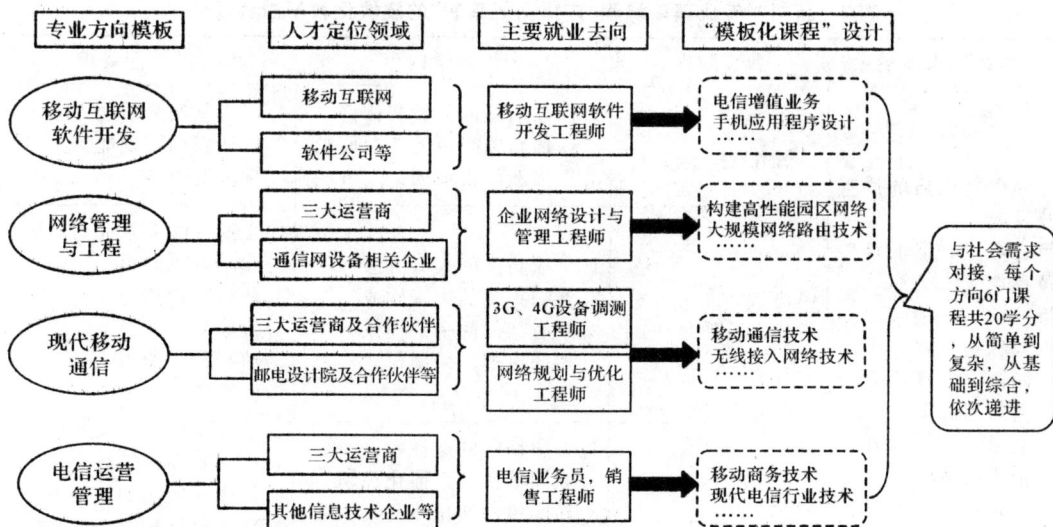

图2　通信工程专业方向模块设计示意图

(三)精心设计微观模块

　　微观模块是整个课程体系的基石,它划分的依据是专业人才培养目标规格细化的能力要素。微观模块的建设任务就是课程教学内容的模块化设计与组织,即"模块化课程"的形成。各教学内容以知识单元为依据构建模块,打破传统线性结构的教学内容组织方式,将相互之间密切相关或者有逻辑关系的部分"打包"在一起组成一个学习模块。每个"模块化课程"在整个体系中承载着独特的功能与责任,因此都要准确把握本课程的性质、定位与特征,根据每门课程的定位与教学目标,整合与重组教学内容,针对课程教学目标中的关键知识和能力点进行教学内容模块化设计。如表2为新闻学专业的微观模块设计范例。

　　需要强调的是,应用型课程体系的转型不仅仅是教学课程、教学内容、教学时间的安排,更重要的是科学处理模块教学内容的相互衔接,达到知识能力结构的系统规划和优化设计,这是确保课程教学成效的关键,是教学实施过程中必须要解决的难点。模块化不是把原来的课程简单地归类冠上"模块"这一名称,而必定是需要对课程"大动干戈",设计过程需要处理好模块课程的整体性与关联性问题,实现课程整体功能最大化。

　　因此应用型课程体系建设和具体实施,需要具备相应的条件保障。首先,模块课程的设计者必定是该领域的专家,能熟练、准确地对课程内容做有效分解和组合。其次,必须组建优质教学团队并合作无间,这样才能保证课程教学的有效衔接和目标达成。再次,要做好课程配套教材开发,包括教学计划、课程大纲等,其编制必定是具有原创性和前瞻性的。另外,教师还要重视对学生选课指导,帮助学生做好课程学习规划。这些都是需要同步和提前进行的常态工作,也是保障课程体系有效性的必要因素。

表2　新闻学专业基础课程"广播新闻采制"的模块化教学内容设计

传统知识体系	项目流程	理论教学内容	实践技能要求
第一章　广播的产生及发展 第二章　广播的性质及特点 第三章　广播节目类别与音响报道 第四章　广播语言与广播新闻写作 第五章　不同体裁音响报道的制作 第六章　音响采录 第七章　谈话采录 第八章　解说 第九章　音响报道的复制合成	模块一 广播节目创意设计	1.广播新闻的分类与体例 2.广播新闻报道的选题原则 3.广播新闻报道的策划方法	1.广播新闻分析能力 2.广播新闻策划能力 3.学习能力
	模块二 现场报道采录	1.广播新闻的采写方法 2.音响报道的声音构成 3.录音新闻的采录模式 4.现场报道的采制模式	1.实况音响采录能力 2.现场解说能力 3.信息掌控能力 4.快速反应能力 5.情绪控制能力 6.抗压能力
	模块三 口播新闻编播	1.新闻稿件的选择 2.新闻稿件的广播化编辑 3.新闻稿件的排序 4.广播新闻的备稿 5.广播新闻的播读方法	1.广播新闻的选择能力 2.广播新闻的编辑能力 3.新闻稿件排序、整合能力 4.广播新闻播报能力
	模块四 广播新闻节目制作	1.音频工作站的操作方法 2.广播节目编辑合成方法 3.广播节目的包装技巧	1.广播新闻节目制作能力 2.广播新闻节目创新能 3.团队合作能力

三、应用型本科课程体系的评价指标

应用型课程体系的转型必然是一个对教育性资源重新选择的过程。纵观课程发展史,无论是课程理论研究还是课程实践改革,所面临的主要问题即对教育性资源的选择与更新[4]。按照哪些标准来选择教学的课程? 怎样确定每门课程教学的知识点、深度和广度? 如何保证教学内容的顺利衔接以实现课程教学的目标? 如何保证课程教学的有效性? 可见,对课程体系进行评价显得十分重要和必要。

课程体系评价是课程体系构建的重要组成部分,它不同于一般的课程评价,课程体系评价是对课程体系实施的实际水平逼近预定课程体系目标的程度。它旨在找出实施结果与预定目标之间的差距,以改进和调整课程结构,完善课程体系,以便培养高质量人才[5]。我们着眼于目标、内容、团队、实施、效果5个方面,设计了17个二级指标,来诠释和评价应用型本科课程体系的设计要求与内涵。详见表3。

表 3　应用型本科课程体系评价指标

一级指标	二级指标	具体要求
1.课程体系的目标及培养方向	1.1 符合社会发展需要	有明确的教学目标,符合社会对该专业毕业生的需求;对新理论、新知识、新技术的吸收能力跟上社会发展步伐
	1.2 对接职业岗位需求	对学生知识、能力、素质的培养目标能有效对接职业岗位需求,使该专业毕业生具备较强的专业竞争力
	1.3 符合学生发展需要	课程内容符合学生本身的认知水平和认知结构;能提供个性化培养满足学生的学习愿望和多样化选择
2.课程体系的内容	2.1 课程体系的科学性	体现应用型课程体系的学术性、职业性和灵活性;课程模块设计和内容衔接科学;课程开设顺序具有合理性
	2.2 课程体系的实践性	加大实践教学比重,使学生得到更多的实践机会;对学生创新能力培养有具体体现;有明确的实践达标要求
	2.3 课程体系的创新性	能突破传统课程体系,体现应用型特色;将职业资格标准融入课程教学和考核;在基础目标上有个性化的培养举措
	2.4 课程的比例	必修课和选修课的比例、专业核心课和方向课的比例恰当;实践教学比例文科不低于30%,理工科不低于40%
3.专业教学团队的状况	3.1 师资队伍的培养	形成并实施与专业发展相适应的专任教师的梯队建设计划;每年都有教师下企业和国内外交流
	3.2 课程团队的教学研讨	教学研讨氛围浓厚,并举行经常性的教学研讨;有针对课程教学效果的调研和学生学习效果的讨论;邀请行业企业参与研讨
	3.3 学术及教学水平	科研成果及论文包括教学成果的获奖情况;科研成果融入课程教学比例
	3.4 师资队伍结构	生师比例、高职称教师的任职与讲课比例、外聘兼职教师比例
4.课程体系的实施过程	4.1 课程建设	有课程建设的系列计划,并有鼓励课程建设的实际措施;教学计划、课程大纲的编制;配套教材的开发;取得省市级课程建设项目支持
	4.2 教学档案建设	课程大纲、教学进度表、课件、学生的实验报告、授课小结、试卷及标准答案等材料有存档和检索功能
	4.3 学生学习指导	帮助学生做好专业学习规划,指导学生选课;落实课内外的学习指导;模块方向课程实行建立团队导师制(校内外)
	4.4 教学方法多样性与适用性	每门课程根据各自的特点,灵活采用讲授、实验、项目实践的教学手段及方法,促进学生自主学习的相应措施

一级指标	二级指标	具体要求
5.课程体系的教学效果	5.1用人单位满意度	用人单位对毕业生专业水平、实践动手能力、创新能力的满意度；毕业生的就业率及起点薪资水平
	5.2学生满意度	学生对专业课程课堂教学效果、实践教学效果、教师教学水平及师资队伍实力的满意度

对处于不断探索创新走向成熟的应用型本科课程体系建设而言，评价研究应作为其重要内容。建立起课程体系运行与评价的监控体系，从课程的研发与准入、课程实施的全过程管理、对课程体系和单门课程的有效评价，来保障课程教学质量，实现课程体系实施的不断增值和人才培养质量的不断提高。

参考文献

[1] 高校向应用型转变 这181所高校领先一步！[EB/OL].(2015-11-20)[2015-11-19] http://j.news.163.com/docs/31/2015111901/B8OAPJOE9001PJOF.html.

[2] 余国江.课程模块化：地方本科院校课程转型的路径探索[J].中国高教研究,2014(11):99.

[3] 胡弼成.个体发展指向：大学课程体系的本质[J].黑龙江高教研究,2008(6):1—5.

[4] 郝德永.课程改革：愿景与可能[J].高等教育研究,2009(8):11.

[5] 胡弼成.高等学校课程体系现代化研究[D].厦门：厦门大学,2004.

人才培养与教学改革

第三篇

翻转课堂的学生满意度评价研究①

李晓文②

摘　要：翻转课堂教学改革在推进过程中，对于其改革成效有持积极肯定态度者，但也存在诸多质疑声。关于翻转课堂学生满意度评价的实证研究表明：目前学生对翻转课堂教学的满意度和忠诚度总体较高，其决定性影响因子是学生对翻转课堂教学的质量感知，学生更多是基于学习过程体验和学习效果而做出满意度评价，翻转课堂教学学评教指标设计时应予以考虑。而学生对翻转课堂教学的质量感知主要受课程特征、教学设计、师生互动、网络学习平台和学习资源等五大关键因子影响，教师在翻转课堂教学实践中也应予以重点关注。

关键词：翻转课堂；满意度；忠诚度；质量感知；影响因子

一、问题的提出

翻转课堂教学模式作为信息技术支撑下的教学新形态，正成为国际教育领域研究与实践的热点。在我国高等教育领域，一些研究与实践者正围绕翻转课堂教学的理论框架、模式建构及实现策略等方面进行着积极的探索与考量。有研究认为，有效的翻转课堂是学习本质的回归和对个性化学习的回应，通过对知识传授与内化流程的合理调整，可增强课堂的有效性和延展性，学生的学习热情被激发，在整个课堂都处于积极主动的学习状态，有助于学生取得更大的学业收获，并促进其认知、情感体验与内化。还有研究证明，大多数学生受益于翻转课堂教学模式，认为教学视频是有用的、吸引人的，并具有适当的挑战性，他们可以按自身节奏使用任何自己认为有用的学习策略(Jacob Enfield，2013)。但同时也有研究指出，翻转课堂教学模式在课程的适应性上并不显著，认为学生报告之间的差异无统计学意义，认为融合新的教学技术与课堂互动活动可以改进学习但不一定能提

---

①　2014 年度浙江省教育技术规划重点项目"基于学生满意度视角的翻转课堂教学模式应用研究"(JA022)、2013 年度浙江省课堂教学改革项目"基于应用能力培养的学生主体化课堂教学改革与实践"(kg2013487)成果，发表于《高教发展与评估》2015 年第 3 期。

②　李晓文，宁波大红鹰学院教务处副研究员，主要从事高等教育管理研究。

高学生满意度,让学生利用课外时间学习,是让学生过度预习,势必会加重学生课业负担(王秋月,2014)。那么,对于学生这一改革主体,翻转课堂学习活动经历究竟为他们带来了怎样的实践与认知体验? 他们对翻转课堂教学做何评价? 是否愿意采用该模式开展学习? 影响其评价的因素有哪些? 都是需要实证研究的课题。

二、研究设计

(一)研究视角与模型假设

学生的学习体验通常表现为学生的学习满意度,它作为学生对学习活动的愉快感受或态度(Long, H.B,1989),可用来解释学生参与学习活动的动机、诉求和结果,不管学生的感知是否正确,他们都会根据自己的主观判断做出相关学习行为的决定,通常被作为衡量教学成效的重要标志和开展课程评估的重要方式。

顾客满意度 ACSI 模型为本研究提供了借鉴,该模型是以产品和服务消费的过程为基础,将总体满意度置于一个相互影响、相互关联的因果互动系统中,能解释消费经过与整体满意度之间的关系,并能指出满意度高低带来的影响。本研究通过借鉴顾客满意度ACSI 模型核心概念和架构,基于学生对翻转课堂教学和学习过程的感知,构建了翻转课堂学生学习满意度模型,模型包含质量感知、价值感知、满意度、忠诚度四个潜变量,每个潜变量都有几个标识变量对其进行测量,如图 1 所示。

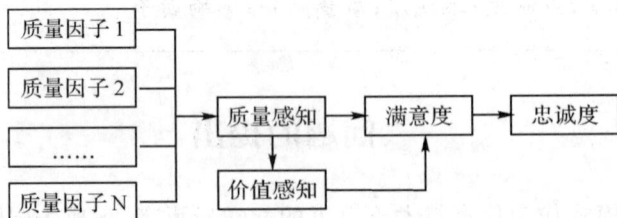

图 1 翻转课堂教学满意度模型

模型中,满意度是目标变量,指学生对这一教学模式的满足程度,是学生对翻转课堂教学满意程度的心理感受,是学生对课程资源、课堂活动设计、交流互动、学习支持、学习环境等方面的综合认同程度。质量感知和价值感知是学生学习满意度的前因变量,前者是学生对学习过程的实际感受,后者指学生付出的时间和精力与教学效率和学习效果相比是否值得;忠诚度是学生学习满意度的结果变量,是学生基于满意度而形成的心理承诺,体现在学生的继续选择或向他人推荐的意愿和行为上。模型中包含四条路径假设。

1. 质量感知对价值感知有正向影响:学生在学习过程中,认为课程资源丰富、网络平台使用便捷、学习支持充分、教学设计合理、激发起了自己主动学习的欲望并学有所获,就会感觉课外额外投入的时间和精力是值得的。

2. 质量感知对学生满意度有正向影响:学生在整个学习过程中获得了愉快的学习体验并有所收获,他对翻转课堂教学的满意度就高。

3. 价值感知对学生满意度有正向影响:从教学效率和学习效果上来衡量,学生认为在课外投入的时间和精力是值得的,即使加重学习负担也无所谓,那么他对翻转课堂教学的满意度就高。

4.学生满意度对忠诚度有正向影响:学生满意度是忠诚度的前提,高满意度可能带来学生对翻转课堂教学模式的忠诚,从而使其产生积极的继续选择或推荐意愿。

(二)量表设计、数据来源与信度、效度检验

研究基于模型和已有研究成果进行了量表设计,广泛征求了专家、教师和学生意见,并对问项进行了检验和修正。量表共包括三部分:一是基于模型设计的具体标识变量,均是对学生在翻转课堂教学模式下学习过程感知的描述,采用李克特五级量表,学生根据自身实际回答其赞同程度,分为"非常赞同""赞同""一般""不赞同""非常不赞同"五个等级;二是性别、专业类等特征变量,以测量不同学生特征对满意度的影响;三是对学生学习活动及时间投入,以明晰学生的学习过程状态。

研究以 D 校为对象,该校目前翻转课堂教学模式的改革涵盖了经管类、人文类、信息类、机电类和艺术类等专业课程,课前学习活动或基于引进的慕课资源,或基于校内网络课程学习平台,有基于项目的翻转课堂教学,也有基于主题的翻转课堂教学,课堂教学活动大多以汇报、演示、教师答疑、评价为主。问卷调研对象为 D 校五类专业的在校本科生,共发放问卷 350 份,收回有效问卷 315 份,回收率为 90%。对于缺失值,研究采用表列删除法,最终得到 302 条数据。

研究综合运用 AMOS19.0 和 SPSS19.0 软件进行数据分析和假设检验。信度检验结果如表 1 所示,所有潜变量 Cronbach's Alpha 系数均高于 0.7,且总量表的 Cronbach's Alpha 系数达到了 0.953,量表有较高的内部一致性。构建效度上,首先利用 SPSS19.0 进行了因子分析,经检验,KMO 值为 0.955,Bartlett 球形检验的卡方值为 3813.522($P=0.000$),表示样本数据符合进行因子分析的基本条件。研究按照最大方差法正交旋转进行了因素提取,得到 5 个因子,方差解释率为 78.26%,所有指标与原调研问卷指标设置的变量结构基本一致,说明本项研究变量指标的设置具备构建效度。

表 1 潜变量的信度检验

潜变量	质量感知	价值感知	满意度	忠诚度
题项数	14	2	4	2
Cronbach's Alpha	0.928	0.788	0.837	0.793

三、基于结构方程模型的翻转课堂学生满意度评价及影响因子分析

(一)翻转课堂教学模式下的学生学习行为及满意度评价概况

为了解翻转课堂教学模式下学生的课外学习量和学习行为转变情况,问卷曾以两节课为单位,了解学生在翻转课堂教学模式下的课外学习花费、教学视频学习时间、课堂上直接参与汇报和交流等互动活动的平均次数等,分析结果显示,60%的学生课外学习量为课堂的 2 倍以上,每两节课的教学视频学生的学习时间累计为 1 至 1.5 小时,学生及其小

组同学在课堂上直接参与汇报、交流等各类互动活动的平均次数差异较大,2—3次的相对居多,占比50%。总体上,目前学生在网络课程平台的学习活动相对单一,排名前三的活动为观看视频、下载课件和提交作业。

学生对翻转课堂教学模式的满意度总体较高,在总体满意度、网络课程资源、学习支持服务、教学环境等方面,学生对翻转课堂教学模式持"满意"和"非常满意"态度的合计比例都达90%以上,"希望在以后课程中继续采用这种模式学习"和"会推荐这种教学与学习模式给其他老师和同学"的学生也占比90%以上。除男生、文科类学生对翻转教室环境的满意度显著较高以外,不同性别、不同专业类学生对翻转课堂教学模式的满意度与忠诚度上整体不存在显著差异。

(二)翻转课堂学生满意度评价的结构方程模型分析

结构方程模型作为一种验证性分析技术,有助于揭示潜变量之间及其与可测变量之间的结构关系。本研究利用该技术,根据设定的翻转课堂学生学习满意度模型及路径初始假设,来清晰地表现学生对翻转课堂学生满意度评价的驱动因素及其影响强度。

根据结构方程的要求,研究首先采用最大方差法实施正交旋转减少了标识变量的个数,质量感知量表中的14个标识变量被提取出5个因子,方差解释率为78.26%,因子提取结果具体见表2。因子1主要反映的是课程在翻转课堂教学模式及环境上的适应性,故命名为"课程特征";因子2主要反映的是翻转课堂教学模式下学生对教师提供的学习支持和师生交流互动的感知,故命名为"师生互动";因子3主要反映的是学生对课前学习准备与课堂学习活动的感知,都属于教学设计层面,故命名为"教学设计",因子4主要反映的是学生对网络学习平台在翻转课堂教学中的应用及效果感知,故命名为"网络学习平台";因子5主要反映的是学生对以教学视频为主的学习资源感知,故命名为"学习资源"。这5个经压缩后的标识变量不仅将参与结构方程的分析,也为挖掘质量感知的影响因子、推进教师不断改进翻转课堂教学设计提供了重要参考。

表2 旋转成分矩阵

	成分				
	1	2	3	4	5
该课程采用翻转课堂教学模式后更有吸引力	0.767	0.248	0.184	0.218	0.211
翻转教室提供了更优质、有效的学习环境	0.754	0.287	0.247	0.222	−0.013
该课程采用翻转课堂教学模式后的学习效果更好	0.642	0.278	0.285	0.198	0.261
翻转课堂让我与老师的交流更多,关系更近	0.335	0.752	0.333	0.139	0.088
翻转课堂让我与同学的交流互动更多	0.265	0.720	0.086	0.365	0.173
我的学习困惑会得到老师的及时回应	0.334	0.666	0.228	0.119	0.233
课程学习过程中各项学习任务明确、学习量和难度适中	0.320	0.157	0.793	0.133	0.054
每次翻转课的课堂教学活动都建立在我们课前学习的基础上,课堂设计针对性强	0.290	0.198	0.728	0.054	0.247

续 表

	成分				
	1	2	3	4	5
我能积极主动地投入学习，每次翻转课我都做好了充分的课前准备	−0.005	0.488	0.542	0.289	0.317
网络应用增加了我和老师、同学之间的交流机会	0.399	0.300	0.039	0.717	0.127
支持课程教学的网络课程学习平台使用便捷、高效	0.507	0.128	0.155	0.651	0.226
翻转课堂教学可以使我更自主地安排学习时间	0.043	0.251	0.530	0.631	0.142
教学视频能代替传统的老师课堂讲解，有效支持我自主学习	0.166	0.196	0.193	0.166	0.876
老师提供的视频、课件、测验等各类自主学习资源很丰富	0.400	0.331	0.261	0.236	0.443

随后，研究在 AMOS19.0 软件中运用极大似然法进行模型估计，经多次的模型扩展和模型限制分析，确定了一个最终模型，如图 2 所示。模型中，各个参数在显著性概率 $P < 0.001$ 的水平上也都是显著的，图 2 显示的模型各参数大小，充分显示样本数据支持本研究提出的 4 个假设，学生的满意度、忠诚度、质量感知及价值感知之间确实存在着较强的内在逻辑关系。表 3 中各项拟合指数显示，理论模型较好地拟合了样本数据，解释了较高程度的翻转课堂学生满意度。

表 3 常用拟合指数计算结果

拟合指数	Chi-square/df	CFI	NFI	IFI	RMSEA	AIC	ECVI
结果	2.212	0.973	0.953	0.974	0.053	219.432	0.727

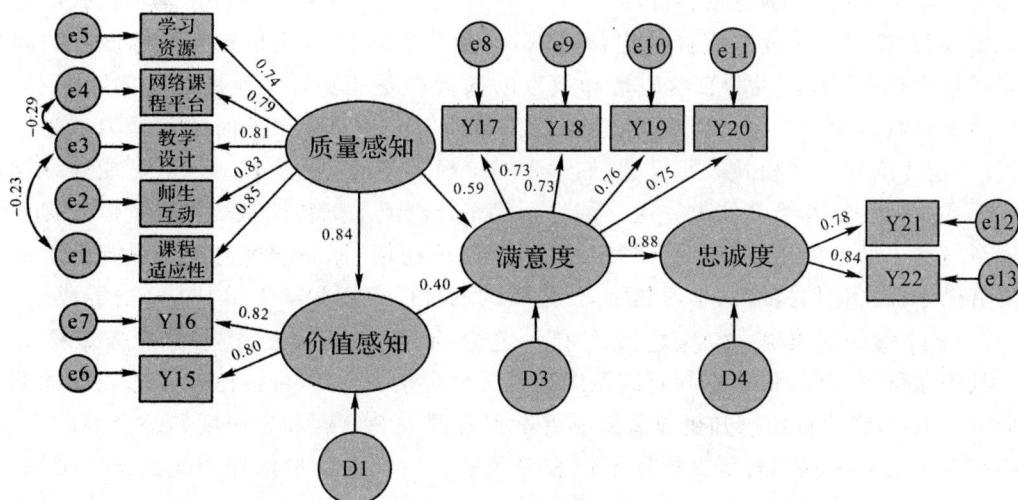

图 2 研究模型路径分析结果

为更直观地反映路径关系,研究根据结构方程模型分析结果将变量间的关系进行了梳理,如表4所示。

表4 模型中各潜在变量之间的直接效应、间接效应及总效应

		质量感知	价值感知	满意度
价值感知	直接效应	0.843		
	间接效应			
	总效应	0.843		
满意度	直接效应	0.612	0.377	
	间接效应	0.318		
	总效应	0.93	0.377	
忠诚度	直接效应			0.879
	间接效应	0.817	0.331	
	总效应	0.817	0.331	0.879

四、结论与启示

(一)翻转课堂学生满意度评价的驱动因素、影响强度与启示

1. 质量感知对学生的价值感知、满意度和忠诚度有决定性影响

其他条件不变时,质量感知对价值感知的直接效应为0.843,质量感知对满意度的直接效应为0.612,质量感知通过价值感知而达到的间接效应为0.318,总体上,学生的质量感知每提高1个单位,满意度会提高0.93个单位。在学生采用翻转课堂学习模式的忠诚度方面,满意度对忠诚度的直接效应最高,影响系数达0.879,质量感知对忠诚度的间接影响系数也达0.817。说明教学质量和效率的高低都是能够被学生所感知的,学生只有切实感受到翻转课堂教学的质量,才会觉得在课外付出相对更多的时间和精力来学习是值得的,也才会对这一模式表示满意,如学生对该模式满意,便有87.9%的可能性继续采用该模式学习和推荐给其他人。这一结论不仅充分论证了翻转课堂教学质量对于提高学生满意度和忠诚度的重要性,而且提示我们,在改革初期,提高学生对翻转课堂教学的满意度有助于保持他们持续的学习热情,促进模式的推广应用和学生学习方式的养成。

2. 价值感知对其满意度、忠诚度有一定影响,但影响程度相对质量感知较低

其他条件不变时,价值感知对满意度的直接效应为0.377,价值感知对忠诚度的间接效应为0.331,说明价值感知也显著影响着学生对课程满意度和忠诚度的综合判断,只是影响程度相对质量感知较低。根据本量表关于质量感知与价值感知的问题设计可知,学生在对翻转课堂教学模式进行满意度评价时,主要是基于其学习过程做出反应,即只要学生认为翻转课堂教学模式能带来更积极愉悦的学习体验和学习效果,都会选择该模式进行学习,相对不在乎需要在课外投入多少时间和精力。但教师在开展翻转课堂教学改革

时,仍应考虑学生的学习投入与压力,促进学生高效学习。也提示我们,在对翻转课堂教学进行学评教指标设计时,应充分考虑学生的学习过程体验和学习效果。

(二)学生对翻转课堂质量感知的影响因子与启示

进一步挖掘学生对翻转课堂教学的质量感知的影响因子,有助于更好地改进教学,提高学生满意度。表2质量感知的因子分析结果显示:学生对翻转课堂教学的质量感知受课程特征、教学设计、师生互动、网络学习平台和学习资源五大关键因子影响。这提示我们,翻转课堂教学实践要重点关注五个方面:

1. 课程特征是翻转课堂教学模式应用要考虑的首要因素

尽管有研究指出,翻转课堂的实施在学科间扩展基本没有原则性障碍,可在高等教育阶段大范围实施(何克抗,2014),但翻转课堂教学要针对不同的学科特点构建差异化的实施策略:一是在实施中不拒绝任何教学方法的应用,只要目标指向是促使教学走向以学习者为中心,只要有利于改善课堂教学效果和提升学习质量,教学方法完全可以多样(田爱丽,2014);二是不同学科应针对不同的环境条件,灵活运用渐进式、交叉式、协作式等策略构建形成多元化的翻转课堂教学模式。

2. 针对性的教学设计是翻转课堂教学实施的前提

布卢姆曾提出,对于特定知识点的学习,学生的认知准备状态和情感准备状态决定着学习的效果(布卢姆,1987)。翻转课堂教学的理想状态是学生始终处于积极主动的学习状态,对课堂学习有充分的课前认知准备和积极的情感,课堂上师生交流互动更深入、更广泛、更具针对性,因子分析结果也证实了这一点。为此,要研究在线学习、交互平台、课堂协同等三者的协同关系,有针对性地设计学生课前和课堂的学习内容、比例和方式,使课堂教学活动建立在课外自主学习的基础上,促进深度学习的发生和多维目标的达成。

3. 师生互动是翻转课堂教学实施的关键环节

因子分析结果显示:翻转课堂教学模式下,师生、生生互动更多,尤其是课外的师生互动是对学生自主学习的有效支持。西方的实践与研究也表明:学生最需要教师的时候,不是知识讲解时,而是学习遇到困难时(Ergmann Jonathan,2012)。可见,实施翻转课堂教学,教师的作用其实更重要了,教师教学重点应在激发思考、答疑解惑、发展学生的高级思维等方面。

4. 网络学习平台是翻转课堂教学实施的重要保障

因子分析结果显示:一个便捷、高效的网络学习平台对于学生自主学习和师生交流至关重要,有助于为学生营造个性化与协作化的学习空间,促进优质资源共享,可方便教师进行学生学习过程管理与分析,更及时、更具针对性地改进教学。国内外目前已开发了诸如FLN、Pinterest、Showme、云游在线、青果课堂等翻转学习平台,各有特色,可供相互借鉴。

5. 学习资源是翻转课堂教学实施的基础

认知方式的视觉化正改变着学生的学习方式,广泛普及的个人媒体终端更有助于学习的随时随地发生。当前,"推动基于网上开放课程建设和共享的教育教学改革"已明确列入国家教育行政管理部门的工作重点(宋专茂,2014),以慕课为标志的现代信息技术与学科课程教学的结合,正极大地冲击着传统教学体系,建议部分教师从重复性的知识讲授中解脱出来,通过引进、合作建设、共享等方式,以针对性的、优质的、丰富的视频资源承载个性化的学习需求,把更多的精力投入到运用教学规律、探索教学方法革新上。

五、结束语

本研究从学生主观感知的角度,通过建立学生学习满意度模型,对翻转课堂学生满意度评价及影响因子进行实证分析,可为建立翻转课堂教学评价模型和指标体系提供新的视角,为教师制订更切合学生学习需求特征的翻转课堂教学实施方案提供针对性建议,进而提高翻转课堂教学模式在高等教育领域应用的针对性和情境性。但随着翻转课堂教学所需要的网络化教学环境逐渐完备和翻转课堂教学的大范围实施,翻转课堂的学生满意度研究还有待进一步深入,比如,翻转课堂教学模式的应用可能受师资水平、学生特点、教学环境等因素影响,如果研究模型以其他类型院校或不同学习层次的学生为对象进行检验,结果可能不同,因此,下一步有必要进行跨院校类型、学生学习层次的横向比较研究;学生对翻转课堂教学的满意度还可能随着学生学习时间的长短而发生动态变化,因此也有必要开展纵向研究,探索翻转课堂教学模式随时间演变的动态规律,以此推动翻转课堂教学实践的持续深入。

参考文献

[1] Ergmann Jonathan, Sams Aaron. Flip Your Classroom: Reach Every Student in Every Class Every Day[M]. London: ISTE, ASCD, 2012.

[2] Jacob Enfield. Looking at the Impact of the Flipped Classroom Model of Instruction on Undergraduate Multimedia Students at CSUN[J]. TechTrends. 2013(6): 14—27.

[3] Long, H. B. Contradictory expectations? Achievement and satisfaction in adult learning [J]. Journal of Continuing HigherEducation, 1989, 33(3): 10—12.

[4] 布卢姆. 教育评价[M]. 邱渊, 译. 上海: 华东师范大学出版社. 1987.

[5] 何克抗. 从"翻转课堂"的本质, 看"翻转课堂"在我国的未来发展[J]. 电化教育研究, 2014(7): 5—16.

[6] 宋专茂. 慕课何以致高校教学方法革新[J]. 复旦教育论坛, 2014(4): 55—58.

[7] 田爱丽, 吴志宏. 翻转课堂的特征及其有效实施——以理科教学为例[J]. 中国教育学刊, 2014(08): 29—33.

[8] 王秋月. "慕课""微课"与"翻转课堂"的实质及其应用[J]. 上海教育科研, 2014(08): 15—18.

基于"混合式学习"与"视觉意象"创新思维的艺术设计课程教学探究

张 杰[①]

摘 要：本文旨在艺术设计课程教学中以"混合式学习"架构为平台，以"视觉意象"创新思维训练为具体手段，探索培养学生创造思维与表现的理论机制与路径范式；尝试建构相应的测评机制对教学效能给予一定的量化评估。

关键词：混合式学习；翻转课堂；视觉意象；观看·设想·构绘；视觉创造

一、"混合式学习"模式与在艺术设计课程教学的应用

当今数字时代，在教学信息化变革中出现了一种新型教学组织模式——"混合式学习"（Blended learning）。它将不同学习方式和教学要素相互结合，借助传统课堂教学与现代网络学习模式的优势重新组织教学资源、实施教学以达到提升教学效率的目标。尽管"混合式学习"的策略与方法较多，但其主要体现在"翻转课堂"教学上。

所谓"翻转课堂"（Flipped Class Model），即以课堂教学为基础，充分利用现代教育技术来实现教学流程的重组。具体来说，主要是课前教师录制教学微视频并要求学生在线完成观看学习，课堂上师生针对相关教学内容展开答疑、研讨等活动的教学模式。它通过颠倒知识传授和内化的顺序，实现对传统教学模式的革新。[1]"翻转课堂"是2000年兴起于美国的教学模式，起先在初中级教育中展开，后迅速扩展至高等教育并很快风靡世界。近年来我国教育界开始引入这种教学理念与模式，尤其是在许多高校得到了快速发展。开放交互的"翻转课堂"教学模式对于追求创意创新的艺术设计课程教学也有着诸多恰适性，因而，艺术设计专业"翻转课堂"教学的实践探索便成了一个崭新的课题。

本文以图形设计、广告创意设计课程教学中的项目单元练习为例，论述建构以"混合式学习"模式为平台；以"视觉意象"创新思维训练为实现路径，着力打造以学生创造思维与表现为宗旨的教学理论机制与应用范式。

所谓"混合式学习"平台，就是教师课程教学前需要建设相关开放式网络课程平台"幕课"（MOOC）。教师依据课程教学内容提纲挈领分别录制一般不超过十分钟的教学微

---

① 张杰，宁波大红鹰学院艺术与传媒学院教授，主要从事艺术设计及艺术理论研究。

视频即"微课","微课"是基于课程的核心
知识点而设计,具有明确教学环节的结构
化和微型化的在线教学视频。"微课"在
课程网站发布并针对项目单元练习的创
意要求加以清晰的说明,要求学生以个人
或分组的形式,在课前观看研讨并依据要
求寻找相关资料学习,运用徒手构绘草图
的创意设计方式展开设计,从中遴选出二
至三个最佳表现方案,于课前上传至课程
网站云空间,便于教师与学生课前对相关
内容有所了解。在课堂教学上,教师要求
学生(个人或分组)以制作提案 PPT 的方

式展示阐述各自的创意设计方案。教师要充分调动学生参与方案的展示研讨的积极性,
倡导不同观点的争鸣,在交互研讨中,教师需要很好地掌控课程推进并发挥主导作用,既
要充分激发学生思维活跃度实现"头脑风暴",又要掌控课程的发展方向与进程;在课堂研
讨中,任课教师应结合学生提案制订一至二个研讨问题予以展开深入。在研讨适当的时
机加以点评并选择具体案例节点将相关理论知识加以形象阐释,更为重要的是,教师可以
由自己或请有不同观点的学生对部分创意与设计阐释自己的想法甚至现场修改与演示,
并组织大家深度参与研讨交流。在经历"头脑风暴"后,再次要求学生以构绘草图的方式
寻求新的视觉表现方案,而新的更高要求的解决方案并非能一蹴而就,这样就将课程项目
练习自然延伸至课后,如此循环二至三课次完成一个课程项目练习,最后在课程网站设置
单元项目设计展示和专项论坛。

"混合式学习"模式符合艺术设计类课程实践性与创新性的课程属性,它力图在内容
上打破传统的教学结构,运用数字网络技术将课程教学自然有机地延展至课前与课后,课
堂时间则突出交流研讨与实践,使学生掌握相关知识技能并激发思维活力以实现创新思
维。在教学角色上,颠覆了传统的老师教与学生学的单向模式,师生都成了项目练习的参
与者,学生从被动学习者变为各自项目练习的负责人参与研讨与竞争,从而激发学生的积
极性与荣誉感,进而构建起良好的课堂内外的教与学的氛围,有效地提升学生视觉创造思
维与表现力。开放交互的"混合式学习"可以成为提升艺术设计课程教学的宏观平台;然
而在微观层面,探究培养学生视觉创造能力的有效手段与路径同样具有重要的意义。

二、"视觉意象"创新思维训练——实现视觉创造的有效路径

如何创新始终是课程教学的核心问题。在现代创新思维理论中,格式塔心理美学家
阿恩海姆(Rudolf Arnheim)和艺术史学家贡布里希(E. H. Gombrich)的现代视知觉艺术
心理学为我们提供了一个新的视域。贡布里希以历时性的视野,研究历史、社会与传统的
诸多因素,提出了"图式—修正"理论,揭示了艺术图式发展创造的基础与来源,凸显出艺
术图式的继承与演进。阿恩海姆则从共时性的角度,从人的生理心理审美机制与结构层

面阐述了视觉思维的属性特征,强调了图式发展中的创造变革的可能性,特别是"视觉意象"理论更是揭示视觉创造的萌发机制,为我们认识创造性思维的基础与来源提供了富有说服力的理论和实现路径。

(一)"图式—修正"与"视觉意象"理论

图式一般被界定为视觉形式,泛指空间结构和造型样式。贡布里希从艺术史的维度认为:图式是在漫长的历史积淀中人们对外在世界不断反应习得的,深藏于人的心灵深处的一种观念模式的知觉样式。视觉艺术创造从来都不是凭空而来的,正如语言需要基本的词汇与语法,深藏于人们记忆中的图式就是视觉艺术创造的"词汇表"和"语法系"。艺术家必须首先学会视觉语言的基本要素,即一套图式系统,才能进行创作。艺术家创造出的图式随着时代的发展和人们审美追求的变化,既有的图式会呈现出不断被"修正"的过程,这一过程就是一部艺术发展史。[2]"图式—修正"理论在现代艺术设计中有着重要的应用价值。现代设计的超语言的视觉传达属性要求设计必须以"社会所共同接受的视觉符号及约定俗成的象征图式为基础,体现人类社会的共同视觉意识"[3]。艺术设计的视觉创造本质是对基本图式不断"修正"与革新。

"视觉意象"是指通过视知觉作用生成的"意象"。阿恩海姆通过大量实验证明,任何思维尤其是创造性思维都是通过"视觉意象"进行的。当思维注意力集中于事物的关键部位时,就会舍弃次要部分从而呈现出某种表面上不清晰、不具体的"模糊"视觉(心理)意象。"视觉意象"具有非逻辑思维的基本特征,它不同于言语或逻辑思维而更直接、更鲜活,也更富有创新性[4],它的创造性特征体现在:一、具有源于直接感知的探索性;二、以视觉形象为中介利于发挥想象作用的灵活性,三、具有便于产生"顿悟"(即灵感)诱导直觉,唤醒主体的创造性思维的潜能。[5]

(二)"视觉意象"创新思维理论的应用与范式路径——"观看·设想·构绘"

"观看·设想·构绘"是美国艺术教育家麦金(R. H. Mcki)运用阿恩海姆"视觉意象"理论创立的创新思维训练方法,其主旨如图:在徒手构绘草图时"观看·设想·构绘"三种意象相互交融"视觉意象"最为活跃,因而也最能够激发出创造性思维潜能。观看意象是指自然物象或艺术形式在人们的眼中之象,是视知觉对反应物的整体感知与积极构建的视觉意象。设想意象是一种心灵的内在意象活动,是眼中之象结合了人们的情感观念而生发的心中之象,它在创造性思维中起着核心作用。构绘意象是综合了观看意象与设想意象在徒手勾勒草图时意象的外化与表达,构绘意象是心中之象通过手绘的视觉传达,是笔底之象。图中观看与设想重叠处,设想指导和过滤感知物象,反之,观看又为设想提供素材;在观看与构绘重叠处观看促进构绘,构绘反之鼓励观看并对观看提出需求。设想与构绘重叠处,构绘激励设想,设想为构绘提供动力与内容。当三者重叠处视觉意象最为活跃。[6]在视觉创造中,三种意象总是不断从一种意象转向另一种意象交替融合不断变化。这种交织融合的"视觉意象"在一定阶段会呈现出某种混沌模糊却又是"自由地再生和组合"的编码状态,恰如老子所言"惚兮恍兮,其中有象。恍兮惚兮,其中有物",其中蕴含着无限视觉创造的可能。徒手构绘草图是激活"视觉意象"最为有效的手段,它能将三种意象以最充分的方式融合碰撞,从而激发起直觉审美的"顿悟"实现灵感的闪现。构绘是视觉的自我对话,它不是一个单项过程而是反馈循环的过程,构绘首先需要表达(Express),其次是对于表达的检验(Test),再次是将检验的信息结合设想的观念策略再回到表达(Cycle),这一过程被称为 ETC 回路。[7]美国心理学家 Wallas 将创造性思维产生分为四个阶段,准备期、酝酿期、豁朗期、验证期。"观看·设想·构绘"视觉创造理论也正契合创造性思维产生的四个阶段。

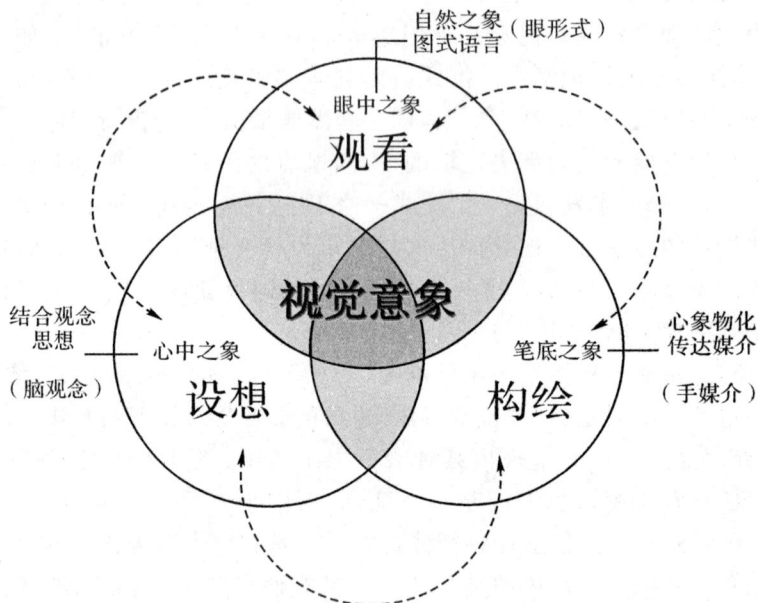

(三)从"视觉意象"到视觉创造的创新思维训练范式研究

"观看·设想·构绘"理论为由"视觉意象"到视觉创造提供了极具操作性的手段路径。笔者在教学实践中依据"图式—修正"与"视觉意象"理论,提出了"三多"与"二要二快"的创新思维与表现训练方法。

所谓"三多"即平时多看、多想、多画。基本图式与视觉语言的学习是进行图形创作的基础,因而强调平时的观看是掌握视觉基本图式与语言的必要途径;而"设想·构绘"时的观看则更直接作用于构思与表达。前者趋于个体"无意识"地对约定俗成视觉图式的习得,后者趋于在"目的意象"驱使下有意识地积极地应用与变化。所以,在图形设计中要求学生平时大量地观看临摹优秀的设计作品,在潜移默化中掌握视觉语言的"词汇表"与"语法系"。事实证明,一名优秀的设计师较初学者掌握更丰富的图式资源和能更灵活地运用视觉语言能力与技巧。同时,教师也应对基本的视觉语言与象征符号给予梳理并引导学生学习掌握。例如,心形通常表达爱心、爱情、爱护等人类美好的心理情感,以及在此基础上心形设计由简单到复杂不断演变发展的"图式—修正"的视觉图汇,从而使学生领悟"图式"及其"修正"的方法与创新范式。

"二要二快"。"二要"是针对创作时的"观看",即一要有目的地看、二要积极地看。在设计项目中要求学生带着设计主题要求去有目的地积极地审视相关的视觉资料,敏锐发觉与设计主题相联系的信息,这种联系可能是显性的,也可能是隐性的,而往往在隐性的关联中蕴含着更为新奇的变化。"二快"是针对"设想"与"构绘",即快想与快绘。设想与构绘是视觉创造的关键,尤其需要强调的是,草图构绘作为统领三种视觉意象在触发与表达过程中起着关键作用,草图构绘是"视觉意象"与视觉创造训练最核心的环节。"快想"就是要求学生集中思想尽可能激发大脑活力与兴奋度,加快各种视觉意象融合编码的转换处理。"快绘"则是要求学生以徒手铅笔构绘草图为基本方法,因为铅笔草图最适合于快速记录表达思维活动的视觉意象。草图不要求细致表现而要求尽可能快地与尽可能多地记录大脑中产生的视觉意象,并将众多的草图绘制在一起以便相互启发。充分调动眼、脑、手的积极因素集中于设计最关键的环节以寻求多样新颖的解决方案。构绘不仅需要敏锐的观察力、活跃丰富的想象力,同时还需要自如的表现力,因而,草图构绘不仅是一种方式也是一种技能。它寻求一种最贴切的视觉样式来图式思维,以达到对思维(观念)视觉化(形式)的有效表达(媒介)。这种技能是设计者实现对内自我审美交流,对外以视觉化形态与他人沟通的技巧与能力,这种技能需要在实践中不断学习掌握。[8]

这里还需要指出"目的意象"与"完形压强"在设计构绘中的重要作用。"目的意象"是指设计者对具体设计项目的预期效果与理想的解决设想。"目的意象"的确立与设计者日常的综合艺术素质紧密相关,它对于最后的设计优劣与创新也有着重要作用。相同的构绘草图不同的设计者有些会浅尝辄止而停止思考,有些则会不断地发现不完美的部分,在较高"目的意象"的引领下对现有草图不断"修正"努力接近理想的预期。"完形压强"是视知觉完形特征之一,在许多条件下,视知觉有把感知对象知觉为一个"简约合宜""好的格式塔"的内在驱动[9],而许多创造性的心理机制常常实现于这种"完形压强"的组织构建中。需要指出的是,一个好的构绘(格式塔)不一定富有创造性,但一个富有创造性的构绘应该首先是一个好的格式塔。构绘融合了三种意象并在"目的意象"与"完形压强"的共同作用下,在设计的酝酿期会呈现出混沌纷乱的状态,优秀的设计者往往能够在混沌中敏锐地把握微弱的灵光闪烁使之升华,这就是艺术创造中极其重要的直觉体悟。它虽然呈现出某些非理性的特征却又是在长期理性思维与设计实践中铸就的。无论是"目的意象"预期的高低,还是"完形压强"驱动的强弱,都是学生艺术素养的综合体现。因而,从根本上都要求教师加强学生平时的专业知识学习与综合艺术素养的提升。(下图为凤凰主题图形设计项目及构绘草图)

三、"混合式学习"与"视觉意象"创新思维相结合教学模式效能测评研究

作为一种新教学模式,对其效能的测评是确立有效性的重要依据。有鉴于此,笔者也尝试建构以激发学生创新思维与表现为核心指标的二维测评机制。笔者经过多轮次在三

个年级五个班的图形设计、广告创意设计课程中测试 119 名学生,其中每班随机抽样 6 人作为重点跟踪样本,摸索建立以"自评"与"师评"相结合的效能测评机制。学生是课程教学的亲历者,他们对于自己的思维与表现历程最清楚,他们的"自评"应该成为效能测评不可或缺的部分。自评问卷设计侧重于学生在整个教学过程中的思维活跃指数、创意指数、训练有效性与有益性指数的自我评定,对以上指数,问卷中均给予详尽界定并分类分级对应 1—5 分的分值。"师评"是指导教师的综合测评,主要是对学生完成作品的创新性指数、艺术表现指数、"翻转课堂"表现指数等内容的测评,同样给予详尽界定分类分级对应 1—5 分的分值。在综合测评中"自评"占 30%,"师评"占 70%。在整个课程教学中一般设置三至五个由易到难的设计项目,基本上每个项目分别进行"自评"与"师评"量化数据采集,建立学生综合训练效能测评档案,对于重点跟踪样本则依据采集数据绘制图表深入分析。依据对受测 119 人的综合效能测评结果显示:新教学模式在激活"视觉意象",提升学生设计品质与视觉创造的有效性与有益率约为 73.7%。更有近 85.3% 的学生认为教学富有新意,积极性与参与性高并对自己提升设计质量有明显作用或是有益的。有近 25% 的学生认为方法较好但对自己效能不甚明显。通过对重点样本数据分析结合教学实际研究也同样证明新模式的课程训练的有效性。如图,在对测试的五组样本综合指数评分由 0.8—2 分值区间上升至 2—3.2 分值区间。然而,整体(班级)差异和个体差异及差异幅度较为明显,在 1—1.5 分值区间。再从两个关键的单项指数分析,在五组样本数据中,思维活跃指数无论"自评"还是"师评"都有较大幅度的提升,特别是学生"自评"给出 1—3.5 提升分值,"师评"分值也在 0.6—2.8 区间。在创造性指数采集上,虽然前期已对该指数给予明确的界定描述,但仍存在着个体认知的差异,因而呈现出较为散乱的现象,但从总体上"自评"与"师评"分值大幅低于思维活跃指数,在 0.7—1.5 提升分值区间。

综合指数评分(自评+师评)

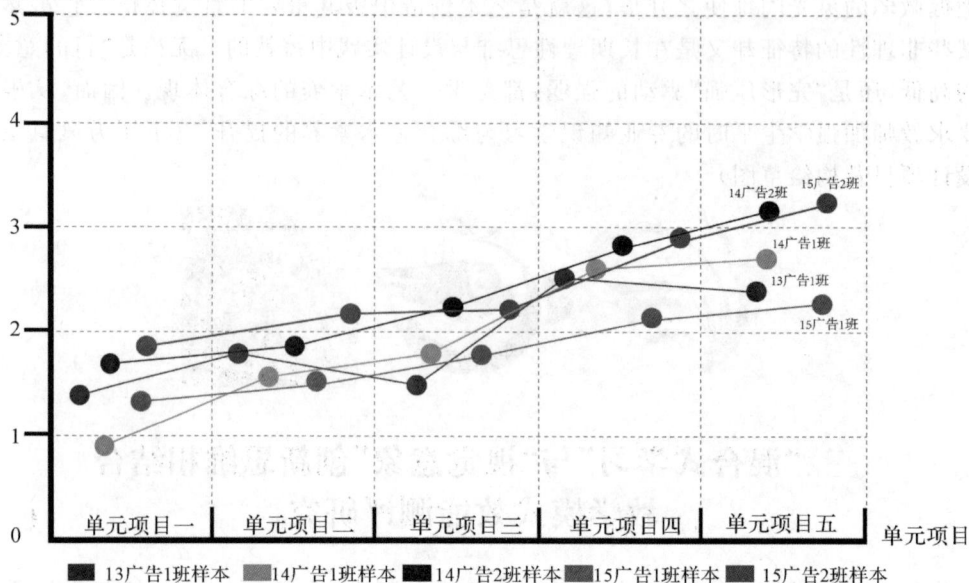

"混合式学习"模式与"视觉意象"创新思维训练相结合,是在原有传统课堂教学的基

础之上,利用基于互联网新的教学工具来实现教学环节、教学流程或教学步骤的调整和重组。在艺术设计课程教学中辅以"视觉意象"为核心的创新思维训练手段,从而实现学与教、师与生、课内与课外等组织形式的转变,由"视觉意象"激发实现视觉创造。实践证明,这一探索实践是培养学生创新思维与表现的有效方法与实现路径。

参考文献

[1] 赵国栋. 微课、翻转课堂与慕课实操教程 [M].北京:北京大学出版社,2015.

[2] [英] 贡布里希.艺术与错觉[M].林夕,李本正,范景中,译. 杭州:浙江摄影出版社. 1987.

[3] [瑞士] 费尔迪南·德·索绪尔. 普通语言学教程[M].高名凯,译.北京:商务印书馆,2008.

[4] [9] [美] 鲁道夫·阿恩海姆. 视觉思维—审美直觉心理学 [M]. 滕守尧,译.成都:四川人民出版社,1998.

[5] 傅世侠.关于视觉思维问题 [J].北京大学学报(哲学社会科学版),1999,36(2):62—67.

[6] [7] M·H.麦金. 怎样提高发明创造能力 [M]. 王玉秋,吴明泰,于静涛,译. 大连:大连理工大学出版社,1991.

[8] 张杰."视觉意象"与视觉创造探微[J].设计艺术.2013(06).

建构主义视角下《景观设计》课程混合式翻转课堂教学探索①

刘　岚②

摘　要：建构主义是一种关于知识和学习的理论，它与学习成效金字塔理论相互呼应，对翻转课堂教学具有重要的指导意义。本文根据相关理论研究与实践教学反馈，对《景观设计》课程混合式翻转课堂教学改革进行了分析总结，以期促进学生学习和课程教学效果提升。

关键词：建构主义；学习金字塔；景观设计；混合式翻转课堂

建构主义是一种关于知识和学习的理论，提倡在教师指导下的、以学习者为中心的学习，它的提出有着深刻的思想渊源，与"学习金字塔"理论相互呼应，迥异于传统的学习理论和教学思想，对当代教学设计，特别是对翻转课堂教学具有重要的指导意义。

一、相关理论概述

(一)学习金字塔理论

"学习金字塔(Cone of Learning)"是由美国学者埃德加·戴尔(Edgar Dale)1946年率先提出的，它用数字明确地指出采用不同的学习方式，学习者在两周以后还能记住内容(平均学习保持率)的多少(如图1所示)。[1]

用耳朵听讲授，知识保留5%；用眼去阅读，知识保留10%；视听结合，知识保留20%；示范、演示，知识保留30%；分组讨论法，知识保留50%；练习操作实践，知识保留75%；向别人讲授相互教，快速使用，知识保留90%。由此可以看出，不同的学习方法达到的学习效果不同。学习成效金字塔理论揭示了从简单的照本宣科到"听、读、写、说、做"多种感官参与的深入体验式学习给学习者带来的学习效率的改变。

---

①　宁波大红鹰学院"翻转课堂"教学改革项目"《景观设计》课程翻转课堂教学模式改革"研究成果。

②　刘岚，硕士研究生，宁波大红鹰学院艺术与传媒学院副院长、副教授，主要从事艺术教育与环境设计研究。

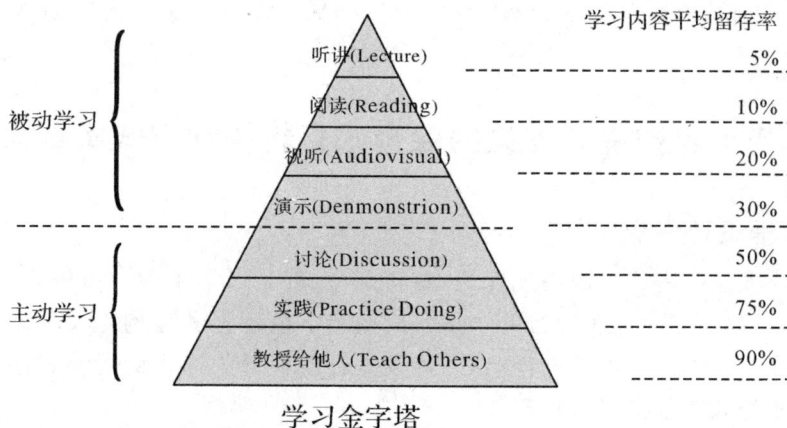

图 1 学习金字塔理论图

(二)建构主义学习理论

建构主义认为,学习者的知识是在一定情境下,借助于他人的帮助,如人与人之间的协作、交流、利用必要的信息等等,通过意义的建构而获得的。该理论认为"情境""协作""交流"和"意义建构"是学习环境中的四大要素。[2]

1.情境:必须有利于学生对所学内容的意义建构。也就是说,教学设计不仅要考虑教学目标分析,还要考虑有利于学生建构意义的情境的创设问题,并把情境创设看作是教学设计的最重要内容之一。

2.协作:贯穿于学习过程的始终。师生、生生之间的协作对学习资料的收集与分析、假设的提出与验证、学习成果的评价直至意义的最终建构均有重要作用。协作主要有自我协商和相互协商。自我协商是指自我反复思考什么是比较合理的;相互协商是指小组内部之间的商榷、讨论和辩论。

3.交流:是协作过程中最基本的方式或环节。比如学习小组成员之间必须通过交流来商讨如何完成规定的学习任务达到意义建构的目标,怎样更多地获得教师或他人的指导和帮助,等等。其实,协作学习的过程就是交流的过程,在这个过程中,每个学习者的想法都为整个学习群体所共享。交流对于推进每个学习者的学习进程,是至关重要的手段。

4.意义建构:是教学过程的最终目标。其建构的意义是指事物的性质、规律以及事物之间的内在联系。在学习过程中帮助学生建构意义就是要帮助学生对当前学习的内容所反映事物的性质、规律以及该事物与其他事物之间的内在联系达到较深刻的理解。

(三)翻转课堂

翻转课堂是指由教师创建教学视频,学生课外观看视频讲解,回到课堂中进行师生、生生间面对面的分享、交流学习成果与心得,以实现教学目标为目的的一种教学形态[3]。它以现代教育技术为依托,从教学设计到教学视频的录制、网络自学、协作学习、个性化指导、教学评价等方面都是对传统教学的颠覆。严格来说,翻转课堂并不是一种新的教学理论,只是一种新的教学形式,事实上,翻转课堂建立的基础就是建构主义学习理论。既然是一种理论的外在展现形式,那为了达到教学目的,采用多种教学方法组合的混合式翻转课堂教学形式来共同完成教学目标,也成为当下翻转课堂教学研究向纵深发展的一种趋势。

二、基于建构主义理论的混合式翻转课堂方式实践研究

(一)教学设计思想

从学习成效金字塔到建构主义理论、翻转课堂,都是以学生为学习中心,研究探索改变学习形式,以提高学习成效为目的。学习成效金字塔理论和建构主义理论可以从理论方面对翻转课堂教学改革设计进行指导,特别是针对设计类课程的混合式翻转课堂教学更具有理论指导和实践指引双重意义。

结合多次开展设计类课程翻转课堂教学改革的实践,笔者总结认为应该从以下几点来设计我们的教学:

1. 我们的教学设计需要创设合理的情境,激发学生的主动性、求知欲;
2. 学生只有主动掌握知识,在做中学才可以真正实现由知识到能力的进一步转化;
3. 各种教学方法中,要眼、脑、手、口、耳多种器官综合参与学习才会取得良好成效;
4. 加强协作环节的设计,强化协作成果的效益与评价;
5. 创造良好的交流、沟通环境,打造课上、课下、网上、网下互通的平台;
6. 帮助学生建构意义,深刻理解设计规律,掌握观察、分析、思考等方法。

(二)《景观设计》课程混合式翻转课堂改革研究与实践

《景观设计》课程面向本校环境设计专业本科大三学生开设,授课每届在 200—240 人。本课程在 2012 级、2013 级中已经开展了第一、二轮翻转课堂的教学改革,教学效果显著提高,受到了学生的肯定。

《景观设计》课程是环境设计专业的一门专业必修课程,作为面向大三学生开设的景观设计类第一门课程,是室外空间设计的基础课程,是环艺专业室外空间设计素质的培养阶段,其理论内容庞杂,涵盖面广,实践性又很强。理论内容涉及景观内涵、景观的历史知识、景观制图及表现技法、景观设计及流程等多方面知识,同时要结合理论开展大量实践练习,帮助学生从专业应用角度出发,在理论和实践上了解景观的基本发展和类型,具备基本的环境审美能力,并在初步掌握景观设计的构思方法及表现方法的基础上,能完成户外小空间景观的分析、设计。

1. 课程整体设计构思

建构主义认为,获得知识的多少取决于学习者根据自身经验去建构有关知识的意义的能力,而不取决于学习者记忆和背诵教师讲授内容的能力。所以最终的教学目标指向为意义建构。故本课程教学目的的设定,并不仅仅止步于学生景观设计知识和技能的传授与训练,结合"情境、协作、交流、意义建构"四大要素,将培养自主学习能力、分析思考能力、良好的沟通表达能力并开展团队合作,帮助学生建立先进的整体的设计观念,作为课程教学、学生学习的高阶目标。

如何去实现这些目标呢?本课程采用了混合式翻转课堂的教学方式,概况而言,集合

了"主题式""项目式""任务驱动""翻转式"等教学方式。

2.情境设计

教学设计需要创设合理的情境,为学生的学习提供有利的学习情境,激发学生的主动性、求知欲。

(1)明确的学习目的、内容。没有对课程和所学知识及学习目标的明确认知,学生就是在无知无序的状态下学习,这对提高学生的自主性是很不利的,所以课程的第一次课,作为课程的导论,其意义绝不仅仅是介绍一下本课程的基本知识这么简单。"良好的开端是成功的一半",明晰本课程在课程体系中应当承担的任务,激发学生对课程、专业的学习兴趣,培养正确的设计价值观,更要告诉学生学习本课程的学习方法、训练内容、考核方式,做到让学生明确地开展课程学习,才能更加主动、自主。

(2)主题式课程教学设计。为了让学生更加快速掌握学习内容,对课程内容体系进行了重新的组织和设计,将传统呆板、繁杂的诸多章节重新组织,以从景观设计的核心能力中提炼出的"三大主题"为纲领,统领全部教学内容和训练,一个主题教学围绕一个核心内容(如图2),这样更加有利于学生从传统的类型章节教学中(如广场设计、公园设计、小区设计……)跳出来,掌握景观设计的核心技能,而不是陷入众多类型空间的具体设计知识中。从而有利于学生对所学内容的意义建构。

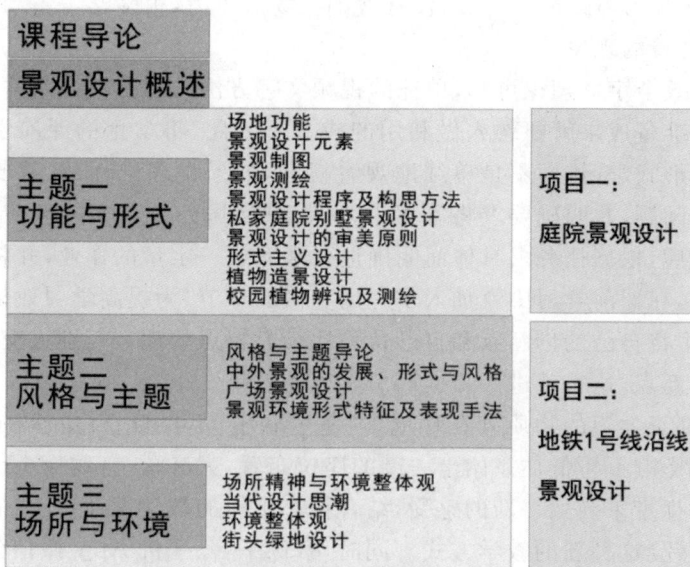

图 2 《景观设计》课程内容框架图

(3)采用项目训练方式,发布真实、切实而又与学生息息相关的设计项目任务,增强学生自主设计意识,提高学生的学习成效。如图2所示,在每个主题教学单元,均有一个设计项目任务配套训练。庭院设计与同学日常生活关系密切,生活感十足,带入性强,空间面积小,也容易上手。而地铁沿线设计则挑选了学校附近站点景观,引入甲方的具体要求,让学生思考如何去改变自己周围的生活环境,真实环境、真实项目的引入极大地调动了学生的积极性。

（4）任务驱动的方式在具体每次课程翻转课堂教学实施中也起到很好的提升学生学习成效的效果。翻转课堂以文字、案例、课件和视频作为学生课前学习的资料，学生通过自主的学习掌握新知识，但通过问卷调查得知，这种学习方式的学习成效并不尽如人意。

《建筑设计初步》14级80名学生对翻转课堂及传统教学的各种教学方式的评价中，根据自身学习情况，对各个教学方式的有效性进行从大到小的排序情况如下表：

表1　翻转课堂及传统教学的各种教学方式的评价表

选项/排位	①	②	③	④	⑤	⑥
传统的上课理论讲授	11	4	9	11	16	19
自己动手实践	31	13	5	3	6	2
课后视频观看	1	6	4	16	19	23
课堂研讨	4	25	24	9	7	2
自己演讲	3	6	14	19	15	12
老师点评作业	10	16	14	12	7	11

从中可以看出课后视频观看的有效性最低。而学生反映视频观看等课前学习是自主学习，学生的良好学习习惯尚未养成，没有教师在场的压力，很多学生主动性不高，甚至有偷懒、快速跳跃观看的现象。

通过学习成效金字塔理论可知，单纯的视频文字方法的学习效果率并不高，想要提高学生课前知识的准备成果就要融入做和用的成分。因此，将学生的课前学习转变为课前通过完成任务的形式学习，而不是单纯地观看视频，如果是理论环节，就要求在课前完成任务书中提出的问题，并明确要求将答案带入课堂研讨；如果是实践环节，在课前阶段要求学生观看视频后，根据任务书具体而明确地要求完成一定量的作业，并将作业带入课堂交流、修改，这样，在课前学习中就加入了应用和做的环节，为提高学习效果奠定基础。在评价交流时，学生将自己的创新点和自己认为比较有特点的地方与别人交流，积极地论述自己的观点和创新点，这也就进一步提高了学习的效果。

（5）打造有利于学习的物质外在环境。"蓬生麻中，不扶自直；白沙在涅，与之俱黑"，可见环境对人的影响不可低估。团坐一圈的座位布置，大屏幕、答题板……装饰一新的翻转课堂教室给学生带来焕然一新的感受，结合精心组织的教学设计，往往能带来良好的开端，易于让学生接受这种新的教学方式。同时，慕课平台、手机App、微信公众号、云盘、云班课等多种现代信息教学环境也给学生带来了与时俱进、随时随地均可学习的外在环境。课程结束时的大作业汇报也调整到作品演播厅进行，请来评审组老师共同点评、打分，庄重、严肃、紧张的环境氛围，让学生在这样环境中体验到更多职业感受和学习成就感，对意义建构具有较好推动作用。

（三）协作、交流设计

为了使意义建构更有效，教师应在可能的条件下组织协作学习（开展讨论与交流），并对协作学习过程进行引导使之朝有利于意义建构的方向发展。

1.在课程开始阶段对学生进行分组，说明分组协作学习的要求、任务及考核方式。在每个主题环节中均要求学生小组合作，有合作调研、合作测绘、合作汇报、合作研讨、合作设计等各种方式，兼顾了理论学习、课堂研讨、资料收集、实地调研、项目设计等各个环节。当然，在教师设计的各种合作中，要考虑到避免搭顺风车的情况出现，明确个人任务和小组任务，让合作落到实处。如在景观设计大作业中，要求两人一小组完成一个站点景观设计，三个小组为一大组，完成一个区段（三个站点）的整体设计，要在统一构思、统一主题下完成每个站点的具体设计，相互之间既有区别又有联系。

2. 促进学生积极、有效地交流。课堂上有效的交流一定是经过大量前期准备的，所以教师在组织过程中，要有意识地控制课前学习情况，采用追加问题、积极引导、当堂评价评分等形式促进学生的有效交流，促进意义建构。引导的方法包括：提出适当的问题以引起学生的思考和讨论；在讨论中设法把问题一步步引向深入以加深学生对所学内容的理解；要启发诱导学生自己去发现规律、自己去纠正错误的或片面的认识。

如在景观设计的"中外景观的发展、形式与风格"章节中，采用小组合作、课堂研讨、问题互答、汇报交流、教师点评总结等多种方式进行教学。提前一周把课前学习资料及任务单通过课程网站及云盘发送给学生，要求学生课前完成学习并回答问题，并要求提前24小时提交课前学习问题反馈。在课中，先采用组内交流，完善答案与意见，然后各个小组汇报，大组间相互交流、添加不同意见，最后教师点评、总结、拓展。其间教师根据各个问题的拓展性，追加研讨问题，开展抢答。这期间，由于问题的层层推进，学生的思维在不断跟进、活跃，所以研讨、抢答均较为积极。

3. 多方参与、及时反馈的考核评价方式也有效地促进了学生的协作与交流。

考核方式与考核内容可以帮助学生明确学习方向、方式，故在本课程中改革了传统教学评价方式，在课堂研讨、课堂汇报及平时作业中，采用小组互评＋教师评价＋组内评价的方式开展，强调小组合作与交流，并通过这种方式加强小组汇报时其他小组的关注度。在期末大作业的评价中，采用小组内部互评＋小组互评＋教师组共同评阅的方式开展。同时在对个人方案评价中，将个人方案与小组内其他同学方案的协同统一性纳入到考核项中，成为考查的一个方面，加强对小组协作的管理重视。

三、实践总结

提高学生学习的有效性，以学生为中心，不是说学生就要成为课程、课堂的主宰，而是说，教师应是一个"导演"的定位，但舞台上的表演则应该是学生完成。教师要成为学生建构知识的积极帮助者和引导者，应当激发学生的学习兴趣，引发和保持学生的学习动机，通过创设符合教学内容要求的情境帮助学生建构当前所学知识的意义，应尽可能组织协作学习，展开讨论和交流，并对协作学习过程进行引导，使之朝有利于意义建构的方向发展。

通过多次教学实践和探索，笔者深刻地认识到学习方法不同，学习效果大相径庭，翻转课堂作为新的教学模式，也需要在理论指导和实践反馈中不断地创新和发展。混合式翻转课堂的实践，证明可以更有效地促进学生的自主学习，协作精神、探究精神及学习方式都会得到相应的改变。

参考文献

［1］臧青.运用学习金字塔理论,改进高中数学教学[J].数学教学,2011(5):8—9.

［2］建构主义[EB/OL].http://baike.so.com/doc/6245366-6458769.html,2016-06-30.

［3］刘荣.翻转课堂:学与教的革命[J].基础教育课程,2012(12):28—30.

［4］姜艳玲,徐彤.学习成效金字塔理论在翻转课堂中的应用与实践[J].中国电化教育.2014(330):133—138.

论大学生命教育生成性课堂教学改革的理路[①]

姜　帆[②]

摘　要:生命教育已经成为国家教育发展的战略决策,在大学开设生命教育课既是高等教育改革的使命,也是高校思政理论课的改革方向。设计"以生命影响生命、让生命自我觉醒"的课堂教学,达到引导学生自我形塑个体生命力、创造力和幸福力的课堂教学实效,是致力于推广大学生命教育的高等教育和思政理论课教学改革领域所共同面临的难题,同时也是在相关课堂教学中所真切遭遇到的理论和实操挑战。

因此,在基于生成性教学哲学创新大陆高校生命教育课堂教学、示范高等教育和高校思政理论课教学改革、优化生命教育校本课程建设、提升大学生命教育课的课堂教学实效等方面,大学生命教育生成性课堂教学改革的理路即大学生命教育生成性课堂教学的必要性与被建构的具体方法首先应该被讨论。

关键词:大学生命教育;生成性课堂教学

一、问题的提出

生命教育已经成为国家教育发展的战略决策,在大学开设生命教育课既是高等教育改革的使命,也是高校思政理论课的改革方向。在高校现今的生命教育教学研究与实践中发现:设计"以生命影响生命、让生命自我觉醒"的课堂教学,达到引导学生自我形塑个体生命力、创造力和幸福力的课堂教学实效,是致力于推广大学生命教育的高等教育和思政理论课教学改革领域所共同面临的难题,同时也是在"生命与幸福"课的课堂教学中所真切遭遇到的理论和实操挑战。

生成性教学哲学是生成性思维所引导的教育理念的发展成果,主要是批判预成性思维主导下的灌输式教学并对其进行变革。生成性教学哲学的演进是古今中外教育教学理

---

①　浙江省 2016 年度高等教育课堂教学改革项目"'生命与幸福'课生成性课堂教学改革与实践"(kg20160495)成果。

②　姜帆,宁波大红鹰学院讲师,马克思主义学院负责人,主要从事思想政治教育、生命教育研究。

论和实践探索的过程,涉及哲学、教育学、心理学、课程与教学理论与实践等领域。生成性思维认为教学即师生、生生之间关系的存在,在教学过程中"一切将成"而非教师控制的知识传授,其非常注重把握知识的动态性与发展性。作为一种教学方法论,生成性教学活动回归生活世界,寻求与学习者的境况、经历、人生相契合。因此,生成性教学指导的课堂教学是培养人的社会活动,其最终目的是生命成长与完善。近二十年来,生成性教学的相关理论在高等教育教学研究领域一直被关注,尤其是在如何跨越生成性教学实践中的理论鸿沟方面已经得到了很多先行者的反思,逐渐成为课堂教学设计的基础理念。

由是,将生成性教学哲学、生成性教学方法论融入大学生命教育的课堂教学,既是立足于生命教育实践对着眼生命成长的生成性教学哲学理论走向的探索,也是对大学生命教育教学基础理论的进一步充实,更是为对大学生自我形塑生死观、生命价值观、人生幸福观的生成性需求和大陆高校生命教育教学实践所反映出的——传统预设性课堂教学单向知识传授的短板所进行的反馈和变革。

那么,是不是可以尝试搭建大学生命教育生成性课堂教学的思路呢?

二、大学生命教育面向生成性课堂教学的必要性

(一)开设大学生命教育课程成共识,但是相关课堂教学研究相对匮乏

目前,高等教育研究、思想政治教育领域对大学生命教育的研究逐渐向生命教育的具体实施聚焦,相关课题、论文等研究成果也在慢慢积淀。学者或从学校、家庭、社会和学生不同的生命教育实施主体展开讨论,或从课堂教学、课外实践活动、学校专题教育和校内心理咨询等生命教育的不同开展方式进行思考,或从校本生命教育课程的规划、设置进行探索。例如,王晓虹提出,学校教育仍然是生命教育的主渠道,通过课堂教学、审美教育、开展实践活动、德育与心理健康教育的结合来具体落实家庭教育是一条很重要的途径。[①]赖雪芬认为,在大学生中开展生命教育主要有以下几种的途径:开设生命教育课程;将生命教育渗透在具体课程和实践活动中;在实践式德育框架下开展生命教育体验;发挥教师在生命教育中的生命关怀和生命智慧;加大心理健康教育工作的力度;积极开展生命教育理论和实践研究。[②] 虽然学界对在高校推广生命教育、开设生命教育课程已经形成共识,但是关于生命教育课堂教学的教学内容、教学设计、教学模式、教学方法等具体研究相对匮乏,而且存在理论研究与实践不契合的现象。例如,黄培清认为当前我国大学生生命教育存在的问题主要有生命教育课程建设还没提上日程,生命教育与校园文化活动缺乏有效结合,生命教育的实践环节有待加强等问题。[③] 此外,当下我国高校的大学生生命教育尚处于起步阶段,关于生命教育课堂教学的研究表现出缺失性、零散性和表面性等特性。很多研究是从实际出发,但是理论指导实践的意义不大,实际应用价值不大,可操作性并不凸显。

---

① 王晓虹:《生命教育论纲》,知识产权出版社2009年版。
② 赖雪芬:《在大学生中开展生命教育的途径》,《教育评论》2005年第1期。
③ 黄培清:《当前大学生生命教育存在的问题与对策》,《教育探索》2011年第5期。

（二）大学生命教育课程建设得到推进，但是课堂教学的创新研究不足

目前大陆高校的生命教育实践多集中在相关课程的设置和教学实践上，如江西师范大学、武汉大学、南昌大学、天津师范大学、浙江传媒学院、广州大学等高校都相继开设了生命教育类选修课程。各高校生命教育课程的内容选择各有侧重。例如，江西师范大学的"生死哲学与生命教育"公选课，分为"学会生死""学会做人""学会生活""学会休闲""学会养生"五大板块内容；复旦大学的"生命教育研究"选修课主要是分享大学生的成长故事、生命感悟和人生困惑及交流宗教、哲学、文学艺术对人生的思考和关怀，帮助学生探索与认识生命的意义，尊重与珍惜生命的价值，热爱并发展个人独特的生命等；华南农业大学、广东药学院、广州大学等广东高校相续开设了死亡教育课程，课程内容以死亡教育为主；云南所有高校都开设"三生"——生命、生存、生活的教育内容等的生命教育课程。

整体而言，大陆高校生命课程建设得到了比较广泛的推进，但是在课堂教学的创新研究方面还存在着很大的上升空间。首先，在课堂教学内容的选择上，仍然以传统的教师预设为主，而非以学生为中心创新教学主题。"目前高校开展的相关生命教学活动，无论是专门的课程开展，还是常规课程中生命教育的导入，以及专题讲座等，都没有专门针对学生的真实情况开展，而是片面地以旧有模式的延续为主，以教师的经验为转移，没有关注学生的个体感受，造成学生的参与意识不强，教学活动效果不明显的现状，一定程度上浪费了校方的资源与学生的精力。通过这些活动，学生的主体意识没有被加强，反而产生厌倦情绪，进一步的教学工作也无法顺利开展。"[①]其次，在课堂教学方法的使用上，仍然以传统的理论讲授法为主，对隐喻教学法、体验教学法的研究与适用研究不足。例如，2015年教育部评估组专家在对福建省某高校的生命教育选修课听评课进行总结时指出：该门课程十分有意义，但是主讲教师面向300多人却使用传统教学法，致使教学效果欠佳。再次，在课堂教学的教学模式上，绝大多数高校的生命教育课程的课堂教学仍然以教师为学习决定权的操控主体，无法向学生提供有效率、有效果的优质生命教育。对此，自2015年起，台湾的南华大学开展了生命教育课程翻转课堂教学的研究与实践。在构建和谐社会、重视心理健康的大背景下，我国的生命教育正在形成一个从幼儿园到大学，从婴幼儿到老年人，从家庭到学校和社会的完整系统。可以说，生命教育无处不在。关于生命的知识和基本理论，线上的数字资源还是很丰富的，唾手可得。因此，高校生命教育的课堂教学不再是传授生命基础知识和基本生命观的场所，而是催生为了生命的理念和生命价值自我认知的平台。所以，生命教育课堂教学改革势在必行。

（三）生成性教学哲学逐渐成为高校生命教育课堂教学研究与改革的理论基础

生成性教学哲学关注教育中人的自我意义的实现，在教学研究和活动中，强调课堂教学中学生的参与性、教学的开放性和思维的创造性，重过程、重关系、重创造的思维方式是生成性的教学思想的根本主张。1997年华东师范大学的叶澜教授率先提出生成性教学

---

①　崔萍：《当前我国高校德育中的生命教育研究》，曲阜师范大学硕士学位论文，2015年。

思想并在后继的研究中对其加以充实。[①]

当前,生成性教学哲学在高校课堂教学中的应用研究已经得到一部分学者的正视,但是仍处在探索之中。"生成性教学倡导课堂教学以教师为主导,学生为主体,围绕问题调动思维,积极活动鼓励创新,是一种体现人文关怀、充满活力的课堂教学。……当前的情况是高校教师多数已习惯预设性教学模式,认为只要备好课,演练好教学过程,就能完成教学任务。教师围绕预设内容做准备,对课堂生成情况想得很少,缺乏应对之策。"[②]总之,针对某一类、一门高校课程的生成性课堂教学所展开的研究不广泛、不系统。

不过,在生命教育教学研究领域,属于后现代教学思想的生成性教学哲学已经逐渐成为大学生命教育课堂教学研究与改革的理论基础。例如,台湾嘉义大学的陈芳玲教授强调生命教育课程必须具备丰富性、回归性、关联性与严密性。所谓丰富性即指在固定的教学时间内,不宜预计确定必须教学的教材分量,以便保留学习时间的弹性,因应学习者与教师,以及学习者之间的互动经验之需;而回归性则指学习者在学习过程,需要对学习的内容进行探索与讨论,促进学习者的省思,以建构学习者个人的知识。[③] 台湾亚洲大学的吴秀碧教授的教学实验研究也发现:大学生所认为收获最多也最喜欢的生命教育课堂教学方法是班级团体讨论与分组讨论,从他人的不同想法与经验获得的启示最多。[④]这恰恰是以生成性教学哲学推动生命教育课堂教学改革的实践思路。此外,毕业于南京师范大学的褚惠萍博士在其博士学位论文中提出:大学生命教育应该以体验性、生成性、幸福性和超越性为原则。[⑤]

(四)"生命与幸福"课的课程评价结果反映出生成性课堂教学改革的趋势

自2014年9月宁波大红鹰学院开设"生命与幸福"全校公共必修课以来,每个学期课程组都会结合实际授课情况和问卷、访谈调查做出相应的课程评价,并且针对课程评价做出切实的课程建设方案的修正和思考课堂教学改革的对策。例如,2014年秋季学期的课程评价调查结果表明学生对于本课程还是认可的。调查问卷反映出绝大多数的同学觉得本课程对他们有帮助,但同时要求课程讲义需要修改,在课堂教学设计、实践项目设计与学习活动组织上需要更加细致。2015年春季学期针对教学对象的网络调查反映出该课程的开设已经得到了学生的认同,不过继续保持对实践教学环节提出一些改良意见。2015年秋季学期的课程评价调查结果来源于质评办期中学生座谈会、学生代表调查报告、个人访谈。多数学生对课程的意义和教师的讲授非常肯定。具体的建议与意见主要集中在调整课堂教学方法,改变教学模式、教学评价方式,发挥教师人格影响力。学生希望课堂是教师和学生的共同学习平台,增加师生、生生互动,支持小组研讨并上台演讲把各自的思想与所有同学分享,对具有一定趣味性的体验教学活动很期待。2016年春季学期,"生命与幸福"课进行了体验式教学改革。通过问卷调查和个人访谈,课程组发现:改革后,学生对该门课程总体上持肯定态度,认为其对形塑自身的生死观、生命价值观、幸福

---

① 叶澜:《让课堂焕发出生命活力》,《教育研究》1997年第9期。

② 李丽:《论生成性教学在高校课堂教学中的发展》,《大学》2016年第3期。

③④ 吴秀碧:《生命教育基本理论与教学方案》,台北心理出版社2006年版。

⑤ 褚惠萍:《当代大学生生命教育研究》,南京:南京师范大学博士学位论文,2014年。

观和创造力有很大的帮助。但是,本门课程的教学中,课堂教学中教学内容、主题的处理,以及师生和生生互动的设计,尤其是教师对学生个人生命态度的灵活引导和个性化评价方面还有待加强。

由以上课程评价可见,"生命与幸福"课的课程意义、教学总体目标、教学内容已经得到了教学对象的认可,其实际的教学活动对本校大学生生命力、幸福力、创造力的塑造发挥了良性影响。但是在前期经历的教学活动中,教师与学生连接最多的课程实施环节却是以"理论讲授"为主的课堂教学活动。一些课堂体验活动的设计还有待完善,而且需要教师在课堂内外灵活地运用;暗示教学法的使用也不够深入;师生和生生互动还不够充分。

"大学院校设置生命教育课程,可分为两种不同目的和性质:一种为自助性质的课程,课程的实施以'经验/情绪'的教学模式为主,辅以'认知/讲授法'的教学模式;另一种为专业性质的课程,课程的实施以'认知/讲授法'的教学模式举要,辅以'经验/情绪'的教学模式。"[①]参照高校生命教育教学比较成熟的理论研究成果和大红鹰学院"生命与幸福"课的课程建设经验,可知该课程属于自助性质课程,在课堂教学过程中必须充分发挥体验教学模式、暗示教学方法的作用才能提升教学实效。"生命与幸福"课现有的课堂教学模式需要以预设性、翻转式为前提,以良好的师生关系为基础,以完善的体验、暗示教学方法为主体,指向个体个性化学习成果的生成性课堂教学改革,这样才能起到"通过生命的经验启发生命的觉醒,依凭自身和他者的生命力量涵养个体生命的幸福"的作用,也就是达到大学生生命教育的目的。

三、大学生命教育生成性课堂教学的具体方法

针对大学生命教育"推动个体建构生命观"的教学理念,结合大学生命教育校本课程的课程性质、课程评价与现实学情,尝试对现有的生命教育课堂教学做出以下具体改革。

(一)改革课堂教学内容,修正预设性教学目标为过程性教学目标

首先,整合若干符合大学生生命阶段实际与长远生命发展的大班集中教学主题与小组微型研讨主题。其次,结合不同大班集中主题教学和不同小班微型研讨教学活动的具体情况,围绕学生群体和个体展现出的生命教育教学需求,配给方向性、层面上和阶段化的过程性教学目标。当前高校的生命教育课堂教学内容与中小学的生命教育内容重合现象比比皆是,或者过于重生命哲学、科学的知识传递,不考虑大学生的生命特点与现实需求。针对以上问题,提炼并整合生命教育主题,配以适当的教学组织形式,并且在教学活动中灵活地思考和追求教学目标。教学目标的方向一致,但层面不同,尤其是针对典型学生所处的不同境遇,配以阶段化的教学目标,促使生命教育的课堂教学因班而异、因小组而异、因人而异,以达到生命教育课堂教学的实效。

---

① 吴秀碧:《生命教育基本理论与教学方案》,台北心理出版社 2006 年版。

(二)改革课堂组织形式,融合线上(1/3 总课时)＋线下(2/3 总课时)学习,课前课中课后的师生、生生互动,大班体验互动、小组研讨分享相结合

由于大学生命教育课程所面向的教学对象众多,如果开设成为全校必修课,一般情况下要采取 80—100 人的大班授课形式。传统的教学组织形式不可能满足学生追求的互动、分享、高效的学习效果,因此必须采用一种更加灵活的教学组织形式。

首先,在课前向学生下达学习任务,遴选班级体验活动的线上信息发布人,布置体验教学项目,发布生命教育文字材料、生命教育音视频等线上学习资源。

其次,采用体验式教学方法划分班级学习小组,在学生完成课前学习任务的过程中,保持与已经划分成若干学习小组的教学对象的联系,督促其学习进度,并且充分了解其任务进行情况,以及小组成员对生命教育主题和学习材料已经产生的思考和疑问。

再次,在以体验教学项目成果分享与其他课堂体验教学活动串联的课堂教学过程中,师生互动,生生互动,推动课堂教学活动中的每一个个体都能对其所探讨的生命教育主题产生自我认知。该过程主要由学生生命体验分享,教师生命话题分享,教师与学生、学生与学生之间生命话题互动,开展课堂生命体验活动,生命体验即时交流与探讨构成。

最后,在集中的大班课堂教学完成后,教师参加以小组为单位安排由学习小组自选生命话题的微型研讨会,本环节主要是小组成员发言、教师针对发言提出自己的见解、配给第二课堂的教师针对个别学生的个性化辅导构成。

(三)改革课堂教学方法,修正知识性普及教学为文化性启蒙教学,充分利用动耳、动眼、动手、动脑、动嘴的体验、暗示教学,变革控制性师生关系为对话式师生关系

传统预设性课堂教学以教师一人主讲、讲授理论知识为主,教师操控整个课堂,忽略知识背后更为重要的文化性精神启蒙,往往不能引导学生把课堂上所培育出的知识、理念回归到生活实践。课堂教学氛围,比较容易陷入“独角戏”的沉闷、低效境地。这里强调的低效不仅指教学效率低下,更加要指出的是传统预设性教学不重视学生在课堂教学活动中的生命体验和生命差异,所以导致课堂教学工具理性十足,但是欠缺激发和引导生命力的价值理性。生成性教学方法论指导下的课堂教学采用的正是要回归到生命本身的教学方法引导学生生成生命认知。建议通过体验、暗示教学法,结合基于生命话题的小组研讨,模拟生命活动,个体生命叙事,生命故事演讲,生命相册制作,运用音乐、视频、绘本的生命话题分享,结合绘画、手工、表演的生命体验活动等课堂教学,在师生、生生对话互动的教学关系中,营造既活跃又有启发、省思效果的课堂环境。

(四)改革课程成绩评价方式,结合个体学习、小组学习的态度、成果,采用教师、互动同学、参与者三方参与,按比例进行评价的形成性评价机制

这种学业成绩评定方式不再限于知识性的考试或论文撰写,而是在课堂教学活动的动态进行中,以及个体的生命省思过程中,利用互动的方式对其学习态度与成果加以考量。总成绩(100%)＝小组合作体验项目成绩(40%)＋个人体验项目成绩(50%)＋课堂表现(研讨、回答问题、出勤)成绩(10%)这既尊重了生命教育教学的生成性特点,也在适用生成性教育的理念。

（五）改革课程教学模式，以传统预设性教学为前提，以新兴翻转课堂教学为平台，以体验式教学为线索

首先，传统预设性教学是生成性教学的基础，在高质量的预设性教学的基础上，才会有精彩的生成性教学。其次，新兴的翻转课堂教学改变了传统的师生关系，要求教师与学生共同作为课堂的主体，重视学生这个课堂教学中心，以学生为中心展开基于网络教学平台的教学设计。再次，体验式教学模式是基于"体验哲学"理论，在情知教学论、现代心理学理论和以此为基础的"暗示教学理论"指导下建立起来的，以学生为做选择和决定的生命教育学习内容的主体，以教师为设计、安排适当的生命教育学习过程的主体，通过教师引导与催化生命教育教学活动，满足作为生命教育教学焦点的学生个人的内心需求，协助学生获得认知与情感统整的学习经验，促进个体心灵与人格的成长的启发性与反思性的教学模式。这几种教学模式恰恰能够为生成性教学奠定良好的基础知识生成与合作学习、创新能力培养平台，同时建立良好的师生关系。所以，在预设性、翻转式、体验式课堂教学模式的基础上构建大学生命教育的生成性课堂教学，主张生命教育课堂教学以教师为主导，学生为主体，围绕完善、切实的大学生生命问题调动师生思维，由生命教育教师引导积极的课堂教学活动，鼓励多种形式的课堂教学设计创新，追求学生自主建构生命知识与培养生命力、创造力和幸福力，是一种体现人文关怀、充满生命活力的课堂教学。

参考文献

[1] 国务院、教育部、浙江省、宁波市、宁波大红鹰学院公布的关于素质教育、思想政治教育和生命教育活动的若干文件。

[2] 纪洁芳，郑玮宜，郑璨宜，等.生命教育教学[M].北京:中国广播电视出版社,2014.

[3] 钮则诚.生命教育概论——华人应用哲学取向[M].台北:扬智文化事业股份有限公司,2004.

[4] 吴秀碧.生命教育理论与教学方案[M].台北:心理出版社,2006.

[5] 兰桂萍.当前高校生命教育的问题审视与对策思考[J].重庆师范大学学报(哲学社会科学版),2014(5):27—31.

[6] 李高峰.论学校生命教育课程的设计[J].现代教育论丛,2013(6):37—40.

我国电子商务人才培养模式创新研究[①]

邹华胜[②]　冯　伶　李　蓉

摘　要:论文在分析我国电子商务人才需求状况及人才培养模式现状的基础上,给出了解决电子商务人才需求与传统电子商务人才培养模式之间矛盾的方法,提出了电子商务人才培养的创新模式,对培养电子商务产业急需人才、满足电子商务企业发展需求有现实意义与参考价值。

关键词:电子商务;人才培养;模式

随着互联网、移动互联网、云计算机、大数据及物联网、虚拟现实等技术的发展和应用,我国电子商务产业迅猛发展,为大众创业、万众创新提供了新空间。电子商务正加速与制造业融合,推动服务业转型升级,催生新兴业态,成为经济发展的新动力。但是,与电子商务产业快速发展形成鲜明对照的是电子商务人才严重匮乏,成为制约电子商务产业发展的瓶颈;同时,电子商务人才需求与传统电子商务人才培养模式之间矛盾也日益突出,现有电子商务人才培养模式已经无法培养出企业急需的专业人才。因此,创新电子商务人才培养模式,培养企业急需的电子商务人才,对推动我国电子商务产业发展具有重大现实意义。

一、我国电子商务产业发展与人才需求现状

近年来,高校毕业生人数逐年增加导致就业竞争加剧,而人才市场的快速变化也对大学生的实践能力提出了更高要求。在"互联网+"风潮下,电子商务、互联网平台开发等专业毕业生更是供不应求,很多企业纷纷开打"人才争夺战",希望能早日揽入所缺人才。

当前,电子商务业属于新兴行业,电子商务专业人才十分匮乏,人才培养投入成本较高,具备丰富经验的从业人员大量缺失。传统企业及品牌商之所以选择电子商务服务商进行电子商务业务托管、培训等服务,原因正基于此。对本行业新进入者而言,在短期内聚集、构建专业结构合理的人才队伍,并始终保证人才队伍的稳定发展,有一定的难度。因此,电子商务产业存在一定的人才壁垒。

---

①　发表于《山东师范大学学报》(自然科学版)2016年第4期。

②　邹华胜,宁波大红鹰学院副教授,信息工程学院副院长,主要从事数据分析、数据挖掘研究。

(一)我国电子商务产业发展现状

在"互联网＋"战略、"大众创业、万众创新"的推动下,我国电子商务发展迅猛,不仅创造了新的消费需求,引发了新的投资热潮,开辟了就业增收新渠道,为创新创业提供了新舞台,而且电子商务正呈现与制造业、实体经济深度而广泛融合态势,实现高效、低成本的生产要素的流动与配置,推动服务业转型升级,催生新兴业态,成为经济发展的新引擎、新动力[1]。

艾瑞咨询年度数据分析显示,2015 年中国电子商务市场规模达 16.2 万亿元,增长 21.2％,本地生活 O2O 消费增长 38.4％,网络购物消费增长 37.2％。从增速来看,我国电子商务增速强劲,是 GDP 增速的 4 倍。从市场结构来看,B2B 仍然占主导地位,B2B 服务商不断寻求盈利模式的多元化,从单纯信息撮合向在线交易不断演进;网络零售占比持续扩大,行业进入兼并整合期,巨头企业通过收购、兼并等资本投资方式迅速向新市场、新业务领域渗透[2]。电子商务产业发展总体呈现如下特点:

(1)移动电子商务发展迅速,成为网络消费的主要方式,同时"双十一"购物活动极大地推动了市场交易规模。

(2)本地生活市场 O2O 消费稳步增长。根据国家商务部统计,2015 年上半年,我国 O2O 市场规模达 3049.4 亿元,同比增长高达 80％。

(3)电子商务国际化。2015 年上半年,我国跨境电子商务规模约 2.5 万亿元,增速 30％,与中低迷的传统对外贸易形成鲜明对比。

(4)农村电子商务成为新的蓝海。2015 年上半年,农村网购用户增速超过 40％,全年交易规模突破 4000 亿元。

(二)电子商务产业人才需求现状与特征

行业数据显示,2015 年整个电子商务行业迅猛发展的同时,电子商务行业对专业人才的需求缺口高达 400 多万。根据 2015 年前程无忧网统计,互联网/电子商务人才需求增长最快,数据显示,与 2014 年同期相比,互联网/电子商务行业的职位需求增长迅猛,涨幅达 102.7％。

中国电子商务研究中心联合专业电子商务人力资源服务商——赢动教育发布《2015年度中国电子商务人才状况调查报告》。报告显示,75％的电子商务企业存在人才缺口,电子商务仍然是发展比较快的领域。从电子商务岗位角度看,电商运营人才需求为 43％,推广销售人才需求为 23％,IT、美工等技术性人才的需求为 18％,综合性高级人才需求占比为 11％,供应链管理人才的需求为 5％。

从电子商务专业人才需求视角看,2015 年中国电子商务企业人才需求具有以下特征:

(1)电子商务产业快速发展,专业人才匮乏。据中国电子商务研究中发布的调查数据显示,75％以上的企业存在招聘压力,求职人数已经满足不了岗位的需求;47％的企业处于稳步成长中,每个月都会有招聘需求;31％的企业业务规模扩大,人才需求强烈,预计在一年内会有大规模招聘。

(2)电子商务企业人力资源成本不断提高。调查数据显示,电子商务企业薪酬水平是

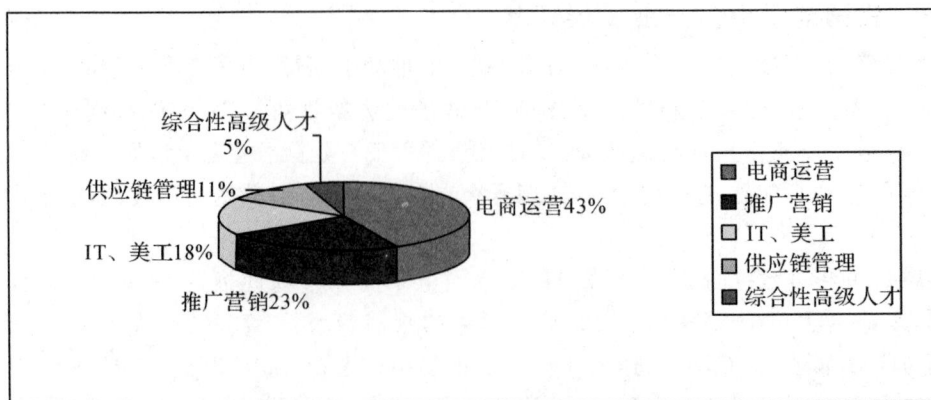

图1　2015 年电子商务岗位需求统计图（数据来源：100EC. CN）

员工去留的最主要原因；在招聘成本方面，41％的企业平均招聘成本 100—300 元/人，31％的企业平均招聘成本高于 300 元/人，同时许多电商企业借助猎头公司招聘高端人才进一步加大了企业招聘成本。

（3）电子商务企业人力资源管理难度增大。一方面，以 80 后、90 后为主体的员工队伍，其独特的个性和行为给企业管理带来很大的挑战；另一方面，电子商务行业发展迅速、工作节奏快、压力大、加班频繁、离职率高等特点对企业的管理带来很大影响[3]。

二、我国电子商务人才供给与培养现状

我国电子商务人才供给与培养现状直接影响电子商务专业人才培养模式的构建，因此，以下将对目前我国电子商务人才供给现状、电子商务人才培养现状以及困境等进行深入探讨与分析。

(一)我国电子商务人才供给现状

目前，我国电子商务企业所需人才主要来自高校毕业生、培训机构学员和企业自我培养员工。从员工来源途径看，根据中国电子商务研究中心的调查数据，依托传统招聘网站招聘的占 89％；传统人才市场招聘的占 18％；源自专业人力资源服务商的占 24％；通过企业内部培养的占 17％；与高校建立合作关系，接受电商专业毕业生的企业占 17％。

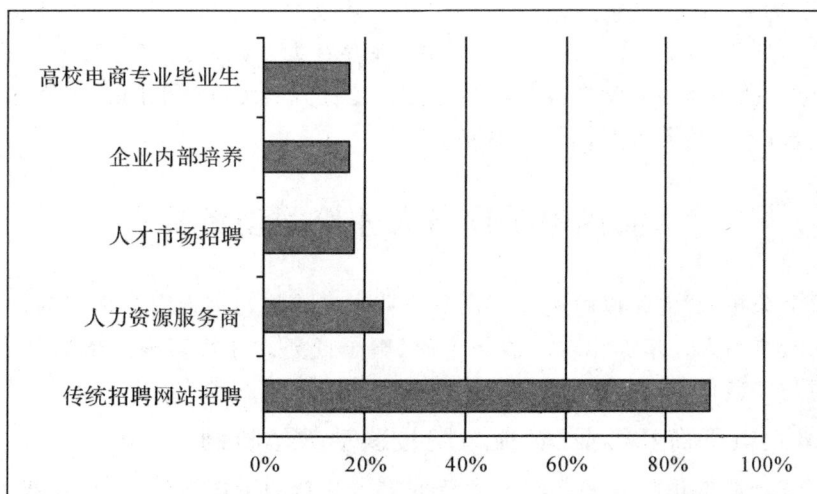

图 2　2015 年电子商务员工来源统计图（数据来源：100EC.CN）

（二）我国电子商务人才培养现状与困境

1.电子商务人才培养现状与模式

院校毕业生仍然是电子商务企业所需人才的主要来源，而社会培训机构和企业则是电子商务人才的辅助供给渠道。院校电子商务人才培养重在通过系统理论学习，让学生了解电子商务的产生、发展及与之有关的基本知识，如支付、安全、物流等；同时，通过实践教学环节，掌握一定的实践技能。院校电子商务人才培养模式的特点是理论知识体系完整，基础扎实，发展前景广阔，但实际岗位操作能力低下、经验欠缺。

社会培训机构和企业是电子商务人才培养的补充。目前，由于电子商务人才匮乏，社会培训机构和企业纷纷开展电子商务专业人才培训，除了满足企业自身需求，也为社会企业输送部分人才，其人才培养模式特点是以实际岗位操作技能为主，培养电商企业需要的物流、运营、客服、美工等专业技能人才[4-7]。

2.电子商务人才培养的困境

当前，我国电子商务人才培养除了人才培养定位不准确、师资力量缺乏、教材内容陈旧、实践能力培养不足等问题外，还存在以下突出问题[8,9]：

（1）电子商务产业发展较快与培养内容陈旧的矛盾。电子商务产业的迅猛发展必然产生新的需求和新的工作岗位，而目前我国电子商务教学内容更新较慢，无法与产业发展同步，必然造成人才培养目标偏离，导致电子商务专业人才岗位匹配度不高，无法满足电子商务产业发展对人才的需求。

（2）电子商务人才需求激增与人才培养相对滞后的矛盾。我国电子商务产业进入快速发展通道，不仅对人才的需求质量有更高的要求，而且对人才需求的数量陡增。数据显示，2015 年我国电子商务人才缺口超过 400 万人，多数电子商务企业一人难求，电子商务低、中、高端人才匮乏，严重制约了电子商务产业的发展。一方面，由于院校电子商务专业数量有限，限制了招生规模，因而也限制了毕业生的数量；另一方面，由于院校学制较长（如本科四年、高职三年）造成培养周期较长。

(3)电子商务人才培养模式落后与应用型人才培养的矛盾。无论是院校电子商务人才培养模式还是社会电子商务人才培养模式,都存在人才培养内容与实际电商岗位匹配度不够高、电子商务实践教学内容与实际电商技能提升匹配度较低问题。另外,还存在院校学制周期长、人才培养方案执行力不够等问题。

三、我国电子商务人才培养创新模式

根据以上分析,我们将以解决电子商务产业发展较快与培养内容陈旧的矛盾、电子商务人才需求激增与人才培养相对滞后的矛盾、电子商务人才培养模式落后与应用型人才培养的矛盾为突破口,探讨构建我国电子商务人才培养创新模式[10,11]。

(一)建立电子商务行业、企业与院校联动教学机制

电子商务产业的迅猛发展必然产生新的需求和新的工作岗位,而目前我国电子商务教学内容更新较慢,无法与产业发展同步,必然造成人才培养目标偏离,导致电子商务专业人才岗位匹配度不高,无法满足电子商务产业发展对人才的需求。

建立电子商务行业、企业与院校联动教学机制,定期召开由院校专业教师、教学主管领导、企业和行业专业人员参加的工作会议,紧跟行业发展前沿,确定企业发展急需人才的知识、能力和职业素质要求,定期更新教学(理论教学与实践教学)内容,使得实际教学内容能够符合实际需求,理论联系实际,学以致用。

(二)建立学历教育与非学历教育相结合的人才培养模式

目前,我国电子商务人才培养仍然是以院校为主体,但由于院校电子商务专业数量、招生规模、学制的限制,无法满足行业快速发展对电子商务人才的需求;因此,应该发挥院校在办学师资、场地、专业建设、实验条件等方面的优势,积极开展电子商务专业非学历教育,按照市场需求开设一定规模的培训班(电商运营、网络营销、跨境电商、电脑美工等),以满足企业对电子商务人才的需求。

通过非学历教育的开展不仅能够培养企业急需的各类电子商务人才,而且能够探索、建立电子商务人才培养的新模式,弥补学历教育在电子商务人才培养方面的不足,满足我国电子商务产业快速增长对专业人才的需求。

(三)引企入校实现实习、实训、实战一体化

引进电子商务企业入驻学校,开展校企合作。企业根据市场开展经营活动,学校方不干涉企业的经营活动,实现企业自主经营。学校方面,根据专业发展和教学需要安排教师和学生参与经营活动,学生参与企业的经营活动并实现实习、实训、实战一体化,将理论知识应用于实践,提升自身的实践能力。

有条件的学校可以引进多个企业入驻学校,形成产学研实践教学基地。而企业在吸纳教师和学生参与企业经营方面,原则上由企业主导,参与企业经营的学生和教师的待遇及相关事宜也由企业直接和学生、教师面谈解决,但这些活动应处于学校的监管之下。

目前,作者所在单位在电子商务专业人才的培养上已经引进多家企业入驻学校,并按照上述模式进行经营,以及参与电子商务专业人才培养。实践证明,这种模式能够有效解

决人才培养内容与实际电商岗位匹配度不够高的问题,是应用型人才培养的一种有效模式。

四、结语

我国电子商务产业已经成为经济发展的重要增长点,电子商务产业的迅猛发展使得人才需求猛增,如何根据电子商务产业对专业人才的需求(岗位、数量),创新我国电子商务人才培养模式,是目前政府、电子商务产业园区、院校、培训机构、电子商务企业都在着力解决的问题。虽然各种不同电子商务人才培养模式有着不同效果并发挥了不同的作用,但这些模式更适用于电子商务产业平稳发展期。随着我国电子商务产业爆发式增长期的到来,必须不断创新电子商务产业人才培养模式,培养电子商务产业发展所需要的人才。本文建立的电子商务人才培养新模式,不仅能够适应现阶段我国电子商务产业发展对人才的需求,而且随着电子商务产业发展及人才需求的变化该模式也将不断发展创新。

参考文献

[1] 2015 年电子商务发展总报告. http://www.100ec.cn/detail—6348284.html.

[2] 2015 年度中国电子商务人才状况调查报告. www.100ec.cn/zt/upload_data/B2B/rc.pdf.

[3] 2015 北上广电子商务岗位招聘大数据分析报告(简本). http://ecsc.ctbu.edu.cn/info/1009/3481.htm.

[4] 邢志,良温希,波张策. 应用型高校本科电子商务人才培养模式研究[J]. 教育与职业,2013(27):110—112.

[5] 陈长英. 浙江省跨境电商人才需求分析及培养路径研究[J]. 商贸人才,2015(1):184—187.

[6] 段利民,郭涛. 电子商务人才培养论析[J]. 经济研究导刊,2013(36):73—75.

[7] 朱克炜. 电子商务特色专业创业型人才培养模式研究[J]. 中国高新技术企业,2015(8):182—183.

[8] 李琪,彭丽芳. 电子商务专业人才培养模式研究报告[M]. 北京:高等教育出版社,2007.

[9] 顾焕. 我国电子商务人才培养的改革探讨[J]. 财会金融,2014,10(1):71—72.

[10] 吴清烈. 我国电子商务人才培养误区与专业发展思路[J]. 中国大学教学,2015(2):37—41.

[11] 张娇. 中外电子商务人才培养模式的比较[J]. 电子商务,2014(10):71—72.

信息技术环境下新建本科院校公选课
教学模式创新研究[①]

陈山漫[②]　王　媛

摘　要:新建本科院校积极推进基于网络平台的公选课改革,有利于提高学生的自主学习能力和协作学习能力,但同时也存在教师过度依赖网络课程,对学生学习过程缺乏有效监督,教学互动流于形式,教学过程缺乏系统性等问题。基于任务驱动式的"翻转课堂"公选课教学模式强调以任务为驱动,以网络平台为载体,将优质课程资源与课堂教学有效结合起来,为学生提供更加完整的学习体验。

关键词:信息技术;公选课;翻转课堂;教学模式

21世纪,信息技术在现代课堂教学中的重要性逐步凸显,在为课堂教学带来了新鲜血液的同时也给传统的教学模式带来了不小的冲击,高校课堂教学改革如火如荼地进行着,这些改革大都针对专业课进行,对全校的公选课则幅度很小。作为地方新建本科院校,在支撑人才培养的教学模式上表现出一个重要特点,那就是它必须具备能够为区域经济发展输送高素质应用型人才的条件和能力,而公共选修课(以下简称公选课)在其中充当了一个重要角色,它为学生自由选修的非专业课程提供了一个平台,目的在于促进学生的技能发展,提高适应社会的能力,不断改善学生的知识结构,以及促进学生个性发展。因此,新建本科院校结合人才培养模式改革,积极进行公选课建设具有重要的意义。本文以此为切入点,探讨信息技术环境下新建本科院校公选课教学的新模式。

一、网络公选课教学的特点

强调信息技术与课程的整合,重视信息技术对于改变教学内容的呈现方式、教师的教学方式、学生的学习方式、师生互动方式的积极作用,这是课程改革的重要理念。而网络

①　2015年浙江省教育科学规划立项课题"信息技术环境下新建本科院校公共选修课课程建设比较研究"(2015SCG091)、宁波大红鹰学院翻转课堂试点教学改革专题项目"基于尔雅通识课程平台的翻转课堂教学模式改革"(jg2014121810)成果,发表于《科教导刊》2016年第1期。

②　陈山漫,硕士,宁波大红鹰学院教务处讲师,主要从事高等教育、教育管理研究。

教学正是基于此进行的一次具有划时代意义的课程教学改革实践。网络教学以建构主义学习理论为基础。建构主义认为,知识不是通过教师传授得到的,而是学习者在一定的情境即社会文化背景下,借助其他人的帮助,利用必要的学习资料,通过意义建构的方式而获得的。由于建构主义所要求的学习环境得到了当代最新信息技术成果的强有力支持,使其成为指导教师教学实践、深化教学改革的指导思想。[1]在课程教学中引入网络教学模式,可克服传统课堂教学被动、封闭等不足,强调"以学生为中心",主张从教学思想、教学设计、教学方法及教学管理等方面都要以学生为中心进行。其主要特点表现在以任务为载体,以学生为主体,采用学生分组协作完成任务的方式来进行教学。网络将教师和学生联结在一起,学生通过网络系统地进行学习,师生之间的互动不限于教室,可以延伸至家庭、社区。网络教学丰富和发展了学校教学模式,使教学活动过程和组织形式呈现出崭新的面貌。传统教学模式与网络教学模式的差别如下表所示:

项目	传统教学模式	网络教学模式
教学主体	教师主导	以学生为中心
教学内容	单一科目,学习内容较狭窄	以多学科为基础,学习内容广泛
教学方式	说教式	交互式
教学过程	强调学习结果	强调学生自主学习的过程
教学评价	单一	多元

可以看出,网络学习模式与传统课堂教学模式对比呈现以下优点:首先,网络课程的学习以学生自主探究式学习为主,强调学生在学习过程中的主体地位,强调学生的个性发展;其次,网络课程学习时间不受时间和地域的限制,这是传统的课堂教学模式难以企及的;再次,网络学习能够很好地解决具体个体差异的学生学习进程问题,学习可以根据自己对知识的掌握情况来调整自己的学习进度和学习内容。此外,通过开设网络素质拓展课程,能够带动校内教师讲授公选课的积极性,引导教师学习专家学者的教学方法和教学手段,开阔授课思路,促进校内课堂教学改革。

二、新建本科院校网络公选课现状及存在的问题分析

公选课的内容选择与改革应以学生实际需求和社会发展对人才的需要及学校自身特色为依据。然而,在实践中公选课的设置相对来说较为随意,特别是新建本科院校,办学时间短,师资力量比较薄弱,难以保证公选课开设的连续性和稳定性,更不可能在短时间内形成比较雄厚的师资力量。随着信息技术的发展,新建本科院校选修课的教学模式也在不断更新,各高校相继引进了优质网络资源来弥补传统课堂教学模式的不足,很大程度上缓解师资压力且能在短时间内提高公选课教学质量。笔者自 2012 年担任网络公选课中央民族大学李鸿宾教授《中国古代史》课程助教起开始关注同类高校公选课的课程现状及发展。通过调研发现,目前新建本科院校公选课模式基本上可以分为校本传统课堂模式和网络公选课模式两种课程组织形式。针对公选课传统课堂模式的现状及问题分析,

学界已进行了较为充分的探讨，本文不再赘述。本文以宁波大红鹰学院为例，重点对信息技术推进下改革以后公选课教学模式进行分析。

宁波大红鹰学院积极推进公选课改革，特别强调素质教育课应在教学方法和手段、多样化的学习组织形式、课程资源建设、课程教学评价等方面进行大胆改革和创新，为课程改革起到引领示范作用。2012 年，学校在试用的基础上引入第一批尔雅通识教育网络课程；2013 年，引入智慧树网络课程；2014 年，引进尔雅网络微课程平台。经过几年的建设和扩充，学校的网络公选课已达到一定的规模。

(一)尔雅通识课程

尔雅通识课程是一个全新的、致力于各大高校教育和学习的通识课程学习系统，其最大的特色表现为：能听到来自名校名师的名课；能够获取到更多的课程知识，开阔视野；网络学习非常方便，可自由地安排学习时间；可更便捷地与老师和同学在线进行互动，交流学习心得。宁波大红鹰学院从 2012—2013 学年第 1 学期开始引进"尔雅通识课程"，目前学校已从 1000 多门课程当中精选 23 门精品课程纳入选修课程，课程内容涵盖人文、社会科学、自然科学等多个方面，总选课人次达到 9695 人次，助教团队教师从 6 人扩大到 30 余人。

由于"尔雅通识课程"是一种全新的公选课学习模式，为了让学生和教师能够在充分了解和认识的基础上进行选课和学习，学校教务处进行了大量的研讨工作，在充分研讨的基础上，学校开通了网上选课系统进行学生选课。目前该课程的教学采取线上学习和线下讨论相结合的教学模式，每门课程配备一个课程相关度高的助教老师，每名助教除了完成线上和学生的互动交流督促学习外，还需要组织每个月至少一次的线下互动讨论课，要求每个学生都有线下互动交流的机会。

(二)尔雅微课程

学校自 2014—2015 学年引进尔雅网络微课程平台，共计引入超星尔雅微课程综合文化素养、职业核心能力类课程 412 门。课程内容为综合文化素养 6 个模块的内容和职业核心能力 8 个模块的内容。2014—2015 学年共有 14656 人次选择微课程学习，有 3156 人次选修成功并获得相应学分。微课程的学习采用学生自主安排时间通过网络观看课程视频，在网上完成所有学习任务(含听课、作业、考试等)的模式，学校不统一安排上课时间、地点。学校安排学业导师应对学生选课进行指导，并对学生在学习过程中产生的问题进行及时的反馈和跟踪。学生学习成绩由观看视频(60%)＋在线测试(40%)组成，待学生完成课程考核后，在学分银行中进行学分申报。学校对选修课程门数不做限制，每个课程学习结束，学生可以获得 0.1—0.4 个学分。微课程学分每学年认定一次，学生每学期至少修满 1.0 学分，每学年至少修满 2.0 学分。学生每学年可认定最高学分为 2.0 学分，超过 2.0 学分按 2.0 学分计。

(三)智慧树平台共享课程

智慧树是中国最大的 MOOCs 课程平台，实现"以学生为中心"的在线自主学习讨论、跨校大课堂直播互动、学分认证及学位支持。共享课程全部来源于东西部高校联盟、上海高校课程中心课程，提供的首批优质视频公开课包括科学、文化素质教育等课程已接近

100门。授课方式融合了传统授课、网络资源、协作学习、小组讨论等教学方式,以学生为中心,实现优质教学资源共享;以信息技术支撑教育创新,促进教学模式改革。目前,智慧树的会员已包括近200所大学,合作院校包括985院校27所,211院校68所。同时,该平台提供课程评审与认证、进行教学过程管理与监督、形成综合课程评价和学情报告、颁发修业证明、联盟内实现学分互认。

　　宁波大红鹰学院于2014—2015学年首次引入智慧树共享课程,以教学目标、进度、要求等为主线展开全面的进阶式在线学习、结合教学进度的见面课或小组讨论、通过网络直播课堂与跨校互动、联合教学的教学方式,即在线学习(Online)＋见面讨论课(Face to Face)相结合的模式。目前,学校总选课人次达到911人次,助教团队教师已有10余人。

　　由于引入的网络课程资源丰富,学生们突破了时间限制,采用自主学习和协作学习的方式,引起了学生极大的兴趣,网络公选课选课率居高不下,很多学生因为没有选修到高品质的网络课程而感到遗憾。现阶段,不能排除学生因为好奇、从众等多种因素对网络公选课趋之若鹜的心理。笔者对该校参与公选课课堂教学改革的部分学生进行了问卷调查,共发问卷472份,回收472份,回收率100%。有效问卷468份,无效问卷4份,有效达99%。调查结果显示,有88%的学生认可这种全新的公选课教学模式;有90%的学生认为这种自主学习的方式能够有效激发他们的学习兴趣,增强了自主学习的主动性;有98%的学生表示他们还会再次参与选修课网络课程改革。通过对宁波大红鹰学院选修课改革实践的访谈和调查可以发现,学生对网络课程教学模式给予了肯定的态度,学生可以参加各种类型的专题讨论,对感兴趣的问题进行自由讨论和发言,发挥各自的特点,相互争论、相互帮助或进行分工合作,最终通过讨论达成一致,这就使得在线学习、课堂讨论和协作学习等教学方式交互辉映。它带来的正面效果增强了学校继续大力推行该模式的信心,尤其是提高学生学习自主性的促进作用。

　　但同时,我们也发现了这三种网络课程教学模式都存在共同的弊端。首先,教师对学习在线学习缺乏有效监督,学生自主学习过程中两极分化现象较为严重,学校缺乏相应的制度规范来约束教师和学生的行为,导致教学组织不严密,教学互动流于形式。其次,课堂教学通常以讨论为主,助教团队缺乏有效的课程设计,对网络课程的依赖性较大,对学生课前的指导和课后的辅导不充分,导致教学过程缺乏系统性,学生对讨论课的兴趣呈下降趋势。再次,对教学效果的评价缺乏确定的标准,在线考试是否能客观考查学生的能力还有待商榷,大幅提升平时成绩的占比导致网络选修课成了"好进好出"的地方。最后,网络课程是信息技术发展的产物,同时也是最容易过时和被淘汰的商品。很多网络课程在选用一段时间以后就出现教学内容和信息滞后的现象,让学生在学习过程中增加很多困惑。

三、基于任务驱动式的"翻转课堂"教学模式策略

　　网络课程不失为信息技术环境下新建本科院校公选课改革的有效途径,将部分适合的公选课引入网络课程进行教学,不但解决了高校在公选课方面教学资源匮乏的问题,更重要的是基本网络教学平台的公选课教学可以很好地提高学生的自主学习能力和协作学

习能力。但学校在引入网络课程的同时,应注意教师对整个课程的有效设计。笔者认为,基于任务驱动式的"翻转课堂"教学模式是减少网络课程弊端的有效教学模式。

所谓翻转课堂,就是在信息化环境中,课程教师提供以教学视频为主要形式的学习资源,学生在上课前完成对教学视频等学习资源的观看和学习,师生在课堂上一起完成作业答疑、协作探案和互动交流等活动的一种新型教学模式。[2] 在已有的翻转课堂教学模式中,一般把学生观看视频当成起点,过分强调"学"而忽略"教"。目前,新建本科院校引入的网络公选课程就存在这样的问题。笔者根据理论研究和教学实践提出了基于任务驱动式的"翻转课堂"教学模式(如图)。

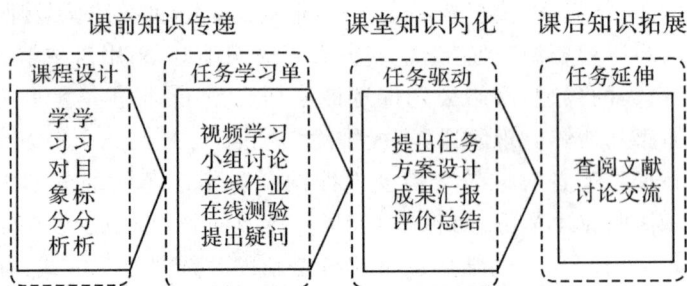

课前知识传递		课堂知识内化	课后知识拓展
课程设计	任务学习单	任务驱动	任务延伸
学习对象分析 学习目标分析	视频学习 小组讨论 在线作业 在线测验 提出疑问	提出任务 方案设计 成果汇报 评价总结	查阅文献 讨论交流

基于任务驱动式的"翻转课堂"教学模式

第一,在教学设计上,教师要对课程进行合理、科学的教学设计。教学设计主要基于对教学对象、教学目标的分析,设计教学活动。只有明确教学目标,期望学生通过教学知道什么、获取什么,这样的教学活动才有针对性。基于网络课程的选修课程,教师不能仅仅充当一名教学工作的组织者,也要同步学习网络课程知识,熟悉网络教学平台,分析哪些内容适合通过视频的方式直接讲授给学生,哪些内容适合通过师生合作探究来获得最佳的教学效果,根据需要设计符合学习内容和学生特点的课堂活动,充分利用课堂时间促使学生吸收内化内容。

第二,在教学方式上,采用在线学习和课堂教学混合的教学模式。教师不能过度依赖视频的教学效果,可以结合视频内容通过任务学习单的形式完成知识传递。教师需要对课前练习的数量和难易程度做合理设计,加深对教学视频中知识的巩固与深化。任务单包括完成视频学习、在线作业、在线测验、提出疑问等多项内容。课堂教学主要是完成知识内化的过程,可以采用任务驱动的形式,组织学生根据教师提出的任务进行小组合作探究,项目演示或成果汇报,分析解决问题,引导学生有目的性地充分讨论,最后由教师总结评价,完成知识的内化吸收。

第三,考评采用在线学习、小组讨论、课堂汇报、课程笔记等多元化的方式增强过程性考评,指导督促学生观看视频,整理笔记,鼓励学生将学生内容在线反馈,激励学生反思批判。因为网络课程学习是学生自主学习的一种方式,学生在学习中遇到的问题基本通过网络平台与教师进行沟通,所以教师必须加大对学生视频观看和作业完成情况的实时监控,提醒学生按要求完成网络课程的学习,解决学生在学习过程中出现的问题,及时回答学生在论坛中提出的问题,以形成良好的互动,从而帮助学生在学习过程中保持较高的学习积极性和在线讨论参与度。

第四,建立多渠道互动平台进行课后知识拓展。在网络视频学习之外,教师可以借助于QQ、微信等平台进行辅助网络教学,为学生提供更多的学习资源,解决学生的遗留问题,这也是对学生进行个别化辅导的最高效途径。

四、结语

在网络教学模式改革实践中,教师要完成从传统课堂"讲授者"向翻转课堂"协助者"的转变,需要对课程有科学、合理的整体设计,构建多元化的学习活动和过程性的评价内容;学生要完成从"依赖型学习者"的角色向"自主学习者"的转变,需要积极探索在线课程的学习策略和方法,主动适应网络课程的学习模式。

参考文献

[1] 贺小凤.建构主义理论在网络公共选修课教学中的运用[J].深圳信息职业技术学院学报,2012(2):16—20.

[2] 钟晓流,宋述强,焦丽珍.信息化环境中基于翻转课堂理念的教学设计研究[J].开放教育研究,2013(1):58—64.

[3] 赖显明.网络教学:普通高校公选课教学的新趋势[J].黑龙江高教研究,2011(11):191—193.

[4] 朱玉梅.网络环境下教学模式的研究[D].济南:山东师范大学,2003.

O2O 学习模式在终身教育领域的实践探索

——以宁波市为例[①]

张如敏[②]

摘　要：O2O 学习模式是基于混合学习策略提出的一种新型学习模式，在终身教育领域中能满足不同地域、不同年龄层次、不同学历背景、不同经济条件受教育群体的学习需求。以终身学习公共服务平台为例，结合终身教育之老年教育的发展现状，对 O2O 学习模式的特点与构建关键进行探索和研究，既是对以往在线学习模式的一个延伸和拓展，同时也是终身教育在"互联网＋"背景下，对传统教学模式的有益补充，为各地老年教育模式的发展提供了一个有效范例。

关键词：终身教育；老年教育；O2O 学习模式；混合学习策略

一、问题的提出

随着党的十八大"完善终身教育体系，建设学习型城市"目标的提出，构建终身教育体系、建设学习型城市已成为各地促进教育、经济社会和城市可持续发展的一个有机共识和战略选择。终身教育的发展让学习者的学习形式日益多样，学习内容日益更新，终身学习成了一种生活方式。各种为保障和满足终身学习需求、学习型社会服务的数字化公共服务平台相继涌现。经过多年的实践发现，数字化公共平台虽已实现基本的资源整合、教学及学习管理功能，平台发展稳定也取得初步成效，但仍存在着不少问题，具体表现为：大部分平台都要求学习者自身具备较高的信息分析、整理、筛选和整合能力，而网络技能相对缺乏的学习者在面临互联网的海量资源时，往往会表现出无从下手、网络迷航的现象。在整个学习过程中，学习者只与计算机进行交流，没有学习伙伴，缺少人际交流，容易感到孤独和无助，学习效率低下，甚至渐渐失去学习动力。究其根本原因，往往是与数字化学习

---

①　2014 年国家开放大学教学研究中心重点课题"基于数字公共服务平台的 O2O 学习模式在老年教育领域的实践探索——以宁波市为例"（Q0082A-305Z）成果，发表于《潍坊工程职业技学院学报》2015年 12 月第 28 卷（总第 110 期）。

②　张如敏，宁波广播电视大学讲师。

平台所支持的学习模式有很大的关系。

老年教育作为终身教育体系的重要组成部分,既是成人继续教育的特殊形式,也是终身教育的最后一个阵地,在建设学习型社会中有着重要的地位。在人口老龄化迅速发展的形势下,为规模庞大且增长迅速的老年人口提供各种所需的教育资源已成为国家和政府为老公共服务的重要内容。各地各类老年教育机构虽然承担起老年教育的部分任务,却远远不能满足老年群体日益增长的学习需求。同时这些教育机构由于各种条件的限制,在教学内容、教学形式上也比较传统、简单,无法全面体现老年教育的时代性、多样性与灵活性[1]。可见,引导老年学习者利用数字化公共平台进行有效学习,探索老年教育在学习模式上的创新,创建人口老龄化背景下适合中国国情的老年教育模式迫在眉睫。

二、O2O 学习模式及其关键点

终身教育领域中的线下学习模式按照不同的分类标准一般可分为正式学习和非正式学习、讲授式学习和参与式学习、独立学习和协作学习等。其具体活动形式可以包括各类培训学校、开放大学的课堂面授、集中学习,社区讲堂的专题讲座、各类兴趣小组、社团研讨活动,学习者在家自主阅读,以及各类参与式实践应用学习体验等。实施这些线下的学习活动对教师、学员以及教学环境的要求也不尽相同。以老年教育为例,目前各地都以老年大学的面授课作为主流线下教育模式。但这种教学模式几乎都面临着教学场地不够、师生比配置过大,以及上课教师以兼职教师为主,流动性大、不够稳定等问题,其教育的承载能力和覆盖能力毕竟有限,与各地老龄人口的比例还存在着较大差距。终身教育领域中常见的线上学习模式目前则主要有网络自主学习模式、协作学习模式及活动参与模式等。随着各类新兴的网络技术、现代通信技术和计算机技术的发展,学习者可以根据自己的生活习惯自主安排学习时间。部分偏远地区和行动不便的老年人也有了接受优质老年教育的机会。但几乎所有的线上学习模式都强调了两个要素,一是充分利用网上资源,创造知识与合作学习,学习者通过互联网提供的丰富的资源找到相关信息;二是通过与同伴及专家的网上交互,建构个人的知识体系。而对于终身教育领域中的老年群体来说,网络技能的普遍缺乏成为他们接受线上教育的最大瓶颈。

“O2O 模式”最早是指由 TrialPay(美国试用品营销服务商)创始人兼 CEO Alex Rampell 提出的一种商业模式,是一种诞生不久的新型电子商务模式。O2O 即“Online To Offline(线上到线下)”。最初的 O2O 商业模式核心很简单,它实现的是消费者由线上到线下的单向引导,即把线上的消费者带到现实的商店中去,在线支付购买线下的商品和服务,再到线下去获得商品享受服务。而“O2O 学习模式”正是借鉴了这种线上线下结合的商业模式,以数字化学习平台为载体,基于混合学习策略提出的一种学习模式。O2O 学习模式能够将线下的各类本地学习资源和线上的 Web2.0、大数据技术及新媒体优势相结合,既可以把优质师资的导学作用发挥出来,以缩小区域、城乡、校际之间的师资差距,又能够让不同用户从自身水平出发,主动、积极、个性化、创造性地参与整个学习过程。该学习模式对学习者实现的是双向引导。学习者可以选择 Offline To Online 学习模式,即先在线下通过自主学习或在各类学习点接受教师面授辅导以获得知识的初步形态,再转至线上"课程中心"点播相关领域的名师课程或通过参加虚拟学习社区的各类主题学习活动，找到协作学习伙伴，交流学习心得、拓展学习视野；也可以选择 Online To Offline 学习模式，先通过丰富的在线学习课程、各类线上学习交流活动获得一定的知识积累，再转至线下课堂接受辅导教师的个性化答疑，或参加各类学习体验基地的实体活动巩固和检验自己的学习成果，以达到"翻转课堂(Flipped Classroom)"的效果，让学习更加灵活、主动，让参与度更强。O2O 学习模式可以出现在整个学习流程的各个阶段，如学习准备、学习环境、学习支持及学习评价等方面都可进行线上线下的融合。相比于其他单一的学习模式，它能更好地发挥各自优势，且学习不会显得单调，但不能被简单地理解成线上可以学，线下也可以学的模式，而是一个完整的互动学习体系。

为了让更多特殊学习群体也能找到适合自己的学习途径，O2O 学习模式的创建还需特别关注学习参与人群的需求特征、学习资源的建设维护及线上学习环境的创设等关键因素。以老年群体为例，从参与教育行为老年学习者的年龄、受教育程度、学习动机、实际参与体验等背景特征来看，老年群体的受教主体在 60—69 岁这个年龄段，接受老年教育(特别是静态类课程)的老年群体大部分以中等教育程度居多。他们具有一定的文化基础，对于学习有很强的需求，所以也有较高的积极性，但网络信息处理能力普遍较弱。对参与学习动机的调查中发现，大部分老人对学习的目的主要在于"充实自己、生活更有意义"，其次"满足个人兴趣"也占很大比例。从老年群体的学习参与障碍来分析，女性学习者更注重学习伙伴的支持和评价。另外，若老年教育工作者自身持错误的老年观、学习观，对老年学习者抱持着消极的认识，或者并不具备教育服务的意识和能力；那么将会直接削弱老年人继续参与教育的信心和热情，对学习产生抵触情绪。基于以上调查结果数据[2]，O2O 学习模式的构建需同时关注老年学习者和教育服务指导者。此外，为增强老年学习者与资源之间的连接，学习信息资源管理的各个环节都应考虑老年学习者的特殊性，包括各学习资源节点的新建、加工、存储、使用和维护。所建资源的时长、音量、清晰度是否适合老年群体的生理特点，资源存储的分类体系是否按老年群体的兴趣点，资源的调取操作是否方便老人操作，等等。一旦线上学习环境的设计让老年群体感觉不方便使用和交流，就会降低老年学习者的活跃程度，减弱老年学习者之间、老年学习者与教育服务指导者之间及老年学习者与学习资源之间的连接互动，最终影响老年群体的学习效果[3]。

三、O2O 学习模式在终身教育中的应用探索

(一)O2O 学习模式的应用范例

以宁波地区为例，宁波终身学习公共服务平台(www. nblll. cn)于 2013 年 11 月 8 日试运行开通。截至 2015 年 6 月，平台首页的数据统计显示，目前已有课程资源 25000 余节，注册用户(含二级平台共享用户)超过 87 万人，由学习用户自行上传的学习作品九百余件，总访问量累计达到 800 万人次。平台在已有的线下传统学习和线上自主学习模式的基础上，在市民学习者特别是老年学习者中尝试应用并推广 O2O 线上线下混合学习模式。如图 1 所示，平台目前针对学习者在线上主要开设了课程中心、作品互动、主题学习、个人空间四个栏目，并在线下尝试与市老年大学(老干部局所属)、市社区大学(教育局所

属)及市老年电视大学(老龄委所属)三大老年教育办学机构的合作,以项目引领、资源共建、活动推广等多种模式进行跨界融合,同时通过终身教育四级网络体系,组织当地社区大学(学院)、市民(村民)学校以团队教学与个性化辅导相结合的方式进行线下教学互动,满足不同学习群体的学习需求。

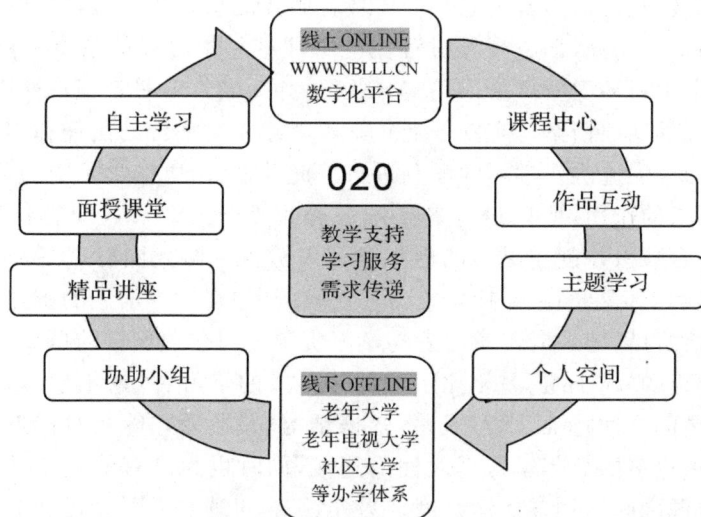

图1　宁波终身学习公共服务平台O2O学习模式示意图

宁波终身学习公共服务平台目前尝试的O2O互动学习模式探索包括三个方面。一、建立"老年教育师资库",在市老年大学、老年电视大学及社区大学三大老年教育办学院校中选聘一批本地优质的老年教育领域讲师,制作和上线一批贴近老年群体需求的网络课程或微课程(时长在10分钟以内)。根据线上点播率优选课程主讲教师至各老年教育教学点面授辅导答疑,同时通过开展线上菜单式约课活动,为各社区和学校教学点送课(讲座)到老年群体较为集中的地方。二、随着以社会性、开放性、共享性为核心特征的Web2.0技术的普及,老年学习者在O2O学习模式中不仅是资源的使用者,同时也是资源的建设者。平台积极推广并鼓励老年用户将线下学习的心得、学习成果、学习作品等以文字、图片、视频等方式上传到线上,与线上伙伴互相关注和分享,创建互助、协作、共享的学习共同体。三、将传统老年校园文化节的部分活动阵地移至线上,通过举办各类网络文艺会演、艺术作品网络票选等互动活动,结合各类学习积分兑换、学习之星评比及主题学习讨论等,吸引更多的老年群体主动参与线上学习。同时针对老年学习者网络技能缺乏的问题,在线下通过各社区、教学点组织和招募公益志愿者,结合老年学习者的需求和志愿者的专业特长对其进行岗前培训。开展"老少携手、网上同行"等网络技能培训活动,为老年群体提供基本的网络课程学习和作品上传等技能培训。

(二)O2O学习模式的实施关键

尝试O2O混合学习模式涉及学习流程中的各个要素,这是一个复杂的系统工程。首先,从教育服务指导者角度看,在传统的教学理论体系中,教师的身份仅仅被定义为知识的阐述者和传递者。而在O2O学习模式中,教师的身份既可以是传道、授业、解惑的专家,又可以是学习活动的设计者、指导者和支持者等角色。虽然不是知识的唯一传授者和权威,但却仍是学习者学习过程中不可或缺的指导者。由于O2O学习模式更强调学习者自身构建学习网络,完成学习的能力,所以教育服务指导者的任务从"教学"转变为"导学",在O2O学习模式下,要求教育服务指导者必须具备较高的应用信息技术能力,对老年学习者抱持积极的认识,具备为老年群体教育服务的意识和能力,能够设计适合老年学习者身心健康的学习任务,学习指导过程能够关注老年学习者的情绪和感受。从老年学习者角度看,线上学习环境应尽量采用实名认证,并为老年学习者创建性别、年龄、兴趣爱好、线下活动区域等属性档案。有助于老年学习者建立对平台的信任和归属感,促进学习者之间的相互了解,促进协作学习的顺利进行。此外,网络协作学习中的关键节点通常能起到连接多个网络的作用,所以培育老年学习者的线上关键节点(相当于微博中的大V用户),有助于平台吸引并创建更多的老年学习者节点。与此同时,加强学习信息推送服务。老年学习者网上信息的主动搜索能力普遍较弱,加强学习信息的推送服务,同时提高推送信息的针对性可以增加老年学习者与学习资源之间被动连接的概率。线下环节可以成立各类协作小组(兴趣小组)。相比于其他年龄段的学习者,老年学习者之间更容易建立同质分组(组员的个性特征、学习风格、知识结构、兴趣爱好等相对接近)。各类活动的组织,有利于创造更多的老年学习者之间的连接,同时也为已有的老年学习者、教育服务指导者和学习资源之间增加连接活跃度。另外,平台可通过各类学习积分兑换、学习之星评比等活动建立起学习资源共享激励机制,激励各学习者主动分享自己的学习资源。

其次,O2O学习模式下学习资源具体可包括资源库、数据库、图书馆、专题网站、个人学习空间等一切可以存储信息和知识的载体。学习资源通过各种学习行为动作与老年学习者之间建立连接。学习者可以从资源库中获取知识,也可以将自己的学习成果上传到资源库。如开辟线上个人学习空间,相当于个人信息处理中心。空间汇集了学习者各方面的信息资源,记录了学习者的学习轨迹,老年学习者可以在这里搜索信息、发布个人学习心得、进行个人的学习风采图文展示、发布各类学习作品、通过关注与其他学习者或指导者建立连接。同时提供基于网络的各类协作学习工具。包括各类即时通信、语音通话、站内短信、论坛、群组、讨论组等多种方式,供老年学习者根据自身情况自由选择。

最后,线上学习环境创设的相关技术细节也都需要反复推敲,甚至制定相应的设计规范。如表1所示,设计规范内容应至少考虑到以下各因素的影响。

表1 老年学习者人群特征对Online学习环境创设的要求

老年学习者人群特征	Online学习环境创设的要求
视力退化	字体、按钮、图标等设计稍大 避免动态文字和脚本 加大色彩对比度
听力退化	提供音量调节功能,以适应不同听力的需求 减少音视频中的噪声
记忆力下降	简化操作步骤、设置合适的信息结构宽度和深度 信息内容显示停留时间较长

续　表

老年学习者人群特征	Online 学习环境创设的要求
思维形成定式、灵活性不足	学习平台风格统一、操作有规律 尽量把操作界面组件分类(如图片处理、文字处理)
学习能力下降	学习平台功能精简 内容简洁明了
信息技术操作水平弱	提供多种操作方式 操作路径尽量简化 错误操作有明确的反馈提示 界面元素设计形象化、寓意感明确 操作按钮按重要性或相关性分类群组 提供在线帮助

一旦线上学习环境的设计让老年群体感觉不方便使用和交流,就会降低老年学习者的活跃程度,减弱老年学习者之间、老年学习者与教育服务指导者之间及老年学习者与学习资源之间的连接互动,最终影响老年群体的学习效果。但同时也必须注意到线上学习是 O2O 学习模式的一个重要阵地,尽管它的出现极大地改变了学习情境的特质,但是它仅仅是构成这类新型学习模式的有机组成部分,而不是学习情境的全部。这意味着我们还是要重视线下学习中的直接经验活动[4]。

参考文献

[1] 陈春勉,郑智. 基于网络的老年远程教育:模式创新、问题及策略——以温州老年教育为例[J]. 继续教育研究,2012(02):74—77.

[2] 张如敏. 对宁波城区老年群体的教育需求的调查与思考——以宁波社区大学老年教育中心为例[J]. 宁波工程学院学报,2013,25(2):117—121.

[3] 李兆锋. 基于网络的研究性学科课程探究[D]. 上海:华东师范大学,2007.

电子实验课程的创新性实验教学探索[①]

吴少群　　袁红星[②]

摘　要：电子实验是培养学生工程实践能力和创新意识的重要基础课程。为适应培养创新人才的需要,本文根据我校电子信息工程专业的实际情况,设计了以学生为主、教师为辅的创新性实验项目。通过创新实验项目的教学实施,增强了学生运用专业知识解决实际工程问题的能力,并激发了学生自主学习和团队协作的意识。

关键词：创新能力；实践教学；自主学习

电子实验在高校电子类专业教学中起着举足轻重的作用,是夯实学生电路基础理论,培养学生动手能力和创新能力的重要基础课程[1-3]。现有的电子实验课程以验证性实验为主,学生实验操作严重依赖教师的指导,实验过程往往流于形式,难以适应培养学生创新意识和工程实践能力的需要[4]。为激发学生自主学习的积极性,培养学生创新意识,本文根据我校电子信息专业学生专业知识结构和实践能力水平,在电子中心实验室可提供资源的条件下,设计了创新性实验项目,使电子实验教学由"教师指导、学生操作"转向"学生自主学习、教师辅导",使学生能够自主探索实验内容、实验方法和实验过程,从而更好地培养学生工程实践能力。

一、创新性实验项目设计思路

首先,根据各类电子设计竞赛、大学生创新创业训练计划课题、教师科研项目和企业产品原型等凝练一批创新性实验项目;其次,组织相关专业教师、实验室指导教师和企业工程师共同讨论实验项目是否可行;再次,安排同学选题,让同学们根据个人能力和爱好,选择适合自己的课题。

---

①　浙江省高等教育课堂教学改革研究项目(kg2015450)、宁波工程学院高教研究课题(NG160016)成果。

②　吴少群,教育学硕士,宁波工程学院电子与信息工程学院实验师,主要从事3D视频信号处理、教学方法论研究。

袁红星,工学博士,宁波工程学院电子与信息工程学院副教授,主要从事3D视频信号处理研究。

目前,我们已开发出一些创新性实验项目,部分代表性项目如表1所示。后面,我们将根据学科发展、工业生产升级和学生实验情况,不断加以改进和完善,并持续增加新的实验项目。

表1　开发的创新性实验项目

实验序号	实验名称
实验1	教室考勤电路
实验2	自动避障智能小车
实验3	智能温控电路
实验4	呼吸灯电路
实验5	酒精监测智能保驾系统
实验6	鱼池生态环境监测电路
实验7	智能巡航垃圾车系统

二、创新性实验教学过程

考虑到学生实际情况,将实验教学过程划分成必做和选做两大块。其中必做实验是指对后续教学具有基础性影响的实验内容,要求学生必须在一定学时内完成;选做实验是根据学生自身对理论知识的理解自行选择的创新性实验项目。选做的创新性实验按照"确定实验要求→设计验证方法和手段→开展实验→提交实验报告"的模式组织实施。

实验指导老师在创新性实验项目实施过程中要做到过程监控。在实验过程中,指导老师和学生定时谈论、沟通,掌握项目进展情况,及时帮助学生解决问题,调整解决方案;根据实验项目需求,实验中心提供项目所需的元器件和仪器设备等保障条件;最后,指导老师根据学生实验完成情况进行考核。

实验考核标准如下:(1)设计作品完全达到预期要求,实验报告格式规范,思考题完成良好,无明显错误,得分为A;(2)设计作品基本达到预期要求,实验报告格式基本规范,思考题基本正确,整体上有一个小错误或不太合理的地方,得分为B;(3)实验报告格式基本规范,设计作品、思考题有明显的错误或不太合理的地方,得分为C;(4)实验报告格式有较多问题,设计作品、思考题有较多的错误或不太合理的地方,得分为D;(5)无法完成设计任务,并且实验报告未按时上交或有严重错误或抄袭行为,得分为E。

三、教学效果

通过我校电子信息工程专业15级电子实验教学的试点,取得较好的效果,学生参与实验的积极性更高。图1是学生根据呼吸灯需求设计的滤波电路。通过该设计使学生能掌握LC滤波电路的原理及相关应用,进一步增强了学生学习电路分析、模拟电路的兴趣。图2是学生设计的智能巡航垃圾车系统,通过该设计使学生能够将模拟电路、数字电路和单片机系统进行整合,增强了学生运用专业知识解决实际问题的能力。

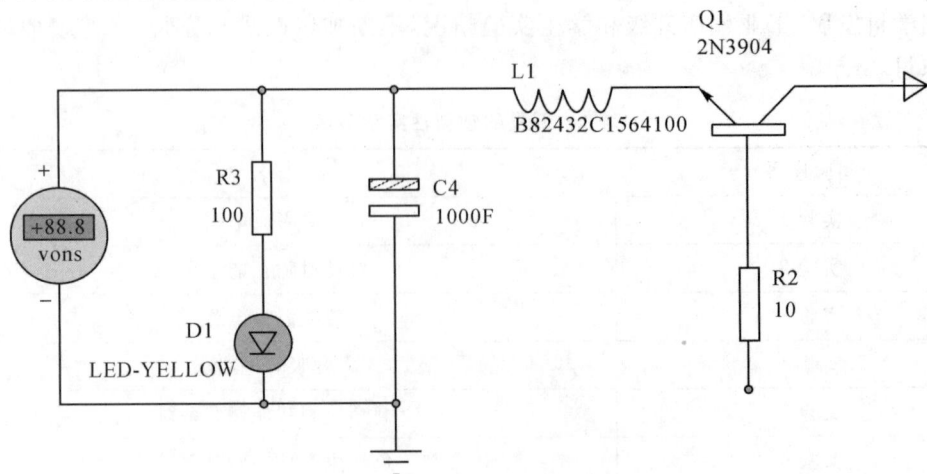

图1 学生设计的呼吸灯滤波电路

图2 学生设计的智能巡航垃圾车系统

四、结束语

电子实验课程是培养学生理论联系实际的重要基础课程。本文根据创新人才培养的要求,设计了电子实验课程创新性实验项目。学生通过创新性实验项目的实践,更加深刻体会到电路基础理论在解决工程实际问题中的重要性,从而积极主动探索相关知识的学习。通过在我校电子信息工程专业的教学视点,我们发现创新性电子实验项目能够更好地培养学生创新意识和解决工程问题的能力。

参考文献

[1] 谭爱国,顾秋洁,何杏宇,等. 基于目标引导的电子实验渐进创新教学法[J]. 实验室研究与探索,2016,35(5):225—227.

[2] 汤书森,苏梅琴,饶增仁. 电子实验室创新模式的探索与实践[J]. 高校实验室工作研究,2013(1):1—3.

［3］张娟，钟清华，张涵. 电子技术实验个性化教学与创新教育［J］. 实验室研究与探索，2011，30（5）：72—74.

［4］盛苏英. 创新实验项目建设的实践［J］. 实验室研究与探索，2011，30（9）：107—109.

概念隐喻视角下的商务英语教学实证研究[①]

李　丽[②]

摘　要：本文在 Lakoff 提出的概念隐喻理论的基础上，就我国大学层次的商务英语课程实施隐喻教学的有效性问题进行实证研究。为了验证有效性，本研究对宁波工程学院英语专业大二两个班学生的商务英语课程分别采用隐喻教学模式与传统教学模式进行教学实验。实验结果表明，与传统教学相比，在商务英语教学中融入概念隐喻知识介绍和理据分析更有利于促进学生对商务词汇的习得和商务篇章的理解，从而有效地提高学生的商务英语水平。

关键词：概念隐喻理论；商务英语教学；有效性

一、引言

Lakoff & Johnson(1980)的概念隐喻理论认为隐喻是语言与思维的基本方式，是人类认知的基本工具，是从一个具体的概念域（源域）到一个抽象的概念域（目标域）的系统映射。借助认知隐喻理论来分析语言的意义，在第二语言教学中具有广阔的应用前景(Boers,2011)。

和所有的语言一样，商务用途英语中也充满了隐喻。隐喻所具有的生成力使得日常词汇可用于阐述和讨论与商务活动有关的概念，帮助人们更好地理解各种抽象的经济现象。在教学过程中应该如何帮助学生习得这些高度隐喻化的商务语言？目前，已有少数学者用实证的方法证明了利用概念隐喻有助于商务英语语言的学习，尤其是商务词汇的记忆，如 Boers(2000a)证实提高概念隐喻意识有助于词汇记忆；徐冰(2005)通过问卷调查和定量实验证明了隐喻理解对商务英语词汇的记忆起着积极的促进作用。但相关实证研究并不多见，我们很难对涉及概念隐喻理论用于商务英语教学实践的具体问题做出解答，如概念隐喻理论用于实际课堂教学的可行性、大学阶段的学习者能否接受和适应基于概念隐喻的教学方法、怎样在实际课堂中提高学习者的概念隐喻意识等。

---

① 宁波工程学院高教研究课题"商务英语专业内容语言整合式教学模式研究与实践"（NG160004）的阶段性研究成果。

② 李丽，宁波工程学院外国语学院副教授，主要从事商务英语教学研究。

二、概念隐喻理论应用于商务英语教学的理据

概念隐喻理论对语言教学的积极指导作用，在于"语言教师可以利用概念隐喻理论来解释语言意义的变化发展过程，解释词汇意义之间的相互关系；同时，还可以利用概念隐喻理论来解释语言中各种不同形式的隐喻之间的系统性和相互关系"（束定芳、汤本庆，2002）。商务用途英语中存在的大量专业术语会造成人们理解的困难，其中有不少属于隐喻的范畴。因此，应该关注商务语篇中隐喻的概念性本质，并且用于指导特殊用途英语的教学（Charteris-Black，2000）。

（一）商务词汇的隐喻性

商务用途英语基于普通用途英语。在商务类文本中，有相当数量的词语由普通英语词汇引申而来，用于描写或阐述与经济活动有关的概念，因为它们通常的意义已延伸，属于隐喻用法。尽管有些扩展词义因长期使用变成约定俗成的表达法，已失去了隐喻的特征（即死隐喻），但最初使用时仍具有隐喻的特征，因为词义形成的过程就是隐喻形成的过程，是人类隐喻性思维的过程，反映了人类对事物相似的认知心理过程。如 bubble，equilibrium，float，inflation，growth，slowdown，slump 等词的根本意义可能是任意的，但其在商务领域中的隐喻意义绝非任意，它的扩展意义正是人类认知的结果。再如"storm"（风暴）一词泛指强烈天气系统过境时出现的天气过程，特指伴有强风或强降水的天气系统，用来描述金融危机，容易使人联想到它的突发及其破坏性犹如一场令人措手不及的风暴，于是一个国家或几个国家与地区的全部或大部分金融指标的急剧、短暂和超周期的恶化便由气象学的"风暴"映射出来，产生词义变化。

但是，学生往往没能意识到隐喻思维在理解商务词汇中所起的作用，从而对许多规律性、系统性很强的商务语言表达方式采用死记硬背的方式，这种没有理解的无意义记忆自然导致记而不牢，用而不活。如果教师在讲解商务语言时从认知的角度分析、解释基本词义到专用词义的语义演变过程，对词义发展的来龙去脉进行隐喻式的溯源。不仅有助于提高记忆效率，更重要的是有利于学生对商务词汇意义的深层把握。

（二）商务隐喻的概念性

Langacker（2004）认为，语言表达式的意义即是概念化，是表达和形成新概念的认知过程，没有这个过程就不能获得新知识。在认知理论中，隐喻被看作认知模式的主要类型，是概念系统形成的机制，也是语言的新意义产生的根源，因此，隐喻既是认知活动的工具，又是认知活动的结果，其本质就是以某一领域的经历来理解另一领域的经历。通过跨域映射形成的概念隐喻成为构建人类推理、经验和日常语言的基础。

概念隐喻和语言关系非常密切。Lakoff 和 Johnson（1980）指出，隐喻存在于我们思维和行为中，也存在于语言中，它对语言的形成和理解有非常重要的认知作用。林书武（1997）对此做了进一步的阐释，概念隐喻作为概括性更强的工作概念，可以派生出许多隐喻语言表达式。例如，"经济是气候"这个概念隐喻能生成"Rising debt clouds（乌云笼罩）market optimism""When a financial storm（金融风暴）struck Wall Street，traders sought shelter in the dollar"和"Cargill feels the chill(寒流)of economic downturn"等隐喻表达式,天气的概念在认知结构中映射到经济概念,使经济现象这一抽象的概念隐喻通过可感知的天气状况而具体化了。

教师在描述经济现象时,有意识地总结一些概念隐喻,可以帮助学习者对概念性语言进行分类并系统组织语言的认知结构,从而增强语言词汇的记忆(蒋敏、王荣明,2015)。外语学习不仅仅学习语言形式,更重要的是学习并掌握语言中潜在的概念体系(Danesi,1993,1995;Danesi & Mollica,1998)。根据隐喻结构了解商务语言的概念构成,把商务英语的表层结构(如词汇、语法)与其所反映的外语中的概念底层结构匹配起来,才能达到Danesi所称的概念流利性(conceptual fluency)。

(三)商务语篇中概念隐喻的主观性

Boers(2000b)发现,针对同一种经济现象,有很多隐喻表达方式,而不同隐喻的选择可以反映作者对这一现象的看法。

概念隐喻是通过从一个比较熟悉、易于理解的"源域"映射到一个不太熟悉、较难理解的"目标域",而在具体的隐喻映射和理解过程中,只有被突显的实体才会被映射到目标域,而其余的实体则被掩盖。如果 Business is A Machine,机器(machine)概念域所包含的要素,可以投射到商务(business)概念域中,表明这些商务活动像机器一样具有可控性和可预测性。如果 Business is A Journey,旅程(journey)概念域的要素被映射"business"概念域,商务活动可以解释为一个实体(比如一家公司、一个组织或一个国家)沿着一条道路向目的地行进。又比如商业竞争可以用战争(例如:the battle for market share)或体育比赛(例如:the race for market share)来描述,但"战争"的概念强调竞争所需的资金管理和推销技巧,而"比赛"的概念则强调研发和创新的重要性(Boers,2000b)。所以,隐喻不仅是语言内部的一种修辞手段,还是人类认知世界的思维方式。

因此,在商务语篇学习过程中学生既要掌握隐喻表达的系统性,又要理解隐喻表达与价值观之间联系,才能不局限于字面意义,进行批评性阅读,挖掘话语中隐喻图式的"深层结构",从而准确判断作者的观点。

三、研究设计

本研究的主要目的在于了解与传统教学相比,运用概念隐喻理论辅助教学能否对学生学习商务英语产生积极的影响。

(一)研究问题

本研究拟回答以下两个问题:

1.运用概念隐喻理论解释商务英语专业术语,能否促使学习者使用认知隐喻功能,用已知的基本词义去推断其在专业领域的新词义?

2.通过隐喻表达总结概念隐喻,是否有助于学习者利用隐喻(隐喻分析或隐喻思维)深度理解商务语篇?

(二)研究对象

研究者选取宁波工程学院英语专业二年级的两个自然班进行教学实验,并将两个班级分成实验组和控制组,其中接受基于概念隐喻理论教学的实验组班级人数40人,实行常规教学的控制组班级人数39人。通过对本研究执行前一学年两组学生修过的大学英语课总成绩的平均分及两组学生各科总成绩在年级排名的情况进行分析,结果显示两个组的整体成绩表现无明显差异,故视为相似研究群体。

为了有效控制变因,本研究不仅以相似的学生群体为研究对象,而且采用相同的教学目标、相同的教学内容、相同的教师,希望利用这种环境,客观地比较两种教学方法对学生的学习成果产生的影响。

(三)实验步骤

正式实验由课堂教学、学后测试和访谈3个步骤构成。

1.课堂教学。选取 Bloomberg 发布的一则财经新闻 China Faces "Hot-Money" Surge on Financial Market Turmoil,对他们进行4课时的教学。实验组实施基于概念隐喻理论的教学,具体做法有:讲授文中与金钱有关的10个隐喻表达,surge,flow,inflow,bubble,soak,liquidity,reserve,appreciation,interest,surplus,用认知语言学的原型范畴理论剖析这些词义如何在核心含义的基础之上进行词义的延伸和辐射,形成金钱的比喻义。接着,教师进行概念隐喻的输入及认知方法的指导,引导学生提炼出文本中"Money is liquid"和"Money is commodity"这两个概念隐喻,并引导学生联想汉语中类似的隐喻表达,追述其他一些表示金钱概念的隐喻意义,并再一次向学生指出把基本意义和隐喻意义联系起来的必要性。最后,通过明确分析隐喻概念加强学生对篇章主旨的理解。

控制组依照一般传统方式进行教学,课堂教学活动主要采用语法翻译和听说相结合的方法。对控制组进行的教学活动为:先用PPT导入文章的主要内容和背景知识,再依次向学生介绍10个词汇在商务语篇中的意思,并辅以引自权威商务英语词典的充分解释和相关例句。然后对全文进行逐字逐句的讲解,并译成中文。

2.学后测试。课堂教学结束后,给受试10分钟的复习时间,随后进行30分钟的学后测试。

3.访谈。学后测试结束后的第二天,对实验组在后测中获得最高分和最低分的6名学生进行访谈。

(四)测试材料

本次测试材料包括商务词义推测力测试和商务语篇理解力测试。第一部分为推测力测试材料,是基于商务英语新闻的选词填空练习,测试项目包括20个商务英语专用的单词和短语。考虑到学生商务英语方面的词汇量较小,我们选取了20个与课堂教学内容相关、以"金钱"为主题的句子进行填空。所提供的选项是一些学生所熟悉的但在商务英语中有特殊隐含义的单词和短语,包括 cash flow,current account,juicy(profit),(pay) in full,dry up,floating rate 等。

第二部分参考了雅思阅读考试中的作者及其观点搭配题。本次测试的主题为金融危机,就这个主题,若干人或组织运用不同的概念隐喻提出了若干个观点,题目要求将观点与其提出者(作者)搭配,题目是观点,选项是作者,考一组,包括5个金融危机报道中比较集中使用的概念隐喻类型,即第一类"天气/气候"的概念隐喻,第二类"疾病"的概念隐喻,第三类"战争"的概念隐喻,第四类"人"的概念隐喻和第五类"物体/物质"的概念隐喻(狄艳华、杨忠,2010)。

四、研究结果

(一)问题一

表1描述了实验组和控制组在课堂教学结束后,第一大题推测商务类单词词义部分的测试结果。实验组的平均成绩16.175高于控制组的14.231,且差距具有统计上的显著意义($p=0.018<0.05$),表明实验组学生运用隐喻知识推测新词义产生的商务语言习得效果是相当令人满意的。

根据表1还可知,实验组的标准差2.665和极差11.00均高于控制组的2.075和9.00,而且实验组的中位数大、偏态系数高,控制组中位数小、偏态系数低,所以实验组优秀的人数比控制组优秀的人数多。但同时也说明实验组学生成绩的差异较大,也就是说,实验组成绩的波动性比控制组成绩的波动性大。

表1　两组学生对商务词汇推测力的数据统计表

组别	总数	均值	标准差	极差	偏态系数	中位数	P值
实验组	40	16.175	2.665	11.00	1.322	15	0.018
控制组	39	14.231	2.075	9.00	0.334	14	

(二)问题二

从上文可以看出,了解商务英语词汇理解中的隐喻认知过程可以使学生在词汇层面自下而上地猜测出日常词汇在商务语篇中的全新意义。那么在篇章层面,它是否可以使学生自上而下地把握语篇的中心内容,结果如表2所示。

表2　两组学生对五类概念隐喻的理解——平均值(标准差)

组别	概念隐喻类型				
	第一类	第二类	第三类	第四类	第五类
实验组	0.8250 (0.1638)	0.7949 (.1258)	0.7500 (0.1651)	0.6250 (0.2355)	0.5250 (0.1905)
控制组	0.8205 (0.1512)	0.8000 (.1213)	0.5897 (0.1864)	0.4103 (0.1655)	0.2821 (0.1112)

表2总结了两组学生在理解五类不同概念隐喻时各自的平均值和标准差,作为判断学生能否深度理解商务语篇的佐证。不论是实验组还是控制组,理解第一类和第二类概念隐喻最成功(实验组平均得分0.8250和0.7949,对照组平均得分0.8205和0.8000),正确率都在80%左右;而理解其他三个类型概念隐喻时,对照组的正确率均明显低于实验组。这些结果说明,两组学生均容易接受用"天气或气候"变化带来的灾难性后果和"疾病"引起的身体不适等常规性隐喻来体现金融危机的特点,但从"战争"的角度暗示各国之

间的相互不合作、不协调,用"人"的现象和"物体或物质"的概念意义来看待危机等需要经过推理才能获得信息的隐喻类型,实验组的解读能力强于控制组。由此推断,相对于传统的商务英语教学法,提高概念隐喻意识更有利于学习者理解作者传达信息的意图。

五、讨论与结语

在本研究中,实验组在第一部分后测中的表现普遍优于控制组,这说明相对于传统的教学方法,运用概念隐喻理论指导商务英语教学更有助于学生习得专业新词汇。这一发现对商务英语教学有一定启发。在商务英语专业词汇教学中,教师可尝试从单词的基本词义入手,然后根据认知模式,通过联想两个域的相似性,推导出其在商务领域的延伸词义。这样,把商务领域与日常生活领域的词义联结起来,强调其中的关联性,不仅有助于学习者理解、记忆艰深的专业用语,而且还可以帮助学习者在遇到新的学习内容时学会使用认知模式推导词义。实验组在第二部分后测中的表现也优于控制组,尤其是当商务语篇中的隐喻新奇独特,显示出作者的创造性思维时,如果没有经过教师的引导,学生往往会陷入认知窘境,使隐喻原有的认知功能难以实现。在实际的课堂教学中,教师可有意识地设计一些隐喻类型以帮助学生了解商务隐喻中日常生活的概念或现象和经济领域的概念或现象的相似性或关联性,使其从认知的角度理解这类隐喻,以达到深层次理解商务语言的习得效果。

但是,在研究过程中我们发现并非所有实验组的学生都能接受新的教学方式。访谈结果也说明在后测中得分最高的几个学生,不仅英语基础好,而且能比较轻松地识别源域和目标域之间类比或对应关系。在今后的教学实验中,最好将学习者相关变量纳入研究范围,因为不同二语水平、学能、认知风格等因素,学习者对认知语言教学实验的接受能力可能会有差别(Boers & Lindstromberg,2006:337)。

在结束本文之前,需要补充说明两点。一、本研究使用的教学材料和测试材料都选自国外媒体发布在网络上的商务英语新闻,也就是说,只讨论了将概念隐喻理论用于商务新闻体裁教学中的可行性,隐喻理论能否或者怎样运用到商务谈判、商务信函、商务合同等其他商务语篇的教学上,还需实证研究的支持。二、由于并非商务语篇中所有单词的词义都可以用概念隐喻来解释(Boers,2004),因此,基于概念隐喻的教学法并不能完全取代传统的教学法,而只能作为一个有益的补充,为学习者提供一个新的角度来理解商务语言现象。

参考文献

[1] Boers, F. Metaphor awareness and vocabulary retention. Applied Linguistics[J], 2000a(4): 553—571.

[2] Boers, F. Enhancing metaphoric awareness in specialised reading. English for Specific Purposes[J], 2000b(2): 137—147.

[3] Boers, F. Expanding learners' vocabulary through metaphor awareness: What expansion, what learners, what vocabulary? [A]. In M. Achard & S. Niemeier (eds.), Cognitive

Linguistics, Second Language Acquisition, and Foreign Language Teaching[C]. Berlin; New York: Mouton de Gruyter, 2004: 211—232.

[4] Boers, F. Cognitive Semantic ways of teaching figurative phrases[J]. Review of Cognitive Linguistics. 2011(1): 227—261.

[5] Boers, F. & Lindstromberg S. Cognitive Linguistic applications in second or foreign language instruction: Rationale, proposals and evaluation[A]. In Gitte Kristiansen, Michel Achard, René Dirven & Francisco Ruiz de Mendoza (eds.), Cognitive Linguistics: Current Applications, Future Orientations[C]. Berlin; New York: Mouton de Gruyter, 2006: 305—358.

[6] Charteris-Black, J. Metaphor and vocabulary teaching in ESP economics[J]. English for Specific Purposes, 2000(2): 149—165.

[7] Danesi, M. Metaphorical competence in second language acquisition and second language teaching: the neglected dimension[A]. In J. E. Alatis (ed.), Language, Communication and Social Meaning[C]. Washington, D. C.: Georgetown University Press, 1993: 489—500.

[8] Danesi, M. Learning and teaching languages: The role of conceptual fluency[J]. International Journal of Applied Linguistics, 1995(1): 3—20.

[9] Danesi M, Mollica A. Conceptual fluency theory and second language teaching[J]. Mosaic, 1998(2): 1—12.

[10] Lakoff, G. & Johnson, M. Metaphors We Live By[M]. Chicago: University of Chicago Press, 1980.

[11] Langacker, R. W. Foundations of Cognitive Grammar Vol. 1, Theoretical Prerequisites [M]. 北京: 北京大学出版社, 2004.

[12] 狄艳华, 杨忠. 经济危机报道中概念隐喻的认知分析[J]. 东北师范大学学报, 2010 (6): 110—115.

[13] 林书武. 国外隐喻研究综述[J]. 外语教学与研究, 1997(1): 11—19.

[14] 蒋敏, 王荣明. 二语概念隐喻能力培养研究述评[J]. 外语界, 2015(4): 51—57.

[15] 束定芳, 汤本庆. 隐喻研究中的若干问题与研究课题[J]. 外语研究, 2002(2): 1—6.

[16] 徐冰. 商务语篇中的隐喻与词汇记忆[D]. 北京: 对外经济贸易大学, 2005.

微课嵌入式教学在大学物理课程中的应用

王亚娟[①]

摘　要：传统的大学物理课堂已不能适应高速发展的信息时代，将形式多样的微课视频嵌入大学物理的课堂教学，可有效提高教学效率，激发学生的学习兴趣。

关键词：微课；嵌入式教学法；大学物理

微课程（Micro-lecture）的雏形最早见于美国北爱荷华大学（University of Northern Iowa）LeRoy A. McGrew 教授所提出的 60 秒课程（60-Second Course）（McGrew, 1993），以及英国纳皮尔大学（Napier University）T. P. Kee 提出的一分钟演讲（The One Minute Lecture，简称 OML）（Kee, 1995）。而现今热议的微课程概念是 2008 年由美国新墨西哥州圣胡安学院的高级教学设计师、学院在线服务经理 David Penrose 提出的[1]。Penrose 提出建设微课程的五个步骤：罗列课堂教学中试图传递的核心概念，这些核心概念将构成微课程的核心；写出一份 15—30 秒的介绍和总结，为核心概念提供上下文背景；用麦克风或网络摄像头录制以上内容，最终的节目长度为 1—3 分钟；设计能够指导学生阅读或探索的课后任务，帮助学生学习课程材料的内容；将教学视频与课程任务上传到课程管理系统。

在我国，广东省佛山市教育局的胡铁生基于现有教育信息资源利用率低的现状，率先提出了以微视频为中心的新型教学资源——"微课"。"微课"是指按照新课程标准及教学实践要求，以教学视频为主要载体，反映教师在课堂教学过程中针对某个知识点或教学环节而开展教与学活动的各种教学资源的有机组合。"微课"的核心内容是课堂教学视频（课例片段），同时还包含与该教学主题相关的教学设计、素材课件、教学反思、练习测试及学生反馈、教师点评等教学支持资源，它们以一定的结构关系和呈现方式共同营造了一个半结构化、主题突出的资源单元应用"生态环境"[2][3]。

大学物理是普通高校理工科专业的一门必修公共基础课程，在培养工科学生的科学素质和综合能力方面起到其他学科无法替代的作用。其覆盖面广，知识信息量大，对学生的思维能力、科学创新能力等方面的训练都有着举足轻重的作用。针对大学物理在传统教学中存在的问题和难题，分析微课的自身特点，将微课嵌入式教学与传统大学物理的教学更好地结合起来，从而解决大学物理教学中存在的问题，具有深远的意义。

① 王亚娟，宁波工程学院讲师，主要从事激光物理研究。

一、大学物理目前的教学手段及存在的问题

(一)课程内容多,课时少

教指委在《非物理类理工科大学物理课程教学基本要求》中建议理论课教学不少于126学时,实验课不少于57学时。目前我校的大学物理为64学时,教学内容涵盖力学、热学、电磁学、波动学、近代物理共五大部分,保持了物理学基本架构。教师在有限的学时内要把所有的知识体系讲得清楚明白,并引导学生掌握必备的物理思想和物理方法,普遍感觉教学节奏太快,学生学习紧张,没有足够的时间消化吸收,并且物理应用和前沿理论与技术也由于学时的限制,很少涉及,不利于学生知识面的拓展。

(二)大班教学,学生差异大

目前的大学物理授课基本上都是采用大班教学的方式,一个班级80人左右,学生物理基础差别较大,特别是自高中物理模块化选择以来,新课标中物理学知识被分为必修和选修两部分,不同学校选修的模块不同,致使学生的知识体系不平衡,基础不同给大学物理的教学也带来了很多困难。班级人数众多,加上学时又有限,致使教师无法兼顾到每一位学生。

(三)教学方式单一,学生兴趣不高

教学模式基本上以传统的板书和多媒体授课相结合为主,在课堂上,教师作为知识的传播者,而学生处于被动接受者的地位,缺乏师生互动和学生的积极参与,课堂气氛比较单调。而课后,学生无法有效回顾课堂教学过程,不利于学生对教学重难点的深入揣摩和理解。长期下来,学生对学习的主动积极性不够,缺乏学习兴趣和热情。

针对以上三个大学物理教学中存在的突出问题,在教学学时不能增加的条件下,只能寻求一种有效的方式来提高教学的效率,激发学生兴趣,诱导学生在课下积极主动学习,并为学生提供必备的学习资源,微课嵌入式教学便是一种非常有效的尝试。

二、微课在大学物理教学中的作用

微课以视频片段为核心组织教学内容,方便学习者通过移动终端,充分利用碎片化的时间进行学习。微课具有主题明确、形式灵活、短小精悍、易于扩充等特点,能满足学生不限空间、不限时间的学习需求,可以帮助学生强化巩固知识,查漏补缺。

(一)教学重难点

针对大学物理教学中的重点、难点制作微课视频,可以充分发挥视频形式多样化、简洁生动、可重复观看的优势,此类微课视频可以嵌入传统课堂中辅助教学,也可以帮助学生课前预习或课后复习巩固。有些推导和计算比较复杂的内容,部分学生上课时跟不上教师讲授的节奏,也可以录制视频供学生参考,比如毕奥-萨法尔定律相关的运算等。

(二)知识拓展

大学物理教学除了传授经典理论,还需承担培养学生物理思维和传播新技术新信息

的任务,而由于学时的限制,大学物理的课堂教学内容中删减掉许多知识点,有些知识点在生活中或工业上有着广泛的应用,比如多普勒效应、电介质磁介质等。科技高速发展的今天,新工艺、新材料及新技术层出不穷,大学物理的教学内容也应该随之及时更新,通过微课视频,教师可以介绍当代的物理学科前沿及我国高科技方面的应用,拓宽学生视野。

(三)演示实验

演示实验能够很好地帮助学生理解物理现象和物理规律,但由于条件限制,很多实验装置无法搬到教室供课堂演示。为帮助学生更好地理解,教师可以事先针对需要用到的演示实验拍摄微课视频,在拍摄时边讲解边操作,在课堂授课时通过播放微课视频可以让学生更直观地看到实验的操作过程及实验现象等,比如讲授角动量守恒时可插入直升机螺旋桨的运动演示视频,讲授振动与波动部分可以引入乐器发声的实验演示等。

(四)习题讲解

大学物理课程中有大量的习题训练,教师在课堂上讲解习题时,由于学生理解程度上的差异,很难满足每个学生的需求。并且十分有限的课堂教学的宝贵时间也不允许讲大量的习题,所以可以把一些比较难的习题和学生的作业题制作成讲解视频供学生自主学习,既可以提高学习效率,又可以节约课堂时间。

三、微课嵌入式教学实践的具体实施方法

能否将微课嵌入式教学这一模式很好地应用于大学物理课程,很重要的一个因素是能否制作出高质量的学习素材。为适应不同学生的学习风格和习惯,教学素材应以多种形式呈现给学生。

(一)视频录制

微课视频具有资源容量小、教学主题小及视频时长短的特点,要求教学内容必须精心选择。视频拍摄前需确定教学内容,准备 PPT 课件、Flash 动画、图片、演示道具等资料,制作视频拍摄脚本,微课视频中结合以上素材,针对教学内容的重点和难点有的放矢地进行讲解,每段视频控制在 15 分钟以内。在设计和开发中还应当注意要内容聚焦、图文并茂、生动有趣,尤其是要注意教学内容选择的针对性。微课的制作方式有很多种,包括"可汗方式"、录课式、"软件式"和混合式等。

(二)以校园网络教学平台为载体

微课形式的大学物理教学是建立在网络通信技术之上,需要以网络环境作为平台,教师将搜集的教学资源进行整理并按照顺序适时发布在网络教学平台上,建立大学物理课程数据库。借助学校正在使用的网络教学平台,包含教学管理系统、辅导答疑系统、信息发布系统、教学评估系统等,可以使微课嵌入式教学模式更加系统和完整。利用学校的网络教学平台,学生易于找到合适的学习资料,教师也方便监控学生的学习情况,有针对性地开展教学工作。建立丰富的试题库,为教考分离提供保障,比较客观地测试教与学的实际水平。试题库内容要丰富、实用性要强、富有思考性并能启发学生创造力、能系统地将书中主要知识点有机串联起来,同时含有一些综合性、难易程度适当的综合应用题,及时

训练学生和检测学生的掌握程度。并可将试题插入微课视频中,便于学生自测对知识的掌握情况。

(三)教学设计

在学习新的内容之前,教师要站在学生的立场上合理进行教学设计,设置教学内容的各实施环节。教学设计应包括:明确学习目标、主要学习内容及学习的重难点;设置导学问题,由浅入深逐步引导学生学习和掌握所学的内容,且应尽量将物理思想和思维方法融入问题之中,这些问题的主要作用是帮助学生掌握所学内容的大体脉络,不一定要求学生能马上给出答案,而是让学生能带着问题去学习;设置适当的自测问题以检测学生学的效果,该部分问题要求学生在学习完教学内容后尽量能够给出答案;记录学习中遇到的疑问或是自己的一些想法与收获,以便在课堂上讨论或与教师、同学分享。学生在课前,通过看微课视频、教材、课件或调动自己原有知识思考问题来做准备,然后要求学生反映出所学到的知识、组织问题和提出不懂的地方。接下来,学生登录到网络教学平台,发表他们的提问。而教师则要对各种问题进行组织整理,有针对性地开发教学设计和课堂学习材料。在课堂上,教师对学习的内容进行系统的讲解,主要是针对学生没有理解的或是理解不够透彻的内容进行讲解,可结合微课视频演示等多种形式组织教学,也可以对学生提出的问题进行汇总整理后组织学生讨论,引导学生得出正确的结论,对于有争议性的问题,鼓励学生多查资料、多交流。

使用微课嵌入式教学方式,更能有效地组织课堂教学,充分发挥传统课堂教学的优势,一方面强化学生全面系统地理解物理学基本原理和思想方法,训练学生的逻辑思维能力,另一方面通过观看微课视频预习、学习,逐步提高学生自主学习和研究型学习能力,提高学生的全面素质,不但注重知识的传授更注重知识的建构和内化。课外培养学生的自主学习能力、协作学习能力;课内通过课堂讨论、小组交流、教师答疑等方式提升学生的语言表达能力、创新思维、交流与合作能力等。

通过将微课嵌入式教学引入大学物理课堂,传统教学模式与现代微课教学相结合,不是让微课教学取代传统的课堂教学,而是对传统课堂教学的优化和补充。利用这种方式,可有效地激发学生对大学物理的学习兴趣,充分发挥学生的学习自主性,增强课堂互动,丰富教学内容,提高教学效果。

参考文献

[1] 关中客.微课程[J].中国信息技术教育,2011(17):14.

[2] 胡铁生."微课":区域教育信息资源发展新趋势[J].电化教育研究,2011(10):61—65.

[3] 梁乐明,曹俏俏,张宝辉.微课程设计模式研究——基于国内外微课程的对比分析[J].开放教育研究,2013(1):65—73.

基于 CDIO＋ISO 模式"概念车制作"课程教学改革

姚喜贵[①]　杜　君　姚焕新

摘　要：当前高校尤其是工科类高校存在的重理论、轻实践等弊端，造成高校培养的工程技术人才不适应社会需求。为此，本文从课程教学改革切入，提出基于 CDIO 模式的"概念车制作"课程教学，从构思、设计、实施和运行四个方面较详细地阐述"概念车制作"教学过程，实施以学生为主，教师为辅的教学思想，课程教学管理采用与国际接轨的 ISO 质量管理体系，培养学生团队合作意识、创新意识、动手能力、自学能力及初步地具有国际视野的管理能力，使学生成为高素质工程技术人才。经过一年的运行，该课程已经为学生的发展提供了强有力的学习平台。

关键词：CDIO；ISO；概念车制作；课程；教学；改革

与欧洲等国家工程类大学毕业生相比，中国高等教育在培养高素质工程技术人才方面存在三大弊端：一是教育重理论、轻实践，工程教育的师资队伍普遍缺乏行业背景；二是课程设置僵硬，缺乏知识的融合与交叉，创新教育不足；三是缺乏对工程科技与创新的兴趣培养，缺少职业能力及职业道德教育。这样的状况导致培养的工程技术人才创新能力不足，缺乏动手和解决问题的能力，团队合作意识和人际沟通能力不强。中国提出在2020 年前完成建立创新型国家的目标，这就需要培养出基于工程实践的新型工程技术人才，因此，更新教育观念、实施工程教育改革成为第一要务[1]。实现第一要务要从最基本的课程教学改革和创新开始，课程创新是教育改革的关键，没有课程教学创新，教育改革就是空中楼阁。

2000 年，美国爱德华·克劳利教授研究组开始对工程教育改革进行研究。经过四年探索和实践，他们合作开发出了一个新型的工程教育模式——CDIO[2]。CDIO 代表构思（Conceive）、设计（Design）、实施（Implement）、运行（Operate），以 CDIO 教学大纲和标准为基础，让学生以主动的、实践的、课程之间有机联系的方式学习和获取工程技术。CDIO模式为国际工程教育提供了一个新的思路和研究方向，也为我国的工程教育改革提供了一些有益的借鉴[3]。

将 CDIO 模式应用到课程教学上进行改革和创新，是课程改革和创新的新尝试。"概

---

① 姚喜贵，宁波工程学院教授，主要从事 CDIO 教学法研究。

念车制作"是新开设的校级综合性专业校选课程,所涉及的内容是概念车制作的整个过程,教学方法采用学生主动研究和学习,教师指导方式。将 CDIO 模式应用到"概念车制作"课程中,以学生团队在工作室(课堂)针对概念车为情境的理论学习、分析、思考为重点,构建一个"构思—设计—实施—运行"的重理论又重实践的工程教育环境。

在课程教学管理方面采用与国际接轨的质量管理体系(ISO)[4],ISO 是企业遵守的质量管理体系,该体系可以使企业管理规范化,从管理中获得效益。在课程教学管理方面采用 ISO 体系,有助于学生熟悉 ISO 体系的内涵,尽快与企业管理体系对接。

一、课程设置的目的

设置"概念车制作"课程,旨在培养学生综合运用专业知识的能力;培养学生思考问题的逻辑性、灵活性与广泛性,培养和提高学生的科研素质、工程意识和创新精神。该课程要求学生树立工程的概念,同时了解在完成工程的过程中所涉及的相关内容,使学生了解作为一名工程技术人员,不仅需要具有相关的技术技能,同时更重要的是具有良好的职业道德、团队合作能力、书面及口头交流能力、资料的使用及查阅能力等,还有自我学习和初步地具有国际视野的管理等相关能力。使学生在系统分析与设计、制作、调试、信息处理、文档写作和团队合作等方面的能力都有一个质的飞跃,为从事技术和管理工作积累实践经验,为造就出高素质工程技术人才打下良好的基础。

二、课程的组织

"概念车制作"是一个复杂的设计、制作和调试的过程,将概念车制作分成多项目(或系统)。该课程分成五组,每组学生 3—5 人,包括车身组、传动组、转向及车架组、发动机组,以及电器组。要求汽车服务工程和车辆工程专业学生基本安排在传动组、转向及车架组、发动机组,以及电器组,成型专业学生安排在车身组,机械制造及自动化专业分派到各组承担零部件的制作。

三、CDIO 模式下的课程

(一)课程的构思(C)

概念车就是最先进、前卫、环保,最能代表造车工艺的技术与科技发展设计的未来汽车。教学内容的构思是以概念车制作为平台,课程教学内容包括技术和管理两个方面。

该课程技术内容构思是概念车的制作项目,制作概念车要求每循环教学都有创新,在汽车节能、环保、轻量化等方面进行改进和创新。概念车主要包括发动机、底盘、电器和车身四大部分,每循环教学创新都要从这四个方面考虑。基于比赛和教学规律的考虑,每循环教学项目都在变化,构思概念车的系统创新是关键,这就是项目任务书。如 2015 年是转向系统的优化,2016 年是发动机电控系统的开发。

该课题管理内容构思以质量管理体系 ISO9001 进行管理,使学生团队受现代企业管理方式的熏陶。

(二)课程的设计(D)

根据构思的项目任务书,对构思课程教学进行设计。

1.教学过程的设计

"概念车制作"教学过程的设计与传统的课程教学过程有很大差别,时间不固定,按照项目计划时间运行。主讲教师不站在讲台上将知识或技术灌输给学生,而是深入到学生团队中去,引导学生去思考和解决问题。学生团队按照项目任务书去学习和研究,推动项目逐步接近技术指标。

2.教学方法的设计

"概念车制作"授课在 CDIO 模式框架内进行,需将 CDIO 精神灵活地贯穿于教学活动中,突出以学生为中心的观念。采用以学生动手和自行思考为主,教师指导为辅的教学方式。在整个教学过程中学生学习、研究和思考自行完成,遇到问题,教师引导学生思考研讨,和学生一起寻找解决问题的方法和手段,最后解决问题。在教学过程中教师不仅要引入工程的概念,而且还要按照 ISO9001 质量管理体系严格要求学生。

3.教学内容的设计

教学内容包括技术方面和管理方面的教学内容。技术方面包括调研、构思、设计、制作、调试和比赛(若有比赛)或总结等内容;管理方面包括大学生日常管理、经费管理、数据管理、设备管理及基地管理等。

4.实训基地的设计

实训基地设计是按照 ISO9001 管理体系进行现场设计,将占地面积 500 平方米制作基地划分为车身成型区、学习区、加工区、组装台架调试区及设备存放区。

(三)课程的实施(I)

1.技术方面的实施

实施过程按照项目计划时间进行。制作过程主要在实训基地。首先,学生团队调研和检索材料,了解和掌握该任务的技术动态和发展趋势。如 2016 年的主要任务是发动机电控系统的开发,就要了解发动机电控知识和技术,掌握电控技术动态和发展趋势。学生团队要出去调研,记录和撰写调研报告。

根据比赛和教学的要求,撰写项目任务书。首先,设定本学期概念车需要解决的关键问题。如 2016 年关键技术是发动机电控部分,其他系统进行优化。其次,对概念车进行总体布局,如 2016 年概念车采用三轮行驶系统,转向系统采用阿克曼转向方式,车架采用前一字后井字结构,以及车身采用锥形流线型等。再次,零部件设计采用 CAI 设计并对仿真车身强度、刚度进行有限元分析和计算。最后,按照已经学过的《机械零件》的知识,对零部件选型。

按照零部件的要求及计算分析结果,对零部件进行绘制,设计零部件的加工工艺和工装夹具。根据图纸的内容进行制作,制作大部分都是学生团队在学院加工中心自行完成。

零部件全部制作完毕进行组装,组装后进行调试,调试先进行台架测试,台架测试通过后,再进行路试,如果有问题或效果不理想,再进行零部件优化,然后再调试,直到达到比较理想状态为止。学生团队在计算分析、制作及调试过程中遇到技术问题查资料或看讲义及教师指导。

课程技术内容讲义总计九章，主要包括车架设计与制作、车身设计与制作、转向系统的设计与制作、制动系统设计与选型、传动系统的设计与选型、电动车动力系统的设计与选择、燃油车动力系统的设计与选择、电动车测试过程及燃油车测试过程。

2. 管理方面的实施

大学生日常管理、经费管理主要管理者由学生辅导员担任。数据管理、设备管理及管理实训基地的管理按照 ISO9001 质量管理体系实施，主要管理者由主讲教师或其助教担任。

实施过程如下：

把好学生的入口关，由主讲教师筛选加入学习该门课程的学生。将能吃苦、有耐力、理论知识比较扎实的学生纳入学习该课程。

根据学生的专业特点和爱好编入工作组，如将成型专业的学生编入车身组，机械制造及自动化专业的学生编入转向及车架组，汽车服务工程和车辆工程专业的学生编入电控电子组。

加强过程管理，由学生自行确定在该课程的学习和工作的时间表，并由组长或主管考核每天的学习和工作情况。每月每位学生提交学习和工作体会，总结本月的学习心得和工作体会。本组组长总结本月的技术进展情况及所解决的问题和解决问题的方法和手段。

(四)课程的运行(O)

逐步建立较完善的"概念车制作"教学体系和实训体系，构建与现代企业较为一致的质量管理体系(ISO9001)，使"概念车制作"课程能够正常运行，并逐步完善，实现培养学生初步地具有国际视野的管理能力。

四、课程考核方法

考核方式按照平时考核、平时记录情况、月汇报情况、会议纪要及总结报告相结合考核方法实施。即每阶段或过程都有记录，记录作为考核的依据(20%)；不定期或定期讨论问题和措施有会议纪要，纪要也作为考核的依据(20%)；每月有各组汇报，汇报情况也是考核依据(20%)；最后总结报告也是考核依据(20%)。平时有考核记录(20%)，平时考核成绩由学生辅导员确定，其他考核由主讲教师确定。

五、结语

"概念车制作"课程经过 2015 年的试验，取得了一些成绩和效果，积累了一些课堂教学经验，为 2016 年正式确定为校级选修课程打下良好的基础。2016 年初开课，制定了教学大纲和考试大纲，自编了课程讲义，制定了课程考勤管理办法及定期汇报制度，基本建立了课程教学体系和实训体系，构建与现代企业较为一致的行业质量管理体系

（ISO9001）。经过一年来课程运行，项目已经取得了不错的成果，2016 年该课程学生所制作的产品获得了 2016 年第九届全国大学生节能减排社会实践与科技竞赛"二等奖"和"特别奖"，学生发表论文 4 篇，专利 2 项。虽然取得了一些成绩，学生的就业竞争力大幅度提升，但仍有一些问题需要持续地改进并逐步完善，为将该课程打造成培养高素质工程技术人才的精品课程而努力。

参考文献

[1] 查建中. 论"做中学"战略下的 CDIO 模式[J]. 高等工程教育研究,2008(3):1—6.

[2] Crawley E. etal. Rethinking Engineering Education：The CDIO Approach[M]. NewYork：Springer Science＋Business Media,2007.

[3] 胡志刚,任胜兵,吴斌. 构建基于 CDIO 理念的一体化课程教学模式[J]. 中国高等教育,2010(22):44—45.

[4] 李院林. ISO 质量管理在教学管理中的实践与探索[J]. 学园,2015(14):161—162.

教学设计系统化研究与实践①

王 雪② 乔 雯

摘 要：科学合理的教学设计是有效教学的保障，本文是基于长期教学研究与实践的积累而形成的成果。首先对教学设计系统化建设思路进行概述，并总结归纳出教学设计系统化路径图，接着基于教学设计系统化八步路径，结合教学实践进行深入地分析和操作指导，并形成具有推广价值的教学方案，为促进双语教学的规范化和标准化建设提供借鉴和参考。

关键词：教学设计；系统化；研究；实践

提升教学质量，培养合格人才，一直是高校研究的重要课题。有效教学是提升教学质量，保障合格人才培养的根本，而教师进行科学合理的教学设计是有效教学的关键。本文是长期教学研究与实践的积累和总结，是基于教学一线操作层面进行的持续性、多方位、渐进式教学研究与反复实践的成果。其系统性、规范化的教学建设思路和建设方案，对于高校教学，尤其是应用型高校提升教学质量，有一定的借鉴参考作用。

一、教学设计系统化建设思路

(一)教学设计认知

在部分教师的认知和教学实践中，教学设计被等同于备课，是结合学生、教材和教法进行相应的教学准备，一般具体操作为学时备课或者课堂教学设计，教学材料落实为章节教案，而实际上，两者存在一定的差异性。备课关注的是局部和习惯思维，教学设计则注重整体和系统思维。

教学设计是学习理论和教育实践之间的桥梁，其根本特征在于如何创设一个有效的教学系统。在高等教育中，由于人才培养的复合性和跨度性，为保障人才培养目标的达成，应将持续性、关联性、多样性等因素引入教学设计中。立足系统化、多维度思路的教学

---

① 浙江省 2015 年度高等教育课堂教学改革项目（kg2015453）、宁波工程学院 2016 年度高教 A 类课题成果。

② 王雪，宁波工程学院副教授。

设计才能够形成有效教学,从而促进教学质量的提升,保证人才培养目标的实现。

(二)教学设计系统化路径图

通俗地说,教学设计是围绕三个问题:1.去哪里?即教学目标;2.如何去?这部分涉及教学对象、教学内容和教学手段等等;3.到了么?这部分是教学评价,包括学习效果测试和教学评定等。在高等教育中,教学设计涉及的因素很多;首先,各个不同专业的人才培养方案是由多门不同的课程组合而成的,单一课程的教学目标是专业总目标的组成部分,是其分解子项目;其次,人才培养又具有复合性、持续性、关联性等特征:因此,在进行教学设计时,必须注重引入系统性、持续性、层级性等原则。

下图中的教学设计路径图,是融理论与实践于一体的科学化的切实可行的教学设计路径归纳总结。其独有的系统化层级式的八步路径法,从源头对高校的课程教学建设进行规范化指导,同时具有操作简便、易于推广等特点,为提高高校教学实效奠定了基础。

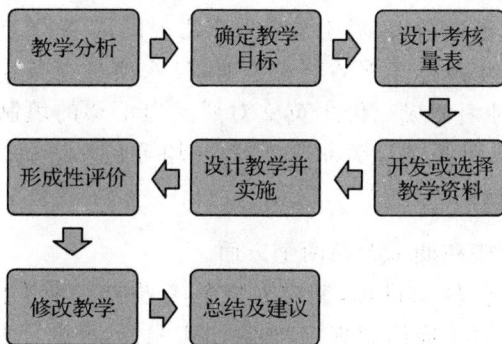

图1 教学设计八步路径法

二、教学设计系统化建设实践

教学设计路径图,为教学设计实践提供了方向导引。经过几年的教学实践应用,针对上述的八个教学设计环节,形成了对应的标准化、具体化的层级式建设指导。为避免教师因个体理解度的局限性而导致出现的设计偏差,依据实用性、操作性、简洁性等原则在这个部分列出了内容、方法、要求等多角度的参考性建议。

(一)教学分析

包括课程分析和教学对象(学生)分析两个方面,并将分析结果汇总成"教学分析表"教学文档1。

1.课程分析

内容:课程性质及定位、开设时间、前序和后续关联课程。

方法及要求建议:查询专业教学计划获取对应信息。

2.教学对象分析

内容:学生英文水平、现有的相关性知识储备。

方法及要求建议:咨询同事、开学问卷调查等。这部分可以通过谈话和设计问卷调查的方式来获取信息:一方面可以通过电话咨询、对话或教师问卷来咨询已经开设过关联课程的教师,以便了解学生与课程相关的知识储备;另一方面,在开课第一周,发放学生调查问卷,让学生自己填写。通过双向的信息收集和数据分析整理,能够更加准确地对教学对象进行分析,从而避免教学方向偏离,确保因材施教。

(二)确定教学目标(能力目标)

内容:分为总目标和分项目标两个方面,注重适度性与阶段性,并形成"能力体系表"教学文档2。

方法及要求建议:首先应结合专业培养目标、教学分析结果等内容,制定课程总目标,进而结合教学周数制定分阶段目标。基于不同高校不同专业的培养目标,教学目标应从专业技能和综合技能两个方面分别罗列。在教学目标描述上要注意目标应该是行为目标而非理论目标,且是具有直观性和可测量性的,同时教学目标应该便于理解且具有一定的可操作性。

举例:在国际结算双语课程中,对于结算票据之一的汇票,其教学目标设定为:1. 能够在10分钟内阅读理解一张银行开立的英文汇票,且八项基本条款无歧义和错误;2. 能够根据所给资料,在10分钟内完成一份中英文对照空白汇票的填制且无误;3. 能够回答关于汇票定义、基本当事人、种类的相关问题(中英文均可)。……

(三)设计考核量表

内容:分为阶段化考核和期末考核两个方面。

方法及要求建议:结合教学目标,制定对应的考核方法和手段、考核安排、评定标准等,并逐步建设试题库。对于应用型高校,为突出实践性,可制订独立的能力测试方案,探索建设针对性强、效果显著的能力测试题库。

(四)开发或选择教学资料

内容包括:教材及教辅选择、教学课件制作、教学网站建设等。

方法及要求建议:可结合以上多种分析结果,并参考网络现有的相关资源,选择适宜的教材或开发切合教学实际需求的自编讲义等。同时结合翻转课堂、慕课等教学模式,进行教学网站建设,以便更好地服务教学。

(五)设计教学并实施

内容:以教案为主体的课堂教学设计,包括:教案、作业设计、能力培养手段表。

方法及要求建议:

1. 突出教案的教学指导作用,模块设计、多样化教学

教案是课堂教学设计的关键,是课堂教学的导引,要避免将教案变为教学内容的堆砌。根据课程特点,每个课时可以进行模块设置,结合教学内容,采用多样化教学手段丰富课堂教学。比如,可将一节45分钟的理论教学课时按分钟分为10分钟+15分钟+10分钟+10分钟四段,分别对应预习、讲解、讨论、总结及回顾四个部分,每个部分可通过预先设计构思的清晰的多样化的针对性教学指导方案,采用不同的教学手段来吸引学生兴趣,激发学生积极性和参与性,促进课堂教学效用的最大化。

2. 整体化作业设计,注重连贯性和差异性

作业设计要避免随意性,应根据教学目标和教学安排,从作业次数、作业形式、作业评

定与反馈等多个方面进行整体化的设计。同时要注重连贯性和差异性,可设置不同种类和不同要求的多个作业包,供学生结合各自情况自选组合,使得课外作业价值最大化,真正成为课堂教学的有力补充。

3.基于具体性、可执行性、动态性和分级性四原则设计能力培养手段

结合教学目标和考核要求等因素,基于上述四原则,针对专业能力和综合能力分别设计对应的培养手段,并形成"能力培养表"教学文档3。

(六)形成性评价

内容:在教学过程中对学生的知识掌握和能力发展进行动态评价,也是教学效果的阶段性检测及评价。

方法与要求建议:根据课程教学方案安排阶段性考核,建议4—8周安排一次测验,形式可多样化;教师每4周应对照教学目标,自评教学效果,同时搜集整理学生教学反馈。根据以上内容,汇总形成"阶段反馈表"教学文档4。

(七)修改教学(基于阶段性反馈表产生)

该部分,突出动态性和可调性,强调教师根据实际教学情况,灵活运用,以取得更好的更符合具体需要的教学成效。但应注意,将整改教学做对应的记录,形成"整改记录表"教学文档5,以便为后续教学提供多样化参考,从而保证教学改革的可持续性。整改记录表内容有:整改时间、内容、方式及方法、整改依据等。

(八)总结及建议

对于课程进行总结,包括教学执行情况是否到位、教学效果自评、学生学习情况分析、教学中的优缺点等,同时提出建议,为后来者提供参考,形成"总结及建议表"教学文档6。

以上是依据教学设计系统化路径图,给出了一个可供参考的具体实施方案。高校常规教学中,对应有一系列的教学文档,比如:教学大纲、教学日历、教案、教师手册等。结合以上教学实践,又衍生出以下6种教学文档:1.教学分析表;2.能力体系表;3.能力培养表;4.阶段反馈表;5.调整记录表;6.总结及建议表。这些教学文档可以结合不同高校的具体要求进行对应的增减组合,也可进行一些基本的格式化设计,教学文档的科学化汇总和分析,有利于高校教学研究的持续性和教学水平的整体提升。

三、应用及不足

以上的教学研究成果,为高校提供了教学设计系统化建设思路及层级式教学设计指导,有利于实现教学环节的规范化、标准化、顺畅化,从而整体提升教学质量,促进人才培养目标的实现,保障教学效果。经过一定范围的推广和应用实践表明,该教学方案能够为教学经验缺乏者提供指导,有利于新进教师教学水平的迅速提高,对于老教师参考改进教学也有帮助。

然而,教无定法,贵在创式,教学是一种奇妙的境界,很难有整齐划一的定规。在高校教学中,由于教师之间联系的松散性,个人研究方向和教学专注度的差异性等因素,在进行教学分析、设定教学目标、评价教学效果等方面难以做到精准和持续。另一方面,学校

和学院层面的相关规定,教风和学风的整体氛围等因素也都对于教学具体实施和教学效果影响巨大。单一课程教学系统化研究和实践,能够推进专业建设水平和整体教学质量的提升;同时,基于专业层面或者院校层面的整体化的大教学系统化设计,能够极大地促进课程教学设计更为科学化和持续性发展,从而形成一个良性循环,真正提升高等院校的人才培养质量。

批改网对非英语专业学生英语写作表现和动机的影响

——以宁波工程学院为例

刘玉梅[①]

摘　要：批改网（全称句酷批改网）是英语作文自动在线批改评阅系统。在教学实践中，将批改网与传统课堂教学相结合，作为非英语专业学生英语写作教学的新模式，并对之进行实证研究，具有现实意义。研究结果显示，在改善教学效果、提高作文批改效率、提高学生写作水平及激发学生写作动机等诸多方面，批改网都有一定的积极作用；同时，作为辅助工具的批改网，在有些方面也还需要改善。

关键词：句酷批改网；英语写作表现；英语写作动机

教育部高教司颁布的《大学英语课程教学要求》针对课程设置和教学模式指出："各高等学校应充分利用现代信息技术，采用基于计算机和英语课堂的教学模式，改进以教师讲授为主的单一教学模式。新的教学模式应以现代信息技术，特别是网络技术为支持，使英语的教与学可以在一定程度上不受时间和地点的限制，朝着个性化和自主学习的方向发展。"这表明，大学英语教学建设和改革的重点之一就是要在大学英语教学中充分利用计算机和网络。

根据历年大学英语四、六级考试考试成绩分析可以看出，非英语专业大学学生的写作成绩普遍偏低，甚至达不到及格分数。这样的结果与师生投入的时间和精力完全不成正比。在信息技术高度发达的背景下，对大学英语写作教学开展深入的研究具有极大的必要性和可行性。

一、大学英语写作教学现状

（一）传统的英语写作教学

传统的英语写作教学实践主要是基于"过程写作法"和"结果教学法"而进行的，其教

---

①　刘玉梅，宁波工程学院外国语学院讲师，主要从事英语教育、课程与教学论（英语方向）研究。

学模式如下图所示：

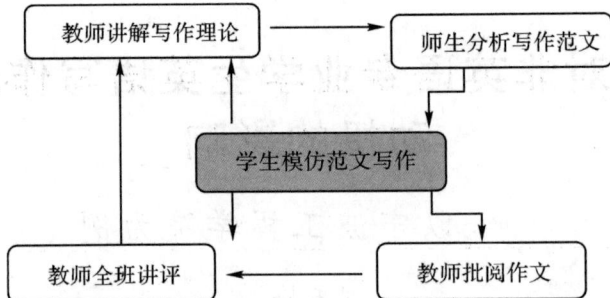

```
┌──────────────────┐          ┌──────────────────┐
│  教师讲解写作理论  │─────────▶│  师生分析写作范文  │
└──────────────────┘          └──────────────────┘
        ▲                              │
        │         ┌──────────────────┐ │
        │         │  学生模仿范文写作  │◀┘
        │         └──────────────────┘
        │                  │
┌──────────────────┐          ┌──────────────────┐
│   教师全班讲评    │◀─────────│   教师批阅作文    │
└──────────────────┘          └──────────────────┘
```

上图表明，传统教学模式下，大学英语写作成了一种机械的输入与输出过程。这种教学模式中，教师是课堂的中心，学生是被动的接受者，缺乏动力，写作动机单一（练习相关写作知识，为了完成作业或者应付考试）。在班级人数较多的情况下，学生参与度低（图中阴影部分），课堂氛围比较差。对于教师而言，每个教学班一般为40人，每位教师有6个教学班，每次写作任务中，学生往往独自默默完成写作，教师则在伏案评阅上花费大量时间和精力。教师多强调语言形式的正确性，学生过多地关注语法和词汇，而较少注重思维和思辨能力的培养；由于精力和时间有限，每学期教师一般只能布置2—3次写作任务，学生写作练习的机会比较少，学生感受不到写作的乐趣。久而久之，学生对写作产生畏惧感，完全被动写作；作文批改后，学生极少进行重新构思、多次修改或者重新撰写，导致学生整体英语写作水平停滞不前，或者提高缓慢。

（二）计算机网络辅助英语写作教学

对于当代大学生，如果一味禁止学生在课堂使用手机或者其他通信类产品已经是不可能的。面对这种情况，与其堵不如疏，让他们利用这些产品帮助学习。随着大学英语教学理念、教学模式及教学方法的不断更新和改革，计算机、多媒体技术和网络教学平台越来越多地受到教师们的推崇。

句酷批改网（http://pigai.org）是基于语料库和云计算技术的英语作文自动在线批改服务；该平台由清华大学、北京外国语大学、北京语言大学和句酷批改网等14家语言和技术单位共同建设。其目的是"减轻教师的批改工作量，帮助教师更加直观、有效地了解学生的英文写作水平，进而帮助教师做出更精准更客观的判断和点评"。教师可以用批改网自动扫描学生作文的各种参数（平均分、最高分、最低分、文中使用学术性词汇数量、长句数量、句子特点、错误分析、修改次数、是否抄袭、抄袭百分比率及原文出处、系统评语等），教师还可以进行人工评阅，修改系统评语。目前全国有一千多所高校在使用句酷批改网。宁波工程学院句酷批改网使用情况如下表所示（数据来源于句酷批改网官方统计）：

宁波工程学院批改网使用报告

截至2016年1月1日，宁波工程学院共33位教师和4505名学生注册使用批改网，学生共提交作文21135篇（其中提交教师布置的作文19310篇，自主提交题库的作文1825篇），本学期使用数据如下所示：

时间	教师数量	教师布置作文数量	提交作文学生数量	学生提交作文数量
20150901	33	270	3607	16566
20151001	33	278	3956	16891
20151101	33	293	4336	17826
20151201	33	302	4469	19319
20160101	33	306	4505	21135

教师使用情况：

1. 总共33位教师布置作文306篇，共收到学生作文19310篇，平均每位教师布置9.272篇，平均每篇题目收到作文63.10篇。

2. 学生人数在30位以上的教师有18位，占发布作文教师数的54.54%。

学生使用情况：

1. 在注册的4505名学生中，有4158名学生提交了教师布置的作文，占注册学生总数的92.29%。

2. 学生共提交作文21135篇（其中提交教师布置的作文19310篇，自主提交题库的作文1825篇）。

3. 学生共修改作文123247次，平均每篇作文修改5.831次。

与传统的人工批阅方式相比，批改网具有以下特点：① 简单的语言错误自动批改；② 重复错误只改一次；③ 作文分数立等可取；④ 按句点评一目了然，语言拓展知识即时呈现；⑤ 抄袭文章自动识别，并提供对比原文链接及抄袭百分比率。

二、研究设计

（一）研究问题

本研究旨在发现批改网对非英语专业学生英语写作表现和动机的影响，从而为提高学生的英文写作能力和自主学习能力提供参考。研究问题有二：第一，句酷批改网在提高非英语专业学生的英文写作成绩和水平方面是否有效？第二，使用者对于句酷批改网如何评价，有哪些使用经验或建议？

（二）研究对象

笔者挑选了自己任教的四个班，将其分为两组作为研究对象，对这两组进行了一学年的实证研究。其中第一学期两组写作教学均采用传统教学方法；第二学期，控制组教学方法不变，仍为传统教学方法，实验组则采用句酷批改网辅助的教学模式进行教学。所选四个班级为电信学院2014级电信专业1至4班。选取同一专业同一年级学生作为研究对象，是因为他们的教学背景、英语水平等最为相近，可以最大程度保证研究结果的信度和效度。其中A组为实验组，由电信141班和143班的75名学生组成，使用批改网辅助英语写作教学；B组为控制组，由74名来自电信142班和电信144班同学组成，使用传统方法进行写作教学。需要说明的是，为避免影响实验的效度和信度，学生均未被告知本学年正在进行教学研究的事实。

(三)研究方法和工具

定量研究和定性研究相结合是本研究采用的方法。对两组学生实验前后英语写作成绩的对比分析为定量研究,访谈和问卷则是定性研究的主要形式。研究工具主要为 SPSS 软件。

1.测试。在定量研究中,前测成绩来源于第一学期(即实验前)的期末试卷写作分数,后测成绩来源于第二学期(即实验一学期后)的期末试卷写作分数。(试卷中写作满分均为 15 分)

2.访谈和问卷。为了让调查结果更加客观和具体,定性研究中,笔者首先依据该组学生写作前测成绩,将其分为高(≥85)、中(≥70)、低(<70)三组,然后在每一组中分别随机抽取 7 名学生进行访谈,了解其对于句酷批改网的评价和建议。

3.SPSS 应用。使用 SPSS 软件对于对两组学生的前测和后测成绩进行定量分析,使用独立样本 t 检验检测两组学生是否存在显著差异。

(四)研究步骤

第一步:前测数据整理。实验教学开始之前,笔者分别取两组学生第一学期期末试卷中写作成绩作为前测数据,满分为 15 分。实验组和控制组分别整理和记录学生个人得分和各组平均分。

第二步:学生注册。因为笔者在本研究之前的二年即 2013 年便开始使用句酷批改网,并根据该网站规定,布置任务数和提交作文数目达到要求后,拥有了自己的网站(http://www.pigai.org/liuyumeinina),因此不需要重新注册。而本研究中实验组学生则需从头开始学习使用该平台,需要进行注册。学生注册后,笔者布置了一篇作文并获得该作文唯一编号 364631,学生可以通过输入该编号迅速查找到写作任务;也可以输入教师姓名查找作文任务(如果教师姓名有同名者,则可以再查找教师所在学校),按照要求在线提交作文。作文提交后,马上可以看到系统评分、评语和逐句分析与语言点拓展,同时还可以看到本次作文最高分和最低分及自己的排名。而教师则可以查看平均分、最高分和最低分、学生修改次数,以及每位学生的用词、造句等更多详细的信息。

第三步:教学实验。笔者开展了一个学期的教学实践。控制组采用传统方法教学。实验组采用"传统+句酷批改网"的教学模式,教学过程包括传统讲授—布置句酷网写作任务—学生提交(教师可设置作文期限)—学生在线修改直至满意并再次提交(修改次数不限)—教师网上浏览并人工评阅,添加人工修改意见—课堂集体评述,学生自评与互评。

实验组和控制组的写作知识讲授和写作任务完全一致。不同点有二,①作文提交方式不同:实验组的作业修改和提交均在句酷平台完成,学生修改时可以参考句酷系统的意见;实验组则以传统纸质作业提交,教师评定分数和给出评语。②作文评阅方式:控制组为教师评阅,然后再找出共性问题,课堂上集中讲授;实验班则以"机评+师评+同伴互评"的方式进行。

第四步:问卷和访谈。问卷和访谈为半开放式的。主要问题有:①你是否喜欢使用批改网? ②批改网对你有帮助吗? ③如果有,批改网对你的帮助主要体现在哪些方面? ④如果没有帮助,为什么? ⑤你认为批改网评阅与教师人工批阅的纸质作文有哪些优缺点?

⑥学生是否可以脱离教师的指导,完全自主学习? ⑦关于句酷批改网,你最喜欢的和最不喜欢的功能是什么? ⑧你觉得批改网哪些方面需要改进,比如需要增加什么样的功能?

第五步:后测数据整理。后测成绩来源于实验教学一个学期之后的期末考试试卷中写作部分。满分为 15 分。实验组和控制组分别整理和记录学生个人得分和各组平均分。

第六步:前测和后测统计分析。将实验前和实验后的成绩通过使用 SPSS 软件进行对比分析。

三、研究数据分析和讨论

(一)写作前测成绩分析

表 1 和表 2 是两组学生的前测结果和成绩分析。

表 1　前测成绩结果

	班级	N	均值	标准差	均值的标准误
前测成绩	实验组	75	9.7937	0.98631	0.12427
	控制组	74	9.7456	0.99586	0.13959

表 2　前测成绩独立样本检验

		方差方程的 Levene 检验		均值方程的 t 检验						
									差分的 95% 置信区间	
		F	Sig.	t	df	Sig.（双侧）	均值差值	标准误差值	下限	上限
前测成绩	假设方差相等	0.097	0.757	0.260	112	0.795	0.04855	0.18668	−0.32132	0.41843
	假设方差不相等			0.260	106.641	0.795	0.04855	0.18689	−0.32194	0.41905

从表 1 中,我们可以看出,实验组前测平均分为 9.7937 分,控制组前测平均分为 9.7456 分。在表 2 中,$F=0.097$,Sig. $=0.757$,说明两个样本的方差相等,需要用 $t=0.260$,$p=0.795$ 来解释检验结果。检验结果显示,在 0.05 显著性水平,两组的前测成绩不存在显著性差异。

(二)写作后测成绩分析

表 3 和表 4 是两组学生的后测成绩分析结果。

表 3　后测成绩结果

	班级	N	均值	标准差	均值的标准误
后测成绩	实验组	75	12.5546	1.05819	0.13334
	控制组	74	10.9794	1.02873	0.14424

表 4　后测成绩独立样本检验

		方差方程的 Levene 检验		均值方程的 t 检验					差分的 95% 置信区间	
		F	Sig.	t	df	Sig.（双侧）	均值差值	标准误差值	下限	上限
后测成绩	假设方差相等	0.318	0.576	7.995	112	0.000	1.57615	0.18702	1.18478	1.95656
	假设方差不相等			8.018	108.286	0.000	1.57615	0.19642	1.18581	1.96451

在表 4 中,根据 $F=0.318$,Sig. $=0.576$,可以说明两个样本的方差相等,需要用 $t=7.995$,$p=0.000$ 解释后测结果。结果表明,在 0.05 显著性水平,两组之间存在显著性差异。也就是说,经过一个学期的实验教学,实验组学生的写作成绩明显高于控制组学生的写作成绩。根据表 3 可以看出,实验组后测学生后测平均成绩为 12.5546,控制组学生的后测平均成绩为 10.9794,两者之间的分差约为 1.6 分。

(三)访谈和问卷结果分析

在回收的 149 份问卷中,有效问卷为 142 份。根据问卷结果分析,有 126 名学生表示很喜欢句酷批改网,并且认为句酷批改网在写作动机和写作表现方面对他们有很大的帮助,占有效问卷的 88.73%。有学生同一篇作文修改提交达 83 次;很多学生虽然没有达到八十几次这么多,却也都多次进行修改(如图 1 所示连续三个学生,分别为 5、83 和 12 次),这体现了学生使用批改网进行作文修改和写作的接受度比较高。而修改次数与学生作文成绩基本成正比(如下图 2 所示)。在访谈的 15 名学生中,13 名表示很喜欢句酷批改网,并认为对自己提高写作主动性和改善写作表现有帮助,占访谈学生总数的 86.67%。

☐	14401180105 陈婷婷	电信141	70	5	The addction To Smartphones		12月12日
☐	14401180106 张雨倩	电信141	68.5	83	Don't be phubber	补交	12月14日
☐	14401180107 张涛	电信141	63	12	Addction to smartphones		12月13日

图 1

经过对调查问卷和访谈结果的分析,句酷批改网具有以下几大优点。一、作文评阅及时,能够做到即交即改即反馈,这是教师人工评阅无法企及的。相较于传统的至少一周的等待时间而言,学生对自己刚刚写过的东西印象深刻,即时修改,可以迅速了解得失分原因,也有助于提高作文本身的成绩。二、自动批改简单的错误。批改网能够根据数据库信息,逐句逐段自动识别单词拼写、词语搭配、简单语法等常见错误并给出修改意见。三、帮

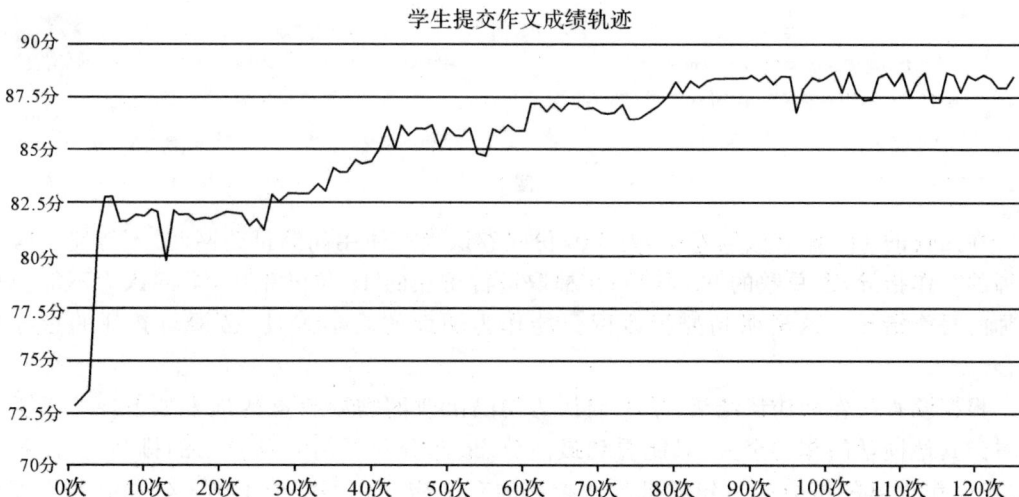

图 2

助学生及时复习和学习相关语言知识。句酷批改网在给出分数、指出简单错误的同时,还提供相关词汇和语法知识的拓展。如下图 3 中(1.1 表示第一段第一句)"详情点击"打开后是相关语言现象的学习链接,包括搭配推荐、参考例句及词语辨析等,学生不必拿着厚重的词典,费时费力去查找了。这对学生自主学习的积极性和效果也大有裨益。四、练习机会更多。除了可以提交自己任课教师布置的任务,学生也可以在批改网上练习系统推荐的作文任务。自 2014 年起,批改网还组织了全国大学生英语作文"百万同题"比赛。所有注册学生均可以参加。这既是比赛,更是练习的好机会。五、师生交流更频繁、更通畅。教师可以随时随地浏览学生作文并做人工评阅和修改;学生则可以通过教师的"我的网站",浏览和学习教师上传的各种资料,以及教师上传的各种要求及教学相关资料等。这种互动极大地提高了学生学习的主动性。六、有效防止学生抄袭和拖延,并通过提供平均分、最高分、最低分和排名等信息,以学生最熟悉的方式刺激他们多加练习和修改,从而提高学生学习的主动性,有助于学生们的自主学习。如上图 1 所示,未能在规定时间内提交的作文,系统会自动标记"补交",而且补交的作文不能进行修改,因此,学生们为了能够即时修改以取得更好的成绩,都会尽力在规定时间内完成任务。再如下图 4 和图 5 所示,如果作文是抄袭的,则系统会自动标记为"相似",并且会指出相似率达到的百分比率,以及相似原文的出处及原文全文。

图 3

图 4

355

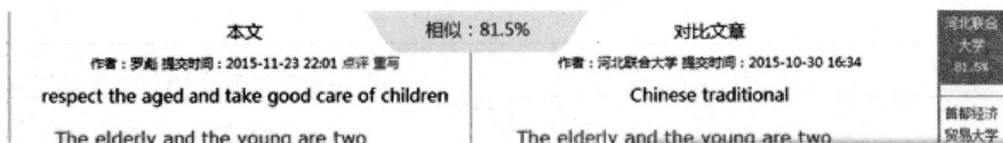

图 5

在回收的 142 份有效问卷中,有 140 份问卷认为在使用句酷批改网时,不能完全脱离教师的写作指导,占总数的 98.59%;在抽取进行访谈的 15 位学生中,全部认为不能脱离教师的写作指导。这说明句酷批改网只能作为辅助的教学工具,必须与教师的指导相结合。

根据调查问卷和访谈结果,学生们认为句酷批改网需要改进的地方如下:一、学生无法看到其他同学的作文全文,只能看到最高分、最低分和平均分及自己的排名,少了相互讨论、合作学习的机会;二、句酷批改网指出的有些错误并不完全正确。例如有些搭配和用法,系统断章取义,认为存在语法或者句法错误,导致学生浪费时间修改或者会误导学生,尤其是基础较差、有些语言问题自己无法判断对错的学生。

四、研究启示

教师应该遵循教学和学生身心发展的规律,根据"最近发展区"的原理,设计出有一定难度又能够确保学生完成的任务。在校大学生,对新事物都充满好奇心,愿意尝试,教师要充分调动学生的积极性。现代科技的发展,使计算机和智能手机成为学生的必备品,试图阻止学生使用这些媒体设备已经不可能,因此,正确地疏导和指导其使用,让技术为教和学服务才是硬道理。批改网在写作中的辅助作用,激发了学生的写作热情,提供了更多更方便的练习模式,能够帮助学生提高语言水平和写作能力。教师可以修改评语、纠错及调整分数,教师的个性化指导可以通过网络平台得以实现。另外,教师通过"我的网站",上传教学相关资料和要求,加强了师生互动,改善了师生关系。

但是,如前所述,句酷批改网也存在一些缺陷,如程式化、机械化,在使用时一定要注意辨别。另外,句酷批改网应该及时更新语料库。现在,网络信息传递极快,系统要及时更新新出现的语言和语言现象;对于教师和学生上报的问题,应当时反馈和更新,优化评分和点评系统。

由于各种条件的制约,本研究尚存在一些局限性,对于句酷批改网的全面、科学的评价也受到一定的影响。比如,笔者只选择了自己任教的四个班进行试验,这四个班都是工科学生,而使用句酷批改网的学生则不止工科类学生,学生个体在英语水平、学习态度及学习能力等方面都存在差异,因此,研究结果具有局限性。而且,选取的样本数量也不多,并不能代表所有学生的使用情况。还有,前测和后测的成绩来源于两个学期的期末考试中写作部分的成绩,就学生而言,具有一定的科学性;但是就阅卷教师而言,两个不同学期、不同的时间来评分,难免会有一些主观的原因,造成评分标准的不统一,得分具有一定的不客观性。

总而言之,句酷批改网作为目前对于学生英语写作训练具有极好的辅助作用,对于学生写作动机的提高和写作表现的改善都具有积极意义。当然,我们也不能盲目、机械地接受批改网所提供的一切点评,更不能完全脱离教师和课堂。要做到课堂学习与课外自主学习有机结合,让句酷批改网更好地为大学英语写作教与学服务。

参考文献

[1] Kelly, G. *A Theory of Personality*[M]. New York, Norton, 1963.

[2] 胡壮麟. 大学英语教学的个性化、协作化、模块化和超文本化[J]. 外语教学与研究, 2004(9): 345—350.

[3] 周晓玲. 基于人本主义和建构主义的大学英语教学平台[J]. 解放军外国语学院学报, 2010(9): 51—54.

[4] 蔡基刚. 大学英语教学:回顾、反思和研究[M]. 上海:复旦大学出版社,2006.

[5] 傅玲芳,杨坚定. 基于网络多媒体大学英语教学模式的自主学习能力研究[J].外语与外语教学,2007(10):36—38.

[6] 魏莉莉,巩学梅. 专业英语教学方法初探[J]. 宁波工程学院学报, 2013(9):94—96.

[7] 教育部高教司. 大学英语课程教学要求[Z]. 上海:上海外语教育出版社,2007.

[8] 百度百科. 句酷批改网:http://baike.baidu.com/link? url=VQJzRwZZPzWTeOyVCCAf Zqwn_0GyoDi41 R51zOYXXN9TSFhMQiEQkO7gxPQf6In4-EruVqZo_sEVTUQVUoIag_.

能力本位教学模式对高职医学营养专业
女生技能素质的影响

於国波　崔　杨[①]

摘　要:采用实验法、问卷调查法和口语报告法相结合的方法,比较运用能力本位教学模式和常规教学模式对高职医学营养专业女生提高技能素质的效果。结果表明:(1)能力本位教学模式下,学生临床营养操作能力显著高于常规教学模式,创新自我效能感中的创新策略信念极其显著高于常规教学模式;(2)学生干部的经历及高职院校技能大赛和社会实践等校园文化活动的开展能显著提高学生技能素质;(3)编制了高职医学营养专业的职业能力分析表。因此,能力本位教学模式能显著提高学生的操作能力和创新自我效能感中的创新策略信念,学生干部的经历和校园文化活动能显著增强学生技能素质。

关键词:学生技能素质;能力本位教学模式;高职医学营养

　　高职教育应以社会需求为导向,围绕经济和科技发展的需求开展教学改革,提高学生的技能素质。能力本位教学模式(CBE)是以学生能力培养为基础和中心的教育[1],其核心是使学生在学习中具备从事某一职业所必需的实际能力[2]。CBE 能最大限度地调动高职学生的独立思考能力和创新能力,有助于改善高职学生的就业状况[3],进一步深化教学改革。

　　CBE 是强调职业或岗位所需能力的确定、学习和运用的教学模式[4]。其以能力表现为教学目标,以职业分析为课程基础,要求学生具备某职业能力,始终强调学生“能干什么”,重视“以学生为中心”,重视教师的及时反馈[5]。CBE 培养的技能素质包括知识、态度、经验和反馈[6]。在教学过程中,教师应统筹兼顾这四个方面。同时,高职院校技能大赛和社会实践等校园文化活动能使专业知识和技能进入学生的实际生活,提高学生实践能力和职业技能,培养学生吃苦耐劳、友善合作的精神,激发创新自我效能感,发挥主观能动性[7-8]。

　　目前,高职医学营养专业学生技能素质与岗位胜任要求存在差距,临床医学知识与实践操作能力的结合有待加强。因而,运用 CBE 切实提高学生的技能素质迫在眉睫。而当前 CBE 的研究多停留在理论论证层面,运用到高职医学营养教学实践的不多,且实证研

---

①　於国波、崔杨,浙江宁波卫生职业技术学院健康服务与管理学院教师。

究较少[9-11]。本研究将 CBE 引入《临床营养》课程教学中,将校园文化活动引入高职学生技能素质的培养中,用实验法来检验 CBE 在提高学生技能素质上的有效性。本研究将有助于促进 CBE 应用于高职医学营养教育,增强学生的技能素质,丰富我国高职医学营养教育理论。

一、研究方法

本实验在高职教育环境中进行,采用自然条件下的非随机实验组与控制组前后测的实验设计。自变量为两种教学模式(CBE、常规教学模式),因变量为技能水平、创新自我效能感量、学习动机和情感。同时,实验采用问卷调查法和口语报告法,客观地探讨 CBE 对高职医学营养专业女生技能素质的影响。[12]

实验设计如下:

(一)研究对象、研究工具及无关变量的控制

1. 研究对象

本实验以某高职卫生类院校 14 级医学营养专业两个班的学生做被试。其中,1 班为实验组,采用能力本位教学模式进行《临床营养》教学。2 班为控制组,采用常规教学模式进行教学。教学实验周期为一个学期(4 个半月)。实验组共 41 人,控制组共 36 人,被试全为女性。实验组平均年龄 20.12 岁,控制组平均年龄 19.92 岁。

2. 研究工具

(1)创新自我效能感量表[13]:由洪素萍和林姗如编制,为 Likert 四点量表计分,共 17 个项目,含创新策略信念、创新成品信念和抗负面评价信念三个分量表。总量表的内部一致性系数为 0.864,创新策略信念分量表的内部一致性系数为 0.832,创新成品信念分量表的内部一致性系数为 0.769,抗负面评价信念分量表的内部一致性系数为 0.790。

(2)临床营养技能素质问卷[14]:该问卷包括理论知识素质、能力素质和职业素质三个维度,为 Likert 三点量表计分,共 17 个项目。总量表的内部一致性系数为 0.823。

(3)积极情感消极情感量表[15]:本研究采用邱林等人编制的积极情感消极情感量表,为 Likert 五点量表计分,共 18 个项目。该量表包含积极情感和消极情感两个维度,具有良好的效标效度、聚合效度、区分效度和实证效度。该量表中积极情感分量表的内部一致性系数达到 0.85 以上,消极情感分量表的两次自评的内部一致性系数达到 0.84 以上,同伴评价的内部一致性系数达到 0.77。两次自评的积极情感和消极情感分量表之间的相关分别为 0.757 和 0.459。这表明量表具有良好的内部一致性信度和重测信度。

(4)学习动机量表[16]:本研究采用由 Paul. R. Pintrich 等人编制的学习动机策略问卷(大学版),包括内在目标定向和外在目标定向两个维度,为 Likert 四点量表计分,共 8 个项目。该量表的 Cronbach α 系数为 0.76。

(5)自编《临床营养》课程调查问卷。本研究采用的自编《临床营养》课程调查问卷包括课程的总体评价、课程的教学开发与教学设计和校园文化活动的作用三个维度。该量表的 Cronbach α 系数为 0.74。

上述测试工具信度与效度均比较理想。

3.无关变量的控制

为保证实验的内部效度,本研究对无关变量进行控制。试验中,实验组与控制组的教学时间总量相同,教学内容一致,教学进度同步,由同一有经验的专业教师进行授课。实验组与控制组高考平均成绩十分接近。在教学资源的配备方面两组也相同。对难以平衡又容易影响实验结果的被试技能素质的初始水平,本研究将其作为协变量,从统计方法上加以控制。

(二)制订职业能力分析表(DACUM 能力图表)

本研究采用 DACUM 方法,通过职业分析、工作分析、专项能力分析、教学分析、教学开发和教学实施六个步骤来制订职业能力分析表[17]。

二、实验程序

(一)前测

为考察实验组和控制组的初始水平,研究者以临床营养技能素质调查问卷、创新自我效能感量表、积极情感消极情感量表和学习动机量表为测试工具,在《临床营养》课程教学之前对两个组进行前测。

(二)实验操作

实验组与控制组均根据教学计划正常授课。授课教师注重学生接受指导的方式和指导质量,熟悉 CBE 每个教学环节,准确评价学生的职业技能,并及时给予学生鼓励和反馈[18]。

教学过程中,实验班引入 CBE,按照教学计划进行授课,重视小组讨论、案例分析和实际操作。控制组实施常规的教学模式,教学方法主要以教师讲授为主。

(三)后测

实验后,研究者采用临床营养技能素质问卷、创新自我效能感量表、积极情感消极情感量表、学习动机量表进行后测,并结合口语报告法,施测了《临床营养》课程调查问卷。

(四)数据统计

所有数据的输入及统计分析使用 SPSS18.0 软件处理。

三、实验结果与分析

(一)CBE 实验效果分析

1.CBE 实验前后测结果 t-检验

为了解实验效果,研究者对实验组与控制组的实验结果进行前后测结果的整体与分项 t-检验,结果见表1。

由表1可知,CBE 与常规教学模式相比,被试技能操作能力有显著差异($t = 2.082$,$p < 0.05$),这表明在 CBE 下,被试临床营养的操作能力有显著提高。在 CBE 下,被试创

新自我效能感中的创新策略信念有极其显著的差异($t=6.770,p<0.001$),这表明被试对使用创造性方法和策略有更强的自我效能感。

2. CBE 实验效果的方差分析

为了解实验效果的因素及其影响程度,本研究将前测数据作为学生的初始水平即协变量,对实验后测数据进行整体结果协方差分析,结果见表2。

由表2可知,在提高技能水平方面,学生干部主效应显著($F=5.953,p<0.05$),说明专业技能大赛和社会实践等校园文化活动的开展与学生干部的经历显著提高学生技能水平。

在增强学习动机方面,学生干部主效应显著($F=7.553,p<0.01$),说明学生干部的经历及校园文化活动的开展能显著提高学生学习动机。回归系数的作用在 $p<0.01$ 水平上有显著差异,说明个体原有的学习动机水平对实验结果有极显著影响。

在增强创新自我效能感方面,学生干部主效应显著($F=6.925,p<0.01$),说明学生干部的经历及校园文化活动的开展能显著提高学生创新自我效能感。回归系数的作用在 $P<0.05$ 水平上有显著差异,说明个体原有的创新自我效能感水平对实验结果有显著影响。

在培养积极情感方面,学生干部主效应显著($F=6.245,p<0.05$),说明学生干部的经历及校园文化活动的开展能显著增强学生的积极情绪。

表1 CBE 实验组与控制组结果 t-检验

项目	组别	n	M	SD	t
技能操作能力前测	实验组	41	3.51	1.14	−0.59
	控制组	36	3.64	0.72	
技能操作能力后测	实验组	41	4.00	0.92	2.08*
	控制组	36	3.58	0.81	
技能水平总值前测	实验组	41	31.90	6.27	−0.65
	控制组	36	32.79	5.49	
技能水平总值后测	实验组	41	30.97	6.56	−0.58
	控制组	36	31.86	6.67	
创新自我效能感创新策略信念前测	实验组	41	11.29	2.70	−0.02
	控制组	36	11.31	2.11	
创新自我效能感创新策略信念后测	实验组	41	14.53	2.24	6.78***
	控制组	36	11.44	1.65	
创新自我效能总值前测	实验组	41	43.37	6.51	1.92
	控制组	36	40.22	7.69	

续　表

项目	组别	n	M	SD	t
创新自我效能总值后测	实验组	41	44.76	5.79	1.28
	控制组	36	43.22	4.42	

注：实验组采用CBE，＊表示$p<0.05$，＊＊表示$p<0.01$，＊＊＊表示$p<0.001$。

表2　CBE实验结果的协方差分析

项目	变异来源	SS	DF	MS	F	p
技能水平	回归系数	310.41	3	103.47	2.54	0.06
	教育处理	11.06	1	11.06	0.27	0.60
	学生干部	242.67	1	242.67	5.95＊	0.02
	家庭经济困难学生	50.78	1	50.78	1.25	0.27
学习动机	回归系数	567.27	3	189.09	4.65＊＊	0.01
	教育处理	103.97	1	103.97	2.56	0.11
	学生干部	307.34	1	307.34	7.55＊＊	0.01
	家庭经济困难学生	135.75	1	135.75	3.34	0.07
创新自我效能感	回归系数	219.52	3	73.17	2.92＊	0.04
	教育处理	46.08	1	46.08	1.84	0.18
	学生干部	173.27	1	173.27	6.93＊＊	0.01
	家庭经济困难学生	1.94	1	1.94	0.08	0.78
情感	回归系数	713.14	3	237.71	2.57	0.06
	教育处理	0.72	1	0.72	0.01	0.93
	学生干部	577.18	1	577.18	6.25＊	0.02
	家庭经济困难学生	127.48	1	127.48	1.38	0.24

注：教育处理指采用CBE，＊表示$p<0.05$，＊＊表示$p<0.01$，＊＊＊表示$p<0.001$。

(二)高职医学营养专业的职业能力分析表

1.研究者将医学营养专业的九项综合能力和所属的专项能力按从简到繁，从易到难，从认识到应用的顺序进行排序，经分析讨论制订了高职医学营养专业的职业能力分析表，结果见表3。

表3　高职医学营养专业的职业能力分析表

综合能力	专　项　能　力					
A、基本能力	A1、政治素质	A2、道德修养	A3、写作与阅读能力	A4、表达能力	A5、体育运动能力	A6、艺术赏析能力

综合能力	专 项 能 力						
B、职业发展能力	B1、信息处理能力	B2、人际理解和沟通能力	B3、时间管理能力	B4、压力承受能力	B5、基本救护能力	B6、学习能力	B7、实践能力
	B8、组织能力	B9、管理能力	B10、决策能力	B11、谈判能力	B12、就业能力	B13、创业能力	B14、分析问题的能力
	B15、解决问题的能力	B16、创新能力	B17、自我实现能力				
C、营养配餐能力	C1、药食两用材料的辨识能力	C2、个人营养配餐能力	C3、团体营养配餐能力	C4、特殊人群营养配餐能力	C5、医院膳食营养配餐能力	C6、临床营养配餐能力	C7、公共人群的营养指导能力
	C8、特殊人群营养治疗能力	C9、药膳制作能力					
D、营养评估能力	D1、人体营养状况的评价、管理和指导能力	D2、膳食营养的评价、管理和指导能力	D3、预防常见的及与营养相关的慢性病的饮食营养评估能力	D4、公共人群的营养评估能力	D5、特殊人群营养评估能力	D6、临床营养评估能力	
E、营养咨询能力	E1、基础营养咨询能力	E2、食品卫生咨询能力	E3、食品安全法规咨询能力	E4、营养烹饪知识咨询能力	E5、营养烹饪技术咨询能力	E6、中西点制作咨询能力	E7、中西餐制作咨询能力
	E8、解剖学、生理学、病理学及病理生理学知识咨询能力	E9、中医学与中药学知识咨询能力	E10、临床营养咨询能力	E11、公共人群的营养咨询能力	E12、特殊人群营养咨询能力		
F、营养宣教能力	F1、营养基础知识宣教能力	F2、食品卫生宣教能力	F3、食品安全法规宣教能力	F4、营养烹饪知识宣教能力	F5、营养烹饪技术宣教能力	F6、中西点制作宣教能力	F7、中西餐制作宣教能力
	F8、解剖学、生理学、病理学及病理生理学知识宣教能力	F9、中医学与中药学知识宣教能力	F10、临床营养技能宣教能力	F11、公共人群的营养宣教能力	F12、特殊人群营养宣教能力		

综合能力	专　项　能　力						
G、营销与管理能力	G1、营养信息管理能力	G2、礼仪与服务能力	G3、仓库物流管理能力	G4、营养所需仪器设备管理与维护能力	G5、财务管理能力	G6、绿色餐饮经营与管理能力	G7、社区营养管理和干预能力
	G8、保健食品与功能性食品的营销能力	G9、保健产品的营销能力	G10、营养食品的营销能力	G11、绿色菜点的营销能力	G12、创新创业能力		
H、产品开发能力	H1、营养信息管理能力	H2、财务管理能力	H3、保健产品开发与设计能力	H4、营养食品开发与设计能力	H5、绿色菜点开发与设计能力	H6、创新创业能力	
I、烹饪能力	I1、烹饪原料的识别能力	I2、仓库管理能力	I3、监督餐饮卫生能力	I4、财务管理能力	I5、烹饪原料的营养价值分析能力	I6、食品雕刻与冷拼能力	I7、中西点制作能力
	I8、中西餐制作能力	I9、烹饪操作能力	I10、菜肴制作能力	I11、现代厨政管理能力	I12、菜点设计搭配能力	I13、宴会设计能力	I14、餐饮管理能力

四、分析与讨论

（一）关于 CBE 的有效性

t-检验结果表明，CBE 与常规教学模式相比，学生在技能操作能力上提高更多，对使用创造性方法和策略有更强的自我效能感。这与笔者的前期假设基本一致，也证实了 CBE 具备重视学生的主体性，着重培养学生自学能力和创新能力的特点[5]。一方面，CBE 以培养学生职业能力为目标，能有效提高学生的技能操作能力；另一方面，在能力本位教学模式下，学生是课程的主体。他们能在课程实施中发挥主观能动性，有更强的自我效能感，培养创新能力。因而，CBE 应用于《临床营养》课程，通常情况下比常规教学模式更优越。

（二）学生干部经历和校园文化活动对技能素质培养发挥的作用

协方差分析结果表明，在能力本位教学模式下，学生干部在技能水平、学习动机、创新自我效能感和积极情感上主效应显著。这与笔者的前期假设基本一致。结果说明学生干部与普通同学相比，在技能大赛和社会实践等校园文化活动的组织参与中，得到了锻炼和培养，有更高的技能水平，在学习动机上更强，在创新自我效能感上更高，有更积极的情感。这也证实了校园文化活动是培养学生技能素质的有利途径[18-19]。

五、研究结论与展望

(一)研究结论

结合本研究的结果与讨论,我们可获得如下结论:

1.CBE 注重学生技能素质的培养,能有效提高学生的操作能力。

2.CBE 强调学生在学习过程中的主体性,能提高学生创新自我效能感中的创新策略信念。

3.校园文化活动是学生技能素质培养的有效载体。学生干部的经历能增强学生的技能素质。

(二)研究展望

今后,我们将从以下三个方面深入研究:

1.以后的研究将深入探讨在能力本位教学模式下,校园文化活动影响学生技能素质的条件和路径。

2.以后的研究将深入加强工作分析、专项能力分析、教学分析和教学开发,使课程更具科学性。

3.本研究选择了女性被试,相关结果能否推广到男生被试,还需要进一步分析。

参考文献

[1] Johnstone, S. M. & Soares, L. Principles for Developing Competency-Based Education Programs[J]. Change：The Magazine of Higher Learning,2014,46(2):12—19.

[2] 邓泽民.CBE 理论与在中国职教中的实践[M].北京:煤炭工业出版社,1995.

[3] 陈莉,康少泽.能力本位:高等教育教学过程中的一种新思想[J].高教高职研究,2007,11(4):4—5.

[4] Sanders, C. Competency-Based Education Programs：A Library Perspective[J]. Public Services Quarterly,2015,11 (2):151—162.

[5] Simpson, R. D. Competency-Based Education：Can We Accept the Mettle of the Model? [J]. American Biology Teacher,1977,39(2):109—110,117.

[6] McNamara,J. E. & Johnston, T. S. Model for Cost Effectiveness Analysis of CBE Assessment Strategies[M]. Washington, DC：Office of Education (DHEW),1979.

[7] 刘磊,傅维利.实践能力:含义、结构及培养对策[J].教育科学,2005(2):1—4.

[8] 梁明亮,张惠敏.全国高职院校技能大赛对教学改革和人才培养的促进作用[J].实验技术与管理,2011,28(2):161—163.

[9] 李炳华,丛丽,宋洪波.基于 CBE 模式的旅游管理专业实践教学体系构建[J].实验技术与管理,2011,28(3):235—243.

[10] 潘玉昆.借鉴加拿大 CBE 教学模式以深化高职教育教学[J].教育与职业:2009(24):

16—18.

[11] 周彩屏. 旅游职业教育 CBE 本土化教学模式的开发[J]. 职业技术教育,2007(14)：89—91.

[12] Johnstone,S. M. & Soares,L. Measuring Mastery：Best Practices for Assessment in Competency-Based Education. AEI Series on Competency-Based Higher Education [J]. Change：The Magazine of Higher Learning,2014,46(2):12—19.

[13] 洪素萍,林姗如. What ever you say,I Can do it——"学生创意自我效能量表"之编制[C]. 2004 年中国台湾第二届"创新与创造力"研讨会.

[14] 唐初奎. 技师学院教师实践技能素质培养研究[D]. 长沙:湖南农业大学. 2008.

[15] 邱林,郑雪,王雁飞. 积极情感消极情感量表(PANAS)的修订[J]. 应用心理学,2008,14(3):249—254.

[16] Pintrich,P. R. ,et al. Reliability and predictive validity of the Motivated Strategies for Learning Questionnaire (MSLQ) [J]. Educational and Psychological Measurement,1993(53):801—813.

[17] Guylaine,D. , Andrea,J. W. & Claude,S. The Development of an Undergraduate Competency-Based Coach Education Program[J]. The Sport Psychologist, 2006 (20):162—173.

[18] 李明宇,刘柏霞. 基于职业技能大赛视角的高职人才培养模式构建[J]. 教育与职业,2014(8):33—35.

[19] 刘克勇. (2009). 技能大赛是提升职业教育质量的最有效抓手[J]. 江苏教育,2009,6(2):15—16.

大学英语微课教学的策略分析[①]

钟剑波[②]

摘 要：教育教学改革之发展，对大学英语教学提出了更高的要求，如何在新形势下做好教学工作，是目前高校英语教师面临的重要问题。对此，微课作为一种新的教学方法被引入了大学英语课堂，受到师生广泛关注。本文以"大学英语微课教学的策略分析"为主要研究对象，从大学英语微课教学的意义展开论述，并对微课运用的具体策略进行了分析，以资借鉴。

关键词：大学英语；微课教学；策略

社会经济的发展和信息化技术的革新促使教育发展到了新的高度，多种多样的教学方法不断涌现，教育理念不断创新，微课（micro-lecture）也随之进入了人们的视野。微课的主要呈现方式是围绕学科知识点展开教学的5—10分钟的微视频，它有利于激发学生的学习积极性，满足其个性化学习需求，还能促进课堂的教学效果，不失为一种高效的教学方法。本文主要阐述大学英语微课教学的意义以及分析灵活运用微课进行教学，不断提升学生兴趣，提高教学质量的应用策略。

一、大学英语微课教学的意义

微课，是对大学英语教学的一种有效补充及完善，在大学英语教育中应用微课进行教学，不仅使课堂教学充满活力，丰富教学内容，还可提高学生兴趣，提升学习主动性，将其应用于大学英语教学的意义主要体现在：

其一，推进大学英语教学改革。微课融现代化信息技术和课程教学于一体，是教育新理念和现代教育技术的完美结合，其不仅促使大学英语教育理念发生改变，还推动了课程内容和教学体系的变革，使得当前的大学英语教学更注重以学生为主体，发挥学生主动性，并积极改变课程设置、教学方法及评价方式，推动了教学内容及体系之变革。

其二，有效促成新的教学关系之建立。大学英语教学多以集体授课和大班教学为主，忽略了学生的个性需求，不利于师生关系的良好互动及和谐发展。微课的引入，改变了传

---

① 发表于《校园英语》2016 年第 21 期。

② 钟剑波，浙江医药高等专科学校副教授，主要从事机器人控制研究。

统单一的教学方式,满足了学生个体的特殊需求,不仅有利于教师为学生提供更多的教学资源,还能使学生有选择性地学习,引导其更深入地探讨问题。这种教学方式使学生在学习中变被动为主动,既提升了学生的探究能力,也有助于教师转变角色,促进了师生关系的和谐发展。

其三,培养学生良好的自主学习习惯。微课内容丰富,形式多样,且利于保存和再利用,教师将整合好的微课资源发布于共享平台,有利于学生随时随地查阅观看,也可实现学习中的暂停与探讨。对于学生而言,这种教学方式便于其利用零碎时间进行学习,也有利于其根据自身所需进行知识的选择和复习,能为学生创设充足的思考空间,使之养成良好的自主学习习惯,提升综合素养。

二、大学英语微课教学的应用策略

(一)用于课前预习,促进学生自主学习

胡铁生老师认为,对某一知识点进行系统讲解的微课,时间一般都会超过 3 分钟,最长可能会到十多分钟,这种微课在课堂上播放,会占用太多的时间,影响正常的教学计划。笔者认为,这类微课适合应用于课前预习。传统的大学英语教学以学生课前自主预习为主,缺少教师的参与,主要依靠教材和参考资料进行学习,既难以提升预习效果,也不利于开拓学生思维,发挥学习主动性。微课的引入,打破了传统预习中的课文阅读、习题解答的课前预习模式,以背景知识提前了解、重难点知识提前思考、问题预设合作探究为主要方式,其不仅能为学生提供丰富的学习资源,还能通过视频、PPT 等多媒体工具,提升预习的乐趣,促使学生主动思考,提高自主学习能力。

(二)用于新课导入,激发学生学习兴趣

课堂导入对新课教学影响很大,成功的导入能充分激发学生兴趣,调动学习积极性,活跃教学氛围,促进学生主动思考。因此,在大学英语课堂授课的教学中,教师可灵活运用微课,设计新颖别致的新课导入,以引起学生注意,为接下来的教学打好基础。课堂中使用的微课,时长最好不要超过 3 分钟;要展示出问题,问题不应太多,有一个问题就可以,但问题的解决思路要有多种;设计的问题不要太简单,要有一定的挑战性,能够引起学生讨论的兴趣。例如,在教学"Applying for a job"一课的课文"Applying for a New Boss"时,教师可利用微课导入新课,将有关求职面试的微课视频播放出来,通过微课中最后设计的问题,组织学生热烈地讨论,引出课文主题——找到一个合适的老板(愿意并能够帮助你在事业上有所发展的人),促使学生满怀热情地投入到接下来的课文学习。

(三)用于重点分析,提高课堂教学质量

微课应用于大学英语重点知识的解析,能充分调动学生的学习积极性,提升教学效果,是辅助教师攻克教学重点的重要手段。一方面,微课中丰富的色彩、图像、声乐等元素能对学生形成感官冲击,吸引其注意力;另一方面,微课还可将抽象知识具象化,帮助学生更好地理解知识,提高教学质量。例如,在教学"过去完成时"的知识时,教师可用 PPT 展示时间轴图片,用含有过去时态的句子简单描述该图片,从而引出包含过去完成时态的复

合句：By the time Lucy got up，her sister had already washed all the clothes. 并配上相关的人物活动图片。接着教师可按照该方法继续展示时间轴，并配上人物活动图片和相关语句，以使学生深入理解所教知识点，提高教学质量。

（四）用于复习巩固，强化学生知识记忆

大学生的英语学习水平受初高中英语教学的影响，存在水平不均衡的现象，且学生的英语学习能力也存在差异，因而，教师在教学过程中难以做到全面兼顾，这就使得学生对知识的掌握出现了程度上的差别，学生个体对于知识的复习巩固需求也不尽相同。微课引入大学英语教学可以很好地解决这一难题。教师可将微课以不同的知识点为区分制作成相对独立且完整的知识体系，如表逻辑关系的词语集、语法结构知识点及其他知识点，以形成结构合理的知识系统，整合微课资源库，便于学生根据自身需求有针对性地选择微课资源来复习，并可以随时停止、回放、快进，确保自己能够理解内容。微课改变了学生的学习方式，加强学生对知识的理解与记忆，实现自主学习。

三、结语

综上所述，微课以其丰富的教学资源扩大了学生视野，使之获得全新的学习体验。运用微课策略，能很好地实现对传统大学英语课堂教学的补充，既有益于学生对知识的深入理解与熟练掌握，也有利于教师教学效益的提升，促进大学英语教学的长足发展。

参考文献

[1] 胡铁生. 微课：区域教育信息资源发展新趋势［J］. 电化教育研究，2011(10):61—65.

[2] 焦建利. 微课的现状、问题与趋势［EB/OL］. (2014-8-28)［2016-8-1]http://www.jiaojianli.com/7460.html.

[3] 巫雪琴. 校本微课资源建设与应用策略研究［J］. 中国教育信息化，2014(7):32—34.

[4] 杨晓燕. 论高职英语微课的设计及开发应用［J］. 海外英语，2016(2):54—55.

[5] 张春利. 微课程背景下大学英语翻转课堂教学模式探讨［J］. 普洱学院学报，2014,30(6):80—82.

[6] 郑小军，张霞. 高效网络化学习：理念、路径与策略［J］. 中国电化教育，2012(10):43—45.

电信市场营销课程在通信工程专业开设之初探[①]

彭涛[②] 梁丰 杨亚萍

摘 要：文章介绍了电信市场营销这门课程在通信工程专业的学生中开设的必要性，并结合了四年的教学经验探讨了营销类课程对通信工程专业学生知识结构的扩充，对未来的就业的帮助及教学改革方面的有关问题。同时，通过结合教学过程中出现的若干问题，提出了一定的解决方法和措施。

关键词：电信市场营销；小组讨论；实践性教学

一、课程设置的目的

中国电信行业经过十几年的重组和改革，已从以往的计划垄断逐步转变为现在的中国电信、中国移动和中国联通"三足鼎立"的电信市场。目前，特别是随着 3G 网络的建设和业务推广的不断加深，中国电信行业市场出现了前所未有的高速增长时期，同时，也带来了行业间的激烈竞争。运营商中设备技术支持的外包，促使该行业的三家企业从原来的技术主导逐步转变为目前的市场主导。

电信市场营销是介于通信行业和市场营销行业之间的一门边缘学科。传统的通信工程专业的学生，主要是以技术性学习为主，几乎没有涉及市场营销类的课程。同样传统的市场营销专业的学生主要是学市场，而非技术。在与本市区三大运营商的交流中，我们发现电信营销类人才的需求与日俱增，因此此类知识的掌握，对学生今后的就业具有一定的指导性。电信市场营销这门课程，正是在这种背景下应运而生。由于该课程的创新性和独特性，教学内容和教学方法必然不能与传统课程类似。通过四年的教学和建设，课程组对该门课程的认识和理解不断加深，对今后在通信工程专业的本科阶段开设相关电信市场营销类课程，进行了一次成功的摸索。

① 宁波市教育科学规划项目（YGH-09075）成果，发表于《浙江万里学院学报》2011 年第 9 期。

② 彭涛，宁波大学信息学院通信与信息系统专业 2010 级博士研究生，浙江万里学院电子信息学院讲师，主要从事光纤通信、电信营销研究。

二、转变教学理念

"教育"一词，自诞生以来就涵盖了两层意思，一个谓之"教"，一个谓之"育"。从主动与被动的角度来看，师者为之主动，学者为之被动。但随着时代的发展，这种传统的教育方式必然需要改变。特别是电信市场营销这门课程，具有很强的实践背景，但目前很多院校营销类课程的主讲教师均属于学院派，并不具有丰富的营销实践经验，故而此类课程照本宣科的情况不在少数。这种教育教学的方式肯定不能适应应用型人才培养的目标，所以在开设本门课程之前，就先定位电信市场营销这门课程的教育目的：为了让学生能够在走入社会之前，提前建立与社会的联系，让学生从被动学习，转变为知道以后工作需要什么样的知识和经验，而主动学习，从而改变我们对"教育"一词的更深层次的理解。因此在课程设置的时候，充分考虑到多渠道，让学生主动去市场中去摸索，并在摸索中发现问题，再通过学习的途径完成相应问题的答案。

三、改革教学方法

随着高校规模的不断壮大，两三百人一同上课的现象也并不罕见，而传统教学方法中，主要依靠教师在课堂上集中时间讲解课程的重点和难点，这种大规模授课的方式只能起到知识的传承作用，而不能真正起到知识的延续作用。这种情况导致了国内培养的优秀本科生甚至是研究生，一到国外便"水土不服"，而且这种现象比较普遍。特别是 80 后的学生，这批学生在社会和家庭的双重呵护下，依赖性会更强。传统的大班授课可能效果会不是很好，但由于国内学生人数、师资等方面条件的限制，像国外"点对点"培养模式也并不适合我国目前的国情。如今，PBL（Problem-Based learning）教学方法在国外高校中已经得到了相当的普及，高校教师的角色不再是"教练"，而更像是"陪练"。这种启发式教学方法对提高学生的学习兴趣，培养学生分析问题、解决问题等方面的能力有很大的帮助。所以，在电信市场营销这门课程中，我们采取了大班理论授课、非正式合作性小组讨论和课后实践的方式进行。

（一）理论授课

由于电信市场营销属于专家级营销，即必须在掌握丰富通信专业知识的前提下进行的市场营销活动。而通信工程专业的教师并不具备市场营销方面的知识结构，因此在开设课程之前，我们安排了课程组的老师参加运营商的岗前培训，邀请业内专家给我们开设讲座，还与营销专业的教师进行了长期的交流。因此在理论授课方面做好了积极的准备，同时我们还定期邀请相关专家为学生进行授课。

市场营销是一门实践性很强的应用学科，理论联系实际，从实践中学习营销理论和营销方法无疑是最合适的方法。自 1870 年，C. C. Langdell 首次将案例分析引入法学教育，案例教学法逐渐渗透到医学、商业、公共管理等学科。在课程中与电信市场的融合，对推动电信运营商的营销实践，具有很重要的现实意义。

由于电信学院的学生平时接触不到营销知识，所以我们有意引导学生在选修课程中适当选修部分营销类课程,这对他们综合素质和社会适应能力的提高有很大的帮助。在具有一定的营销理论基础上,本课程可以避免照本宣科或者变成纯粹的市场营销专业的理论课程。通过电信营销案例的介绍和分析,不但巩固了营销理论,更增强了实践应用的经验。

理论授课环节,主要是通过分析全球电信市场特别是中国三大运营商成功的营销案例,比如中国电信部分地区的小灵通业务、中国移动的动感地带、中国联通的 iPhone 策略等,通过学习这些成功项目运作的过程,让学生了解一项成功的营销所需要的全部过程,以及在电信营销的过程中需要掌握的电信方面和营销方面的专业知识。通过四年的摸索,本课程的教学计划和教学内容得到了丰富和完善。同时随着 3G 技术的发展,成功的营销策略会不断出现,为今后本课程内容的丰富提供了相当多的素材。

(二)课后实践

本门课程能够继续发展下去的前提,一定是能够给学生提供相当多的实践的平台。因此,我们通过联系本区的中国电信、中国联通和中国移动,安排学生以小组的方式参与它们在学校中或在社会上的实际营销活动,并在校内组织各运营商的俱乐部,让学生真正地参与电信市场的营销,并将课堂中学到的成功和失败的案例切实运用到实际的营销过程中。

(三)小组讨论

纯粹的理论授课,可能部分同学并不感兴趣。为调动每一位同学的积极性,我们增添了小组讨论的环节。通过在实践环节形成的若干小组,课前可以由老师提出某些电信市场失败的案例,比如铱星的陨落等,让学生课后通过网络等各种途径获得相关资料,自己分析失败原因,并由小组选派人员在小组讨论时发言,并提出该项目失败的改进意见,由各小组相互评判,并在讨论课后上交项目修改意见,最后由授课教师总结。通过小组讨论失败的经验,不但可以让学生深刻电信市场营销需要注意的关键问题,还可以提高他们的合作精神,更能够为将来他们进入社会从事相关工作提供相关经验。

同时,我们还会安排某一特定的营销活动或者营销策划,比如,某运营商 3G 业务套餐的设定和推广,让各个小组各显其能,充分发挥他们的积极性和主动性。最后通过小组总结,找出此次活动中的缺点和不足,并提出相应改进意见。此法对小组内的每一位同学都有一定的促进作用。

四、改变考核方式

传统的"一纸定乾坤"的考核方式越来越不适应现在的人才培养过程,特别是电信市场营销这门课程。若采用试卷考试的考核方式,势必将学生的大部分精力放在教科书上,这有悖于该课程的开设初衷。所以我们最后的考核根据教学的三个环节分别打分,加权后成为学生的最后成绩。特别是讨论环节和实践环节,占到成绩的大部分。这样既可以让学生从教科书中摆脱出来,但又不完全脱离教科书;既可以把学生推向社会,又可以让学生带着问题回到课堂上。

五、扩大教学外延

传统教学方式的一个很大问题在于,教育只局限于课堂短短的几十分钟,除了极少部分的学生有目的学习外,绝大部分的同学都是被动接受知识。如果学生的学习时间只停留在课堂上,那我们的教育必然是出现了一定的问题,而通过观察我们的图书馆学生利用率,就会发现我们不希望出现的现象已经真实地存在,并在学生中不断地蔓延。如何扩大我们教学的外延,让学生因非应付考试的目的去学习,我们做了大胆的尝试。通过改变教学方式和考核方式,主要评判学生平时小组讨论过程中的表现,特别是课前资料准备,课时发言情况,以及课后讨论总结的提交,这样就平时把学生拉进了图书馆,考前把学生拉出了图书馆,真正达到了让学生学习的目的。

六、阶段性总结

由于我国通信工程本科专业中还没有类似课程的开设,因此我们在开设的过程中遇到过很多的问题,比如,三个环节教学环节的时间安排比例、小组讨论的人数确定、教师在学生讨论的过程中角色的确立、学生实践活动的安排、与运营商长期合作及基地建设等。通过四年的不断摸索,我们在解决问题的同时也在不断地发现问题。但在课程建设的过程中,我们逐渐认识到对于与我校类似的各大高校的通信工程专业,开设电信市场营销及相关课程具有极大的必要性。

通过毕业生就业跟踪,我们欣喜地发现,目前有不少通信工程专业的学生正在从事着相关电信营销类的工作,且业绩好的毕业生已经提为市场部经理等重要职位的领导。相信伴随着中国电信业务的发展及国家提出的应用型人才培养的目标确立,电信市场营销类课程会在越来越多的高校中开设,并对未来学生的就业提供更加广阔的途径。

参考文献

[1] 林有宏,黄宇芳.电信行业精确营销:方法与案例[M].北京:人民邮电出版社,2007.

[2] 大卫·W.约翰逊,罗格·T.约翰逊,卡尔·A.史密斯.合作性学习的原理与技巧——在教与学中组建有效的团队[M].刘春红,孙海法,译.北京:机械工业出版社,2004.

[3] 匡斌.电信营销-案例精选[M].北京:北京邮电大学出版社,2005.

[4] 钱国英,白非,徐立清.注重创新型人才的能力培养,探索合作性学习的教学方式[J].中国大学教学,2007(8):20—22.

财会类专业"课证融合"教学模式的探索与实践

——基于浙江万里学院的实践

杨　光[①]

摘　要：文章认为课证融合对应用型本科院校意义重大，针对目前财会类专业课证融合存在着重学历教育，对考证的认识有待提高、教师对"课证融合"的积极性不高、学生考证比较盲目无序、辅助学生考证的长效机制尚未建立等不足之处，提出具体改革内容和改革目标，最终实现课程和考证有机融合。

关键词：课证融合；财会类专业；会计教育

"课证融通"是把职业考证项目贯穿于人才培养方案，使专业人才培养目标与职业岗位要求相统一、教学内容与职业资格考证内容要求相融合。"课证融合"可以从宏观和微观两个层面来理解。宏观上，"课"代表专业人才培养目标，"证"代表职业岗位要求；微观上，"课"代表专业课程，"证"代表职业考证。财会类专业指会计学、财务管理、审计学专业。

一、课证融合的意义

财会类职业资格证书有较高的社会认可度[②]。每年参加各类财会类职业资格证书的人数仅次于高考，其已经成为衡量会计人员职业能力的重要标志之一。从无忧工作网、智联招聘网、猎聘网、浙江人才网、宁波人才网招聘会计人员的要求可以看到，几乎所有招聘的高素质的会计人才如财务总监都需要有会计师、注册会计师、国际注册内部审计师、高级会计师等中高端证书，而招聘总经理、营销总监、人力资源总监等主要强调的是工作经验。

财会类职业资格证书都是根据现行的财会类理论、实务和法规来确定考试大纲，有很强的实用性，中高端财会类职业资格证书理论性和实务性结合得非常好，如国际注册内部审计师、注册会计师，这也正是用人单位看重财会类职业资格证书的主要原因。

---

① 杨光，浙江万里学院商学院副教授，主要从事财务会计、创业管理研究。

② 虽然国务院取消一部分职业资格认定，但是会计从业资格、初级会计师、注册会计师因为有法律依据不在其列，国际注册内部审计师本来就是一个国际证书，不在国家职业资格证书系列，不会被取消。

本项目的意义具体表现在以下几个方面。

(一)"课证融合"能更好地满足地方经济对高素质财务会计人才需求

浙江四大国家战略举措(浙江海洋发展示范区、义乌国际贸易综合改革试点、舟山群岛新区、温州金融综合改革试验区)需要大量的高素质的会计、审计、财务管理专业人才,拥有中高端财会类职业资格证书的人才最为紧缺。地方院校会计本科教育主要培养的是适应地方经济的应用型会计人才,为了实现会计学本科人才培养目标,应坚持以职业岗位为导向,以职业能力为本位,以职业素质为核心,面向地方经济,面向市场需求,面向作业流程,细化会计学专业人才的知识结构、能力结构和素质特征,着力打造具有职业核心能力和专业技术能力的高素质应用型人才,努力提高学生的资格取证率,提高学生的就业竞争力。因此,"课证融合"能更好地体现社会需求,满足地方经济对高素质财务会计人才需求。

(二)"课证融合"是提高地方院校财会类专业教学质量的重要抓手

高校扩招使高等教育本身从精英教育走入了大众化教育时代。地方本科为主的院校财会类学生考上研究生和公务员的比率比较低,大量的学生将进入企业、金融机构、事业单位从事财会类相关工作。地方高校培养目标是应用型人才,如何保证教学质量,如何使毕业生得到社会的认可,保证应用型人才的质量成为广为关注的焦点。地方院校财会类人才的质量指标已不能简单地用学业成绩来衡量,财会类职业资格证书已经成为衡量会计人员职业能力的重要标志之一,学生能否取得社会认可度高的各种资格证书是衡量应用型财会类专业教学质量的具体指标之一。地方院校财会类专业可以通过"课证融合"作为抓手,提高学生的考证通过率,使学生的素质得到社会的认可,进而使社会认可专业教学质量。

(三)体现应用型大学暨财会类专业办学特色的需要

会计学专业旨在培养德、智、体全面发展,系统掌握会计、财务管理、审计知识,具有较强的会计核算、审计和财务管理能力,能够在各类企业、事业单位和政府部门从事会计、财务管理、审计、税务等工作,遵守职业道德,人格健全,思维敏捷,身体健康,具有国际交流能力、自主学习能力和学术研究能力的创新创业人才。财务管理专业培养适应现代市场经济需要,具备人文精神、科学素养和诚信品质,具备经济、管理、法律和财务管理等方面的知识和能力,具有较强的财务处理、财务分析、财务决策和风险控制等方面的综合素质,富有创新性和适应性,主要面向中小企业,能够从事公司理财、会计、投资分析等工作的应用型财务管理人才。

我们的财会类专业的特色应该是体现在专业知识扎实、动手能力强、适应能力强、勤奋务实上,如果我们的学生能够很快适应各类会计、审计、财务管理、税务岗位,将在社会形成良好的口碑,用人单位也会青睐我们的毕业生。我们要通过"课证融合"来使得学生不仅能够取得证书,更多的是使自己的专业技能得到提升。"课证融合"能够使得我们的课程更加接地气,更加适应社会的需要。

二、财会类专业课证融合的现状分析

虽然对财会类学生考证的重视程度在不断提高,但是目前国内财会类专业在人才培养方面存在一些需要改进的地方。

(一)重学历教育,对考证的认识有待提高

1.课证融合度不高。学校教育资源主要维持理论和实务教学的正常运转,职业资格证书考试内容与正常教学的课程没有很好地融合。

2.认为考证是多此一举。一部分教师还未认识"课证融合"教育的重要性,觉得现在生源不错,学生也能够找到工作,传统意义上的学习就可以,考证由学生自己自主进行或走上工作岗位以后再考。这也是缺乏危机意识的典型表现,时间一长,我们的专业将没有过多的竞争力,学生的社会认可度也难以提升。

3.认为职业资格证书对本科生意义不大。认为考证是小儿科,是高职院校才会主动抓的,本科院校学生没有必要去追求考证率。

4.认为考证内容没有多少理论性,只是死记硬背。低端的证书科目可能需要记忆的比较多,如会计从业资格证书;而中高端的证书科目是理论与实务并举,没有扎实的理论基础难以通过考试,如国际注册内部审计师考试始终贯穿风险导向审计理论,注册会计师各门课程需要很强的理论基础,通过"课证融合"可以很好地完善我们的课程体系。

正是这些误区使得"课证融合"人才培养模式没有得到根本性的确立。多年来,应用型人才逐渐成为人才培养目标的重要指标,各种政策、制度和措施在不断地出台,但人才培养模式仍没有得到根本性转变。一是各种政策、制度和措施没有形成一个系统的体系,而只是在传统培养模式的基础上局部修正和补充;二是形式重于实质,在课证融合人才培养中没有起到很大的作用。

(二)教师对"课证融合"的积极性不高

课证融合需要在课程中融入考证内容开设新的辅导课程,需要花费更多的时间和精力,长期以来课证融合教育还没有真正纳入教师教学工作业绩考核范围,在教师岗位聘任、职称晋升等待遇上还没有和课证融合教育挂钩,一定程度上影响教师的积极性。

(三)学生考证比较盲目无序

财会类职业资格证书很多,很多学生因为缺乏规范的指导,没有结合自己的职业生涯规划和个人特质来选择合适的项目,考试显得盲目,也影响通过率,阻碍着职业能力和素质的提高。学生独自报名考试,花费时间、精力,培训很多也是自己去找各种培训班,效果也是良莠不齐。

(四)辅助学生考证的长效机制尚未建立

目前辅助学生考证的长效机制尚未建立,每次报名、辅导都是临时组织,与有关报名考试机构也未建立长期的合作关系,没有形成一个常态化的组织机制。每次到报名时学生纷纷请假,有的回到老家报名、培训,存在一定的安全隐患。

职业资格证书是财会人才进入职场的敲门砖。经过多年的努力,现在高校的师资在

专业知识和学历层次上已经得到很大的提升。但是在教师队伍中，没有经历过实际工作的锻炼，他们在"课证融合"教育方面没有多少心得体会，自然难以适应课证融合教育工作；学生考证也有一定的盲目性，长期以来学生考证的通过率也不甚理想。因此需要为学生建立一个辅助学生考证的长效机制。

三、具体改革内容和改革目标

（一）改革内容

1.建立一个财会类考证的辅导网络或机构（不是行政机构），变无序为有序。改革就是要变现在学生考证的无序状态为有序状态，我们成立一个由商学院和会计系领导牵头，骨干培训老师具体负责的财会类培训、考证指导机构，建立一个常态化的网络，及时指导学生选择报考项目、报名、学习辅导、考后总结等一系列的工作，变过去的无序状态为有组织的有序状态。

2.改革财会类专业的人才培养方案。培养方案是人才培养模式的核心，决定着所培养人才的质量。"课证融合的财会类专业教学模式"要求改革传统的"理论＋实务型"人才培养方案，紧跟学术和实务前沿，构筑动态的"双证型"人才培养方案，将会计从业资格证、初级会计师、外贸会计、注册会计师、税务师、国际注册内部审计师、理财规划师、管理会计师等初、中、高端会计职业资格证书的相关课程内容逐步纳入到课程体系中（详见表1），学生根据自己的专业兴趣有选择地进行学习并通过考试获取相应的证书。

表1　目前适合学生在校或毕业参加考试的主要的财会类证书

证书名称	级别	培养方案	最适合专业①※	考试时间
会计从业资格证	初级	融入基础会计学核心课	全部	在校，每年
初级会计师证书	初级	融入基础会计学、经济法	全部	在校，每年
助理理财规划师	初级	融入理财规划师模块课	财管	在校，每年
国际注册内部审计师	中高级	融入国际注册内部审计师模块课	会计	大四
税务师（原注册税务师）	中高级	融入税务师模块课和选修课	财管	毕业后三年
注册会计师考试	高级	融入注会模块课和选修课	全部	毕业当年
美国管理会计师	中高级	逐步引入	财管	毕业后
ACCA	高级	逐步引入	会计	在校生可以考

3.考证与教学内容相结合。将考证科目纳入教学计划，融入教学内容，使其相辅相成，如表2所示。第一阶段是2013级、2014级在涉及证书考试科目的相关教学课程中融入考试内容，并通过素质拓展、考证导师制、单独辅导、印制相关资料等多途径开展辅导；第二阶段是在教学计划中逐步融入美国管理会计师、英国ACCA等国际高端证书课程。

---

① 注：这里只是讲最适合专业，实践中因为财会类专业课程相近的比较多，很多同学不是按照所选模块来考证的，如2014年有两位财务管理专业同学全科通过国际注册内部审计师考试。

表 2　证课对应表格　（根据 2013 级、2014 级教学大纲整理）

证书类别	证书考试科目	相关教学课程	课程类别
会计从业资格	财经法规与会计职业道德	经济法★	基础教学课程
	会计基础	基础会计学★	基础教学课程
	初级会计电算化	会计信息系统	专业教学课程
初级会计师	初级会计实务	基础会计学★	基础教学课程
	初级经济法基础	经济法★	基础教学课程
助理理财规划师	职业道德和理论知识	理财规划经济与金融基础	专业教学课程
		理财规划财务与计算基础	专业教学课程
	专业能力	理财规划税收与法律基础	专业教学课程
		理财规划实务	专业教学课程
国际注册内部审计师	内部审计基础知识	内部审计基础知识	专业教学课程
	内部审计实务	内部审计实务	专业教学课程
	内部审计知识要素	内部审计知识要素	专业教学课程
		企业管理与信息技术	专业教学课程
注册税务师	财务与会计	财务与会计案例	专业教学课程
		中级财务会计★	专业教学课程
	税法一	税法★	专业教学课程
		税收案例分析(1)	专业教学课程
	税法二	税法★	专业教学课程
		税收案例分析(2)	专业教学课程
	税收相关法律	税收案例分析(1)(2)	专业教学课程
	税务代理实务	税务代理实务	专业教学课程
		纳税筹划	专业教学课程
注册会计师	会计	会计★中级财务会计★	专业教学课程
		高级财务会计★	专业教学课程
	审计	审计学★	专业教学课程
	财务成本管理	财务管理★	专业教学课程
		财务成本管理★	专业教学课程
	经济法	经济法★	专业教学课程
	税法	税法★	专业教学课程
	公司战略与风险管理	公司战略与风险管理	专业教学课程
		内部控制与公司治理	专业教学课程

4.完善财会类专业的人才培养目标。"课证融合"的财会类专业教学模式以"应用型人才"为自己的培养目标。"应用型人才"的标志之一是在坚实的专业知识的基础上拥有职业资格证书,为未来能够成为企业管理团队中的财会专家奠定基础。在职业资格证书上的培养目标是2013级、2014级学生毕业时拥有会计从业资格证分别达到90%、95%以上,初级会计师的拥有率达到35%、40%以上,以后逐年提高,在初、中、高端证书上,根据自己的职业生涯规划选择报考1—2个职业资格证书,如会计学专业侧重选择外贸会计、国际注册内部审计师、注册会计师模块课程;财务管理专业侧重选择助理理财规划师、注册纳税筹划师模块课程;学生也可以根据自己的兴趣选择,如财务管理专业学生选择国际注册内部审计师,目前已有成功案例。

5.开展考证导师制。实行考证导师制,安排有理论和实践经验的老师指导学生考证,学生通过各种方式与导师联系,随时解决学校学习与考证的结合问题。导师可以不定期、以不同方式对学生进行指导,包括授课、复习及答疑指导。导师制使学生将理论知识与考证实务相结合,对所学的专业增加更多的实务知识。

6.增设素质拓展项目,强化考证培训。对于专业方向模块外的学生学有余力需要考证的,可以在素质拓展中增设财会类考证培训项目,引导学生参加职业资格证书考试、循序渐进地参与每年举行的会计从业资格证、初级会计师、注册会计师、税务师、国际注册内部审计师、理财规划师、管理会计师等考试。

(二)改革目标

这样学生可以结合自身的特点、职业规划来选择学习考证的项目,也不必为报名、培训而到处奔波,既减轻经济负担,又有大量的时间集中学习。

1.成立一个常态化的财会类考证辅导机构(不是行政机构),资源共享。机构负责宣传考证项目,组织学生报名、辅导、考后总结等一系列工作,减轻学生负担。以前学生重复购买学习资料,分散报名,花费不菲,现在可以资源共享,最大程度减轻学生负担。

2.调动学生的考证积极性。通过有组织、有目标、有榜样的活动,激励学生为提升专业技能和就业竞争力积极参加考证。第一阶段是2013级、2014级在涉及证书考试科目的相关教学课程中融入考试内容,并通过素质拓展、考证导师制、单独辅导、印制相关资料等多途径开展辅导;第二阶段是在教学计划中逐步融入美国管理会计师、英国ACCA等国际高端证书课程。

3.调动学生的学习积极性和主动性。考证项目目的性强,社会认可度高,对学生的吸引力大,可以通过课证融合来提高学生的学习积极性和主动性。

4.培养学生的实务动手能力和社会适应能力。通过鼓励学生参与考证,提高学生的实务动手能力。在巩固所学理论知识的同时,培养学生独立思考和适应社会的能力。通过课证融合引导学生将管理学、经济学、数学、金融学、法学等课程的知识与专业知识整合,形成以专业能力为基础的综合能力。

5.通过考证提升学生考证通过率和就业竞争力。借助于"课证融合"、素质拓展、考证导师制、单独辅导、印制相关资料等多途径开展辅导,以多途径、全方位地提高学生的考证通过率和就业竞争力。目前会计从业资格拥有率不足80%,初级会计师证书拥有率不足30%,在职业资格证书上的培养目标是2013级、2014级学生毕业时拥有会计从业资格证分别达到90％、95％以上,初级会计师证书的拥有率达到35％、40％以上,国际注册内部审计师、理财规划师、外贸会计有新的突破。

6.逐步向国际化的证书迈进。目前学生在国际注册内部审计师(CIA)上取得很大的突破,逐步在课程设置上要达到美国管理会计师、英国ACCA考试的要求。这是我们国际化办学的重要成果,也是建立国际商学院的重要标志之一。

四、实施方法和具体实施计划

我们根据财会类考证的情况,梳理适应学生职业发展的各类考证项目,做出总体规划,联系相关考试报名机构,报请学院成立一个辅导机构或网络(不是行政机构),对本校和兄弟院校过去的考证情况进行分析总结,结合学校的总体教学安排和管理框架,在原培养计划的基础上,对课证融合的财会类专业教学模式的内容和组织形式进行拓展和调整,对学生考证环节的组织和安排进行详细计划。

(一)具体实施方法

1.全面搜集财会类考证的情况,梳理适应学生职业发展的各类考证项目,厘清考试时间、条件、考试难度、社会认可度等。

2.对会计师事务所、税务师事务所、大中型企业财会类人才的需求源进行调查,从安全三江审计集团、君和税务师事务所、永发集团有限公司等类型的企业角度考察提出财会类专业"课证融合"的教学模式人才的培养规格、质量要求和评价标准。

3.对浙江财经大学、浙江工商大学、宁波大学、宁波工程学院等校在校大学生进行调查,从学生的角度研究一种可接受的,也是期望的课证融合的财会类专业教学模式,便于学生根据自己的兴趣爱好和愿望规划职业生涯,选择考证项目。对浙江财经大学、宁波大学的ACCA班进行深度考察,提出以后发展计划。

4.对"课证融合的财会类专业教学模式"的实施者,即任课教师、指导教师进行调研,广泛听取教师对传统培养模式的总结和对新模式的建议。

5.对兄弟院校(特别是财经类院校)进行考察学习、调研,充分吸取兄弟院校财会类专业"课证融合"的教学模式人才培养的教育理念和成功经验。

6.对我校多年来实施的辅导学生考证教学模式的成效进行总结分析。邀请毕业生、用人单位、会计师事务所、税务师事务所进行座谈,对我校多年来实施的辅导学生考证教学模式的成效进行总结分析,提出改进建议。

7.结合工作实际开展课题研究,对课题的阶段性研究成果进行试点,对试点成效进行总结分析,在此基础上进一步完善研究成果。

(二)具体实施计划

在2013级、2014级的教学计划中融入考证科目,使得教学内容和考证内容相辅相成,以后在教学中形成常态化的辅导机制(以2013级会计学专业、财务管理专业为例见表3—表4)。

表 3　2013 级会计学专业课证对应表　（根据 2013 级教学计划制订）

课程类别	模块	课程名称	融入考证科目	对应证书
基础教学课程	所有模块	经济法★	财经法规与会计职业道德	会计从业资格
			初级经济法基础	初级会计师
			经济法	注册会计师
	所有模块	基础会计学★	会计基础	会计从业资格
			初级会计实务	初级会计师
专业教学课程（必修）	所有模块	会计信息系统	初级会计电算化	会计从业资格
	注册会计师	税法★	税法	注册会计师
			税法一、税法二	税务师
		会计★	会计	注册会计师
			财务与会计	税务师
		财务成本管理★	财务成本管理	注册会计师
			财务与会计	税务师
		审计★	审计	注册会计师
		公司战略与风险管理	公司战略与风险管理	注册会计师
	国际注册内部审计师	税法★	税法	注册会计师
			税法一、税法二	税务师
		中级财务会计★	会计	注册会计师
			财务与会计	税务师
		成本管理会计★	财务成本管理	注册会计师
		高级财务会计★	会计	注册会计师
		财务管理★	财务成本管理	注册会计师
			财务与会计	税务师
		审计学★	审计	注册会计师
		经营分析和信息技术	内部审计知识要素	国际注册内部审计师
		经营管理技术	内部审计知识要素	国际注册内部审计师
		内部审计原理	内部审计基础知识	国际注册内部审计师
		内部审计实务	内部审计实务	国际注册内部审计师
专业教学课程（选修）	选修课	纳税筹划	税务代理实务	税务师
		内部控制与公司治理	公司战略与风险管理	注册会计师

注：2013 级教学计划上有外贸会计模块，但实际选修人数不够，没有开设。

专业主干课程以★号表示。

课程分一、二的合并为一门课程对应，如税法一、税法二合并为税法。

表4 2013级财务管理专业课证对应表 （根据2013级教学计划制定）

课程类别	模块	课程名称	融入考证科目	对应证书
基础教学课程	所有模块	经济法★	财经法规与会计职业道德	会计从业资格
			初级经济法基础	初级会计师
			经济法	注册会计师
		基础会计学★	会计基础	会计从业资格
			初级会计实务	初级会计师
专业教学课程（必修）	所有模块	税法★	税法	注册会计师
			税法一、税法二	税务师
		中级财务会计★	会计	注册会计师
			财务与会计	税务师
		财务管理★	财务成本管理	注册会计师
			财务与会计	税务师
		审计★	审计	注册会计师
	税务师	财务与会计案例	会计	注册会计师
			财务与会计	税务师
		税收案例分析（1）	税法一、税收相关法律	
		税收案例分析（2）	税法二、税收相关法律	
		税务代理实务	税务代理实务	
	理财规划师	理财规划经济与金融基础	理财规划理论知识	理财规划师三级
		理财规划财务与计算基础	理财规划理论知识	
		理财规划税收与法律基础	职业道德和理论知识	
		理财规划实务	专业能力	
专业教学课程（选修）	选修课	企业战略与风险管理	公司战略与风险管理	注册会计师
		高级财务会计	会计	注册会计师
		公司治理与内部控制	公司战略与风险管理	注册会计师
		纳税筹划	税务代理实务	税务师

注：2013级教学计划上有注册税务师和理财规划师模块。注册税务师现称税务师。
专业主干课程以★号表示。
课程分一、二的合并为一门课程对应，如税法一、税法二合并为税法。

五、项目预期的成果和效果

（一）成效分析

财会类专业"课证融合"的教学模式的成效主要体现在以下几个方面。

1.实现财会类专业从传统的"单证型"向"双证型"复合人才培养模式的转变。取得社会认可度高的财会类职业资格证书是培养目标之一。

2.有效提升学生通过率和就业竞争力。目前会计从业资格拥有率不足80％。初级会计师证书拥有率不足30％，在职业资格证书上的培养目标是2013级、2014级学生毕业时拥有会计从业资格证分别达到90％、95％以上，初级会计师证书的拥有率达到35％、40％以上，国际注册内部审计师、理财规划师、外贸会计有新的突破。考证导师制不定期、以不同方式对学生进行指导，包括选择考试项目、时间安排及答疑。学生能够将专业知识与考证相结合，提升就业竞争力。

3.理论课程与考证课程高度融合。将考证所需的理论和专业知识与专业课程较好地融合，更好地体现社会需求。第一阶段是2013级、2014级在涉及证书考试科目的相关教学课程中融入考试内容，并通过素质拓展、考证导师制、单独辅导、印制相关资料等多途径开展辅导；第二阶段是在教学计划中逐步融入美国管理会计师、英国ACCA等国际高端证书课程。

（二）实践应用成果

以国际注册内部审计师为例，据不完全统计（因为有些学生的成绩未能知晓），会计系2009级学生谢其贝、陈丽、潘祁芳、徐蕾、李霞、杜丽莉、高婷、汪思思、朱菲菲、马丹萍、金星等11位同学取得全科通过的好成绩，另有支宣宣、吴相薇等多名同学通过1—3门课程，这是继2007级学生李燕2010年全科通过、会计学2008级学生於佳茜、徐璐2011年全科通过后再次取得新的突破。2014年会计系有5名同学全科通过考试，15位同学通过2门课程。2015—2016年有2名同学全科通过。

在2013级、2014级学生中应用并提高其考证通过率。受益学生为浙江万里学院商学院的2013级、2014级财会类专业共700多人，这种应用将明显提高学生的考证能力。总结经验后可以在2015级及以后全面推广，形成常态化的辅导机制。

这项培养方案将形成常态化的机制，不断地得到完善和发展后，可以在浙江省乃至全国财会类专业进行推广，受益学生将更为广泛。

项目成果：

1.提高应用型本科会计教学的质量和有效性。本项目通过与财会类专业证书的融合，提高应用型本科会计教学的质量和有效性，满足企业实际人才需要。

2.低、中、高端证书并举，体现本科教育特色。本项目不同于职业院校的以取得会计从业资格证和初级会计师为目的的课证融合模式，推行低、中、高端证书并举的模式，既有会计从业资格证和初级会计师等低端证书，也有注册会计师、国际注册内部审计师、理财规划师、管理会计师等中高端证书，体现本科教育特色。

3.建立常态化的"双证型"人才培养机制。课题负责人有多年企业会计工作经验和10多年会计教学科研经验,拥有注册会计师、高级会计师、国际注册内部审计师、税务会计师、信用管理师、企业培训师等多项职业资格证书,多年从事考证辅导,课题组其他几位成员也全科通过注册会计师职业资格考试,有多年考证培训经验。会计系可以组建团队建立常态化的"双证型"人才培养机制。

(三)项目创新之处

1.教学理念的创新。以构建"课证融合的财会类专业教学模式"为基础,提高专业教学质量,提高学生考证通过率,提升学生就业竞争力。

2.课程内容创新。将考证内容融入教学计划中,更加贴近社会需求。第一阶段是2013级、2014级在涉及证书考试科目的相关教学课程中融入考试内容,并通过素质拓展、考证导师制、单独辅导、印制相关资料等多途径开展辅导;第二阶段是在教学计划中逐步融入美国管理会计师、英国ACCA等国际高端证书课程。

3.学习方式的创新。学生可以采取课堂教学、课后辅导、素质拓展、相关网站辅导、师生交流等多种方式展开学习讨论,有利于提高考证效果。

4.减轻学生负担。统一组织报名,使学生有更多的时间投入学习。课证融通,消除外出培训的安全隐患。

基于应用型人才培养的环境分析与监测课程群的构建与实践[①]

夏静芬 唐 力[②] 芦 群 杨国靖 沙昊雷 陆菁菁

摘 要:环境分析与监测类课程是环境科学专业的核心课程。本文以课程群建设为切入点,实践了基于应用型人才培养的地方本科院校环境分析与监测系列课程的改革,构建了由理论教学、实验教学、实习实训、素质拓展四大环节组成的课程群教学体系。探讨了提升课程群教学效果和学生综合应用能力的"问题导向—网实结合"的探究式教学方法和"全过程、多元化"评价方法。

关键词:应用型;环境分析与监测;课程群;问题导向

培养高层次应用型人才是应用型本科教育的主要任务之一,而人才培养目标的实现归根结底是课程及课程体系的改革和完善。近几年,我校的环境科学专业课程建设已取得了一些成效[1,2],积累了经验,这为优化教学过程,提高教学质量,推动高层次教学改革,培养专业合格人才起到了良好的作用。但是,以往所进行的课程建设基本上是单门课程结构的整合与改革,忽视了相关课程间的横向联系和交叉综合,从而导致专业课程间的教学合力不能发挥,专业培养优势不能凸显,教学效果也得不到最大程度的提升[3,4]。在社会经济飞速发展的今天,我校环境科学专业要培养适应经济社会发展需要的应用型人才,就对专业课程的建设和改革提出了新的要求,即要求课程建设必须由单门课程建设与改革转向课程群的建设与改革[5,6]。

环境监测与分析课程群课程是环境科学专业系列课程中的重要组成部分。这些课程基于化学分析理论,以化学分析手段为主,研究环境中各种污染因子的分析方法、监测理论、实验操作技术和实验数据的统计分析与处理,实践性强,在环境科学专业本科生培养中占据非常重要的地位。课程组理顺了环境分析与监测相关课程的关系,以问题为导向集中力量对课程群结构、课程内容、教学方法和手段、评价方法等进行系统性改革,进而获得了课程设置、教学内容、实践平台、教学方法和手段的整体优化,有效提高了教学质量。

① 浙江省高等教育教学改革项目"应用型高校环境科学专业环境分析与监测核心课程群的构建与实践"(jg2015141)成果。

② 夏静芬,浙江万里学院生物与环境学院副教授,主要从事环境分析与监测的研究与教学。
唐力,浙江万里学院生物与环境学院讲师,主要从事环境分析与监测的研究与教学。

一、课程群构建的思路

课程群教师瞄准环境科学专业应用型人才培养的定位,按照"基础为主,强化实践,面向应用,提高素质"的培养目标,以课程优化整合为重点,改革教学内容、教学方法与手段为主要内容,对原有教学体系中相关课程进行优化重组,构建了由理论教学、实验教学、实习实训、素质拓展四大环节组成的以技能型和应用型的分析监测人才培养为核心的环境分析与监测课程群教学体系(如图 1 所示)。

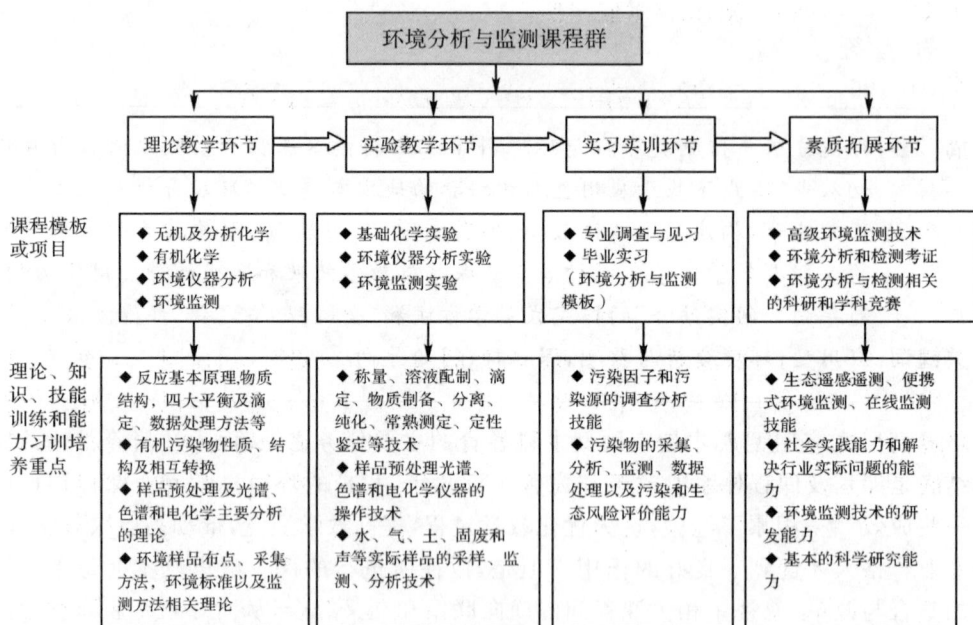

图 1　环境科学专业环境分析与监测核心课程群框架

理论教学环节包括必修的《无机及分析化学》《有机化学》《环境仪器分析》《环境监测》四门理论课,课程组以"必需、够用"为度,少而精地讲授无机和有机污染物性质、分析方法,布点、采样、监测、分析评价的基础知识和基本理论,计划课时分别为 64、48、48 和 48。在教学内容的安排上遵循实用原则,循序渐进、重点突出;内容设计上是以案例引出问题,以问题引出解决的方法,以解决方法形成基本概念和原理,以原理指导问题的解决。以此促进学生学习兴趣、形成科学思维方法、激发自主学习动力。实验教学环节强调"技能的规范性与标准化",开设《基础化学实验》《环境仪器分析实验》《环境监测实验》三门独立设课的实验课,计划课时分别为 80、48 和 48。《基础化学实验》训练学生的规范的基本化学操作,《环境仪器分析实验》侧重学生的大型分析仪器操作技能的训练。《环境监测实验》90%以上的项目采用最新的国家标准监测方法;此外,它增强实验的应用性,减少验证性实验比例,根据行业需求、教师的学科基础和科研方向,结合课程的特点,增加综合性、研究性实验内容。实习实训环节强调"技能的行业应用",包括《专业调查与见习》《毕业实习》中的环境分析与监测模块,培养学生污染因子、污染源调查,以及实际样品采集、分析监测、报告评价能力，这两门课都安排在实践周中进行，时长分别为 1 周（25 学时）和 4 周（100 学时）。素质拓展环节突出"实践和创新"，开展包括高级环境监测技术，如生态遥感遥测、便携式环境监测、在线监测技能的培训；大气、水环境监测技能及水质分析化验技能的考证，以及学生参加教师科研、学科竞赛等项目，培养学生社会实践、解决行业实际问题和基本的科学研究能力。此环节，学生可以根据自己兴趣自由选择，但最少不低于 80 学时。

新的课程群体系打破单门课程内容的独立性，建立大课程体系的完整性，删除重复及陈旧知识，填补空白，使群内课程由相互隔离变成相互贯通，由相互重叠变为相互补充，真正做到教学内容有机融合，相互关联与照应。

二、课程群的教学方法和手段改革

教学方法和手段的改革与创新是培养高素质应用型分析监测人才的关键，课程群课程采用"问题导向—网实结合"的探究式教学方法激发学生的学习热情，扩展学生课外的自主学习空间。

（一）"问题导向的探究式"教学法

"问题导向的探究式"的教学方法包括实例的引入（即创设分析、监测工作中实际遇到的问题情境）、问题的提出（根据实例，教师因势利导提出若干与基础知识和基础理论相关的专业问题）、问题的解决（引导学生收集信息、分析问题，进而得出方法，归纳原理）、应用拓展（通过新的应用，巩固知识体系）四个过程。整个过程的实施以问题解决为主线，引导学生积极、主动地探究问题解决的全过程，使学生亲历了知识产生与形成的过程，学会了独立思考，通过问题解决还可以使学生获取知识、解决问题的能力得到提升。以《环境仪器分析》课程中气相色谱分析法的教学为例（如图 2 所示），首先引入"气相色谱法测定环境样品中邻苯二甲酸酯类环境雌激素"这样一个具体的实例，接下来提出问题，要掌握这种方法，那么需要解决的问题有哪些？问题分析完后，怎么解决？得出方法后，再由学生分析类似问题，查资料拓展该分析方法的应用。

同样，在实验教学中也采用"问题导向的探究式"教学方法。基础技能实验在教学过程中突出"问题导向"，目的是使学生牢固掌握基本的环境分析与监测技能。如"水样六价铬和总铬含量的测定"，教师对实验目标、关键点和主要内容提出要求，并对学生的实验操作进行指导，学生作为实验主体参与包括实验准备的全过程，自编的实验教材不再提供具体的试剂配制量，在这个过程中学生选择哪种水样预处理方法，需要的试剂如何配制，配制多少的量，标准曲线如何制作都以空格的形式作为问题提出，学生需在实验前先行预习解决。这样既培养学生扎实的基本功和全方位的问题解决能力，又培养学生严谨、细致的实验作风和责任感。综合和研究性实验则在"问题导向"的基础上，按照"探究"的方式开展，如"废水可生化性评价"，实验指导书只提出实验的目标，而水样采集、方案拟订、完成实验、撰写总结都由学生在教师的指导下独立完成。经过系统的训练，学生查阅资料、设计实验、分析数据、撰写报告等解决环境分析与监测问题的综合能力都得到了显著的提升。

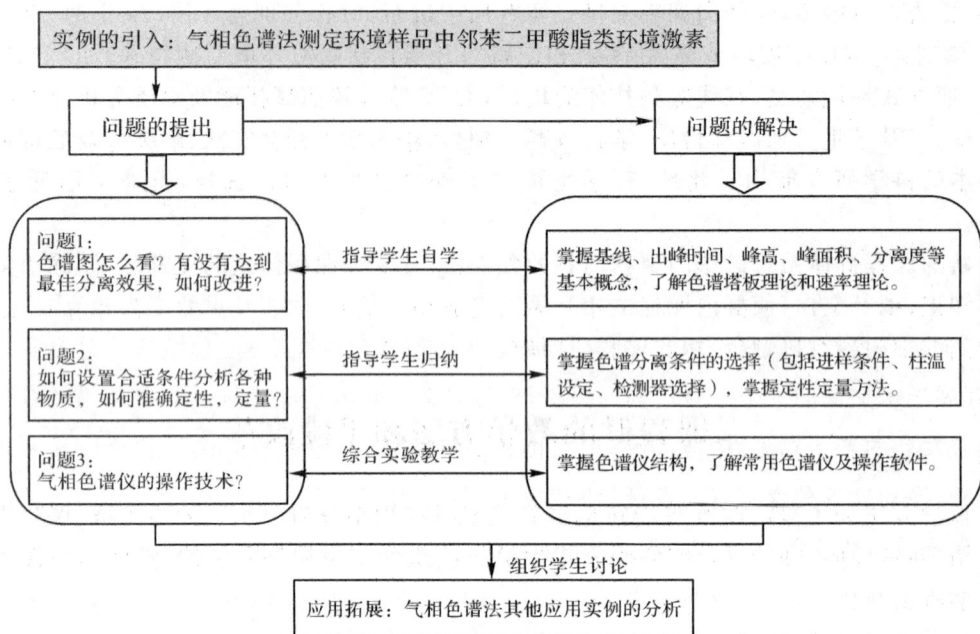

图 2　理论教学"问题导向的探究式"教学方法实施示例

素质拓展和实习实训课程按照"自主、协作和开放"的模式实行。课程群教师依据"优化课内、强化课外"的原则，全面开放实验室，学生组成团队，自主选择，有计划地训练分析和监测能力，有效地促进了学生自主协作能力与实际应用技能的发展。

（二）"网实结合"的教学法

"依托信息技术，完善教学手段建设"是提升教学质量，培养应用型人才的有效方法。近年，基于建构主义教育理论开发的课程管理系统——"Moodle"交互平台已不断完善，环境分析与检测课程群即以"Moodle"为交互平台，"网实结合"地进行教学，这样不仅打破了学生学习和师生互动交流的时空限制，促进沟通交流，且加大信息量，拓宽学生的专业视野，提高教学的质量和效率。

利用"Moodle"建立环境分析与监测课程群各课程的网络学习平台，主要包括资源下载、互动交流和成果提交三大板块（如图 3 所示）。资源下载板块包括课程学习指导、课程进度及安排、课件，以及视频、动画、软件等。课前，教师在"Moodle"平台上将需要"解决的问题"提前发布，学生根据平台上提供的资料、讲义和其他扩展性的学习资源，如网站链接等，提前做好预习准备。这些资源也可用于学生课后复习，以利于进一步巩固课程教学内容。互动交流板块设置多个功能区供师生之间互相交流，如问题讨论区、在线抢答区、测试和评价反馈等，以达到师生、生生有效互动的效果，提高学生学习兴趣，提升学习效果。另外也使教师能及时了解学生对学习内容掌握的整体水平，适时调整教学设计。成果提交板块，使学生可以方便提交各项任务成果，教师可以随时随地批阅成果。

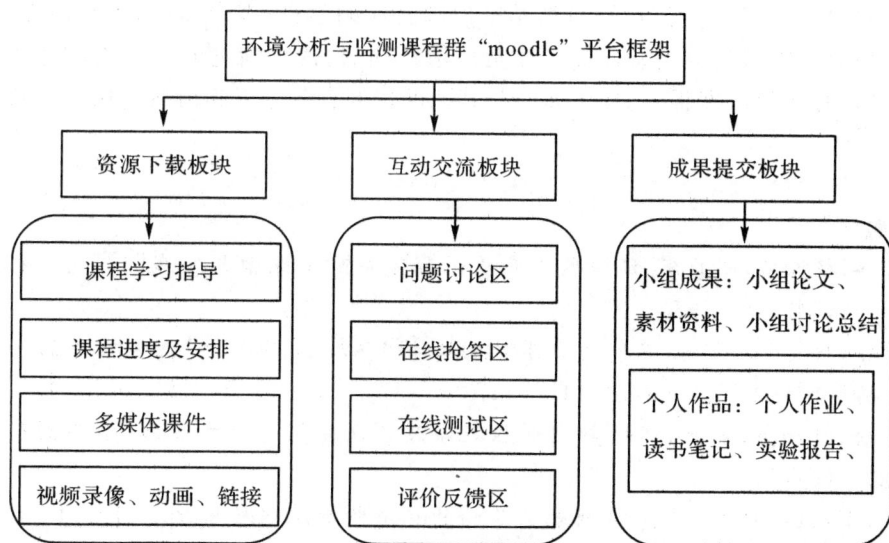

图 3　环境分析与监测课程群网络学习平台

三、改革考核方法,建立"全过程、多元化"评价方法

　　考核在教学中具有引导和促进作用,好的评价可以有效促进课程的学习效果。课程群教师以"掌握基础知识,提高能力,培养技能型和应用型为核心",建立既注重过程又注重结果的课程考核方法。

　　理论课程评价改变"一纸试卷定乾坤"的考核办法,强化教学过程管理。如《环境监测》课程的期末考核采用闭卷形式,由试题库自动组卷,考核学生的基本知识、基本理论,占总成绩的 50%;平时成绩占 50%,包括课堂提问、"Moodle"在线抢答和测试、个人和小组协作作业等多种形式。实验课程同样采用平时表现、实验预习、实验操作、合作研讨、实验结果、实验报告等多种形式相结合的考核方法,同时对有创新表现的学生给予额外加分,多方面、多角度对学生学习效果进行评价,全面衡量学生的理论知识、实验技能与创新能力的水平,激发学生实验兴趣,促进学生全面发展。

四、实践效果

　　浙江万里学院环境科学专业从 2010 级开始实行新的环境分析与监测课程群教学内容、教学方法和评价方法。从实施效果看,基于应用型人才培养的"环境分析与监测课程群"的建设与实施,弱化课程的独立性,强化课程之间的衔接,确保内容的层次性、逻辑性、递进性和连通性,夯实了学生的专业知识和专业技能,拓展了学生专业素质。课程群"问题导向—网实结合"的探究式教学方法和"全过程、多元化"评价方法激发了学生的学习热情,切实培养了学生自主获取知识、解决问题等综合应用能力。学生学习目的明确,积极性高,对课程群课程的平均满意度达 95%以上;毕业学生的环境分析与监测能力得到了社会的高度认可与赞赏。但环境科学是一门综合性的学科,涉及面广,交叉性强,探索培养适应经济社会发展的应用型环境人才是一项长期的、持续渐进的大工程,"环境分析与监测课程群"作为核心课程群之一,如何与其他课程群有效分工和衔接仍然需要持续思考和研究。

参考文献

[1] 夏静芬,杨国靖,胡长庆.环境监测实验课程体系改革探索与实践[J].实验科学与技术,2007,5(5):83—85.

[2] 夏静芬,唐力,罗薇楠.以能力培养为核心的"环境监测实验"教学模式的实践探索[J].高等理科教育.2008(6):115—117.

[3] 汤红妍,时清亮,罗洁.环境监测课程教学改革研究[J].黑龙江教育:高教研究与评估,2015(9):35—36.

[4] 翟琨,向东山.以应用型人才培养为导向的环境监测课程教学改革探究[J].中国电力教育.2014(3):103—104.

[5] 李英柳,严文瑶.环境分析与监测课程群的建设与实践[J].中国电力教育,2012(23):56—57,59.

[6] 朱建安,谭岚,周自明.基于课程群视角的应用型高校经济学教学改革[J].中国高教研究,2012(12):99—102.

专业综合改革 激发学生活力

——以通信工程专业为例[①]

杨亚萍[②] 彭 涛 梁 丰

摘 要: 以地方本科院校通信工程专业为例,从专业综合改革的人才培养定位、课程体系、教学内容、教学方法、教师评价五个方面阐述了以本科职业教育为特征的改革措施。提出了符合本科职业教育特点的具体化的人才培养新定位,重构了层次化、模块化、产教融合及动态调整的课程体系,教学内容与方法改革的主要特征是引入企业标准,培养学生兴趣,从而激发学生活力,提高人才培养质量。

关键词: 职业教育;专业综合改革;人才培养定位;课程体系;教学内容;教学方法

随着教育部、国家发改委等 6 部门合作编制的《现代职业教育体系建设规划(2014—2020 年)》的出台,本科层次的职业教育改革被推到了风口浪尖。作为我国高等教育大众化的承载主体——地方性新建本科院校,肩负着为区域经济社会发展培养应用型本科人才的重任,有责任与义务优先开展本科阶段职业教育的改革与实践,为国家制定应用技术大学人才培养标准积累实践经验。浙江万里学院作为一所体制机制创新的高校,轻装上阵,没有束缚,敢于创新,敢于冒险。以激发学生的动力、提高人才培养质量为首要目标,大胆开展专业综合改革。改革主要体现在五方面:新的人才培养定位、新的课程体系、新的教学内容、新的教学方法、新的教师评价。

一、倾听行业心声,人才培养合理定位

当前信息技术的发展和进步速度加快,特别是第四代移动通信技术的大规模应用,整个产业链对技术技能人才需求迅猛增长,不仅需要一大批拔尖创新人才,更需要大量具有较高文化素质、知识水平、具备先进技术应用能力的高层次技术技能人才[1]。作为地方性

---

① 浙江省 2015 年教改项目"基于校企融合的通信工程专业应用型人才培养创新与实践"(jg2015141)、2009 年浙江省重点专业建设项目"通信工程"、2009 年宁波市服务型教育重点建设专业群项目"通信与电子工程"、2014 浙江省新兴特色专业建设项目"通信工程"成果,发表于《江苏高教》2015年第 5 期。

② 杨亚萍,浙江万里学院教务处处长、副教授。

本科院校就是要培养后者,学校培养的学生到企业好用、上手快才受到企业的欢迎,社会需求的倒逼机制促使人才培养的重新定位。以通信工程专业为例,随着移动互联网时代的到来,原来2G时代的人才培养定位显然不能满足社会的需求。人才培养重新定位需要考虑的第一要素即为行业和地方经济社会发展的需求,从而提升学生的就业竞争力及社会适应性。为了更好地激发学生的活力,社会需求是第一要素但不是唯一要素,同时需要兼顾学生的学习专长或兴趣及专业已有的建设基础,发挥自身优势,以最大程度成就学生。

在通信行业,除了高端复合创新型的国际化工程人才紧缺以外,中国电信、中国联通、中国移动三大通信运营商对懂技术的市场营销人才有大量的需求;通信设备制造商、三大通信运营商及其合作伙伴急需3G、4G、云平台等设备调测工程师;邮电设计院等单位急需通信网络规划及优化人才;随着移动互联网技术的迅速崛起,智能手机编程人才缺口很大。根据人才培养定位需要考虑的三要素——社会需求、生源专长、专业基础,通信工程专业人才培养目标及定位从传统的"面向通信与信息行业,从事科学研究、工程设计、设备管理、网络运营管理等工作的工程技术人才"转变为"面向电信、移动、联通等通信运营商及其合作伙伴,邮电设计院及其合作伙伴,移动互联网等相关产业从事电信工程技术、移动互联网程序开发、现代电信市场营销管理等工作的多方向的高素质应用型人才"。新定位更加具体化,更加有利于复合型人才的培养,符合本科层次的职业教育需求。按清华大学林健教授对工程师的分类[2],主要培养通信设备及电信业务服务工程师、生产工程师及少量设计工程师。新定位与社会需求吻合,同时兼顾地方本科院校生源专长及专业基础,有利于充分激发学生活力,提升人才培养质量。

二、协同企业设计人才培养课程体系

在新的人才培养定位下所设计的新课程体系具备四个特点——层次化、模块化、产教融合、动态调整,充分体现现代性、职业性、层次性。层次化体系如图1所示,共有普通教育课程、专业基础课程、专业必修课程、专业方向课程、专业选修课程五个层次,校级选修及专业素拓课程贯穿人才培养全过程。模块化指专业方向课程群,以课程集群或模块的方式设计,方向课程群是由行业提出的适应经济发展、产业升级及技术进步的课程,因此方向课程群的课程跟随社会的发展需要动态调整。由于本科教育四年的总学分相对固定与专业方向课程新增需要学分之间的矛盾,因此新课程体系设计是个系统工程。其设计者除专业负责人、教授代表以外,需要融合来自业界的专家或工程师,共同研究讨论三方面的内容:整合专业基础课程、重构专业必修课程、增设专业方向课程。

专业基础课程整合的思路是理论课程与实践课程融合,通过项目化教学,调动学生兴趣;考虑到新定位中培养移动互联网领域软件人才,在专业基础课程中新增软件基础类课程;腾出适量的学分为后续方向课程设置留出空间。具体实施方案如传统体系中,数字电子技术、数字电子技术实验、数字电子技术课程设计共3门课程5.5学分,现整合成数字电子技术及实践1门课程4个学分;增加面向对象程序设计(JAVA)课程为1.5学分。专业必修课程重构的思路是专业论证所定的专业核心课程保留;专业选修课程根据课程特

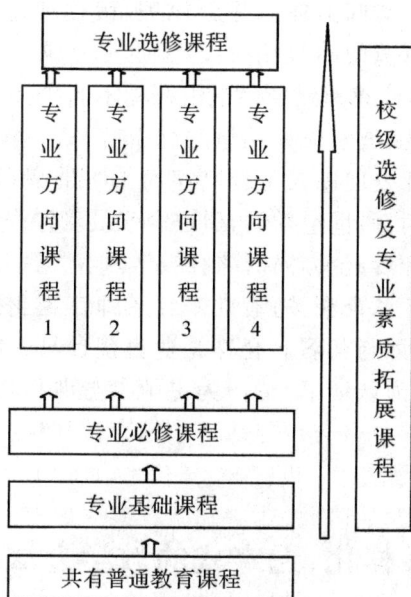

图 1 课程体系示意图

点部分上移到专业必修课程或下移到专业方向课程;删去与新定位不吻合、理论性太强的课程。通信工程专业原有 23 门专业必修及选修课程,学生需修读 36 学分,现在重构成 8 门必修课程共 40 学分。原先"光纤通信与移动通信"是专业选修课程,现上移到专业必修课程;交换与路由及手机应用程序开发由原先的专业选修课程下移到专业方向课程。课程体系改革的第三方面则是新增与行业紧密对接的专业方向课程。专业方向名称的确定及课程的设置由行业专家提出,综合考虑生源的特点及专业建设基础后敲定。新体系中设计了"移动互联网软件开发、网络管理与工程、移动通信网络、现代电信运营管理"四个模块方向,学生可根据本人的兴趣特点自由选择模块之一学习。模块化课程体系有利于展示学生能力特长、个性特点的多样性,彰显规格的多样性与职业的适应性,从而满足社会与行业对人才需求的多样性。每个模块都有明确的定位领域及主要的就业去向,如移动互联网软件开发模块主要的就业方向是软件开发工程师,网络管理与工程模块主要的就业方向是企业网络设计与管理工程师,现代移动通信模块主要就业方向是 3G、4G 设备调测工程师及网络规划与优化工程师,电信运营管理模块主要的就业方向是电信业务员、销售工程师等。每个方向 6 门课程共 20 学分,这 6 门课程之间从简单到复杂,从基础到综合,由浅入深依次递进,符合学生认知及身心发展特点。

三、引入企业标准,改革课程内容

按照建立产业技术进步驱动课程改革机制的目标,通信工程专业教学内容改革针对新老两类课程采取各自的措施。针对专业基础及专业核心等成熟课程,采用实践教学推进理论课程的学习及项目化教学内容设计的方法,真实应用驱动教学内容的改革。如模拟电子技术这门课程,知识体系非常成熟,传统的教学内容按照章节顺序展开,但理论与实践脱节,教学效果差。现在对知识体系重新梳理,精心设计4个真实应用的项目共15个子任务,每个子任务与原章节的内容相对应,学生在完成一个个作品的同时,大纲所要求的理论知识点也基本掌握。理论与实践相互融合,学生的学习兴趣被点燃,活力被激发。

针对全新的课程,如专业方向课程,大多是产业前沿最新技术,不但课程体系不完备,而且没有教材。改革思路是科研反哺教学、引进企业最新课程标准、课程学习与职业资格认证结合。对于通信工程专业四个方向的课程教学内容:有的来自教师的科研;有的来自企业最新的培训课程,与行业认证相关;有的来自教师在企业挂职时的实战工程项目;有些课程则直接安排在企业实训与实习。合作企业直接参与方向课程教学内容的设计,如网络管理与工程方向引进华为认证,聘请华为讲师参与课程教学,采用华为培训教材,按认证要求改革教学内容,课程合格与否与认证成绩直接挂钩。真刀实枪的教学内容改革大大增强了学生学习成就感。

四、多样化、无定式的教学方法改革

针对地方性本科院校生源的特点,教学方法改革的目标就是调动学生学习兴趣,兴趣是最好的老师。全新的定位、全新的课程体系、全新的教学内容都为教学方法的改革铺平了道路。总体上体现出多样化、无定式的特点,不同课程采用不同方法、不同内容采用多种方法,集兴趣启发、自主学习、项目训练一体化。从形式上呈现出"教室、寝室、实验室一体化""书包、工具箱、手提电脑一体化"。新生入学,给每位学生发放一套电子实习类工具箱,实践性强的课程全程实验室小班化教学,实验室全天候开放,项目化教学内容设计的课程采用"做中学,学中做",抛开实验箱,采用面包板、万能板或开发板,手提电脑不只是摆放在寝室的工具,上课时需带到实验室,下课后带回寝室或开放实验室继续完成项目。核心课程采用以合作性学习为特征的研究性教学方法进行改革[3],体现"学习方式的研究性、学生学习的主体性、教师教学的主导性、教学活动的互动性、学习内容的开放性、师生地位的平等性"[4]等特点。部分课程采用"教师授课、行业认证"的方法[5]。对于新课程,主要采用两种方法:校企联合授课;生生互动、师生互动,教学相长,如移动互联网软件开发方向6门课程采用生生研讨、师生研讨的方法,不同学生课外完成不同的项目,课堂上集中汇报与研讨,其他同学通过研讨掌握其他项目的相关内容。现代移动通信方向主要采用"校企联合授课"的方式。

五、创新教师评价方法

专业综合改革成功与否在于教师。激励教师投入人才培养的措施之一即创新教师评价方法。改革传统以发表论文数或进款数等科研量化指标考核教师的方法,而是观察教师是否能不断学习新知识新技能、是否具有为企业服务的能力、是否愿意扎扎实实做育人实事。出台一系列引导教师投入教学改革的激励政策:在教学改革中有突出贡献、教学成效在全校具有示范作用的教师破格晋升高一级职称;教师指导学生学科竞赛或获得职业技能证书,教师本人获得高端职业技能证书给予奖励;育人绩效有突出贡献者,给予重奖;教学改革类项目立项一线教师优先,教学类奖励分配全透明,全部奖励给一线教师,不让做实事的教师吃亏;鼓励教师到企业挂职锻炼或参加行业培训。同时聘请企业兼职教师承担部分课程的教学,兼职教师丰富的实践经验倒逼专业教师提升工程实践能力。

通信工程专业综合改革为本科阶段的职业教育探索积累了初步的经验,实践效果明显,2014届浙江省毕业生质量评估报告显示,学生专业相关度从2007年以前约32%上升到约55%。毕业生就业率达98.8%,高于全省平均2.51个百分点,平均月收入排名第一。然而以职业教育为特征的专业综合改革在如何提高行业参与的积极性、如何构建校企融合的长效机制方面,仍然需要不断地探索与实践。

参考文献

[1] 鲁昕赴广东开展现代职业教育体系建设实地调研[N]. 中国教育报,2013-11-27(3).
[2] 林健. 工程师的分类与工程人才培养[J]. 清华大学教育研究,2010,31(1):51—60.
[3] 钱国英. 以教学方法改革为突破口 推动人才培养模式创新——万里学院以合作性学习为特征的研究式教学改革探索[J]. 中国高教研究,2010(06):82—85.
[4] 林健. 面向卓越工程师培养的研究性学习[J]. 高等工程教育研究,2011(06):5—15.
[5] 邵鹏飞,等. 嵌入IT企业认证培训 提高本科网络类课程教学质量[J]. 中国大学教学,2013(07):51—53.